这样做律师

蒋正华 题

赵建平 著

江西人民出版社

2004年至2009年,赵建平律师在每年一次的海南省政协会议上作大会发言

谨以本书献与我国律师制度恢复重建三十周年

衷心感谢全国人大常委会原副委员长、农工民主党中央前任主席蒋正华前辈为本书题写书名。

序

律师为谁服务

"律师为谁服务",是一个看似简单却令人深思的命题。有人说,律师为金钱服务;也有人说,律师为当事人服务。我不能说这两种说法完全不对,但起码不全面,没有触及问题的实质。律师在为当事人服务的过程中,当然要收取律师费。但是,如果单纯强调律师有偿服务的一面,并把律师服务的对象仅仅局限于当事人,那就有失偏颇了。我认为在破解"律师为谁服务"这一命题时,可以从两个方面进行思考。第一,律师的服务对象是当事人,律师必须为当事人服务。但是,律师在为当事人服务的过程中,不能纯粹以赚取委托人支付的律师费为唯一目的,律师必须正确处理收取律师费与维护公平正义的关系。律师在为当事人服务的过程中,不能满身铜臭味,时时处处与当事人讨价还价。律师要通过为当事人服务的过程和服务的结果,达到既维护当事人的合法权益,又维护法律的正确实施和社会公平正义的目的。在这方面,建平律师是做得好的。作为北大毕业的在海南执业多年的律师,无论是为刑事案件被告人辩护,还是代理民事行政案件,建平律师总是凭着正气、勇气和智慧,有效地维护当事人的合法权益,同时又维护法律的正确实施和社会公平正义。本书精选的近年建平律师代理的比较成功的刑事和民事行政案例,就足以说明这一点。作为在海南岛执业多年的律师,建平律师的收入在海南不是最高的,甚至没法和北京、上海等地律师的收入水平相比,但又有谁能说建平律师的业务水平是平庸的呢?第二,必须为公众利益服务。当祖国召唤律师时,律师应挺身而出,勇于奉献。必须牢记,律师在为公众利益服务时，是不计报酬，也是不能讲报酬的。在为公众利益服务方面，建平也是做得好的。作为一名执业律师，建平律师身兼多种社会职务，而且全部是无偿的，有时甚至还得自掏腰包。作为一名海南省政协委员，自2004年起，围绕海南省委、省政府的中心工作，通过调查研究，建平律师连续6年在每年的海南省政协会议上作大会发言，引起了海南省委、省政府有关领导的重视，产生了较好的社会效果，也为广大律师参政议政开了一个好头。本书精选的建平律师的建议和政论文章，足以彰显建平律师良好的政治素质和强烈的社会责任感，确实值得一读。

在破解了"律师为谁服务"这一命题后，还必须破解与此相关的另一命题，即"律师如何服务"这一命题。我认为，"律师如何服务"是比"律师为谁服务"还要复杂的命题。但在破解了"律师为谁服务"这一命题后，"律师如何服务"这一命题也就迎刃而解了。我把"律师如何服务"这一命题留给广大读者，特别是留给广大律师和立志做律师的青年朋友。我衷心希望大家在阅读本书后，各自能找到破解"律师如何服务"这一命题的方法。

值本书付梓出版之际，应建平律师之邀，就"律师为谁服务"这一命题谈了些个人的思考和认识，是为序。

中华全国律师协会会长 于宁

09年6月22日

自　序

肩负起时代赋予中国律师的神圣使命[①]

　　三十年前，我开始在北大读法律时，最令我钦佩的是施洋大律师和林肯大律师，他们为了中国工人阶级的解放和美国黑人奴隶的自由，分别献出了自己宝贵的生命。由于受这两位律师前辈英雄事迹的影响，在大学时代我就立志做一名律师。1988年我顺利通过律师资格考试，但由于命运的安排，我在当了五年大学教师和两年政府公务员后，才如愿以偿成为一名律师。律师这个职业是我为之奋斗终生的、无怨无悔的选择，曾有一位名人淋漓尽致地把律师形容为"戴着荆棘的王冠"与"握着正义的宝剑"的侠义之士，律师还有着"民间守夜人"和"市民社会代言人"的美誉。"律师是其当事人命运的把握者。律师的神圣之手，掌握着其当事人的财产、生命和自由"。是的，律师这一职业中的广大成员，无时无刻不在维护着法律的治理、社会的公平正义和当事人的财产、生命与自由。

　　各国设置律师制度的根本目的，是要建立一个与公权力相平衡的社会各主体的私权利保障机制。综观各国法治发展的历史，可以发现律师是法治社会建立与运行的重要参与者这一客观规律。历史已经证明并将继续证明：律师兴，法治兴；法治兴，则国家兴！曾有名人这样说过："律师这个职业是高尚的，这个职业在促进社会进步和维护法律与秩序方面，有着良好的传统和远大的前程。律师作为国家进步的先锋，总是热情地捍卫人类的自由和法律

[①] 本文系赵建平律师于2010年8月参加在深圳举办的律师论坛时发表的主旨演讲。

的治理";"伟大的律师都是这样一些伟大的人物,他们的生活都是以为公众利益而进行的公共服务而著称的。没有一位真正伟大的律师会在一生中仅仅满足于为自己的当事人服务。当需要来临时,会产生为公众服务的强烈欲望,并把这种欲望付诸实施,这是伟大律师的品格的重要组成部分"。可以说,促进社会进步,捍卫人类自由,维护法律治理和社会公平正义,为公众利益服务,是中外律师肩负的共同使命,施洋大律师和林肯大律师为我们树立了榜样,是我们学习的楷模。

中国律师作为中国共产党领导的社会主义的法律工作者,是改革开放以来涌现的新兴社会阶层,是社会主义事业的建设者,是我国社会主义民主法治建设的一支重要力量。当代中国律师具有其独特的政治特征、业务特征、时代特征、地位特征和使命特征。其政治特征是坚持中国共产党领导,其业务特征是社会主义的法律工作者,其时代特征是新兴的社会阶层,其地位特征是社会主义事业的建设者,其使命特征是我国社会主义民主法治建设的一支重要力量。这五个特征体现了当代中国律师的本质属性和社会属性,是当代中国律师的正确定位。时代赋予中国律师的使命有三项:

第一,根据《律师法》规定,自觉把维护当事人的合法权益与维护法律的正确实施和维护社会公平正义有机结合(以下简称"三维护"),努力使每宗案件的处理结果做到法律效果、政治效果和社会效果的统一。在执业过程中,律师不能纯粹为了金钱,更不能为了金钱丧失原则、良心和道德,甚至甘冒违法犯罪的风险。律师必须树立和坚持正确的正义观和利益观,必须始终想到社会的利益,必须坚决做到"三维护"。只有这样,在执业过程中,律师才能有底气,才能在遇到失败和困难时,有百折不回、不屈不挠的精神。在"三维护"过程中,律师必须具备大无畏的勇气,有时要顶住来自多方面的压力和威胁,要不怕诬告,不怕打击报复,不怕专案组的所谓调查,不怕失去人身自由,敢于牺牲一切甚至生命。当然,律师具有的这种无所畏惧的勇气,不是盲目和莽撞,而是建立在深刻的知识、对案情的透彻了解、对法律的正确理解和运用以及正直的人品的基础之上。成为社会公认的优秀律师、名律师和大律师，是每位执业律师的梦想和毕生追求。但是，赚钱多少不是衡量律师是否成功的唯一标准，真正优秀的律师是在"三维护"过程中干出来的，真正的名律师是在"三维护"过程中因屡遭诬陷而逐渐成名的，真正的大律师是在"三维护"过程中因多次受到不公正对待而逐步成熟和成长的。

第二，维护社会稳定，为构建社会主义和谐社会和全面建设小康社会贡献智慧和力量。构建社会主义和谐社会，就是要根据法律、政策和道德规范，妥善处理好协调好人与人、人与社会、人与自然之间的关系。社会主义和谐社会的本质，是在推进民主法治的进程中，实现社会公平正义。律师作为共产党领导的社会主义的法律工作者，在执业过程中，要主动协助党和政府协调好处理好人与人、人与社会、人与自然之间的关系，实现社会公平正义，推进民主法治进程。在构建和谐社会过程中，律师具有天然的优势。2005年8月，当我有幸得到时任全国政协副主席、农工党中央常务副主席李蒙同志的亲切接见时，李蒙副主席意味深长地说："律师在构建和谐社会中的作用很大哟！"如果广大律师能从自身做起，从现在做起，自觉把执业活动与构建和谐社会相联系，自觉发挥律师的社会作用，自觉处理好赚取律师费与维护公平正义的关系，努力做到"重义淡利"，这将极大地提升中国律师的政治和社会地位，使律师在我国的政治生活、经济生活和社会生活中，发挥更大的作用。

第三，在中国共产党领导下，坚持走中国特色政治发展道路。目前，我国社会主义市场经济体制已基本确立，与此相应的是社会主义民主政治的逐步建立和完善。广大律师应为依法实现公民权利，制约国家公权，扎实推进我国社会主义民主政治进程作出较大贡献。

律师的上述三项使命，具体体现在律师的执业过程和议政过程中。广大律师不仅应成为优秀的法律工匠，而且还应成为善于学习、勤于思考、擅长演讲的政治人和社会活动者。广大律师在执业的同时，依法理性议政，可以站在时代前沿，推动科学发展，促进社会和谐。

既然如此崇高的使命落在当代中国律师肩上，这就要求广大律师不断提高自身政治素质、业务素质和职业道德素质，真正做到"坚持信念、精通法律、维护正义、恪守诚信"。律师中的共产党员、民主党派成员和无党派人士，律师中的各级人大代表和政协委员，可充分运用熟悉法律、政策的专业优势、能言善辩会写的职业技能优势和了解社会的实践优势，围绕党和政府的中心工作，服务大局，积极议政，建铮言，献良策，为我国经济社会又好又快科学发展，作出应有的贡献。

最后，我借用曾任美国总统肯尼迪先生竞选时的一句名言，与广大律师共勉：不要问祖国能给予律师什么，而要问律师能为祖国奉献什么？我们的回答是，我们唯一能奉献的，是激情、智慧和力量。"正如一切先行者一样，我们的使命注定是创造未来。"我亲爱的律师同行们，我们生活在中华民族伟大变革和复兴的时代，我们生活在可亲可爱的祖国建设中国特色社会主义市场经济和坚持走中国特色政治发展道路的时代，时代赋予中国律师的使命既光荣又艰巨，让我们不辱使命，勇敢地肩负起时代赋予的神圣使命吧！

目 录

上篇　议政

党的十七大报告关于我国社会主义民主政治建设的新亮点　/3
坚持走中国特色政治发展道路　认真履行参政党职能　/6
深刻理解中国特色政治制度　坚定正确的政治方向　/12
关于新时期继承和发扬共产党领导的多党合作传统的思考　/15
学习贯彻党章　依法反腐倡廉　/18
发挥律师作用　构建和谐社会　/23
关于律师行业树立社会主义荣辱观和社会主义法治理念的思考　/25
弘扬宪法精神　构建和谐社会　/32
建设诚信政府　打造海南良好的投资环境　/35
海南省纪委监察厅对政协海南省第四届委员会第二次会议
　　第0068号提案的答复　/38
关于从体制上解决人民群众信访问题的建议　/40
海南省委办公厅召开座谈会　研究如何做好信访工作　/44
关于厉行法治的建议　/45
弘扬道德法律　促进社会和谐　/49

关于发挥律师在社会主义法治建设中的作用之建议 /53

关于推动海南律师业依法科学发展的建议 /56

海南省司法厅关于省政协第五届委员会第二次会议
　　第 0238 号提案的复函 /59

关于人民法院应采纳律师合法有据的辩护意见的建议 /63

海南省高级人民法院对政协海南省第四届委员会第二次会议
　　第 0065 号提案的答复 /65

关于依法打击诬告陷害行为的建议 /68

关于加强对在校大中专学生教育、管理和引导的建议 /70

海南省教育厅对政协海南省五届三次会议第 0007 号提案的答复 /73

关于加强对业主委员会管理的建议 /76

海南省建设厅对政协海南省五届三次会议第 0008 号提案的答复 /79

关于民主党派干部队伍建设的建议 /80

下篇　维权

第一章　刑事案件辩护 /85

第一节　维护吴某某人身自由权案 /85

第二节　维护公安民警马某人身自由权案 /90

第三节　维护李某某人身自由权案 /96

第四节　维护申某人身自由权案 /102

第五节　维护沈某某人身自由权案 /113

第六节　郑某犯了诈骗罪吗？ /118

第七节　贷款诈骗与伪造金融票据之辩 /126

第八节　当逮捕证签发时，某某已请假外出 /134

第二章　民事行政案件代理　/144

第一节　首例业主委员会侵犯业主权利案　/144

第二节　海南岛首例狗"吓"人官司　/172

第三节　本案讼争的商品房缩水40余平方米吗？　/200

第四节　甲公司可否拒付本案购房尾款？　/213

第五节　本案开发商违约吗？　/222

第六节　海南某公司诉请解除商品房买卖合同纠纷　/233

第七节　200亩国有土地使用权之争　/239

第八节　海南某医院侵犯陈某某生命权案　/250

第九节　维护某单位巨额存单权利案　/260

第十节　真假股东之辩　/269

第十一节　维护某公司民事权利案　/272

第十二节　维护刘某民事权利案　/280

第十三节　诉讼时效之争　/295

第十四节　某公司艰辛的维权之路　/301

第十五节　电梯所有权之争　/329

第十六节　车辆所有权之争　/341

第十七节　某律师事务所诉徐某委托代理合同纠纷　/348

第十八节　崔某诉陶某100万元不当得利纠纷　/358

第十九节　本案《框架性协议》已依法成立　/366

第二十节　某律师事务所与乙公司虚假诉讼案　/372

第二十一节　赵某诉某工商局工商变更登记纠纷　/378

第二十二节　某国土局侵犯某公司土地使用权案　/394

附录一　黄华前辈推荐信　/404

附录二　组织结论　/405

附录三　新华访谈：赵建平谈怎样做一名合格律师　/408

附录四　读者简评　/417

附录五　铁肩担道义　妙手著文章　/418

附录六　《这样做律师》就是好　/420

附录七　《这样做律师》述评　王建荣　/424

感恩的话　/428

上篇　议政

> 律师不仅是法律工匠,还应是善于学习、勤于思考、擅长演讲的政治人和社会活动者。律师依法理性议政,可以站在时代前沿,推动科学发展,促进社会和谐。

党的十七大报告关于我国社会主义民主政治建设的新亮点[①]

党的十七大报告,内容博大精深,涉及现阶段和今后一个时期我国的政治建设、经济建设、文化建设和社会建设的方方面面,是马克思主义的纲领性文件,是马克思主义中国化的最新成果,是新世纪新时期中国共产党人面对新机遇、新挑战的治国宣言和行动纲领。作为农工党党员,理应认真学习。

党的十七大报告明确提出:"人民民主是社会主义的生命","人民当家做主是社会主义民主政治的本质和核心","依法治国是社会主义民主政治的基本要求"。因此,党的十七大报告关于社会主义民主政治建设的新亮点,可以用"人民民主"和"依法治国"八个字来概括。再把上面八个字精练,可以浓缩为"民主法治"四个字。

亮点一,人民民主。为了扩大人民民主,保证人民当家做主的民主权利落到实处,十七大报告提出了两项具体措施。

第一项措施是要加强公民意识教育,树立社会主义民主法治、自由平等、公平正义理念。在党的全国代表大会的报告中,首次提到公民意识、自由平等问题,这是中国共产党解放思想、与时俱进的结果。公民是与臣民、子民相对应的概念。在中国传统文化中,只有臣民与子民的概念,没有公民的概念。公民的概念是从西方引进的,指的是受法律保护的个体,依法享有的权利与应当履行的义务。所谓公民意识,也就是权利意识、平等意识、法律意识。要把人民民主

[①] 本文系作者于2007年11月2日在农工党海南省委会理论中心组学习时的发言。

权利落到实处,首先就要加强公民意识教育。与公民概念相对应,在我国还有人民这一概念。人民一词是一个政治概念,指的是整体、集体;公民是一个法律概念,指的是个体。改革开放之前,由于受"左"的思想和路线影响,实行以阶级斗争为纲和计划经济体制,过分强调人民这一概念而忽略公民这一概念。改革开放以后,在中国共产党正确领导下,在发展社会主义民主政治和社会主义市场经济的时代背景下,有必要提倡公民这一概念,有必要在全社会加强公民意识教育。关于自由平等这一口号,是西方资产阶级在反对封建专制统治斗争中提出的,也是几代中国人为之奋斗的目标。要在全社会树立自由平等理念,就要求在彻底根除人们头脑中的不平等的封建观念的前提下,在彻底破除"官本位"思想的基础上,树立起"人人生而平等、法律面前人人平等"的理念。

第二项措施就是要发挥社会自治的作用。十七大报告提出要"发挥社会组织在扩大群众参与、反映群众诉求方面的积极作用,增强社会自治功能",也就是要把本该由社会管理的事情交给社会,交给中介组织,政府不要管得太多,要努力建设有限政府、服务型政府和法治政府。

亮点二,依法治国。 实行依法治国方略,建设社会主义法治国家,是中国共产党第十五次全国代表大会提出的战略目标。十七大报告围绕依法治国,提出了四项具体措施。

一是要弘扬法治精神。弘扬法治精神,就是要提高全社会的法律意识;就是要树立我国宪法和法律的极大权威;就是要严格实行"法律面前人人平等"的原则;就是要求执法者首先要守法,领导干部要带头守法。

二是提到了三权制约、协调问题。我们讲的三权,与西方讲的立法权、行政权、司法权不同,是有中国特色的三权,具体指决策权、执行权、监督权。有中国特色三权的提出,是与我国的国体和政体相一致的。我国的一切权力属于人民,人民行使国家权力的机构是全国人民代表大会和地方各级人民代表大会。我国国家机构实行议行合一,全国人民代表大会和地方各级人民代表大会作出决策后,就交由国务院和地方各级人民政府执行。在决策权、执行权和监督权这三权之中,我们以前对监督权重视不够。共产党是执政党,最大的优势是联系人民群众，执政后最大的危险是脱离人民群众。中国共产党的执政地位不是与生俱来的，也不是一劳永逸的。为了永葆中国共产党的执政地位，就要毫不留情地、坚决地与腐败现象作斗争，就要依法加强监督。我们讲的三权与西方讲的三权的性质完全不同，这种不同具体表现在：西方讲的三权，只强调三权的互相制衡，而我们讲的三权不仅要互相制约，还要相互协调；西方讲的三权互不隶属，我们讲的三权都必须服从和服务于中国共产党的领导权；西方讲的三权仅强调以权力制约权力，我们讲的三权不仅强调以权力制约权力，还强调以权利制约权力。

三是强调按程序办事。十七大报告要求"健全组织法制和程序规则，保证国家机关按照法定权限和程序行使权力、履行职责"。在长期革命战争中，由于当时条件所限，我们很少强调按法定程序办事。我们现在要建设社会主义法治国家，实行依法治国的基本方略，法治国家的基本要求就是按程序办事。法定程序不仅要体现在司法工作中，也要体现在政府工作中，还要体现在执政党各级组织的工作中。

四是重视学习法律和发挥法律专业人才的作用。十七大对《中国共产党章程》进行了修改，修改后的《中国共产党章程》第三条第一款和第三十一条第二款，要求广大共产党员和基层组织，学习党的基本知识，学习科学、文化、法律和业务知识。在《党章》中把学习法律单独提出来，与学习科学、文化和业务知识并列，说明了学习法律的重要性，也说明《中国共产党章程》对全体共产党员提出了新的要求。十七大将年富力强的、具有法律专业背景的领导同志选入政治局，进入中国共产党的核心决策层，这在中国共产党的历史上是不多见的，这表明中国共产党依法治国、建设社会主义法治国家的决心和信心。胡锦涛总书记在十七届中共中央政治局第一次集体学习时强调，要切实抓好全面落实依法治国基本方略各项工作，这表明新的一届中共中央领导集体已把依法治国摆在了全部工作的首位。依法治国，建设社会主义法治国家，这是中国共产党的主张，也是人民的意愿，符合时代潮流。

坚持走中国特色政治发展道路认真履行参政党职能[①]

一、正确理解中国特色政治发展道路

我国的性质（即国体）是工人阶级领导的、以工农联盟为基础的人民民主专政的社会主义国家。中国共产党是中国工人阶级的先锋队，同时是中国人民和中华民族的先锋队，是中国特色社会主义事业的领导核心，代表中国先进生产力的发展要求，代表中国先进文化的前进方向，代表中国最广大人民的根本利益。当今时代是政党政治的时代，由我国性质和中国共产党先进性所决定，我国的政党制度必然是共产党领导的多党合作和政治协商制度。可以说，我国国情从根本上决定了我国必须实行人民民主专政的政治制度，人民民主专政的政治制度又从根本上决定了实行共产党领导的多党合作和政治协商制度。坚持和完善人民民主专政的政治制度，就必须坚持与完善中国共产党领导的多党合作和政治协商制度。

政治发展是相对于经济发展、文化发展和社会发展提出的一个概念。我国人民民主专政的国家性质和中国共产党领导的多党合作和政治协商制度，要求中国走一条有别于其他国家的独特政治发展道路。美国著名政治学者亨廷顿所著《变革社会中的政治秩序》一书，在分析比较了世界许多国家的政治制度后，得出如下结论：一国的政治体制和政党体制要适应所在国家和地区的政治

[①] 本文系作者于2007年8月19日在农工党海南省委会第五届新委员及基层骨干培训班上的总结讲话。

和社会文化,否则就会引起社会不稳定,照搬别国政治制度和政党制度总是很难成功的。衡量我国的政治制度和政党制度,最根本的是要从我国国情出发,以能否促进社会生产力持续发展和社会全面进步,以能否保持和发挥社会主义制度的特点和优势,能否实现和发展人民民主、增强党和国家的活力,能否保持政局稳定和社会安定团结,能否实现和维护最广大人民的根本利益为标准。实践证明,人民民主专政的政治制度和中国共产党领导的多党合作和政治协商制度,是符合我国国情的政治制度和政党制度,是中国特色的政治发展道路。中共十六大报告指出:"中国共产党和中国人民对自己选择的政治发展道路充满信心,将坚定不移地把中国特色社会主义政治建设推向前进。"在中共十六届二中全会、四中全会上,胡锦涛总书记强调:"必须始终坚持走中国特色的政治发展道路","要坚定不移地走中国共产党和中国人民自己选择的政治发展道路"。

坚持走中国特色政治发展道路,也是2005年5号文件的核心,是加强中国共产党领导的多党合作和政治协商制度建设的核心。我国政党制度的中国特色是:共产党领导、多党派合作;共产党执政、多党派参政。中国特色政党政治格局是核心一元性(一党领导、一党执政)与结构多元性(多党合作、多党参政)的统一,明确了共产党和民主党派在政治上的领导与被领导,在政权上的执政与参政,在中国特色社会主义事业中的团结合作关系,这与别国的一党制、两党制和多党制有明显的区别。

二、正确把握民主党派的性质

关于民主党派的性质问题,自新中国成立以来就有不同看法。新中国成立初期,有人认为民主党派已经完成了历史使命,因而"可有可无";社会主义改造完成以后,有人便认为民主党派已经失去存在的社会基础,因而没有存在的价值;"文化大革命"结束后,又有人认为民主党派的存在是其原来所联系的阶级、阶层那一代人的事,随着这些人退出历史舞台,民主党派自然"一代而亡";还有人认为,进入社会主义社会以后,民主党派已不再具备政党性质,已由过去的政党演变为社会团体。

针对上述错误观点,1986 年 7 月,中共中央批转中央统战部《关于新时期党对民主党派工作的方针任务的报告》(中发[1986]19 号,以下简称 19 号文件)明确指出:"各民主党派已经成为各自所联系的一部分社会主义劳动者和一部分拥护社会主义的爱国者的政治联盟,都是在中国共产党领导下,以社会主义劳动者为主体的、为社会主义服务的政党";"各民主党派都不是在野党,更不是反对党,而是同我们党通力合作的共同致力于社会主义事业的亲密友党"。19 号文件把民主党派的性质定为"政党",并且是中国共产党的"亲密友党",把民主党派的成员基础定位为"劳动者"和"爱国者"。

1989 年,中共中央制定颁布了《关于坚持和完善中国共产党领导的多党合作和政治协商制度的意见》(中发[1989]14 号,以下简称 14 号文件)。14 号文件明确指出:"各民主党派是各自所联系的一部分社会主义劳动者和一部分拥护社会主义的爱国者的政治联盟,是接受中国共产党领导的,同中共通力合作、共同致力于社会主义事业的亲密友党,是参政党。"14 号文件在 19 号文件的基础上,把民主党派定性为"参政党",进一步明确了共产党同民主党派的关系。

2005 年,中共中央制定颁布了《关于进一步加强中国共产党领导的多党合作和政治协商制度建设的意见》(中发[2005]5 号,以下简称 2005 年 5 号文件)。2005 年 5 号文件对民主党派的性质作了进一步完善,指出"在新世纪新阶段,民主党派是各自所联系的一部分社会主义劳动者、社会主义事业建设者和拥护社会主义的爱国者的政治联盟,是接受中国共产党领导,同中国共产党通力合作的亲密友党,是进步性与广泛性相统一、致力于中国特色社会主义事业的参政党"。2005 年 5 号文件有两个突出特点:一是将新的社会阶层作为中国特色社会主义事业建设者,并纳入民主党派的政治联盟,为民主党派的发展和壮大提供了巨大潜力;二是明确把"进步性与广泛性相统一",作为民主党派的基本内涵,进一步统一了人们的认识。值得一提的是,民主党派的进步性,是与民主党派积极参加中国共产党领导的建立新中国和建设新中国,实现祖国独立、统一、民主、富强的历史伟业紧密地联系在一起的。现阶段,这种进步性集中体现为各民主党派同共产党通力合作,共同致力于建设有中国特色社会主义事业。民主党派的广泛性,是同其社会基础及自身特点联系在一起的。各民主党派成员来自不同的社会阶层和群体,负有更多地反映和代表它们所联系的各部分群众的具体利益与要求的责任。

总之,在民主党派的性质问题上,从改革开放之初的"社会主义劳动者政党",到14号文件的"两者联盟"的"致力于社会主义事业参政党",再到2005年5号文件的"三者联盟"的"进步性与广泛性相统一"的"致力于中国特色社会主义事业的参政党",形成了一个有丰富内容的完整表述,既体现了中国共产党在这一问题上的与时俱进的创新精神,又为民主党派的发展壮大提供了理论和政策支撑。

三、认真履行参政党职能

民主党派作为社会主义参政党,必然要在国家的政治生活中发挥一定作用,这种作用具体表现为民主党派的政治协商、参政议政和民主监督三个方面。民主党派要认真做好政治协商、参政议政和民主监督工作,必须注意以下几方面问题:

(一)树立正确的参政党觉悟和意识

正确的参政党觉悟和意识,具体体现在:一是自觉坚持、维护、尊重中国共产党领导和同中国共产党团结合作的意识;二是对邓小平理论和"三个代表"重要思想有深刻共识;三是对中国共产党领导的多党合作和政治协商制度有明确认识和坚定信心;四是对履行参政议政、民主监督职能有正确认识;五是有使命感和责任感,自觉肩负起参政党的历史使命,自觉为中国特色社会主义事业作贡献。

(二)牢记多党合作和政治协商的六条政治准则

多党合作和政治协商的六条政治准则是:坚持以马克思列宁主义、毛泽东思想、邓小平理论和"三个代表"重要思想为指导,坚持中国共产党领导,坚持社会主义初级阶段的基本路线、基本纲领和基本经验,坚持长期共存、互相监督、肝胆相照、荣辱与共的基本方针,保持宽松稳定、团结和谐的政治环境。中国共产党和各民主党派都必须以宪法为根本活动准则,负有维护宪法尊严、保证宪法实施的职责。

(三)坚持民主监督原则

中国共产党同各民主党派之间的民主监督,是在坚持四项基本原则的基础上,通过提意见、批评、建议的方式进行的政治监督。监督的主要内容是,国家宪法和法律法规的实施情况,中国共产党和政府重要方针政策的制定和贯彻执行情况,中共各级党委依法执政及党员领导干部履行职责、为政清廉等方面的情况。民主监督是我国多党合作的一种重要形式,是在四项基本原则基础上进行的政党之间的政治监督,是一种善意的、建议性的监督,其目的是更好地致力于社会主义事业,实现共同目标,而不是像西方政党那样相互倾轧、尔虞我诈,把对方搞垮。

(四)牢牢把握民主党派参政的基本内容

民主党派参政的基本点是"一个参加、三个参与",即参加国家政权,参与国家大政方针和领导人选的协商,参与国家事务的管理,参与国家方针、政策、法律、法规的制定执行。《政协章程》对政协委员和政协参加单位参政议政的表述为:"对经济社会发展中的重大问题以及人民群众普遍关心的问题,开展调查研究,反映社情民意,进行协商讨论。通过调研报告、提案、建议案或其他形式,向中国共产党和国家机关提出意见和建议。"以上就是民主党派参政议政的基本内容,作为党派成员,必须紧紧围绕上述内容开展参政议政工作。

四、加强农工党海南省委员会的自身建设

农工党章程要求广大农工党员及各级组织,"为实现本党的任务,适应时代发展要求,全党要以建设同中国共产党亲密合作,致力于建设中国特色社会主义事业的参政党为目标;以坚持中国共产党的领导和发扬社会主义民主、坚持政治联盟的特点,坚持进步性与广泛性相统一为原则,加强自身建设"。

为了贯彻落实农工党章程和农工党中央《关于开展政治交接学习教育活动的总体方案》,农工党海南省委员会必须以思想建设为核心,以组织建设为基

础,以制度建设为保障,把自身建设提高到新的水平。具体来说,农工党海南省委员会的思想建设必须以坚持走中国特色的政治发展道路为主题;组织建设必须以领导班子为重点,包括以民主集中制为内容的领导班子建设和以质量为优先的组织发展建设,培养一批具备政治把握能力、参政议政能力、组织协调能力和合作共事能力的骨干党员,加快制定考察评议机制、进退机制等相关制度。在中共海南省委和农工党中央领导下,在海南全体农工党员共同努力下,把农工党海南省委员会建设成政治上坚定而成熟、理论上清醒而深刻、思想上无私而坦荡、能力上干练而全面、作风上扎实而宽容的高素质的社会主义参政党。

深刻理解中国特色政治制度
坚定正确的政治方向①

这次培训主要有三个方面内容。一是学习农工党的党史,了解农工党发展历程,思考我们今后应该怎样自觉接受共产党领导,与中国共产党风雨同舟、荣辱与共;二是学习中国的政党制度,对中国的政党制度有一个大概了解;三是思考如何尽一名农工党员的社会责任。

通过学习培训,我们要解决一个根本问题,我们既然加入了农工党,就已经成为中国共产党领导的多党合作和政治协商制度中的一员,我们要自觉在思想上和行动上接受中国共产党的领导。因此,我们要深刻理解我国的政治制度。我国有一项根本政治制度,四项基本政治制度。

一项根本政治制度就是我国的国体,即人民民主专政的国家制度。我国是工人阶级领导的,以工农联盟为基础的人民民主专政的社会主义国家,这是我们国家的性质。理解我国的性质,要把握工人阶级领导,实际上是通过中国工人阶级的先锋队——中国共产党领导。对于我们国家的性质,有学者提出了不同意见,认为现阶段不应再提"人民民主专政",而应提"人民民主宪政"。我赞成人民民主专政的提法,我个人认为,在我国现阶段阶级斗争仍在一定范围内存在,我们必须对人民实行民主,对敌人实行专政。

关于我国的四项基本政治制度,第一项是人民代表大会制度。人民代表大会制度是我国的政体,政体就是一个国家的政权组织形式。我们国家在组织国

---

① 本文系作者于2008年6月22日在农工党海南省委会新党员培训班上的总结讲话。

家政权时，采取人民代表大会制度的形式，由人民推选人大代表，再由人大代表选举一府两院的组成人员。第二项基本政治制度是我国的政党制度，也就是中国共产党领导的多党合作和政治协商制度，这是一种合作型的政党制度。我们不搞西方的两党或多党制度，不搞竞争性的政党制度。中国的政党制度可以概括为：共产党领导，多党派合作；共产党执政，多党派参政。对于这个问题，我们一定要有一个清醒的认识。作为民主党派成员，千万不要越位和错位，不然的话就会犯政治错误。第三项基本政治制度是我国的民族区域自治制度，这项制度是我国的独创，是一项能很好地解决民族问题的政治制度，这项制度保证了我国56个民族永远团结在一起。苏联解体的一个重要原因，就是民族问题没有解决好，而我们是解决得比较好的。第四项基本制度是基层群众民主自治制度，在农村就是村民委员会，在城镇就是居委会。总之，我们一定要坚持中国共产党领导，不管风云如何变幻，我们坚持中国共产党领导的决心、信心和行动决不改变。

关于西方国家的政治制度，我归纳有六项。第一项是三权分立，即立法、司法、行政三权分立，互相制约，互相制衡。西方的三权分立制度有它的特点，它适合西方国家国情，但缺点是谁也不服谁，形成不了坚强的领导核心。党的十七大报告提出了有中国特色的三权，即决策权、执行权和监督权，我们的三权与西方的三权分立是完全不同的，我们的三权要服从和服务于中国共产党的领导权；第二项是议会制度，西方国家大都实行两院制，上院和下院互相制约。西方国家的议会有立法权和财政权，还有监督权，它同我国的人民代表大会制度在性质上是不同的；第三项是西方的政党制度。西方的政党制度是竞争性的政党制度，在美国就实行两党轮流执政。我们实行共产党领导的多党合作和政治协商制度，共产党是执政党，民主党派是参政党，各党派同共产党的关系是亲密的友党关系，是自觉接受中国共产党领导的合作型政党关系。在中国，你加入了民主党派，就意味着进入政党政治的领域，就要讲政治，就要讲中国特色的政治，就要自觉坚持共产党领导，自觉维护共产党的执政地位；第四项是西方的舆论自由制度。在中国舆论是党和政府的喉舌，一定要讲党性，也就是要坚持中国共产党领导,当然舆论对社会上的一些阴暗面也可以进行批评;第五项是西方军队的国家化和雇佣兵制度。我国实行义务兵役制,我们的军队是中国共产党领导的人民军队。党的领导、武装斗争和统一战线是中国革命胜利的三大法宝。毛泽东同志曾说,"枪杆子里面出政权",今天我们要维护这个来之不易的人民政权,还必须依靠党领导的人民的枪杆子;第六项是西方的律师制度,西方律师不接受任何党派领导,我们国家不能这样,我国律师是中国共产党领导的社会主义的法律工作者。

　　长期以来,一些西方国家一直对中国实行西化、分化的图谋,他们不愿看到中国强大,幻想搞乱甚至搞垮中国,他们把希望寄托在中国极少数政治立场不坚定和意志薄弱者身上。逃亡到国外的藏独分子、民运分子和法轮功分子,已经成为西方敌对势力反对我们自己国家的马前卒。我国以前不但是西方政治上的半殖民地,也是经济上的半殖民地,我们现在政治上独立了,经济上也强大了,中国作为东方巨人已巍然屹立在世界东方。西方一些反华势力,不甘心已有的失败,又用心险恶地抛出了所谓的"中国威胁论"和"中共独裁论",其目的是借此阻挠中国的和平崛起。我们作为民主党派成员,一定要心明眼亮,在思想上和行动上与中国共产党保持一致,自觉坚持中国共产党的领导,同时要带动和团结身边的广大人民群众,坚持中国共产党的领导。在座的各位都是各单位骨干,有的还是领导,我们要围绕中共海南省委、省政府的中心工作而工作,要为维护稳定、构建和谐社会、建设小康社会贡献我们的智慧和力量。只有这样,我们才能无愧于新时期农工党员这一光荣称号。

　　谢谢大家。

关于新时期继承和发扬共产党领导的多党合作传统的思考①

中国共产党领导的多党合作和政治协商制度,是我国的基本政治制度,也是社会主义的新型政党制度和社会主义民主制度。中共中央颁布的《关于进一步加强中国共产党领导的多党合作和政治协商制度建设的意见》(以下简称《意见》),对于积极稳妥地推进社会主义民主政治进程,建设社会主义政治文明具有重大意义。

一、坚持中国共产党领导,是多党合作的前提

新世纪新阶段,民主党派已经是各自所联系的一部分社会主义劳动者、社会主义事业建设者和拥护社会主义的爱国者的政治联盟,是自觉接受中国共产党领导、同中国共产党通力合作的亲密友党,是进步性与广泛性相统一,致力于中国特色社会主义事业的参政党。多党合作必须坚持以马克思列宁主义、毛泽东思想、邓小平理论和"三个代表"重要思想为指导,坚持中国共产党领导,坚持社会主义初级阶段的基本路线、基本纲领、基本经验,坚持长期共存、互相监督、肝胆相照、荣辱与共的基本方针,保持宽松稳定、团结和谐的政治环境。

作为党派成员,只有始终坚持中国共产党领导,才能时刻保持清醒的政治头脑,才不会在复杂的政治环境中迷失方向,才能不犯政治错误。但是,坚持中国共产党领导,绝不能与党委书记个人领导画等号,绝不是"书记一人说了算"。

---

① 本文系作者参加农工党中央2005年春季中青年党员培训班的学习总结。

坚持中国共产党对各民主党派的领导,指的是依靠中国共产党正确的路线、方针、政策,坚持做细致的思想政治工作,发挥共产党员的先锋模范作用,团结民主党派为实现全面建设小康社会的宏伟目标而共同奋斗;坚持"团结——批评——团结"的公式,在重大是非、重大原则问题上,做好政治引导工作,坚持正确的政治方向。

二、搞好参政党自身建设,是多党合作的条件

新世纪新时期,中国共产党作为执政党,提出了执政能力建设问题。各民主党派作为中国共产党的亲密友党和社会主义参政党,也同样面临参政能力建设问题。各民主党派要按照参政党建设的目标和原则,以思想建设为核心、以组织建设为基础、以制度建设为保障,把自身建设提高到新的水平。

目前,各民主党派普遍存在成员年龄老化、基层组织涣散、缺乏政党意识和参政意识等问题。面对新时期、新任务,各民主党派必须以对国家和民族高度负责的态度,抓好自身的思想建设、组织建设和制度建设。要把具备政治把握能力、参政议政能力、合作共事能力和组织协调能力的年轻有为的党派成员,破格提拔到各民主党派的领导岗位,并推荐到政府部门和司法部门担任实职。努力建设一个政治上坚定而敏感、理论上清醒而深刻、思想上无私而坦荡、能力上干练而全面、作风上扎实而宽容的高素质的社会主义参政党。

三、搞好民主监督,是多党合作的重要内容

毛泽东同志曾说:"究竟是一个党好,还是几个党好?现在看来,恐怕是几个党好。不但过去如此,而且将来也可以如此,就是长期共存,互相监督。"由于共产党处于执政地位,更需要民主党派的监督。对此,毛泽东同志深刻地指出:"为什么要让民主党派监督共产党呢?这是因为一个党同一个人一样,耳边很需要听到不同的声音。大家知道,监督共产党的主要是劳动人民和党员群众。但是,有了民主党派,对我们更为有益。"毛泽东同志这里讲的民主党派对共产党的监督,就是民主监督。这种监督是在坚持四项基本原则的基础上,通过提

意见、批评、建议的方式进行的政治监督,是我国社会主义监督体系的重要组成部分。民主党派进行的民主监督,主要采取在政治协商中提出意见,向中共党委及其职能部门提出书面建议,参加人大及其常委会和各专门委员会组织的调查研究,在政协大会上发言和提出提案、在视察调研中提出意见等方式,就国家宪法、法律法规的实施情况,中国共产党和政府重要方针政策的制定和贯彻执行情况,党委依法执政及党员干部履行职责、为政清廉等方面的情况进行监督。

民主监督是社会主义民主政治的重要内容,也是社会主义政治文明建设的重要方面。各民主党派在进行民主监督过程中,只要能摒弃个人、单位私利,一心为公,反映民众意见和要求,注意方式方法,勇于承担民主监督责任,就一定可以使民主监督这一监督形式,在我国的政治生活中发挥应有的作用。

学习贯彻党章　依法反腐倡廉[①]

《中国共产党章程》(简称《党章》)规定了党的性质、纲领、原则、基本路线、指导思想和组织纪律等内容,是党的根本法,是中国共产党执政兴国的行动指南。针对中国共产党长期处于执政地位的情况,《党章》对反腐倡廉工作作了原则性规定。

1949年10月,以毛泽东主席为领袖的中国共产党,经过长期艰苦卓绝的浴血奋斗,领导中国人民建立了新中国。从此,中国共产党从领导人民通过农村包围城市、武装夺取政权的马克思主义的革命党,转变为领导人民进行社会主义建设、建立社会主义市场经济的马克思主义的执政党。作为长期执政的执政党,为了能保证党永远不脱离群众,永远全心全意为人民服务,《党章》明确规定:"党除了工人阶级和最广大人民群众的利益,没有自己特殊的利益。党在任何时候都把群众利益放在第一位,同群众同甘共苦,保持最密切的联系,不允许任何党员脱离群众,凌驾于群众之上。"党又是由全体党员组成的政治组织,为了能永远保持党与人民群众的血肉联系,永远不脱离群众,《党章》同时又规定:"除了法律和政策规定范围内的个人利益和工作职权以外,所有共产党员都不得谋求任何私利和特权。"

为了使《党章》的上述规定落到实处,切实使党永远不脱离群众,使党员做到"不谋求任何私利和特权",《党章》又规定了如下两项原则:

(一) 要求全体党员遵守国家宪法和法律

现代法治国家与封建专制国家的一个重大区别,就在于执政者必须自觉守

[①] 本文系作者参加海南省纪委关于"学习贯彻党章、依法反腐倡廉"征文活动论文。

法。党作为用马克思列宁主义、毛泽东思想、邓小平理论和"三个代表"重要思想武装起来的,致力于"依法治国、建设社会主义法治国家"的马克思主义政党,党员作为中国公民,当然要遵守国家宪法和法律。因此,《党章》规定:"党必须在宪法和法律的范围内活动",并把"模范遵守国家的法律法规"作为党员必须履行的一项义务。

(二)强调监督对于反腐倡廉的重要性

由于党的各级领导干部手中握有人民赋予的治国理政的权力,各级党员领导干部能否廉洁自律,对于党和国家事业的成败,利害攸关。因此,《党章》在多处强调对党员领导干部的监督。《党章》明确规定:"每个党员,不论职务高低,都必须参加党的组织活动,接受党内外群众的监督","不允许有任何不参加党的组织生活,不接受党内外群众监督的特殊党员";"加强对党的领导机关和党员领导干部的监督,不断完善党的监督制度";"要保证党的领导人的活动处于党和人民的监督之下";要求党的各级领导干部,"正确行使人民赋予的权力,自觉接受党和群众的批评和监督";党的各级纪律检查委员会"对党员领导干部行使权力进行监督"。

《党章》的上述规定,归结到一点,就是要通过党员自觉守法的行为和对党员尤其是党员领导干部的监督,推进反腐倡廉工作,从而做到"坚持不懈地反对腐败,加强党风建设和廉政建设"。

学习贯彻《党章》,必须使反腐倡廉工作制度化、规范化、程序化,用制度和法律规范权力运行,约束党员领导干部的从政行为,从法律制度上保证反腐败措施的贯彻执行,依法反腐倡廉。根据《党章》规定,中共中央制订了《中国共产党党内监督条例(试行)》《中国共产党纪律处分条例》这两个重要的党内反腐倡廉法规,中共中央并且还印发了《建立健全教育、制度、监督并重的惩治和预防腐败体系实施纲要》。可以说,反腐倡廉工作已基本走上了制度化、规范化和程序化的轨道。但是,反腐倡廉工作仍存在一些问题,这主要表现在党内制度建设与国家法制建设仍需协调,反腐倡廉与司法机关独立办案仍需协调。

1. 党内制度建设与国家法制建设的协调

反腐倡廉是党内监督的重要内容,查处触犯刑法的党员领导干部的腐败案件是司法机关的重要职能之一。作为党员领导干部,首先应遵守《党章》和党内有关规定,在他们的行为涉嫌违反《党章》和党内有关规定时,应自觉接受党内监督,在指定的时间、指定的地点就有关问题作出解释和说明。《行政监察法》第二十条第三款赋予监察机关在调查违反行政纪律行为时,可以根据实际情况和需要,采取"双规"措施,即责令有违反行政纪律嫌疑的人员在指定的时间、地点就调查事项涉及的问题作出解释和说明。由于党员领导干部同时具有国家公务员身份,加之目前党的纪律检查机关与行政监察部门合署办公,因此,在反腐倡廉工作中采取的"双规"措施是有国家法律依据的。但是,有关部门在运用"双规"过程中,仍然存在一些问题。为了规范"双规"行为,自2007年以来,中央纪委办公厅和中央办公厅相继下发文件,要求"完善查办案件协调机制,进一步改进和规范'两规'措施"。根据文件规定,"两规"实施主体只能是县处级及以上纪检机关,"两规"对象只能是党员,"两规"的审批程序更加严格,"两规"的时限也有了约束性规定。

但是,法治的重要原则之一是"法律面前人人平等",作为违反党纪和触犯刑法的党员领导干部,也是中国公民,他们在履行《党章》和党内有关规定赋予的义务时,又应受到国家宪法和法律的保护。反腐倡廉既要遵守《党章》和党内有关规定,又不能违反《刑事诉讼法》《刑法》等程序法与实体法。要做到这一点,必须使党内制度建设与国家法制建设协调一致。

2. 反腐倡廉与司法机关独立办案的协调

《党章》明确规定:"党内严格禁止用违反《党章》和国家法律的手段对待党员,严格禁止打击报复和诬告陷害。违反这些规定的组织或个人必须受到党的纪律和国家法律的追究。"因此,要做到依法反腐倡廉,就必须重视证据。只有在证据确凿充分的情况下,才能对案件进行立案查处。在反腐倡廉过程中,必须坚持惩治腐败与保护权利并重,按法定权限使用办案手段和措施,做到严格执法、公正执法,依法把案件办扎实。在把查处的案件移交司法机关处理时,才能使司法机关把案件办成铁案。

在案件移送司法机关后,当事人是否犯罪和犯什么罪,概由司法机关决定和处理,有关部门不应再介入,也不应提出指导性处理意见。进入司法程序的党员领导干部的腐败案件,必须而且只能由法定司法机关依法独立公正处理,既不能因为他们曾有的领导干部身份而法外开恩,也不能为了反腐败的需要而任意加重刑罚,乃至产生错案。在处理当事人主动交代问题或具有自首情节的案件时,可以依法从轻或减轻处罚。被采取强制措施的当事人,如实供述办案机关还未掌握的本人其他罪行的,应按自首处理。当事人揭发他人的犯罪行为,查证属实的,或提供重要线索,从而得以侦破其他案件等立功表现的,可以依法从轻或减轻处罚;有重大立功表现的,可以依法减轻或免除处罚。犯罪后自首又有重大立功表现的,应当依法减轻或免除处罚。司法机关在处理腐败案件时,应依法使案件处理结果事实清楚,证据确凿,定性准确,处理恰当,手续完备,程序合法,使当事人本人和家属心服口服,使其他人受教育,使有关部门依法树立起应有的权威。在刑罚执行过程中,对曾有领导干部身份的囚犯减刑、假释和保外就医时,不得有事实上的优惠待遇,以免产生审判上的平等、刑罚执行过程中的不平等这一社会不公平现象。对于被查处的腐败案件,如果当事人坚持申诉并多次申诉,有关部门不应不予理睬或久拖不决,而应依法受理。经过再次审理后,如果确系错案,则应依法重新作出公正处理。这是贯彻"有错必纠"原则的体现,丝毫无损于有关部门的形象,相反还有利于提升有关部门的形象和威望。

目前,对党员领导干部腐败问题的立案和查处,大多数来自人民群众的举报,极小部分来自对党员领导干部有意见的人的举报,通过制度安排发现问题和线索的不多。对于来自广大人民群众的举报,当然无可非议,但对来自对党员领导干部有意见的人的举报,则要具体分析,谨慎处理。对于经过查实的腐败案件,必须严肃处理,但对于与此相关的对领导干部有意见的人的问题也必须作出相应处理。在现代法治社会,绝不允许把反腐倡廉作为打击异己,发泄个人私愤,甚至排斥竞争对手的工具和手段。

坚持司法机关独立办案,并不意味着司法机关可以不听取有关部门的正确意见,相反,司法机关不仅应充分尊重和听取有关部门的正确意见,而且还应充分重视和听取辩护律师合法有据的辩护意见。我国律师是中国共产党领导的社会主义的法律工作者,是社会主义民主法治建设的一支重要力量。律师依法行使辩护权,是国家尊重和保障人权的需要,是"被告人有权获得辩护"这一宪法原则的体现。实践证明,由于律师工作角度不同,认真听取并采纳律师正确的辩护意见,对于司法机关正确处理刑事案件,防止和减少错案,有着非常重要的作用。在处理党员领导干部的腐败案件时,各级司法机关同样应依法重视和听取律师正确的辩护意见。

中共中央《关于加强党的执政能力建设的决定》语重心长地告诫全体共产党员:"无产阶级政党夺取政权不容易,执掌好政权尤其是长期执掌好政权更不容易。党的执政地位不是与生俱来的,也不是一劳永逸的。"因此,应认真学习贯彻《党章》,依法反腐倡廉,从而更好地巩固党的执政地位。

发挥律师作用　构建和谐社会①

在我儿时的眼中,律师是一个神圣的字眼。你看,他戴着荆棘的王冠而来,他是正义的化身,自由和法律的守护神。曾有一位名人说过:"律师是其当事人命运的把握者。律师的神圣之手,掌握着其当事人的财产、生命和自由。"是的,在现代社会,再怎样形容律师的作用也不为过,律师已渗透进我们社会生活的诸多领域,并发挥其独特的作用。

那么,如何给中国律师下一准确的定义呢？中国律师到底能在国家和社会生活中发挥哪些作用呢？国家和人民对律师有哪些要求呢？根据《律师法》第二条,律师是依法取得律师执业证书,接受委托或指定,为当事人提供法律服务的执业人员。这一定义仅揭示了律师的业务属性,没有揭示律师的社会地位和社会属性。中国律师是中国共产党领导的社会主义的法律工作者,是改革开放以来涌现的新兴社会阶层,是社会主义事业的建设者,是我国社会主义民主法治建设的一支重要力量。律师中的广大共产党员,是"三个代表"的坚定践行者;律师中的民主党派成员和无党派人士,是党领导的爱国统一战线的组成部分。由于律师有着如此崇高的社会地位,律师理应在国家和社会生活中发挥其应有的作用。那么,律师到底能发挥哪些作用呢？律师的作用具体体现在律师的业务功能和律师的社会作用两方面,即维护公平正义和促进民主法治进程两方面。律师在为当事人提供法律服务过程中,不能纯粹为了金钱,更不能为了金钱丧失原则、良心、道德,甚至甘冒违法犯罪的风险。律师在谋生过程中,必须始终想到社会利益,必须坚

---

① 本文刊登在《海南律师》2006年第2期(总第11期)。

决维护公平正义。只有这样,律师在辩护和代理案件过程中,才能有底气,才能在遇到失败和困难时,有百折不回、不屈不挠的精神。也只有这样,才能做一位社会公认的优秀律师。新世纪新时期,祖国和人民对广大律师寄予了厚望,提出了新的要求,这就是"坚持信念、精通法律、维护正义、恪守诚信"。"坚持信念"就是要坚持党的领导,坚持社会主义方向,坚持为人民服务,坚持法律至上,这是对律师政治素质提出的要求;"精通法律"是对律师业务素质提出的要求;"维护正义、恪守诚信"是对律师执业提出的要求。中国律师只有坚持这16字方针,在执业的同时发挥好律师的社会作用,才能无愧于中国律师这一光荣称谓,才能无愧于祖国和人民对律师寄予的厚望。

在建立社会主义市场经济这一时代背景下,党中央适时提出了构建"公平正义、民主法治、诚实友爱、充满活力、安定有序、人与自然和谐相处"的社会主义和谐社会的总目标。构建社会主义和谐社会,就是要根据党和国家的政策、中华民族的优秀传统道德和宪法、法律、法规,妥善处理好、协调好人与人、人与社会、人与自然之间的关系。社会主义和谐社会的本质,是要在推进民主法治的进程中,实现社会公平正义。律师作为党领导的社会主义的法律工作者,要自觉在执业过程中,协助党和政府协调好、处理好人与人、人与社会、人与自然之间的关系,维护社会公平正义,推进民主法治进程。在构建和谐社会的过程中,律师具有天然的优势。2005年8月,当我有幸得到时任全国政协副主席、农工党中央常务副主席李蒙先生的亲切接见时,李蒙副主席意味深长地对我说:"律师在构建和谐社会中的作用很大哟!"如果广大律师能从自身做起,从现在做起,自觉把执业活动与构建和谐社会相联系,自觉发挥律师的社会作用,自觉处理好赚取律师费与维护公平正义的关系,努力做到"重义淡利",那么,构建和谐社会的总目标定会早日在中国大地实现,同时这也将极大地提升中国律师的政治和社会地位。古人云:"有为才有位,有位更有为。"广大的律师同仁,让我们不懈努力吧!我坚信,在不久的将来,定会有更多优秀律师进入各级人大、政协,甚至走上领导岗位,在构建和谐社会过程中,在国家的政治生活、经济生活、社会生活和文化生活中,发挥更大的作用。

关于律师行业树立社会主义荣辱观和社会主义法治理念的思考

一、对当代中国律师的整体评价

(一)对律师定位的思考

我国《律师法》第二条明确规定:"律师是指依法取得律师执业证书,接受委托或者指定,为当事人提供法律服务的执业人员。"第十四条规定:"律师事务所是律师的执业机构。"根据这两条规定,人们普遍认为律师是法律专业人士,向当事人提供法律服务,律师事务所是中介机构。我认为这一定位仅揭示了律师的业务属性,没有揭示当代中国律师的本质属性和社会属性。

我认为当代中国律师是中国共产党领导的社会主义的法律工作者,是改革开放以来涌现的新兴社会阶层,是社会主义事业的建设者,是我国社会主义民主法治建设的一支重要力量。当代中国律师具有其独特的政治特征、业务特征、时代特征、地位特征和使命特征。其政治特征是自觉接受中国共产党领导,其业务特征是社会主义的法律工作者,其时代特征是新兴的社会阶层,其地位特征是社会主义事业的建设者,其使命特征是我国社会主义民主法治建设的一支重要力量。这就是当代中国律师的本质属性和社会属性,这就是当代中国律师的正确定位。

(二)我国恢复律师制度后取得的成绩

一国律师制度是一国法律制度和政治上层建筑的重要组成部分。我国律师制度是我国社会主义法律制度和政治上层建筑的重要组成部分,在我国的经济生活、政治生活和社会生活中扮演着重要角色。新中国的律师制度始于20世纪50年代,在"文化大革命"时期遭到严重破坏,处于瘫痪状态。20世纪70年代末,律师制度作为我国民主法制整体建构中的一个重要方面得以恢复。20世纪80年代中后期,在司法行政机关领导下,中国律师制度开始了探索改革和创新的进程。由于律师体制改革的推动,截至目前,从业人员已达15万余人,其中,专职律师11万余人,兼职律师3.7万余人。近20年来,从政法院校毕业的法律人才约有30%进入律师队伍。我国现有律师事务所1.2万余家,大学本科以上学历人员已占律师总人数的70%以上,其中硕士和博士研究生学历的占10%。具体到海南,执业律师有800余人,律师事务所达六十九家。这些数据表明,一支富有专业精神、充满活力的律师队伍正以崭新的精神风貌展现于中国社会。广大律师在维护社会稳定,促进社会主义市场经济发展,维护社会公平正义,构建和谐社会等方面发挥了积极作用。

(三) 如何看待当前律师队伍存在的问题

当前,我国律师队伍整体上是好的,大多数执业律师具备从业律师应当具有的政治素质、业务素质和职业道德素质,值得党和人民信赖。人民作为中国律师的衣食父母和具体法律事务的当事人,完全可以放心地给他们选定的承办律师出具授权委托书。正如英国一位名叫丹宁斯的大法官在论述律师素质时所说:"当你考虑律师素质问题的时候,你会发现在这个伟大的职业之中,有着如此之多的受人尊敬的人物。是什么东西使得他们变得如此突出?这就是他们的正直、他们的诚实、他们的勇气和他们的礼貌。各种诱惑在困扰着他们,但他们不为诱惑所动,他们抵制邪恶,保持着良好的品行。"丹宁斯在这里谈的,主要是律师的职业道德问题。可以骄傲地说,当代中国绝大多数律师不仅具备丹宁斯所谈的起码的职业道德素质,而且还具备中国律师作为社会主义法律工作者所特有的政治素质,这就是忠于党、忠于国家、忠于人民、忠于法律的政治本色;这就是在执业过程中,自觉做到"坚持信念、精通法律、维护正义、恪守诚信"。但是,毋庸讳言,目前律师队伍仍存在一些问题。这些问题主要表现在少数律师片面追求经济效益,缺乏理想信念和社会责任感,职业道德缺失,业务水平有待提高,极个别律师甚至存在违纪违法犯罪问题。

（四）当代中国律师肩负的使命和责任

曾有名人这样说过:"律师这个职业是一个高尚的职业,这个职业在促进社会进步和维护法律与秩序方面,有着良好的传统和远大的前程。律师作为国家进步的先锋,总是热情地捍卫人类的自由和法律的统治";"伟大的律师都是这样一些伟大的人物,他们的生活都是以为公众利益而进行的公共服务而著称的。没有一位真正伟大的律师,会在一生中仅仅满足于为私人顾客服务。当需要来临时,会产生为公众服务的强烈欲望,并且愿意为了这种服务,而预先进行数以年计的艰苦的准备工作,这是伟大律师品格的重要组成部分"。可以说,促进社会进步,捍卫人类自由,维护法律统治,为公众利益服务,是律师肩负的使命和责任。但是,当代中国律师负有如下特殊的使命和责任:第一,维护当事人的合法权益与维护法律的正确实施和维护社会公平正义,并把三者有机地结合起来。第二,维护社会稳定,为构建社会主义和谐社会和全面建设小康社会作贡献。中共中央提出的构建"公平正义、民主法治、诚实友爱、安定有序、充满活力、人与自然和谐相处"的社会主义和谐社会的目标,实质上就是要求每位中国公民依法妥善处理好人与人、人与社会、人与自然之间的关系。广大律师作为依法处理上述三种关系的"高手",在构建社会主义和谐社会的过程中,具有天然的优势和条件,理应为构建社会主义和谐社会作出较大贡献。第三,在党的正确领导下,推动我国社会主义民主法治建设进一步向纵深发展。目前,我国社会主义市场经济体制已基本确立,与此相应的必然是社会主义民主法治的逐步建立和完善。作为有着"民间守夜人"和"市民社会代言人"美誉的律师,理应为实现公民权利,制约国家公权,从而扎实推进我国社会主义民主法治进程作出较大贡献。

既然如此崇高的使命和责任落在当代中国律师肩上,这就要求我们每位律师具有强烈的使命感和责任感,不断提高自身政治素质、业务素质和职业道德素质,真正做到"坚持信念、精通法律、维护正义、恪守诚信"。在座的各位律师,让我们不辱使命,互相鼓励,共同努力吧!

二、对律师行业树立社会主义荣辱观的思考

(一)关于社会主义荣辱观

荣辱观是世界观、人生观、价值观的重要内容,树立正确的荣辱观,是形成良好社会风气的重要基础。只有分清是非荣辱,明辨善恶美丑,才能形成良好的社会道德风尚。现在,我国改革开放和现代化建设进入了一个关键时期。经济社会的快速发展,各种文化的相互激荡,都对人们的思想观念、生活方式和价值取向产生深刻影响。总的来说,热爱祖国、积极向上、科学文明、团结友爱,是我们当代社会精神风貌的主流。但社会上也确实有些人,不明是非、不知荣辱、不辨善恶、不分美丑,把腐朽当神奇,把庸俗当高尚,把谬误当真理,不以为耻,反以为荣,这种行为与社会主义道德的要求格格不入,与现代文明风尚极不协调。

正是针对当前社会风气中存在的突出问题,正是基于促进经济社会全面协调发展的迫切需要,胡锦涛同志明确指出,在我们社会主义社会,是非、善恶、美丑的界限绝对不能混淆,坚持什么、反对什么、倡导什么、抵制什么,必须旗帜鲜明。他强调,要引导广大干部群众特别是青少年树立社会主义荣辱观,并明确提出了"八荣八耻"的基本要求。胡锦涛同志提出的"八荣八耻",概括精辟,寓意深刻,涵盖了个人、集体、国家三者之间的关系,涉及人生态度、社会风尚等方方面面,明确了我国社会主义初级阶段最基本的价值取向和行为准则,具有很强的思想性、指导性和现实针对性。律师工作的最基本职责,是明确法律主体行为的合法和非法,分辨社会成员的道德是非,而社会主义荣辱观的基本要求是辨别是非、善恶、美丑,明确坚持什么、反对什么、倡导什么、抵制什么。因此,律师的基本工作,实际上就是在倡导"八荣八耻"的社会主义荣辱观。通过律师的执业活动,可以把"八荣八耻"的社会主义荣辱观,具体贯彻到社会生活的方方面面,体现到执业活动的各个环节。因此,律师要率先垂范,不断加强自身道德修养,首先做一个"道德人",然后再做一个道德、修养极高的律师,千万不可

做一个被现代社会鄙视的"流氓律师"或满身铜臭味、处处唯利是图、时时斤斤计较的"金钱律师"。

（二）律师行业在树立社会主义荣辱观方面存在的主要问题与建议

1. 主要问题

律师行业在树立社会主义荣辱观方面确实存在一些问题，我个人认为最主要的问题有两个：一是少数律师是非观念不清，对于应当支持什么和反对什么，不能根据事实、法律和道德观念作出独立正确的判断，而是迎合当事人的喜好和要求。有的律师在当事人之间挑词架讼、制造纠纷，甚至伪造证据；二是少数律师过于计较个人利益，受理法律事务一切以经济利益为转移，忽略了具体法律事务中隐含的公平正义问题。

2. 三点建议

针对律师行业在树立社会主义荣辱观方面存在的主要问题，特提出如下建议，供各位律师参考：

（1）树立正确的正义观，坚持依据事实、法律和道德观念作出独立正确的判决，明辨是非。在明辨是非后，对于当事人合理合法的诉求，可予以代理；对于当事人不合法的诉求，应当依法予以解释、说明，明确表示不予代理。

（2）树立正确的利益观，在市场经济条件下，努力做到"重义淡利"。"义"和"利"的关系问题，不仅是中华民族传统美德的重要组成部分，同时也是社会主义荣辱观的重要内容。对于广大律师来说，要正确处理好"义"和"利"的关系，就必须处理好赚取律师费与维护公平正义的关系。关于这一问题，有一位名人说得很好，可以供各位律师借鉴，甚至可以作为座右铭。这位名人是这样说的："与商业不同，律师所从事的是一种公共服务。当然，律师也要吃饭，也不免把法律服务作为谋生的手段。但是，挣钱绝不应当是律师从事法律服务的唯一目标，他必须遵守一定的道德准则和崇高的职业规则。一位律师，不仅是公民合法权益的保护者，他也是捍卫正义的卫士，应当始终想到社会的利益。"

（3）争做"有理想、有责任、有信誉、有纪律、有情操"的社会主义道德律师。

三、对律师行业树立社会主义法治理念的思考

(一) 关于社会主义法治理念

1. 法治理念

法治是法律制度和人们执法、守法行为的总称,包括立法、执法和守法三个内容。

(1) 立法:法律具有最高权威,它是民意的体现。

(2) 执法:依照法律治理。法治就是法律的统治或法律的治理。

(3) 守法:法律面前人人平等,治国者、执法者首先要做守法的表率,模范遵守程序法和实体法。

2. 社会主义法治理念

社会主义法治理念的提出,是以胡锦涛同志为总书记的党中央,坚持以马克思主义法学理论为指导,在认真总结我国社会主义法治建设实践经验,借鉴世界法治文明成果的基础上作出的一项重大决策。社会主义法治理念,内容丰富,思想深刻,包含依法治国、执法为民、公平正义、服务大局、党的领导五个方面,体现了党的领导、人民当家做主和依法治国的有机统一。

(二) 律师行业在树立社会主义法治理念方面存在的主要问题和建议

1. 主要问题

极少数律师守法观念不强,没有在头脑中树立法律至上的理念,代理诉讼案件一味与办案人员拉关系;极少数律师一切以经济利益为中心,执业为民、公平正义、服务大局理念欠缺;极个别律师对我国现行政治体制认识模糊,盲目崇拜西方政治制度,对坚持党的领导产生动摇。

2. 建议

作为律师,应树立法律至上理念,自觉遵守法律,做一名遵纪守法的律师;应加强政治理论学习,坚持党的领导不动摇;应多参加一些社会公益活动,少计较一些个人利益,坚持执业为民;应站在中立甚至对方当事人角度,考虑和分析所代理的案件,始终谋求一个公正的解决方案;应做到维护稳定、促进发展、服

务大局。

　　学习社会主义荣辱观和社会主义法治理念,就是要使广大律师成为有严格职业操守的、模范遵守法律的社会主义法律工作者和社会主义建设者,真正做到"坚持信念、精通法律、维护正义、恪守诚信"。只有把社会主义荣辱观和社会主义法治理念牢记心中,并自觉运用于我们的工作和生活,我们才能不犯政治错误、道德错误和法律错误,我们才能不辱使命,为中华民族的伟大复兴作出当代律师的应有贡献!

　　后记:2006年9月21日上午,海口市司法局组织市直属律师事务所主任和合伙人在海南省律师会馆开展"律师行业树立社会主义荣辱观和社会主义法治理念教育活动"。时任农工党海南省委常委、海南省政协委员、海南川海律师事务所主任的赵建平同志作了历时一个半小时,题为《关于律师行业树立社会主义荣辱观和社会主义法治理念的思考》的精彩报告。赵建平同志通过认真学习,深入思考,结合工作实践,对律师行业树立社会主义荣辱观和社会主义法治理念进行了深入阐述,受到与会领导和人员的高度认同,该发言具有较强的理论性、实践性、针对性和启发性。《海南农工》曾全文刊载,农工党中央机关刊物《前进》杂志曾摘登。

弘扬宪法精神　构建和谐社会[①]

弘扬宪法精神,构建和谐社会,不仅是一句响亮的政治口号,而且是跨越宪法学、政治学与社会学的极富哲理的最新命题,具有重大的理论和实践意义。

一、弘扬宪法精神

宪法是规范、限制国家权力,保护、保障人民权利的法律。宪法要解决的根本问题,是国家权力与公民权利的划分和国家权力的运作与公民权利的保障问题。所谓宪法精神,指的是人民权利高于国家权力,国家权力从属于人民权利,即人民主权。正是基于对宪法的理解,伟大导师列宁曾一针见血地指出,宪法是"一张写满人民权利的纸"。

我国宪法是社会主义的新型宪法,是党和全国各族人民共同意志的体现。党的宗旨是全心全意为人民服务,党代表中国最广大人民的根本利益。我国《宪法》第二条明确规定:"中华人民共和国的一切权力属于人民。"因此,人民主权同样是我国宪法的精神。我国著名法学家、中国政法大学教授江平先生曾极为精辟地指出,所有的公法都写着两个字,那就是"限权";所有的私法都写着两个字,那就是"维权";所有的社会法都写着两个字,那就是"扶弱"。因此,"限权"、"维权"、"扶弱"应是我国宪法精神的具体体现。

新世纪新时期,要弘扬宪法精神,就要依照《宪法》第三十三条第三款,尊重和保障公民的人权;就要依照《宪法》第三十四条、第三十五条、第三十六条,保

[①] 本文系作者于2005年12月4日参加海口市委宣传部、海口市普法领导小组办公室组织的"弘扬宪法精神,构建和谐社会"座谈会上的发言。

障公民的政治权利；就要依照《宪法》第三十七条、第三十八条、第三十九条，使公民的人身、人格尊严和住宅不受非法侵犯；就要依照《宪法》第四十一条，保护公民的监督权；就要依照《宪法》第十三条，保护公民的合法私有财产不受侵犯；就要依照《宪法》第三章第一节和第五节，真正落实全国人大和地方人大作为国家和地方权力机关的地位；就要依照《宪法》第九十二条、第一百一十条、第一百二十八条、第一百三十三条，使国务院和地方各级人民政府、各级人民法院和人民检察院，真正对全国人大和地方各级人大负责；就要依照《宪法》第一百二十六条、第一百三十一条，使各级人民法院和人民检察院真正独立行使审判权、检察权。总而言之，就要求依照《宪法》第五条，实行依法治国，建设社会主义法治国家；就要求一切国家机关和武装力量、各政党和各社会团体、各企业事业单位都必须遵守宪法和法律。一切违反宪法和法律的行为，必须予以追究；就要求任何组织或个人都不得有超越宪法和法律的特权。

二、构建和谐社会

新世纪新时期，党中央向全国各族人民发出了构建社会主义和谐社会的号召，全国各族人民积极响应、衷心拥护、坚决支持，神州大地已形成构建社会主义和谐社会的热潮。

和谐，是中华民族的道德要求和传统美德。今天，在建设社会主义市场经济条件下，人们的权利观念、主体观念和利益要求有了较大程度提高，这是社会进步的表现。但是，由于少部分人法律意识淡薄、道德观念缺失，以至于因利益问题产生的不和谐现象逐渐增多。在正在奔向小康社会的当代社会主义中国，仅有物质富裕是远远不够的，精神文明、政治文明万万不可遗忘。因此，党中央适时向全国各族人民发出了构建社会主义和谐社会的号召。构建社会主义和谐社会，就要求处理好人与人、人与社会和人与自然之间的关系。要处理好这三方面的关系，一要依靠党的政策，二要依靠中华民族几千年的传统美德，三要依靠宪法和法律。构建社会主义和谐社会，就必须以人为本，充分尊重和保障人权，依法妥善处理因利益问题产生的各种纠纷，把矛盾解决在基层，解决在萌芽状态,形成人人心情舒畅、个个关爱他人、互谅互让的良好社会氛围。2005年,包括海南省在内的全国各地公、检、法机关开展的大接访活动,就是构建社会主义和谐社会的重要举措,此举解决了一些长期得不到解决的积案、陈案,人民群众欢欣鼓舞,也进一步提升了公、检、法机关的整体社会形象。

三、弘扬宪法精神与构建和谐社会

弘扬宪法精神,是构建社会主义和谐社会的需要;构建社会主义和谐社会,必须弘扬宪法精神。因此,在构建社会主义和谐社会过程中,必须弘扬"人民是国家权力的源泉,国家机关及其干部是人民的公仆"这一宪法精神;必须使我国宪法规定的公民的政治权利、自由权、财产权和监督权不受侵犯,并落到实处;全社会尤其是国家机关及干部必须自觉遵守宪法和法律,依照宪法规范国家机关的权力运作,自觉接受国家和地方各级人大的监督。在党的正确领导下,把弘扬宪法精神与构建和谐社会紧密结合,我们就能真正建设一个"民主法治、公平正义、诚信友爱、安定有序、充满活力,人与自然和谐相处的"社会主义和谐社会。

建设诚信政府　打造海南良好的投资环境[①]

诚信指的是诚实与信用。只有诚实,才能取得信任。所谓"立木为信"、"以诚取信",讲的就是这个道理。在建立社会主义市场经济的时代背景下,不忘诚信,强调诚信,尤其重要。应形成"争做诚信企业,争做诚信公民,争做诚信政府"的良好社会氛围。

一个地方的投资环境包括"软"、"硬"两个方面。"软"环境指的是当地政府是否诚信,司法部门是否公正执法;"硬"环境指的是当地基础设施等物质硬件是否具备。一个地方的投资"硬"环境不具备或不完全具备并不可怕,怕的是当地投资的"软"环境不好或欠佳;怕的是投资者在当地投资后,政府不讲诚信;怕的是在产生纠纷后,当地司法部门不公正执法。因此,为了营造当地良好的投资环境,为了发展当地经济,政府首先必须诚信,政府作出的决策必须执行,政府对投资者作出的承诺必须坚决、彻底兑现,政府应当是诚信的榜样。

海南要快速发展,就必须下大气力做好改善投资"软"环境这篇文章。建设诚信政府,不仅是海南省各级人民政府践行"三个代表"重要思想的具体行动,也是打造海南良好投资环境的重要内容之一。

自建省办特区以来,海南投资的"硬"环境有了长足进展,投资的"软"环境也不断得到改善。各级人民政府绝大部分是讲诚信,也是能按诚信要求办事的。省委、省政府、省人大非常重视诚信问题。在卫留成省长所作的政府工作报告中就提到了政府诚信问题。卫省长在政府工作报告中指出:"为防范和化

[①] 本文系赵建平律师在2004年2月举行的政协海南省四届二次会议上的大会发言,并作为委员提案向大会提交,海南省纪委、省监察厅对该提案作了认真负责的答复。

解财政风险,今年要全面清理政府债务,摸清省、市县政府债务底数,逐项落实处置办法","强化政府信用意识,严格履行政府承诺,不断提高政府公信力和诚信度"。这次省人大通过的《关于加强信用建设的决定》指出,"各级人民政府应当组织清理政府拖欠的债务,制定偿还债务的具体计划,分期清偿债务。省人民政府应当督促市县人民政府偿还债务"。据《海南日报》2004年2月22日报道,海口市政府已率先决定清还征地拖欠款,3.37亿元拟分5年还清。但也有个别地方不讲诚信,不按诚信要求办事,主要表现在对投资者的承诺不兑现,故意拖欠投资者应当回收的投资成本和应得的利益,其后果损害了投资者的合法权益,破坏了海南的投资环境,影响了海南经济建设,也妨碍了人民法院的司法工作。海南省高级人民法院在今年向省人大所作的工作报告中,"建议省政府,设法解决国家机关作为被执行人拖欠工程款的问题,以支持法院的执行工作"。个别地方不给投资者兑现承诺,原因是多方面的,主要原因如下:

一、受"官本位"观念影响。认为政府是当权的,投资者是有求于政府的,习惯于投资者请求政府办事。把政府对投资者的承诺,也当做权力行使,可兑现可不兑现。

二、个别领导为追求政绩,不考虑本地财政的承受能力,搞政绩工程、形象工程,导致承诺无法兑现。

三、个别地方超越法定权限,承诺以土地补偿投资者,但终因无资金向农民征地和未获上级土地管理部门批准,无法兑现给投资者。个别地方给投资者颁发的国有土地使用证,因所属土地尚未转化为国有土地,要求投资者对该国有土地使用证"作招商引资之用,不可开发利用",实际上是纵容投资者以形式合法的国有土地使用证,进行不诚信的经营活动,甚至违法犯罪活动。

四、个别地方领导法治观念薄弱,不自觉执行人民法院已经生效的判决,任由法院多次上门执行无济于事,舆论监督无济于事,甚至有关部门和上级领导过问也无济于事。相反,却把宝贵而有限的财政资金组织干部到省外、甚至境外"考察";极个别领导存在"新官不理旧账"的错误观念,对于前任领导任期内遗留的应给投资者兑现的承诺不兑现;极个别党委主要领导干预政府工作,导致该兑现的承诺不兑现;还有极个别领导存在腐败问题,投资者给好处就兑现承诺,不给好处就不兑现承诺,甚至把已经承诺给投资者的土地再次转让他人。

鉴于个别地方存在不讲诚信,随意损害投资者合法权益的现象,特提出如下建议:

一、由省人民政府发出倡议,把2004年定为海南各级政府诚信年。清理以往年度与投资者签订的合同,对于拖欠投资者投资款与合法利益的合同,有条件的一次偿还,没有条件的与投资者签订还款协议,分期分批偿还。

二、为防止拖欠现象再次发生,把是否诚信作为考察各级政府主要领导政绩的重要指标,行使一票否决权。

三、对于不讲诚信,不自觉执行人民法院生效判决的个别人,有关部门可追究其法律责任。

2005年6月,中共海南省委作出《关于加强投资环境建设若干问题的决定》,海南省人民政府决定把2005年作为投资环境建设年。2006年2月14日,中共海南省委办公厅、海南省人民政府办公厅转发海南省投资环境监督评议评价工作组制定的《海南省机关投资环境建设监督评议评价工作方案》,决定于2006年2月中旬至4月底对省直机关部分职能部门2005年投资环境建设情况进行监督评议评价。监督评议评价内容包括政策环境、政务环境、社会服务监管和党风廉政建设四个方面。作为考察组成员之一,赵建平律师参加了对海南省国土环境资源厅、教育厅、交通厅、工商局的投资环境监督评议评价工作。

令人欣喜的是,目前,海南的投资环境有了较大改善,海南新一轮的投资热潮已经来临。

海南省纪委监察厅对政协海南省第四届委员会第二次会议第0068号提案的答复

赵建平委员：

省政府办公厅转来您的《建设诚信政府，打造海南良好的投资环境》的提案，省纪委监察厅领导十分重视，及时作出了批示。经研究，现答复如下：

一、提案中提到，"政府是否诚信，是衡量一个地方投资环境好坏的重要标准之一"，我们同意您这个论断。加强信用建设，是一个系统工程，涉及每个公民和社会的方方面面。但是，政府作为社会的管理者和服务者，是否诚信，具有一定的导向作用。建设诚信政府，有利于打造海南良好的投资环境，加快海南经济社会发展。2004年2月28日，省人大三届二次会议通过了《关于加强信用建设的决定》，这在全国来说是较早的。这表明，海南省对信用建设是十分重视的，敢于正视问题，努力加以解决。

二、提案中提到，海南省个别地方对投资者的承诺不兑现，故意拖欠投资者应当回收的投资成本和应得的合法利益。的确，由于种种原因，海南省个别地方存在拖欠工程款、拖欠银行贷款等问题。个别地方没有处理好经济社会发展和本地财政承受能力的关系，本意也许是想尽快改变地方面貌，但是，却没有考虑财政承受能力，盲目举债建设。中央提出，树立科学发展观和正确的政绩观，弘扬求真务实精神，大兴求真务实之风，这对制止个别领导盲目举债建设，防止乱铺摊子、留下后遗症很有针对性，很有积极意义。最近，国务院明确提出，从2004年开始，用三年时间解决拖欠工程款问题。海南省对这一问题也非常重视，省人大三届二次会议通过的《政府工作报告》提出，尽快建立与经济发展要求和实际偿还能力相适应的政府举债制度,从严控制政府举债规模。省政府领导多次表示,要列出一个时间表,加以妥善解决,而且正在积极采取措施,将通过建立健全清欠定期报告制度、督查办理制度和责任追究制度等促进清欠工作有效开展。

三、提案中提到,指令拖欠投资者投资款的个别市县政府限期偿还,撤职查办拒不执行法院生效判决的个别市县领导。我们认为,要从根本上解决问题,还是要完善相关法律法规,推进政府体制创新。要进一步转变政府职能,把政府职能转变到经济调节、市场监管、社会管理和公共服务上来,减少和规范行政审批。要规范土地供应市场,建立健全经营性土地使用权招标拍卖挂牌出让制度。要改革投资体制,进一步确认企业的投资主体地位,实行谁投资、谁决策、谁受益、谁承担风险,规范政府投资行为;建立起市场引导投资、企业自主决策、银行独立审贷、政府宏观调控的新型投资体制。要认真执行和进一步完善干部选拔任用制度,坚持德才兼备原则,通过建立健全一整套科学合理的制度、标准和方法,形成科学评价体系,全面准确地评价干部的工作成绩,为正确识别和使用干部提供依据,形成正确的用人导向。这些事情,海南省一直在做,并取得了成效。当然,对少数无视有关法律法规,我行我素、不讲诚信、造成不良后果的人,应该依法惩处。我们相信,在省委省政府领导下,有社会各界的支持和监督,随着相关法律法规的完善和政府体制的创新,建设诚信政府的目标一定能够实现。

我们感谢您关注政府诚信问题,并热情地欢迎您继续提出宝贵意见和建议。

关于从体制上解决人民群众信访问题的建议①

随着我国社会主义市场经济体制的确立,广大人民群众的生活水平有了显著提高。但是,由于改革开放的深入发展,利益关系和格局的不断调整,我国经济社会中的一些深层次矛盾逐渐显现出来,导致各种纠纷不断,影响社会稳定的因素增多,因人民内部矛盾引发的群体性事件已成为影响我国社会稳定的突出问题之一。在社会主义市场经济条件下,人民群众之间的利益关系需要依法规范和调整。如果规范和调整不当,人民群众必然采用信访方式,把自身利益诉求表达出来,并诚恳地希望各级领导和政权机关能发扬民主、体察民情、为民做主,切实解决人民群众遇到的具体困难,这就是最近十年来人民群众信访、特别是集体上访呈上升趋势的原因。

信访是人民群众用书信、电话、走访等形式,向各级领导和政权机关反映情况,提出意见、建议和要求的活动,是人民群众行使我国《宪法》第四十一条赋予公民的"批评权"、"建议权"、"申诉权"、"控告权"、"检举权"的具体表现,是人民群众对执政党及其政权机关和领导干部的监督,也是人民群众维护自身合法权益的重要救济手段。国家信访局原局长周占顺先生在接受《半月谈》杂志社记者采访时说:"在当前群众信访特别是群众集体上访反映的问题中,80%以上反映的是改革和发展过程中的问题,80%以上有道理或有一定实际困难和问题

---

① 本文系赵建平律师在2005年1月举行的政协海南省四届三次会议上的大会发言,并作为委员提案向大会提交,时任海南省委常委、常务副省长吴昌元同志对该提案作了如下重要批示:"转请省委政研室阅研,提的是信访机构设置归属问题,本质涉及政体改革的取向。是否可行及应经何程序实行,请酌。"2005年11月,该提案被政协海南省委员会评为优秀提案。

应予解决，80%以上是可以通过各级党委、政府的努力加以解决的，80%以上是基层应该解决也可以解决的问题。"作为代表中国最广大人民根本利益的中国共产党和中国共产党领导的各级政权机关及其领导干部，应高度重视信访工作，深刻认识解决人民群众信访中反映的问题，对于密切党和各级政权机关及领导干部与人民群众的联系，自觉接受人民群众监督，践行"三个代表"，保持执政党的执政基础和国家长治久安，永葆人民政权不变色所具有的重要意义；应以对人民高度负责的态度，满腔热忱地解决人民群众信访中反映的问题。

海南省人民群众信访中反映的问题，主要包括以下七个方面：一、企业改制、劳动及社会保障问题，其中拖欠在职和离退休人员工资、职工下岗失业后再就业困难、基本医疗无保障、社保基金不到位等；二、"三农"问题，即农民、农村和农业问题，主要反映一些地方违规征占买卖土地，补偿标准较低且被层层截留克扣或长期得不到补偿，失地农民得不到妥善安置；三、城镇拆迁安置问题；四、反映干部作风不正和违法乱纪甚至犯罪问题；五、部分军转干部要求解决政治待遇和经济待遇问题；六、建筑领域拖欠农民工工资、工程款和政府部门因诚信缺失引起的拖欠投资者投资回报问题；七、涉诉涉法问题。以上七类问题中，除涉诉涉法问题应由各级人民法院和人民检察院解决外，其他六类问题主要应由各级人民政府及相关职能部门解决。

当前，海南省受理人民群众信访的机构有省人民政府信访局、省人大信访办公室和省高级人民法院、省人民检察院信访室等，其中省人民政府信访局承担了绝大部分信访工作，可以说成了海南省人民群众信访的焦点。这一方面说明海南省人民群众对省人民政府的信任和殷切希望，另一方面也给省人民政府及信访局增加了工作压力。特别是不时聚集在省人民政府门前的上访群众，不仅影响了省人民政府的正常工作，也影响了省人民政府的形象，而且容易引发违法甚至犯罪案件。迄今为止，省人民政府信访局在接待人民群众信访，解决人民群众的实际困难方面，做了大量卓有成效的工作。但是，由于现行体制原因，省人民政府信访局没有发挥其应有作用，这主要表现在省信访局作为省人民政府的下属机构，其无权对省人民政府及各级政府职能机构进行有效监督，实际变成接待人民群众信访的中转站,即大量的人民群众来信由其负责转送政府有关领导和部门,人民群众的来访也由其接待,并由其把人民群众来访的意见和要求向有关部门转达。由于现行体制原因,省信访局在转送人民群众来信和转达人民群众的意见和要求后,却无权对有关部门进行敦促和督办,致使人民群众的来信来访如石沉大海,杳无音信。采用这种方式处理人民群众信访,不仅损害省人民政府和省领导威信,使人民群众失望和无助,而且丝毫没有解决人民群众的实际困难,反而使困难和矛盾越积越多,从而有可能成为社会不稳定因素。难道在共产党领导的人民的新中国,还要让旧社会那种无权、无势、无钱的老百姓有冤无处申、有理无处讲的悲剧重演吗?不!绝对不能!难道在当代中国,人民群众要求代表人民根本利益的执政党和人民政府解决自己遇到的实际困难,一定需要"朝中有人",甚至"金钱开道"吗?不!绝对不能!

为了解决海南省信访体制不顺、信访途经不畅、信访机构作用发挥不够的问题,建议充分发挥省人大的监督作用。可以考虑在省人大信访办公室基础上,成立省人大信访局。由省人大信访局牵头负责全省信访工作,统一受理人民群众信访。可以考虑把省人民政府信访局及其他单位的信访机构合并到省人大信访局,抽调政府、法院、检察院、民主党派的同志到省人大信访局工作,省人大代表、省政协委员应定期到省人大信访局接受人民群众来信来访。省人大信访局在受理人民群众信访后,对于确实有理由的信访建议、要求,可以会同省人大监督室统一交由有关部门处理。重大信访案件可以由省人大信访局交省人大领导批示后,由有关部门处理。对于确实无理的信访要求,省人大信访局应在充分调查研究,并在听取法律等有关专家意见后,说服信访人不要再进行信访,否则书面通知其不再受理。对于个别别有用心,打着信访旗号闹事、甚至收买不明真相的群众闹事的人,省人大信访局应将其交由公安部门依法处理。对省人大信访局交办的人民群众的信访意见和要求,有关部门必须按时处理并答复。对于逾期不办或抗拒不办的部门和负责人,省人大可启动询问、质询、罢免机制等依法问责,必要时可成立特定问题调查委员会,直至建议司法机关追究有关部门和人员的法律责任。这样从体制上理顺海南省信访机构的职能、地位以及信访机构之间的关系,是为了真正落实国家政权机关对人大负责、受人大监督的宪法原则,是"中华人民共和国的一切权力属于人民"这一宪法原则的体现,是国家尊重和保障人权的需要,有利于解决人民群众信访中反映的问题,实实在在为人民群众办好事、办实事,从而促进海南经济社会全面、协调、高速、稳定发展。

海南省委办公厅召开座谈会研究如何做好信访工作

根据常务副省长吴昌元同志对海南省政协委员赵建平《关于从体制上解决人民群众信访问题的建议》的批示精神，2006年3月4日，省委办公厅召开座谈会，结合办理落实赵建平委员的提案，研究新形势下如何加强信访工作，如何从体制、机制方面做好信访工作的新思路。省委政法委、省人大常委会研究室、省政府研究室、省政协提案委员会、省信访局、省纪委信访室、省高院信访室、省编制办公室等单位领导和政协委员赵建平参加了座谈会。会议由省委副秘书长、省委政策研究室主任李秀领主持。

座谈会上，省政协委员赵建平谈了提案建议的可行性和必要性，与会同志结合当前海南省群众信访增多的现实和本单位的信访工作实际，分析了目前海南省信访机构设置上存在的问题，对如何从体制、机制和法制方面加强对信访工作的领导，发挥信访机构的主渠道作用，整合各方面力量齐抓共管，提出了许多建设性意见。会议认为，信访是反映社情民意的重要渠道，如何加强信访工作，已经成为当前海南省构建和谐海南必须认真研究和解决的重要课题。近年来省委、省政府领导非常重视信访工作，海南要在信访体制创新上作出榜样，结合正在进行的共产党员先进性教育活动，切实加强信访的督办职能，理顺关系，建立和健全"听证制度"、领导接待日制度、联席会议制度、严格信访属地负责制等，切实做好因势利导、化解矛盾、维护社会稳定的工作，充分发挥信访工作在构建和谐社会中的重要主渠道作用。

（海南省政协提案委员会办公室）。

关于厉行法治的建议①

党的十五大正式把依法治国确定为党领导人民治理国家的基本方略。《中国共产党章程》和我国《宪法》均明确规定："实行依法治国，建设社会主义法治国家。"党的十六届四中全会通过的《关于加强党的执政能力建设的决定》，要求把党建设成为"科学执政、民主执政、依法执政"的执政党，要"贯彻依法治国基本方略，提高依法执政水平"。党的十六届五中全会通过的《关于制定国民经济和社会发展第十一个五年规划的建议》，再次提出要"贯彻依法治国基本方略"。可见，厉行法治是党和国家既定的治国方略，符合民意，顺应潮流，是实行社会主义市场经济的当代中国的发展方向，是构建社会主义和谐社会的必由之路。

在中国历史上，曾出现过以韩非子、商鞅等人为代表的法家，他们也主张"法治"，也把"以法治国"理念付诸过当时的治国理政实践。但是，中国历史上的法家主张的"法治"或"以法治国"，是为了维护封建王朝的统治，以封建皇帝为核心的统治集团是不受法律约束的，"以法治国"治理的对象仅仅是封建皇帝统治下的广大人民群众。法家提倡的"以法治国"，是封建统治者镇压人民反抗的有力武器。虽然韩非子等人也曾提出过"法不阿贵，绳不挠曲"，"刑过不避大臣，赏善不遗匹夫"等"法律面前人人平等"的法治原则，但终因时代局限，未能真正实施。在时代已进入21世纪的今天，依法治国的治理对象不应仅限于公民，依法治国不等于"依法治民"。根据我国《宪法》第五条第四款、第五款规定："一切国家机关和武装力量、各政党和各社会团体、各企业事业组织都必须遵守宪法和

---

① 本文系赵建平律师在2006年1月举行的政协海南省四届四次会议上的大会发言。

法律。一切违反宪法和法律的行为必须予以追究";"任何组织都不得有超越宪法和法律的特权"。因此,依法治国的重点应是依法"限权"和依法"治官"。

在当代中国,要厉行法治,贯彻依法治国基本方略,就要确立"法律至上"、"依法办事"的思想观念,就要树立法律的权威;就要求不仅要有符合民意的完备的法律制度,而且已制订的法律能得到普遍遵守;就要求不仅老百姓要守法,各级政权机关及干部要守法,而且各级政权机关及干部更要依法执法。

自20世纪80年代末以来,在中共中央正确领导下,全国人大及其常委会开展了大量卓有成效的立法工作,初步建立起了我国以宪法为根本法、以刑法、民商法、行政法等法律为基本法的社会主义法律体系。特别值得一提的是,全国人大及其常委会在立法工作中与时俱进,根据党和人民的共同意愿和要求,制订了如《行政许可法》《行政处罚法》《国家赔偿法》《行政复议法》《行政诉讼法》《治安管理处罚法》《刑事诉讼法》等一批含有"限权"、"治官"条款,保护人民群众利益的法律,赢得了广大人民群众的拥护。自建省办特区以来,海南省人大及其常委会也同样进行了大量的地方立法工作,如《海南省各级人民代表大会常务委员会监督条例》等"限权"、"治官",维护人民群众利益的地方法规已经制订。可以自豪地说,我们已具备实行法治的前提条件,"有法可依"的问题已得到基本解决。

目前,妨碍我们厉行法治的最大问题是,人们尤其是极少数政权机关及干部的法律意识和法治观念淡薄,还没有确立"法律至上"、"依法办事"的思想观念,已制订的法律还没有真正树立应有的权威,漠视法律、违反法律的现象时有发生。如《行政许可法》《国家赔偿法》就没有很好执行,极少数地方的公、检、法机关时常在工作中违反《刑事诉讼法》。近年来发生的极少数干部贪污、受贿、渎职等案件,说明知法犯法、执法犯法的现象仍不同程度存在。海南省人大及其常委会制订的地方法规,没有引起有关单位应有的重视,漠视海南省地方法规的单位和个人已不是个别现象,《海南省各级人民代表大会常务委员会监督条例》就没有很好执行。海南省极个别地方在和投资者对簿公堂和输了官司后,拒不执行人民法院的生效判决,即使人民法院依法强制执行也无可奈何,产生了不好的社会影响。国务院新闻办公室于2005年10月19日发表的《中国的民主政治建设》白皮书,在谈到中国民主政治建设存在的问题时,严肃指出:"有法不依、执法不严、违法不究的现象依然存在","全社会的民主观念和法律意识有待进一步提高。"

这种漠视法律、有法不依的状况,如任其长期存在,将使法律失去应有的权威,违法行为将成为"合理合法"、"司空见惯"的不正常现象。更为严重的是,这将损害执政党和执政党领导的政权机关及干部在人民群众中的威信,损害人民群众的利益,使人民群众对法律失去信心,延缓中国法治化进程,影响海南经济社会全面、快速、协调发展。

出现这种漠视法律、有法不依的不正常状况,原因是多方面的,具体说来有以下几方面:

一、中国历史上曾是一个封建专制国家,自汉以来其治国理念是儒家学说,其政治制度是以封建皇帝为核心的人治。当代社会主义中国是从半殖民地、半封建的旧中国脱胎而来,中间没有经历发达的资本主义社会。辛亥革命消灭了中国历史上最后一个封建王朝,但没有也不可能消除封建专制传统;以毛泽东主席为领袖的中国共产党,经过长期艰苦卓绝的浴血奋斗,1949年领导中国人民建立了中华人民共和国,但封建的人治影响,依然在共和国大地上有所存在。

二、与错误的法治观念有关。这种错误的法治观念,只强调我国人民民主专政的专政性质,忽视我国人民民主的性质,认为法律只是阶级专政的工具,是统治者对付被统治者的武器,因而政权机关及干部可以不遵守法律,可以不受法律约束和制约。

三、与少数地方人大的实际地位有关。根据《宪法》规定,全国人大和地方各级人大是我国国家和地方权力机关,行使立法、监督、任免等权力。但是,我国《宪法》规定的人大权力机关的地位,在少数地方还没有实际到位,这种状况使人大通过的法律和地方法规有时得不到应有的重视。

四、与现行干部任用制度有关。在选拔任用干部时,组织人事部门往往从政治素质、业务素质和年龄因素等方面考虑,很少考虑被选拔干部的法律素质。我国现有干部队伍中,具备一定法律素质的干部比例不高,人数不多,与发达国家存在较大差距。

五、与政策、法律的关系有关。马克思主义法学告诉我们,法律与政策没有实质矛盾,两者都是广大人民利益和意志的体现。法律是经过实践检验的,上升为国家意志的党的政策。但是,由于政策具备灵活性和较少限制等特点,加之我们长期习惯于依靠政策办事,政权机关及干部是政策的积极实施者,极个别干部甚至把上级领导的"指示"、"意见"、"批条"、"来电"作为政策。与政策不同,法律是调整主体权利义务关系的规范。立法者在授予政权机关及干部权利的同时,也要相应的规定其应当履行的义务,如告知、听证、时限等。因此,个别单位或干部认为依法办事束缚手脚,从而在工作中不自觉遵守法律。

鉴于上述对我们在建设社会主义法治国家进程中存在问题的分析,为了扫除我国依法治国进程中的障碍,加快建设社会主义法治国家和构建社会主义和谐社会进程,特提出如下建议:

一、加强全社会尤其是政权机关及干部的普法教育,使全社会尤其是政权机关干部真正树立起"法律至上"、"依法办事"观念,提高法律意识,真正学法、知法、守法。

二、提高人大地位,真正落实人大作为国家和地方各级权力机关的地位,使人大通过的法律具备应有的权威。

三、把是否具备法律素质作为考察、选拔、晋升干部的条件,把是否依法办事作为衡量干部政绩的一项标准。

四、妥善处理政策与法律的关系,使少数干部从单纯依靠政策办事,转变到依靠法律与政策办事,从而在执行政策的过程中,自觉遵守法律。

五、开展经常性执法检查。对于检查中发现的漠视法律、有法不依的现象,依法予以曝光和查处。

弘扬道德法律　促进社会和谐[①]

构建社会主义和谐社会,是中共十六届六中全会作出的一项重大决策。社会和谐是中国特色社会主义的本质属性,是国家富强、民族振兴、人民幸福的重要保证,是中国共产党领导全体人民共同建设、共同享有的和谐社会。社会主义和谐社会的总要求是:民主法治、公平正义、诚信友爱、充满活力、安定有序、人与自然和谐相处。道德与法律都是调整人们行为的规范。道德通过对人们行为的是非、美丑、善恶的正确判断,以影响人们形象、名誉的方法,规范人们的行为。法律是国家制订或认可的、以国家强制力为后盾的、调整人们行为的规范。道德与法律,相辅相成,相得益彰,共同调整人们的行为。中共中央在提出"依法治国"基本方略的同时,又辅之以"以德治国"。目前,我国已进入改革发展的关键时期,经济体制深刻变革,社会结构深刻变动,利益格局深刻调整,思想观念深刻变化,人们之间、人与社会之间、人与自然之间的关系有待妥善调整。构建社会主义和谐社会,必须依照道德与法律,以解决人民群众最关心、最直接、最现实的利益问题为重点,最大限度地促进社会公平正义。

我国社会总体上是和谐的。但是,也存在不少影响社会和谐的矛盾和问题。具体到海南,影响社会和谐的矛盾和问题主要包括:城乡差别较大,经济社会发展不平衡,收入差距扩大,老百姓看病贵、上学贵、买房贵、就业难、打官司难、信访难、劳动者维权难,社会保障滞后,腐败现象在一些行业和部门仍比较严重,道德规范失控,公民利益诉求和意见表达渠道不畅,社会治安欠佳,吸毒

[①] 本文系赵建平律师在 2007 年 2 月举行的政协海南省四届五次会议上的大会发言。

现象严重,农村土地纠纷尤其是农场与农民的土地纠纷较多,建筑领域拖欠农民工工资和工程款,医患关系紧张,少数社区业主之间、业主和物业以及开发商之间矛盾较多,少数地方和部门以各种借口侵犯投资者合法权益的事件仍然存在。

上述影响社会和谐的矛盾和问题之所以存在,原因是多方面的,部分具体原因如下:

1. 人们的道德水准、守法观念有待提高。一些社会成员,挖空心思中饱私囊。为了一己私利,可以置道德和法律于不顾,甚至不惜铤而走险。如王某因不满意妻子生下一女孩,借故先后四次组织他人围攻某民营医院,严重扰乱该医院正常的医疗秩序,迫使该医院不得不支付 6 万元了事。

2. 个别媒体和少数记者不具备起码的职业道德,新闻报道不能做到全面、客观、公正,而是以金钱和是否熟人关系为转移,误导视听,扩大和加剧了人们之间的矛盾,甚至妨碍公正司法,阻碍和谐社会的构建。如某小区业主李某与罗某之间的人身损害赔偿纠纷案,本来是一宗普通的民事纠纷,但由于个别媒体别有用心的炒作,使该案知名度迅速攀升,成为全国知名案件。该案的不公正判决,也与媒体过度干预有关。审理该案的两级法院在媒体和其他案外因素影响下,不顾李某饲养的动物未对罗某实施伤害和罗某当时经医院检查未受伤害的事实,错误适用《民法通则》第一百二十七条,判令李某承担损害赔偿责任,在社会上产生不良影响。在该案终审判决后,海南省小动物保护协会和一些知情群众,联名声援李某。目前,李某已依法向海南省人民检察院申诉,省人民检察院也已依法立案。海南省医患关系紧张,也与个别媒体和少数记者无原则介入有关。据了解,只要医患之间产生矛盾,患者及其家属的第一反应往往是"找媒体"、"找记者",而不是依照法律程序解决医患纠纷。如吕某与某医院因整形美容产生纠纷,在该案已进入司法程序的情形下,某报在第一版显要位置刊登不全面、不客观、不公正的报导,使该院在报导后一个月内没有一名顾客,最终迫使某医院庭外无条件支付吕某 2 万元。

3. 在执业过程中,个别律师以收取代理费为唯一目标,忽略了每个具体案件中隐含的公平正义问题。对于当事人的诉求，个别律师不能从中立、专业角度分析判断，而是无原则予以代理，其结果加剧了人们之间业已存在的矛盾，不利于及时妥善解决民事纠纷。如某记者诉某开发商返还购房款纠纷案，某记者在实际收到某开发商交付的140平方米的商品房和40平方米的阁楼后，由于开发商只办理140平方米房产证，便无理诉请开发商返还12万余元购房款。本案原告代理律师本应告知某记者不予起诉或起诉的后果，但该律师无原则迎合当事人不合理、不合法的诉讼请求，代理某记者起诉。这样做的结果，只能是导致该记者的诉讼请求，先后被一审和二审人民法院驳回。

4. 由于利益驱动，一些行业和部门腐败现象比较严重。如极个别审判人员不能正确行使人民赋予的权力，不能公正审理案件，甚至为了袒护一方当事人，故意曲解法律。如某区人民法院某审判人员在审理一起某竞买人状告某拍卖公司返还保证金案件时，无视拍卖行业使用保证金的惯例，无理把保证金解释为定金，在某拍卖公司已依约返还某竞买人保证金的情形下，根据定金罚则，仍作出判令某拍卖公司双倍返还竞买人保证金的不公正判决。此外，建筑工程、医疗、药品采购、贸易、投资、金融、中介服务等领域不同程度存在商业贿赂等腐败现象。

5. 信访部门只限于转送和转达人民群众的信访要求，有关部门没有严格按照《信访条例》规定，以对党和人民高度负责的态度，满腔热情地解决人民群众的信访问题，致使一些群众不得不越级上访、违法上访。

上述影响社会和谐的矛盾和问题，虽然是局部和个别的，但其危害却不容忽视。古人云："千里之堤，溃于蚁穴。"如果我们不加以重视，不采取切实有效的措施预防和解决，就可能逐渐酿成社会动荡，甚至影响改革发展稳定的大局，延缓海南经济社会全面快速稳定发展的进程，最终阻碍社会主义和谐社会的构建。鉴于此，特提出如下建议：

1. 在全社会弘扬中华民族"重义淡利"等优秀传统道德。影响社会和谐的矛盾和问题，大多源于利益冲突。人们在处理涉及自身利益的问题时，如果能以"义"为先，重义淡利，互谅互让，甘愿吃"亏"，吃得起"亏"，承受得起"委屈"，一切从维护和促进社会和谐这一大局出发,妥善处理好"义"与"利"的关系,影响社会和谐的矛盾和问题就会减少,我们的社会就会更加和谐。

2. 继续深入在全社会开展声势浩大的普法活动。让宪法和法律走进人们的工作和生活,进一步提高宪法和法律的权威,使全社会形成人人学法、知法、守法的法治氛围,引导人们正确运用法律,依法维护合法权益,促进社会和谐。

3. 把是否具备职业道德和法治观念作为进入与社会和谐密切相关的行业的前提条件。让记者、律师、政府公务员和有关人员,时刻牢记"社会和谐,我有责任",从而自觉依照道德和法律办事,预防和减少影响社会和谐的矛盾和问题,促进社会和谐。

关于发挥律师在社会主义法治建设中的作用之建议①

党的十七大报告明确提出："全面落实依法治国基本方略,加快建设社会主义法治国家。"经修订通过的《律师法》第一条规定,《律师法》的立法目的之一是,为了"发挥律师在社会主义法治建设中的作用"。

我国律师是中国共产党领导的社会主义的法律工作者,是改革开放以来涌现的新兴社会阶层,是社会主义事业的建设者,是我国社会主义民主法治建设的一支重要力量。目前,海南省有69家律师事务所,共有注册律师800余名。海南省律师队伍整体上是好的,绝大多数律师具备从业律师应当具有的政治素质、业务素质和职业道德素质,值得省委、省政府和海南人民信赖。自建省办特区以来,海南省广大律师以高度的社会责任感和正义感,为社会提供了优质、高效、专业的法律服务,为海南又好又快发展作出了积极贡献。

但是,与建设社会主义法治国家的目标相比,与省委、省政府和海南人民的要求相比,海南省律师的服务还不尽如人意,律师的作用还没有得到全面、有效的发挥。如由于海南省取消了律师职称评定,律师行业无中、高级职称,这给律师融入社会和与评定职称的其他行业开展往来时带来障碍,客观上阻碍了律师发挥作用,同时也使少数律师失去奋斗目标和动力;社会上少部分人把律师与金钱画等号,认为律师是一架赚钱机器,律师执业的唯一目的就是赚取委托人支付的律师费,甚至有关部门的个别同志也认为律师是专门挑刺、找毛病的专

---

① 本文系赵建平律师在2008年1月举行的政协海南省五届一次会议上的大会发言。

业人员,因而不重视、不采纳律师提出的合法有据的意见;此外,律师发挥作用的领域还有待进一步开拓。

出现上述现象的原因是多方面的,具体原因如下:

一、中国是一个封建历史悠久的国家,"学而优则仕",读书人以求取"功名"作为人生主要目标,"修身齐家治国平天下"是其最高境界。中国社会以"息纷止讼"为传统治理理念,"讼师"自古就处于社会边缘化地位,不被社会重视,甚至遭社会鄙视。

二、自恢复律师制度以来,律师就被定位为社会中介机构中的从业人员,这一定位淡化了律师作为一国司法制度的重要组成部分的角色,从而使律师与房地产中介、职业婚姻中介中的从业人员的地位等同。

三、极少数律师片面追求经济效益,甚至违法犯罪,他们的行为损害了律师行业的形象,败坏了律师声誉。

为充分发挥海南省律师在社会主义法治建设中的作用,特提出如下建议:

一、律师应自强。律师在钻研业务知识的同时,应努力加强政治学习,提高自身的政治素质、业务素质和职业道德素质,争做坚持信念、精通法律、维护正义、恪守诚信的优秀律师。

二、律师应自律。律师应模范遵守国家宪法和法律,遵守职业道德,坚持以事实为根据、以法律为准绳,自觉接受国家、社会和当事人的监督,自觉把维护当事人的合法权益与维护法律的正确实施和维护社会公平正义有机结合起来。

三、律师应成为海南省民主政治的推进者。律师应积极参加海南省的地方立法工作,为各级政府决策提供法律咨询,为维护司法公正、尊重和保障人权而不懈努力。律师中的各级人大代表、政协委员和党派成员要发挥专业优势,围绕构建具有海南特色的经济结构和更具活力的体制机制,在实践中调查研究,积极参政议政,献计出力。

四、律师应成为海南省经济发展的促进者。律师应积极为省委、省政府实施的大企业进入、大项目带动的战略提供法律服务;积极为国有企业改革、促进非公经济发展、发展生产要素市场等提供法律服务,促进现代市场体系的完善;

积极为发展现代农业、深化农村综合改革、发展农民专业合作组织提供法律服务,促进社会主义新农村建设;积极为加强资源能源节约和生态环境保护提供法律服务,促进可持续发展体制机制的形成和完善。

五、律师应成为海南省法治文化的传播者。律师应弘扬法治精神,广泛传播法律文化,积极参加普法宣传活动。在参加"法律进乡村"活动的同时,开展法律进社区活动,让党的十七大报告提出的公民意识和社会主义民主法治、自由平等、公平正义理念深入人心。

六、律师应成为矛盾冲突的协调者。律师应维护作为弱势群体的农民工、失业人员、工伤人员、残疾人、老年人和生活困难人员的合法权益,参与劳动纠纷和医患纠纷的调处,参加涉法信访工作,化解矛盾、理顺情绪、凝聚人心,为维护稳定多作贡献。

关于推动海南律师业依法科学发展的建议[①]

科学发展观的第一要义是发展,核心是以人为本,基本要求是全面协调可持续,根本方法是统筹兼顾。2008年6月1日起实施的新《律师法》,体现了以人为本、全面协调可持续发展的科学发展观的要求,是律师执业与律师管理工作的法律依据。

建省办特区20年来,海南律师业有了长足发展。至2008年止,海南有注册律师近800名,律师事务所达70余家。在省委、省政府的坚强领导下,海南广大律师为海南经济社会又好又快发展和民主法治建设作出了贡献。但是,海南律师业仍存在发展不全面、不协调问题,可持续发展的后劲不足,这种现象表现在:从地域上看,海南律师绝大多数集中在海口和三亚两地;从律师队伍收益来看,只有20%~30%的律师每年的效益较好,相当部分律师还处于贫困和半贫困状态;从律师队伍的整体素质来看,部分律师的业务能力有待进一步提高,部分律师的健康状况令人担忧,少部分律师缺乏理想信念。这种状况与科学发展观的要求是不相适应的,与建设社会主义法治国家的宏伟目标是不符的,与时代赋予律师的神圣使命是不相称的。出现这种现象的原因是多方面的,主要原因如下:

一、司法行政部门与省律师协会的关系没有依法理顺。根据新《律师法》规定,"律师协会是社会团体法人,是律师的自律性组织","司法行政部门依照《律师法》对律师、律师事务所和律师协会进行监督和指导"。因此,对律师进行

[①] 本文系赵建平律师在2009年1月举行的政协海南省五届二次会议上的书面发言,并作为委员提案向大会提交。

自律管理的主体是律师协会,司法行政部门起监督和指导作用。为了使律师协会的行业管理权限落到实处,新《律师法》赋予了律师协会八项职责,主要有维护律师合法权益、制定行业规范和惩戒规则、组织业务培训、对律师的执业活动进行考核、对实习人员进行考核等。但是,司法行政部门没有严格按照新《律师法》规定,很好地履行监督和指导职责,而是管了一些不该管或本应由律师协会管理的事情,如为了人为实现省属律师事务所做大做强的目标,至今仍不允许省属律师事务所律师向海口市属律师事务所流动,但却允许海口市属律师事务所律师向省属所流动;要求律师事务所每年创收额达到400万元,否则在年度评优时扣分;对律师事务所及实习人员的考核,至今仍适用司法行政部门制定的考核办法。

二、根据新《律师法》规定,司法行政部门对律师、律师事务所进行指导、监督的权限,大部分已下放至设区的市级司法行政部门,但海南省司法行政部门没有放权,至今仍直接管理了若干家"省属"律师事务所。

三、极个别人没有公平、公正对待每一位律师,而是根据与个别律师关系的远近、亲疏,决定对律师的态度。对极个别政治觉悟低、人品差、职业道德差的人,不仅不批评、教育,反而包庇、纵容。

鉴于海南律师业存在的问题,为了推动海南律师业依法科学发展,特提出如下建议:

一、依法理顺律师协会与司法行政部门的关系,真正依法发挥协会自律职责、司法行政部门的监督和指导职责。废除阻碍律师流动的不合理规定,取消律师事务所每年收入达不到400万元扣分的规定,由律师协会修改或制订对律师事务所及实习人员的考核办法。

二、根据新《律师法》规定,结合海南省省直管市县的实际和省委、省政府关于行政管理权限下放的重大决策,现在仍由省直接管理的省属律师事务所可分别下放给海口市和三亚市管理,其他市县律师事务所可以根据与海口市和三亚市的地域距离,分别指定海口市和三亚市司法行政部门管理。

三、加大对律师的政治、业务和职业道德培训力度,关心青年律师成长,帮助青年律师树立正确的理想信念,形成有利于律师成长的环境,让一大批青年律师成长为坚持信念、精通法律、维护正义、恪守诚信的优秀律师。

四、关心经济困难律师的生活,采取多种措施扶持贫困律师脱贫,如提供法律援助业务、净化法律服务市场、在法律许可范围内采取一定的地方保护措施,争取省政府设立扶持海南律师业发展的专项资金等措施。

五、关心律师的身体健康和心理健康,加强律师与律师、律师事务所与律师事务所之间的沟通和联系,举办健康和心理讲座,告别不健康生活方式,提倡健康有益的生活方式,开展多姿多彩的文娱体育活动。

六、对极个别政治觉悟低、人品差、职业道德差的人,必须进行批评教育,并依法作出相应的行政处理,绝不可姑息、迁就,甚至包庇、纵容。

海南省司法厅关于省政协第五届委员会第二次会议第0238号提案的复函

赵建平委员：

你好！你提出的《关于推动海南律师业依法科学发展的建议》收悉。我们认为，你的建议切合实际，符合科学发展观要求，对促进海南省律师业顺利发展有着重要的借鉴意义。其中许多建议与我厅的工作思路不谋而合，我厅或已经在实施或正在准备实施。现具体答复如下：

一、关于律师协会与司法行政部门的关系问题

长期以来，我厅非常重视司法行政机关和律师协会"两结合"管理体制，并为此做了大量工作。我们先后于2002年、2004年制定下发了《关于律师"两结合"管理体制改革实施意见》《关于进一步完善律师公证"两结合"管理体制的通知》，明确了行政管理和行业管理的职能分工，建立了司法厅负总责、省律协介入年检注册前期审核工作的管理机制，健全完善了司法行政机关与行业协会之间的联席会议、情况通报和违法乱纪查处分工协作等工作联系协调制度；并且在全国率先实行了会长、副会长、常务理会完全从执业律师中选举产生的办法，保证了律师协会在司法厅的监督指导下，独立运行。就全国而言，海南省的律师管理工作，在一定程度上实现了"政府监管、行业自律"，走在了全国前列，得到司法部的肯定。

关于律师事务所的考核问题。司法部《律师事务所管理办法》(第111号令)明确规定，由司法行政机关组织开展对律师事务所的年度检查考核工作。

因此,对律师事务所考核适用司法行政部门的考核办法并无不妥。

关于实习律师的考核问题。《律师法》修订前,根据司法部的有关规定,对实习律师的管理由司法行政机关负责。为规范实习律师的活动,确保进入律师队伍的人员素质,2005年12月31日,我厅结合本省实际,制定出台《海南省司法厅实习律师管理办法(试行)》,有效地改善了实习律师的实习流于形式的状况。2008年6月1日,《律师法》修订实施后,我厅及时将实习律师的考核工作移交省律师协会。目前,省律师协会正着手制定海南省实习律师管理的相关规定,并在省司法厅指导下,完成了2008年度全省实习律师的考核工作。实习律师的管理、考核是一项长期工作,在新的规定出台前,要保持工作正常开展,继续沿用原来的《办法》并无不妥,况且原有的《办法》除管理主体移位外,其他规定与相关法律并无冲突。

关于"律师事务所每年评优必须达到400万元"的规定,这一说法是不成立的。实际上,我厅在有关律师管理的规章制度中并无此类规定,在实践中也未曾采取过这种做法。

二、关于律师事务所管理和律师流动问题

海南是一个年轻省份,律师行业起步较晚,经过20世纪90年代中后期的初步改革,虽然海南省律师管理工作已经上了一个新台阶,律师队伍和法律服务状况大有改善,但仍然存在诸多问题,其中律师事务所综合服务能力薄弱的问题较为突出,已不适应海南省经济社会发展的需求。其原因为海南省73家律师事务所中,10人以下的所达41家,占全省总数的56%,就连人数最多的所也不超过40人,律师事务所总体规模普遍较小,专业化分工不细,团体合作精神不强,缺乏专业优势和品牌优势,多数律师还习惯于单打独斗、散兵游勇的服务模式,无法实现业务规模效应和实施品牌战略,同内地一些省份相比,海南省律师事务所的竞争力处于明显的弱势。为此,结合海南省实际,我们采取了一些措施,如对律师的流动设置了一定的限制条件,保留了近1/3的厅直管律师事务所,其目的是鼓励律师事务所向规模化、品牌化、专业化发展,以适应海南

经济社会发展的需要。这些措施的实施,在提高律师事务所综合服务能力方面起到了一定的作用,目前厅直管律师事务所 30 人以上的达到 3 家,20 人以上的达到 9 家。当然,这些措施是一定时期针对特殊问题设置的,将会随着海南省律师行业的不断发展,进行适时调整。事实上,近年来我们根据行业发展的实际情况,已陆续将部分厅直管律师事务所移交海口市司法局管理,今年我们还将移交 2~3 家律师事务所;在律师的流向方面,从 2009 年起也不再加以限制。

三、关于律师队伍建设问题

长期以来,律师队伍建设工作始终是我们管理工作的重中之重。

自 2001 年以来,我们开展了一系列教育整顿、诚信建设等活动,并制定出台了《海南省司法厅关于省外律师事务所在琼设立分所的管理规定》《外省来琼执业律师品行考察制度》《海南省司法厅直管律师事务所及主任条件的规定》《海南省司法厅关于规范合伙律师事务所相关问题的意见》《海南省律师公证行业信用信息系统管理办法》《海南省律师事务所内部管理制度》等一系列规章制度,着力加强律师的职业道德和执业纪律教育,提高队伍的整体素质。同时,我们还出台了《海南省司法厅实习律师管理办法(试行)》,建立了实习指导律师制度,明确规定培养实习律师是每名执业律师的义务和责任。经过几年的不懈努力,律师行业发生了显著变化,律师队伍的整体素质明显提高,社会信誉不断提升,诚信敬业、服务为民意识明显增强,内部管理逐步规范。总之,努力建设一支"坚持信念、精通法律、维护正义、恪守诚信"的高素质律师队伍,仍是一项长期而艰巨的任务,我们将持之以恒、常抓不懈。

四、关于对经济困难律师的关心等问题

这几年,我们也在积极努力解决此问题。一方面通过一系列集中教育整顿活动,净化法律服务市场;另一方面着力优化律师的执业环境,积极协调公检法、税收、物价等部门。通过与公检法部门的协调,制发了《关于切实解决律师办理刑事案件有关问题的通知》《关于保障律师在刑事诉讼中依法执业的意

见》，使律师会见难、阅卷难、调查取证难的问题有所好转，律师的执业环境有了初步改善；通过与税务部门沟通，实现了定税征收制，减轻了律师负担；通过与物价部门沟通，出台了《海南省律师收费办法和标准》，结束了海南省律师收费无据的历史。同时，也已将关心困难青年律师问题列入议事日程进行专项研究，以尽早出台具体解决措施。

五、关于对律师身体健康和心理的关心问题

随着律师行业的发展，这个问题也日益凸现。对此，省厅从行政管理职能出发，主要通过加强律师事务所建设来具体实施。如要求律师事务所建立科学合理的分配机制，为本所律师购买社会保险，引导律师事务所实行人性化管理，通过开展各种活动提高本所的凝聚力等等。

海南省律协根据行业管理职能，也采取了一系列措施。一是成立了维权委员会，并在律师维权方面做了大量工作；二是划拨专款经费，定期组织全省律师体检；三是成立文体委员会，积极开展丰富多彩的文体活动，如组建律师合唱团，开展律师行业羽毛球、游泳比赛，举办大型联欢晚会等等。

六、关于对律师的投诉查处问题

加强律师行业的监督和查处，是纯洁律师队伍，促进律师事业健康发展的主要保障。长期以来，我厅始终坚持有投诉必查、查必有结果、结果必反馈的工作原则，从严从重处理违规违法的律师。据统计，2001年以来，先后行政处罚了20多名律师，对净化整个法律服务市场，保证律师行业的健康有序发展，起到了积极作用。

衷心感谢并希望你继续关心和支持海南省律师事业！

关于人民法院应采纳律师合法有据的辩护意见的建议[①]

《律师法》第二条规定，律师是"依法取得律师执业证书，接受委托或者指定，为当事人提供法律服务的执业人员"；《宪法》第一百二十五条、《刑事诉讼法》第十一条规定，"被告人有权获得辩护"；《律师法》第三十一条、《刑事诉讼法》第三十五条均规定律师担任刑事辩护人的责任，是"根据事实和法律，提出证明犯罪嫌疑人、被告人无罪、罪轻或减轻、免除其刑事责任的材料和意见，维护犯罪嫌疑人、被告人的合法权益"。因此，律师接受委托，依法为犯罪嫌疑人、被告人辩护，是宪法和法律赋予律师的神圣使命，是律师依法履行职责的行为。

人民法院依法公开审理，就是要做到公平公正，正确实施法律，绝不放过一个真正的罪犯，但也不允许冤枉无辜。因此，当一个刑事案件经过侦查、审查起诉进入审判阶段，人民法院认真倾听并采纳被告人委托的律师正确的辩护意见，对于准确打击犯罪、正确实施法律具有重要意义。但是，目前一些法院的法官在刑事案件审理过程中，对于律师当庭提交的客观真实的证据，往往难以采纳，裁判文书中一般也不写明不采信和不采纳律师提供的证据和辩护意见的理由，导致刑事诉讼中常常出现"你辩你的，我判我的"这一不正常状态，律师出庭成了"陪衬"，律师发表辩护意见成了"走过场"，这不仅违反《宪法》《律师法》《刑事诉讼法》的上述规定，事实上也剥夺了被告人的辩护权，影响了海南广大律师办理刑事案件的积极性，使当事人及其周围群众对司法机关的公正性产生

[①] 本文系农工党海南省委会向2004年2月举行的政协海南省四届二次会议递交的集体提案，由赵建平律师执笔。

怀疑,而且容易产生新的错案,危害我国社会主义民主与法治建设。

之所以产生上述现象,大体有以下几方面原因:

一、对律师职业有偏见。如认为律师办理刑事案件是"拿人钱财、替人消灾",是为"犯罪分子"说话,是与公、检、法机关"唱对台戏",因此,忽视辩护律师在正确执行《刑法》《刑事诉讼法》中的重要作用,将律师的辩护意见当做"耳边风",不管有理无理都不予采纳。

二、受"有罪推定"理论的影响。如忽视《刑事诉讼法》第十二条规定的"未经人民法院依法判决,对任何人都不得确定有罪"的原则,至今仍认为经过侦查机关侦查、检察院提起公诉的犯罪嫌疑人、被告人就一定有罪。因此,在刑事案件审理过程中,很难接受律师为被告人所作的合法有据的无罪或罪轻的辩护意见。

三、没有严格执行《宪法》第一百二十六确定的人民法院"独立行使审判权"原则。如在考虑给被告人定罪量刑时,受到外界干预,考虑案外因素太多,这些"外界干预"和"案外因素",包括上级和有关部门的定调、侦查和检察部门的"协调"等。

中国共产党第十六届中央委员会第三次全体会议通过的《决定》,提出了"维护司法公正"、"实行执法责任制和执法过错追究制"。采纳律师正确的辩护意见,是贯彻《决定》的具体行动,也是兼听则明,依法防范刑事错案发生的重要司法制度。因此,特提出如下建议:

一、海南各级人民法院应加强对办案法官的教育和指导,提高法官素质和执法水平,使之在刑事审判中依法采纳律师合法有据的辩护意见。

二、如果律师当庭提交的证据和发表的辩护意见没有被采纳,人民法院应在裁判文书中详尽说明不采纳的具体理由。

三、人民法院应建立必要的监督机制,加强对刑事案件的审判监督,对于不采纳律师合法有据的辩护意见就定罪量刑的案件,应予纠正并追究案件承办人的责任。

海南省高级人民法院对政协海南省第四届委员会第二次会议第0065号提案的答复

省农工党：

你们提出的《关于人民法院应采纳律师合法有据的辩护意见的建议》的第0065号提案，我们进行了认真研究，现将办理情况答复如下：

尊重和保障当事人的诉讼权利，注意倾听和采纳当事人及其辩护人、诉讼代理人合法有据的诉讼意见，是人民法院落实司法为民要求，客观和公正地审理和裁判案件，维护司法公正的需要。全省各级法院在审判工作中注重采纳当事人及其辩护人、诉讼代理人合法有据的诉讼意见，保障当事人诉讼权利，各级法院必须从以下方面予以落实：

一、全省各级法院审判人员要认真学习有关诉讼法律知识，充分认识法律设置辩护和代理制度的科学性及其对于维护司法公正、保障当事人诉讼权利的重要意义，牢固树立兼听则明、客观公正、尊重和保障当事人诉讼权利的公正意识。

二、法院审判刑事案件，要依法保障被告人及其他诉讼参与人的诉讼权利。对被告人没有委托辩护人，并且符合指定辩护条件的，要依照有关规定为被告人指定辩护人。对不通晓当地通用的语言文字的诉讼参与人，应当为他们翻译。

三、法院审判刑事案件，要摈弃有罪推定的观念，认真听取和客观审查被告人及其辩护人提出的证据及辩解辩护意见。

四、刑事案件被告人对指控的犯罪事实不负举证责任，被告人及其辩护人在法庭调查阶段，有权针对指控提出反驳证据。法院对被告人及其辩护人提出的证明被告人无罪、罪轻的证据，要当庭组织控辩双方逐一进行质证和认证。

经过质证、认证,对符合证据"三性"要求,可以作为定案依据的,应予确认并说明理由;对不符合证据"三性"要求,不予采信的,也应具体说明不予采信的理由。

五、刑事案件控诉方提出的有罪证据,应在法庭上经控辩双方当庭举证和质证,符合证据"三性"要求,并排除合理怀疑的,才能作为定案的依据;经被告人及其辩护人提出合理怀疑,疑点不能排除的,不能作为定案的依据。

六、法院审判民事、行政案件,应坚持当事人双方诉讼地位平等原则,按照行政案件被告对具体行政行为的合法性负举证责任,除法律有特别规定的以外,民事案件当事人对自己的主张负举证责任的举证责任分配原则,组织当事人及其诉讼代理人进行举证、质证和认证。不得偏袒一方当事人,加重另一方当事人的举证责任,或者限制一方当事人的举证权利。

七、法院应保障民事、行政案件当事人及其诉讼代理人就自己的主张客观、全面举证和对对方提供的证据进行质证和反驳的权利。在一方当事人及其诉讼代理人举证完毕之前,不得剥夺该当事人及其诉讼代理人继续举证的权利;在一方当事人及其诉讼代理人举证完毕之后,应允许对方当事人及其诉讼代理人进行质证,提出异议和反驳的证据。

法官对当事人及其诉讼代理人逾期提出的证据应区别情况妥善处理。对其中符合新证据要求的,应组织双方当事人及其诉讼代理人进行质证。对方当事人及其代理人要求给予必要的准备时间的,应予准许。

八、法官对民事、行政案件当事人及其诉讼代理人提供的证据进行质证后,当事人无异议或符合证据规则要求,可以作为定案依据的,应予确认并说明理由;对不符合证据规则要求,不能作为定案依据的,也应明确表示不予采信,并具体说明理由。

九、法官审理刑事案件,在法庭辩论阶段要切实保障被告人及其辩护人的辩护权,对控诉方每一次发表控诉意见之后,均应询问被告人及其辩护人是否需要答辩。除被告人及其辩护人重复已经发表的答辩意见以外,法官不得随意限制和打断被告人及其辩护人的发言。

十、法官要高度重视当事人及其诉讼代理人、辩护人提出的辩论辩护意见,注意征询和倾听当事人及其诉讼代理人、辩护人在法庭辩论结束之后的最后意见或者最后陈述,对其中合法有据的,应予采纳,并说明理由。

对当事人及其诉讼代理人、辩护人在庭审中陈述事实或者发表意见过于冗长、杂乱或远离争议焦点的,法官应采取适当方式及时引导,保证庭审围绕案件争议的焦点进行。

十一、法官要切实保障刑事被告人的最后陈述权,保证被告人有充分陈述自己最后意见的时间,不得随意限制被告人最后陈述的时间,也不得以被告人的陈述与定罪量刑无关为由,打断被告人的最后陈述。

十二、法院的裁判文书要以理服人,以法服人,注重说理释法。不仅要讲清裁判所依据的事实、证据及法律依据,而且还要讲明采信、采纳或者不采信、不采纳当事人及其辩护人、诉讼代理人提供的证据及辩护意见的理由及根据。

十三、法官在重视、尊重和采信当事人及其辩护人、诉讼代理人提供的证据及辩护、代理意见的同时,要严格执行规范法官与当事人、律师及其他诉讼代理人关系的相关规定,维护人民法院司法公正与廉洁的形象。

近年来,各级人民法院在刑事、民事、行政、审监等审判工作中,开庭审理的案件都注意倾听和采纳当事人、辩护人及诉讼代理人合法有据的诉讼意见。今年以来,省高院各审判业务庭组织全省各级法官开展庭审观摩,加强对基层法院的指导,成立庭审观摩小组,采取现场观摩、庭后座谈、面对面检查指导的方式,提高法官驾驭庭审活动的能力,落实举证、质证、认证各环节的要求。根据曾院长要求,组织力量质量较高的对庭审进行全程录像,作为法官业务培训教材,此项活动将持续到年底。

最近,省高院"公正廉洁树形象"活动办公室正邀请人大代表、政协委员及新闻记者、律师等有关行业代表,对全省法院审判工作、队伍建设和基层工作进行明察暗访,以促进全省法院各项工作上一个新台阶。

感谢你们对法院工作提出宝贵意见和建议,恳请继续对法院工作给予关心和支持。

关于依法打击诬告陷害行为的建议[①]

诬告陷害指的是故意捏造事实,用匿名或盗用某人或某单位名义举报他人,意图使他人受主管部门或单位追究,甚至追究他人刑事责任的行为。我国《宪法》第三十八条规定:"禁止用任何方法对公民进行侮辱、诽谤和诬告陷害。"为了依法惩处诬告陷害行为,我国《刑法》第二百四十三条和第二百四十六条分别规定了诬告陷害罪和诽谤罪。

由于我国正处于社会转型期,人们的思想观念发生了较大变化,利益问题比较突出。当利益问题不能得到解决时,少数人便凭空或捕风捉影捏造事实,诬告陷害他人。被诬告陷害的人,一般是单位或部门领导,或者是主持正义的有关人士、或者是利益冲突方。在收到告状信后,有关单位的个别领导有时不能公正处理,而是作出批示,指示调查处理。在收到领导批示后,有关单位的"好事者"或"内鬼",出于不可告人的目的,利用领导批示,故意夸大或歪曲领导意图,借机泄私愤、排斥异己、打击同志,并组织亲信进行调查。但在调查结果出来后,如果被调查的同志没有告状信上的行为,调查机关往往不给一个说明,甚至也不给被调查的同志一个公正结论,更不依法对诬告陷害者进行调查和处理。这样处理诬告陷害信和对待被调查的同志,其性质和后果是鼓励诬告陷害,使诬告陷害之风愈演愈烈,是非不分,正气不能树立;让诬告陷害者欢欣鼓舞、兴高采烈,好人垂头丧气,影响工作积极性,甚至影响一个单位、一个部门工作的正常进行。

[①] 本文系赵建平律师向 2009 年 1 月举行的政协海南省五届二次会议递交的提案。

为了依法打击诬告陷害行为,保护被诬告陷害的同志的合法权益,特提出如下建议:

一、慎重对待告状信。对于匿名信,应一律不予理睬。对于实名举报信件,在没有相应证据和事情没有调查清楚的情形下,有关领导批示时一定要谨慎,不可让别有用心的人借机利用领导批示整人或达到其不可告人的目的。

二、经调查如告状信纯系诬告陷害,应公开给被调查的同志恢复名誉,挽回影响;同时全力查出诬告陷害信的始作俑者,根据情节、后果,依法作出相应处理。

关于加强对在校大中专学生教育、管理和引导的建议[①]

在校大中专学生是我国人力资源的储备力量,他们是祖国的未来,民族振兴的希望。在校大中专学生整体上是好的,他们在德智体美诸方面都有全面和协调的发展。但是,极少数在校大中专学生违规违纪甚至违法犯罪的情况仍不同程度存在,必须引起学校、家庭和全社会的高度关注。

极少数大中专学生违规违纪的特点表现在,学业违纪、生活违纪、品德违纪和日常生活违纪四个方面。极少数大中专学生违法犯罪的特点表现在:第一,侵犯的客体以财产利益为主,犯罪类型多样化。在大中专校园里,70%以上的刑事案件主要涉及盗窃罪、诈骗罪、抢劫罪等罪名,伤害、强奸等侵犯人身权利的案件也有上升趋势;第二,犯罪主体范围逐渐扩大化和低龄化。如从高职与民办院校向重点院校蔓延,一些成绩优秀的学生走上了犯罪道路,硕士生和博士生中也存在犯罪现象;第三,女大中专学生违法犯罪比例增加;第四,团伙犯罪现象较多。在大中专校园里,集体团伙性打架斗殴现象越来越突出,如我省万宁籍、乐东籍、临高籍、儋州籍的学生老乡之间发生群殴事件较多;第五,智能犯罪占一定比例。如利用计算机网络诈骗钱财,侵犯计算机网络,利用生化知识研制毒品等。

极少数在校大中专学生违规违纪的主要原因是,对自己没有信心,太沉迷于享乐,个人素质、修养、品行较差,心理素质较差。极少数在校大中专学生违

---

① 本文系赵建平律师向海南省政协五届三次会议提交的大会发言。

法犯罪的原因较多,具体包括如下几方面:第一,内心起因。如违法犯罪的大中专学生在校期间一般有严重的不良行为,受不法人员引诱和不良风气影响,暴力性倾向引发犯罪,违法犯罪的随意性、偶发性和突发性较强,因非法占有他人财物的贪念引发盗窃犯罪。此外,极少数大中专学生自我定位错误,健康心理品质缺失。第二,社会原因。文化因素与价值观错位,受就业因素影响。极少数大中专学生错误认为,自己再怎么努力,也比不上有权或有钱人家的子弟。第三,学校原因。极少数院校对大中专学生的法制教育不够重视,对有关部门组织的法制教育活动采取应付态度,甚至不欢迎校外人士到校宣讲法律。由于过度扩招生源,学校管理体系跟不上学生数量上升的节奏,学生思想道德教育严重滞后。极少数院校没有注意师资力量提高和学生能力与综合素质的培养,重知识"输入",轻思想品德"塑造",学生的思想道德教育处于空白地带。第四,家庭原因。极少数家长对孩子过分溺爱,放纵孩子,从小养成了饭来张口、衣来伸手的不良习气;极少数家长对孩子拳脚相加,用粗暴训诫等暴力方式教育孩子;部分家长只重视孩子的智力教育,忽视孩子德育的培养;有的家长在孩子进入大中专院校后,认为进了"保险箱",再也不过问孩子的校园生活学习情况,也不与学校辅导员联系交流。

极少数在校大中专学生存在的上述违规违纪和违法犯罪行为,后果是严重的。这种后果表现在,极少数大中专学生缺乏理想信念,辜负国家、社会和家庭的期望,毕业后不能成为国家和社会的有用之材。对于极少数违法犯罪的在校大学生来说,其行为产生的后果是,毁灭自己,贻害家庭,危害社会,影响国家和民族的可持续发展。

基于上述对极少数在校大中专学生违规违纪和违法犯罪行为的特点和原因的分析,特提出如下建议:

一、院校要加强教育、管理和引导。各类院校都应开设中国传统美德课和法学必修课,采取多种方式有针对性地进行道德教育和普法教育,引导在校大中专学生形成正确的价值观和人生观。加强对在校大中专学生的心理疏导,有针对性地开展心理健康知识讲座,开设心理咨询机构,帮助大中专学生缓解心理压力,保持健康向上的心态。关心大中专学生的课余生活,组织丰富多彩的课余活动和社会实践活动。引导大学生正确交友,建立良好的人际关系,消除对社会现状的片面理解和不正确情绪,勇于面对挫折,面对人生,敢于承担责任。

二、家长要改进家庭教育方式。一方面要加强与孩子的沟通,另一方面要经常主动与学校联系。对孩子从小要严格要求,经常进行品德教育、挫折教育和吃苦教育。

三、全社会都要关心在校大中专学生的健康成长。积极为在校大中专学生实习和就业提供条件。提倡在校大中专学生假期勤工俭学,并为他们提供勤工俭学的机会。离退休老同志要用自己宝贵的人生经历,对在校大中专学生进行正确引导。行政机关要净化社会环境,新闻媒体要弘扬社会正气,司法机关要依法维护在校大中专学生的合法权益。

海南省教育厅对政协海南省五届三次会议第0007号提案的答复

赵建平委员：

您提出的《关于加强对在校大中专学生教育、管理和引导的建议》收悉。现答复如下：

在提案中，您提出要加强对在校大中专学生的教育、管理和引导。我省比较注重思想政治理论课在大学生思想政治教育中的主渠道作用。目前，在高校开设的思想政治理论课有《马克思主义基本原理概论》《毛泽东思想和中国特色社会主义理论体系概论》《中国近现代史纲要》《思想道德修养与法律基础》以及《形势与政策》，这些课程涵盖了思想道德教育、法制教育、世界观、人生观和价值观教育等；心理健康教育方面，我省印发了《中共海南省教育工委 海南省教育厅关于进一步加强和改进大学生心理健康教育的实施意见》（琼教工委〔2007〕45号），对大学生心理健康教育进行了系统规划和部署，要求高校普及大学生心理健康教育，有针对性地开设必修、选修课程、专题讲座和报告等，在大学生中广泛普及心理健康知识。

各中等职业学校通过丰富多彩的课余活动，比如征文、演讲等形式来提高中职学生的思想政治水平，让他们在活动中养成热爱学习、热爱祖国和人民的高尚情操。各中职学校设有心理咨询室，注意给学生释放精神压力，在学习的同时，让中职学生更多地接触社会生活，为了适应将来的工作岗位作各方面的准备。

在对学生的教育、管理和引导方面,我省比较注重发挥党团组织在大学生思想政治教育中的重要作用。一是发挥党的政治优势和组织优势,做好大学生思想政治教育工作。对入党积极分子注重早期培养,进行系统的党的知识教育和实践锻炼,对大学生党员加强党的先进性教育,使他们严格要求自己,提高党性修养,充分发挥在大学生思想政治教育中的骨干带头作用和先锋模范作用。二是各大中专学校团组织把加强学生思想政治教育摆在突出位置,充分发挥在教育、团结和联系大中专学生方面的优势,竭诚为大中专学生的成长成才服务。

在对学生的教育、管理和引导方面,我省也比较注重大中专学生思想政治教育工作队伍建设。学校党政干部和共青团干部负责学生思想政治教育的组织、协调、实施;两课教师根据学科和课程的内容、特点,负责对学生进行思想政治理论教育、思想品德教育和人文素质教育;辅导员、班主任是大中专学生思想政治教育的骨干力量,对学生有针对性地开展思想政治教育活动,在思想、学习和生活方面给予学生指导。《中共中央 国务院关于进一步加强和改进大学生思想政治教育的意见》(中发〔2004〕16号)发布以来,我省着力加强了辅导员、班主任队伍建设。目前,全省各高校共配备辅导员655人,专职辅导员555人,其中一线专职辅导员459人,兼职辅导员100人。这些辅导员政治强、业务精、纪律严、作风正,大多辅导员与学生同住一栋楼,与学生朝夕相处,在对学生的教育、管理和引导方面发挥了重要作用。

在对学生的教育、管理和引导方面,我省还注重拓展大中专学生思想政治教育的有效途径。一是深入开展社会实践活动。利用寒暑假,积极组织大学生参加社会调查、生产劳动、志愿服务、公益活动、科技发明和勤工助学等社会实践活动,不断丰富社会实践的内容和形式,提高社会实践的质量和效果,使大学生在社会实践活动中受教育、长才干、作贡献。二是大力建设校园文化。开展丰富多彩、积极向上的学术、科技、体育、艺术和娱乐活动,把德育与智育、体育、美育有机结合起来,寓教育于文化活动之中。结合传统节假日、重大事件和开学典礼、毕业典礼等,开展特色鲜明、吸引力强的主题教育活动。重视校园人文环境和自然环境建设,完善校园文化活动设施,加强校刊、校内广播等的建设。

三是加强校园网络建设。努力建设融思想性、知识性、趣味性、服务性于一体的主题教育网站和网页,加强同大学生的网络沟通与交流,及时回答和解决大学生提出的问题。

感谢您对教育事业的关心和支持!

关于加强对业主委员会管理的建议[①]

业主委员会是改革开放以来出现的新型组织。根据《物业管理条例》第十五条规定,业主委员会是业主大会的执行机构,其职责是召集业主大会、报告物业管理的实施情况,代表业主与业主大会选聘的物业服务企业签订物业服务合同,及时了解业主、物业使用人的意见,监督和协助物业服务企业履行物业服务合同,监督管理规约的实施,以及业主大会赋予的其他职责。海口市各小区的业主委员会整体上是好的,能够依法履行职责,维护业主和物业使用人的合法权益,为构建和谐社区作出了积极贡献。但是,海口市极个别小区的业主委员会没有依法履行职责,侵犯业主合法权利,阻碍和谐社会的构建。如某小区业主委员会在 2005 年 12 月 25 日至 2007 年 12 月 25 日两年存续期间,其所作所为可总结如下:一、侵犯业主的知情权和投票权。2007 年 10 月 12 日,某业主委员会在某律师"指导"下,在小区发出《关于召开业主大会会议议题内容的公示函》,称"本届业主大会拟采用书面征集意见的方式进行,主要征集对会议议题内容所持的反对意见或弃权意见";"对本次会议议题持同意或支持意见的业主,不必回复。会议结束没有回复意见的业主,视为同意"。业主委员会于 2007 年 11 月 9 日发出公告,称"三项决议全票通过,零票反对,零票弃权",并据此进行小区物业招投标,与其选定的物业公司签订物业服务合同。海口市房管局认为业主委员会此做法,没有法律依据,也不合逻辑,"没有回复视为同意",并非没有回函业主的真实意思表示,业主委员会依此选聘新的物业服务单位不能视

[①] 本文系赵建平律师向海南省政协五届三次会议提交的大会发言。

为业主大会通过,并要求业主委员会尽快纠正。二、破坏小区公共财产。2007年12月9日,业主委员会组织多名身份不明的人强行冲进小区,破坏监控设备。业主委员会主任的夫人公然开车撞坏小区栏杆,被人民法院判令赔偿。三、诬告陷害他人。由于业主委员会的违法行为遭到抵制,他们便诬告开发商行贿,诬告物业公司有关人员贪污,诬告与其抗争的业主受贿,屡次诬告与其对簿公堂的律师。四、挑起事端,导致小区业主发生多次打架斗殴事件,曾有一位70岁的无辜业主被业主委员会成员打伤。四、多次组织他人到省政府违法上访。五、破坏小区和谐稳定。2007年底至2008年春节前,业主委员会私下选聘的某物业公司几乎每天到小区门前捣乱闹事,严重干扰小区业主正常的生活。六、存续期间擅自搬到小区外面办公,期满后不向主管部门移交公章。据了解,海口市其他少数小区的业主委员会也或多或少存在与此类似或相同的违法行为。

极个别业主委员会之所以发生上述违法行为,原因是多方面的,具体原因如下:

一、海口新开发的小区大多数没有成立党的基层组织,这些小区成了接受党的领导的"空白地带",小区内共产党员的先锋模范作用没有充分发挥。

二、立法原因。《物权法》第七十五条仅要求地方人民政府有关部门对设立业主大会和选举业主委员会给予指导和协助。《物业管理条例》第十六条规定,业主委员会仅需在选举产生之日起30日内,向物业所在地的区、县人民政府房地产行政主管部门和街道办事处、乡镇人民政府备案即可。主管部门对业主委员会的备案材料只作形式审查,业主委员会备案后即获得合法资格,可以刻制公章并开展活动。《物权法》第七十八条第1款和第八十三条第2款,把业主大会与业主委员会的地位和权利并列,业主大会或者业主委员会的决定,对业主具有约束力;业主大会和业主委员会对发生在小区内的侵权行为,都具有起诉的权利。由于现行法律对业主委员会的监督条款太少,且已有条款缺乏硬性规定,导致主管部门对业主委员会备案后的活动,较难实施监督,基本上处于失控状态。

三、极个别业主委员会成员素质极低,道德观念缺失,法律观念淡薄,想怎么做就怎么做,只接受自己的领导,完全不顾道德和法律的要求。极个别业主委员会出现某地老乡或某单位某系统的业主占绝对多数的"抱团"现象,如某业主委员会共有九名成员,某公司职员或某公司职员家属就占了六名。

四、极个别法律专业人士误导业主委员会成员,致使业主委员会在违法的道路上越走越远。

五、极个别法院对业主委员会起诉前期物业公司的案件,即使案情基本相同,但案由和处理结果却不一样,产生同案不同判的不公正司法现象。如海口市某区法院在处理同类型的两个案件时,把案由分别定为物业纠纷和侵权纠纷,处理结果也完全不一样。极个别业主委员会的违法行为,其后果是侵犯业主的合法权利,破坏小区的和谐安定环境,影响业主的正常生活,导致产生大量的民事纠纷乃至刑事案件。他们的违法行为,是海口市不稳定的一个新的"增长点",必须引起有关部门和领导的高度重视。

鉴于上述对极个别业主委员会的违法行为及其原因与后果的分析,特提出如下建议:

一、由省、市房地产行政主管部门牵头成立"小区党建领导小组",已设立业主委员会的小区迅速成立党的基层组织,没有设立业主委员会的小区,原则上必须在成立党的基层组织后,才能申请设立业主委员会。

二、运用我省地方特别立法权,把现行备案制改为实质审查制,真正使房地产行政管理部门担负起对业主委员会的监督管理责任。房地产行政管理部门必须严格审查业主委员会成员的履历和选举投票材料,绝对不允许业主委员会成员出现"抱团"现象。

在业主委员会成立的同时,建议小区设立业主监督委员会,以便业主对业主委员会及其成员履行职责的行为进行监督。业主委员会和业主监督委员会都必须自觉接受小区党的基层组织和房地产行政主管部门的领导。

三、省、市房地产行政管理部门必须切实担负起对业主委员会的指导和监督责任,对业主委员会存续期间及后续行为进行全过程监督,派专人受理业主对业主委员会的投诉。一旦发现业主委员会的不当和违法行为,坚决予以纠正和查处,并视情节轻重移交司法机关处理。

海南省建设厅对政协海南省五届三次会议第0008号提案的答复

赵建平委员：

您提出的《关于加强对业主委员会管理的建议》提案已收悉。经研究，现答复如下：

一、国务院《物业管理条例》及住建部《业主大会和业主委员会指导规则》等相关法律法规，对小区业主委员会的选举、换届并没有规定小区要先成立党的基层组织后，方能申请成立业主委员会。业主委员会是物业管理区域内的业主自治组织，考虑到为了维护广大业主的利益，搞好小区文明建设，促进社区安定和谐，物业管理行政主管部门鼓励街道办事处（居民委员会）、乡镇人民政府在小区内发展党的基层组织，倡导业主委员会接受基层党组织的领导和监督，共建和谐社区。

二、我省物业管理行政主管理部门按照国务院《物业管理条例》等相关法律法规的规定，对业主委员会的选举、换届活动进行指导和监督，并对依法成立的业主委员会实行登记备案制度。目前，我省正在对《海南省住宅区物业管理条例》进行修订，我厅可以将您提出的小区设立业主监督委员会的建议提交给省人大作立法参考。

三、目前，在《海南省住宅区物业管理条例》的修订中，省政府、省人大在立法时已考虑建立街道办事处、乡镇人民政府等基层社区组织参与物业管理，建立多部门联动机制，加强对业主委员会的选举、换届和日常活动的指导和监督，及时协调物业纠纷矛盾。

感谢您对我厅职能工作的关心和提出的宝贵建议。

关于民主党派干部队伍建设的建议[①]

民主党派有着光荣的革命传统。新世纪新阶段,民主党派是各自所联系的一部分社会主义劳动者、社会主义事业建设者和拥护社会主义的爱国者的政治联盟,是自觉接受中国共产党领导、同中国共产党通力合作的亲密友党,是进步性与广泛性相统一,致力于中国特色社会主义事业的参政党,在中国特色社会主义政治建设、经济建设、社会建设和文化建设中发挥着重要作用。自建省办特区以来,我省民主党派省级委员会陆续成立,在中共海南省委领导下,围绕省委、省政府的中心工作,积极建言献策,为我省经济社会又好又快科学发展和建设国际旅游岛作出了贡献。但是,我省是一个年轻省份,民主党派的建设相对较弱,存在一些亟待解决的问题,特别是干部队伍有一个成长过程,极少数党派专职干部的政治把握能力、参政议政能力、组织协调能力和合作共事能力与形势的发展和参政党肩负的使命不适应。如果不重视民主党派干部队伍建设,将影响民主党派内部的团结,打击民主党派成员的积极性,阻碍民主党派作用的充分发挥,乃至危害中国共产党领导的多党合作和政治协商制度。这些问题主要表现在:

一、政治把握能力有待进一步提高。极少数人的政治理论水平和政治思想觉悟有待提高,没有充分认识我国政治制度与西方政治制度的本质区别,如存在"要淡化共产党员在党派机关的形象、地位和作用"这一极端错误的说法,在招聘党派机关公务员时,要求非中共党员才能应聘,并存在排挤、架空甚至打击

[①] 本文系赵建平律师向海南省政协五届四次会议提交的大会发言。

党派机关中的共产党员这一不正常现象；存在没有认真实行主、副委集体领导制度，兼职副主委仅仅是摆设的现象；存在专权揽权，独断专行，不按民主集中制原则办事的现象；存在把党派机关等同于党派省委会，党派机关甚至凌驾于省委会乃至主委会议之上的现象；存在不按程序办事，有时往往绕过主委会议，事先不经过主委会议讨论，事后也不向主委会议汇报的现象。

二、参政议政能力有待进一步提高。提案是党派参政议政的主要形式之一。但是，极个别人很少写提案，却把党派提案署上个人名字，作为个人成果的现象；存在不在参政议政会议上发言会后乱讲的现象。

三、组织协调能力和合作共事能力有待提升。存在不能很好地和党派机关中的共产党员同志合作共事的现象；存在采取操纵选举等手段，压制、排挤、架空甚至打击本党同志的现象；存在重用个人亲信，搞小团体和宗派主义的现象；存在不按制度办事，办事随意性大的现象；存在基层组织涣散，已有人以书面形式申请退出党派的现象；存在发展党员后就算完事，相当部分同志加入党派后，很少有机会参加党派组织的活动，相当部分党派成员从加入党派之日起，实际上处于"挂名党派成员"的现象；存在接受党派成员捐助时，不履行正常财务手续，进行暗箱操作，有关领导和同志不清楚捐款数额和款项用途，事后也不主动进行审计的现象；存在对待党派机关退休老同志工作方式欠妥的现象。

上述现象之所以存在，原因是多方面的，主要原因如下：

一、没有完善公开公平公正透明的选人用人机制，使极少数不具备上述四种能力的人成为党派专职领导。现行干部政策允许党派干部连升两级，但由于自身综合素质和工作经验等原因，无法胜任连升两级后的职位所担负的领导责任。

二、党派机关干部目前基本上都有大专以上文凭，完全可以胜任党派机关工作，但真正具备上述四种能力的干部还有待进一步培养和选拔。

三、没有严格按制度办事。虽然一些党派根据各自的章程，建立了政治学习制度、主副委集体负责制度、组织制度、考察评议制度和进退机制等制度，但这些制度制订出来后，一般处于"冬眠"状态，很少能得到严格贯彻执行。

四、没有建立有效的党派内部监督制度。极少数人在工作中不受监督,随心所欲。

根据上述对目前我省民主党派干部队伍的现状、问题、后果和原因的分析,特提出民主党派干部队伍建设的如下建议:

一、严把专职副主委人选关。鉴于我省各党派主委基本上不驻会,党派日常工作主要由专职副主委负责。专职副主委的工作起着承上启下的作用,其人选是否称职,对于党派工作关系重大。称职的专职副主委可以把党派工作做得好或更好,不称职的专职副主委有可能把党派这支队伍带得不好甚至带坏。因此,必须严把专职副主委人选关,专职副主委必须严格具备政治把握能力、参政议政能力、组织协调能力和合作共事能力,在事关大局、政治方向和根本原则问题上,始终保持政治上的清醒,立场坚定,是非分明。

二、对党派机关干部进行中国特色政治发展道路教育、革命优良传统教育和写作与演讲技能培训,树立和践行社会主义核心价值体系,提高综合素质和服务意识。

三、提高党派机关执行力,把制度落到实处,贯彻民主集中制,实行集体领导,严格按制度和程序办事。

四、设立民主党派省级内部监督委员会,其成员从基层支部主委和普通成员中选举产生,主任由副主委担任,其职责为对民主党派领导尤其是专职副主委的履职行为和机关工作等进行监督。

下篇　　维权

　　对艺术家而言，作品是其智慧、激情与艺术创意的结晶。

　　对建平律师而言，他经办的那些浩若烟海的案件，又何尝不是一件件倾注其勇气、智慧与心血的艺术品呢？

　　这些案例犹如细密、厚重的方石，在历史与现实的观照中，构成一座象征公平与正义的万里长城。

转引自《东方之子》杂志
2006 年第 5 期第 30 页

第一章 刑事案件辩护

第一节 维护吴某某人身自由权案

一、案情简介

二、赵建平律师辩护词

三、本案启示

一、案情简介

吴某某,原系海发行国际业务部副经理。1995年,新亚泰公司想在北京投资建设某项目。新亚泰公司张先生为了筹措资金,通过旭生公司王先生向晓奥公司筹措借款。晓奥公司为了确保资金安全,于1995年11月27日以"备用金存款书"形式,将8亿日元存入海发行。随后,张先生欲通过海发行将晓奥公司的存款贷出,由于其未能就项目贷款提供任何担保或抵押,海发行审贷会没有通过。继而张先生又要求海发行将晓奥公司的存款划往北京,以向合作方展示其诚意和实力。时任海发行行长要求吴某某将晓奥公司的存款调往北京。经行长同意,吴某某指派员工李某某前往北京落实开立划款账户事宜,以珠宝公司下属的华荣公司的名义设立共管账户,账户预留张先生和王先生的两枚私章由海发行保管。事后,吴某某亲自到北京对该项目实地考察。1995年12月18日,吴某某从北京电话指示王某某,将8亿日元中的7.2亿日元汇往北京共管账户。同年12月18日,应珠宝公司何先生要求,在征求时任行长同意的情形下,吴某某同意新亚泰公司和珠宝公司签订《内部借款协议》,将其中2.4亿日元借给珠宝公司,借款期限为一个月,借款利息为年利息12.06%。珠宝公司在2.4亿日元借款到期后未能偿还,后经海发行派员在京催收,珠宝公司以人民币陆续偿还。案发前,挪用的 2.4 亿日元本金已全部归还海发行。

龙华区人民检察院认为,被告人吴某某作为海发行管理人员,利用职务之便,挪用本单位资金借贷给他人,数额巨大,其行为触犯了我国《刑法》第二百七十二条之规定,遂于 2004 年 11 月 5 日以挪用资金罪,向龙华区人民法院提起公诉。龙华区人民检察院在审查起诉期间,曾两次将本案退回侦查机关补充侦查。赵建平律师也曾两次向检察机关递交法律意见书,认为吴某某不构成犯罪,请求检察机关不追究吴某某的刑事责任。2004 年 12 月 4 日,龙华区人民法院公开开庭审理吴某某挪用资金一案。赵建平律师依法出庭,为吴某某进行无罪辩护。2004 年 12 月 21 日,在本案开庭后 17 天,龙华区人民法院作出(2004)龙刑初字 335 号《刑事裁定书》,以本案已过犯罪追诉时效为由,终止本案审理。至此,已被关押 9 个月之久的吴某某,终于获得本该属于他的自由。

二、赵建平律师辩护词

尊敬的审判长、审判员、人民陪审员:

我受吴某某亲属委托,并征得吴某某同意,同时根据海南外经律师事务所[①]指派,依法参加今天举行的法庭审理。通过仔细研究龙华区人民检察院关于本案的起诉书,查阅案卷和会见被告人,特别是通过刚才的法庭调查,使我对本案有了全面了解和认识,并形成了如下关于吴某某无罪的辩护意见:

(一)吴某某是否如起诉书所述,"私自决定让新亚泰公司总经理张先生和珠宝公司总经理何先生签订《内部借款协议》"

起诉书认定吴某某私自决定让新亚泰公司总经理张先生和珠宝公司总经理何先生签订《内部借款协议》,其依据是吴某某于 1998 年 12 月 21 日离开海发行时写的《关于三百万元人民币应收账款的情况》和吴某某两次在侦查机关讯问时的笔录。但是,吴某某在 2004 年 4 月 4 日向侦查机关提交的《关于七点二亿日元的情况说明》中已作了更正,说明是经电话请示行长,并经行长同意

---

① 赵建平律师当时在海南外经律师事务所执业。

后,才同意新亚泰公司总经理张先生与珠宝公司总经理何先生签订《内部借款协议》。吴某某的更正有三点:第一,他当时在楼上和行长打电话;第二,打完电话后,他下楼让李某某和王先生上楼,并向他们两人讲了珠宝公司借款一事;第三,回海口后,他即向行长汇报了珠宝公司借款一事。2004年5月9日,当吴某某的另一位律师会见吴某某时,吴某某也说"当时电话请示过领导","我回海口后当天(1995年12月28日)当面向行长汇报过"。此外,根据辩护人当庭出示的,经行长批示的海发行1997年1月29日《签报》内容,也可以断定海发行领导对于珠宝公司借款一事是知道的。特别值得一提的是,本案重要证人李某某的证言证实,吴某某当时确实给行长打了电话,并且李某某证实的内容与吴某某后来更正的内容基本一致。以上证据形成了一个完整的证据链,足以证明吴某某当时给行长打了电话。必须指出,由于行长与本案有利害关系,不排除行长推卸责任的可能,因此,对于公诉人当庭出示的行长的证词,法庭依法不应予以采信。此外,公诉人当庭出示的珠宝公司何先生、刘某某、赵某某的证言,都没有证明吴某某当时是否给行长打了电话。由于当时吴某某是在财务室打的电话,加之珠宝公司当时都以为是向张先生所在的新亚泰公司借钱,因此,珠宝公司的三位证人事实上也不可能证明吴某某当时是否给行长打了电话。因此,在本案的关键问题上,吴某某确实向行长电话请示过,吴某某没有私自决定让新亚泰公司和珠宝公司签订《内部借款协议》。

(二)新亚泰公司完全可以不征得海发行包括吴某某同意,自行决定借款给珠宝公司

辩护人完全同意公诉人刚才在法庭上说的,7.2亿日元事实上是海发行借给新亚泰公司的这一观点。既然7.2亿日元在到达北京珠宝华荣公司的账户后属于新亚泰公司,新亚泰公司就有处分权。新亚泰公司决定把其中的2.4亿日元借给珠宝公司,无须征得海发行包括吴某某的同意。本案7.2亿日元到达的共管账户,系由新亚泰公司与珠宝公司共同设立,海发行没有参与。但为了稳妥起见,吴某某要求李某某保管账户中张先生和王先生的两枚私人印鉴。因此,在7.2亿日元到达该共管账户后,海发行已失去对该资金的监控。在新亚泰公司决定借 2.4 亿日元给珠宝公司时，吴某某是否同意已没有任何意义。

（三）吴某某是否如起诉书所述，存在"利用职务上的便利，挪用本单位资金借贷给他人"的行为

所谓"利用职务上的便利"，指的是行为人利用主管、管理、经手单位资金的方便。法庭调查的结果显示，7.2 亿日元调往北京后，该款已属于新亚泰公司，吴某某已无权主管、管理和经手该资金，吴某某此时已无职务上的方便可利用。所谓"挪用"指的是未经合法批准，擅自将本单位资金改变用途。法庭调查的结果表明，即使吴某某发表了无足轻重的同意新亚泰公司借款给珠宝公司的意见，吴某某也事先电话请示过行长。对于已属于新亚泰公司的 7.2 亿日元，不存在吴某某擅自改变用途一说。同样，对于新亚泰公司自主决定借款给珠宝公司的行为，不应张冠李戴，说成是吴某某"挪用本单位资金借贷给他人"。因此，吴某某不存在所谓利用职务上的便利，挪用本单位资金借贷给他人的行为。

（四）关于本案法律适用和追诉时效问题

本案发生于 1995 年，根据《刑法》第十二条从旧兼从轻的原则，退一万步讲，即使吴某某的行为构成挪用资金罪，也应按 1995 年全国人大常委会通过的《关于惩治违反公司法的犯罪的决定》第十一条予以处罚，即处以法定最高刑 3 年以下有期徒刑。但根据《刑法》第八十七条关于追诉时效的规定，法定最高刑不满 5 年的，经过 5 年后不再追诉，本案的追诉期限到 2000 年即已届满。但侦查机关于 2004 年 3 月才开始侦查，早已超过法定追诉期限。

综上所述，吴某某没有私自决定让新亚泰公司总经理张先生和珠宝公司总经理何先生签订《内部借款协议》，吴某某不存在利用职务上的便利，挪用本单位资金借贷给他人的行为；事实上，新亚泰公司完全可以不征得海发行包括吴某某同意，把海发行事实上借给新亚泰公司的 7.2 亿日元中的 2.4 亿日元借给珠宝公司；此外，特别值得一提的是，本案早已超过法定追诉时效。基于上述理由，本辩护人恳请法庭宣告吴某某无罪。

三、本案启示

人们在生活和工作中，随时都可能遇到法律风险，有时也可能堕入法律陷

阱。本案吴某某之所以身陷囹圄,关键原因在于其签订《内部借款协议》时,没有某银行或行长的书面授权。其实,吴某某当时签署《内部借款协议》时,用电话请示过行长,行长当时表示同意,但行长事后不承认。如果吴某某能在签署《内部借款协议》后,立即要求行长补办书面授权,吴某某的牢狱之灾本来是完全可以避免的。前车之覆轨,后车之明鉴,我们应该从吴某某的案例中吸取教训啊!

第二节　维护公安民警马某人身自由权案

一、案情简介
二、赵建平律师辩护词
三、判决结果
四、本案启示

一、案情简介

1999年3月15日,杨某某到某公安局刑侦支队报案,称符某某以收取工程定金为名,骗取其和林某某人民币20万元。被告人马某(时任某公安局刑侦支队队长)和李某某办理该案。同年4月16日,某公安局对符某某涉嫌诈骗一案立案侦查,并办理网上追逃手续,12月16日符某某被江苏省无锡市公安机关抓获,并于12月21日被刑事拘留。至2000年1月25日,符某某被刑事拘留已达35天。马某、李某某以符某某"超期关押,身体患有疾病,其家属愿意担保"为由,制作《呈请取保候审报告书》,并经支队长林某、副局长黄某某审批同意。同年1月26日,在符某某家属将3万元担保金交到某公安局后,马某、李某某为符某某办理了取保候审手续并将其释放。符某某在被取保候审期间,又以同样手段,实施诈骗犯罪活动,被公安机关再次抓获。公诉机关认为,被告人马某、李某某身为公安干警,在承办案件过程中,徇双方当事人私情,致使符某某诈骗人民币20万元的犯罪事实不受追诉,其行为已触犯我国《刑法》第三百九十九条,应以徇私枉法罪追究刑事责任。2007年6月12日,美兰区人民法院公开开庭审理马某、李某某徇私枉法案,赵建平律师出庭为被告人马某辩护。判决结果为被告人马某构成玩忽职守罪,免予刑事处罚。本案判决生效后,马某即被释放,获得了久违的自由。

二、赵建平律师辩护词

尊敬的审判长、审判员、人民陪审员：

海南川海律师事务所接受被告人马某家属委托，指派我参加今天进行的法庭审理。开庭前，我会见了被告人马某，认真阅读了公诉人提交给法庭的案卷材料，特别是通过刚才的法庭调查，使我对本案事实和适用法律有了进一步了解，下面我依法为被告人马某作无罪辩护。

（一）关于某公安局为符某某办理取保候审，是否符合法律规定的问题

1. 某公安局为符某某办理取保候审手续，符合法律规定

我国《刑事诉讼法》第六十九条明确规定，犯罪嫌疑人被刑事拘留的最长期限只能是30天。符某某于1999年12月21日被某公安局刑事拘留，至2000年1月25日，符某某已被羁押35天，属于超期羁押情形。对于被超期羁押的犯罪嫌疑人，《刑事诉讼法》第七十五条明确规定，"人民法院、人民检察院或者公安机关对于被采取强制措施超过法定期限的犯罪嫌疑人、被告人应当予以释放、解除取保候审、监视居住或者依法变更强制措施"。此外，《刑事诉讼法》第五十一条第2款规定，对"可能判处有期徒刑以上刑罚，采取取保候审、监视居住不致发生社会危险性的"犯罪嫌疑人，可以取保候审。符某某涉嫌的是经济犯罪，在其家属与受害人签订了经公证的还款协议书后，在符某某本人亦同意还款的情形下，某公安局在为符某某办理取保候审手续时，当然只能认为对符某某取保不致发生社会危害性，即某公安局为符某某办理取保候审手续，同时也符合《刑事诉讼法》第五十一条第2款的要求。《公安机关办理刑事案件程序规定》（以下简称《规定》）第六十三条第6款亦规定，"犯罪嫌疑人被羁押的案件，不能在法定期限内办结，需要继续侦查的"，可以取保候审。因此，对于被超期羁押的符某某，某公安局为其办理取保候审手续，符合法律规定。至于公诉人所提的《规定》第六十四条关于不得取保候审的情形，是针对累犯、主犯、危害国家安全的犯罪、暴力犯罪等其他严重犯罪的犯罪嫌疑人而言。符某某是经济犯罪，对于涉嫌严重经济犯罪的当事人是否不得采取取保候审措施，《办法》没有

明确规定。此外,即使《办法》明确规定涉嫌严重经济犯罪的犯罪嫌疑人不得取保候审,在符某某已超期羁押的情形下,由于《办法》系行政规章,其效力远远低于全国人大通过的《刑事诉讼法》。某公安局根据《刑事诉讼法》上述规定,决定对符某某办理取保候审手续,仍然有充分的法律依据。起诉书指控马某在符某某刑事拘留期间,"未办理延长刑事拘留羁押期限手续,也未将该案提请批准逮捕",作为符某某取保候审不符合法律规定的理由。但是,《刑事诉讼法》没有规定公安机关可以延长刑事拘留羁押期限,是否将符某某案提请批准逮捕取决于某公安局及相关领导,这是马某不能决定的。必须指出的是,退一万步,即使某公安局为符某某办理取保候审手续,没有法律依据或违反法律规定,对由此产生的法律责任,只能由某公安局甚至有关领导承担相关责任,依法不应由具体承办人马某承担刑事责任。

《刑事诉讼法》第五十二条、第五十三条、第五十四条等条款明确规定办理取保候审的手续,是被羁押的犯罪嫌疑人、近亲属提出取保候审申请,公安机关在决定对犯罪嫌疑人取保候审时,应责令其提出保证人或交纳保证金。为符某某提出取保候审申请的是其妻子陈某,符某某本人也曾提出过申请。某公安局决定对符某某取保候审时,采取的是保证人担保的方式,符某某取保候审的保证人是其儿子符某涛。因此,某公安局对符某某取保候审,符合《刑事诉讼法》的上述规定。

2. 马某在符某某取保候审过程中所起的作用

已有客观证据表明,马某在某公安局为符某某办理取保候审过程中,作为符某某案件承办人,在收到陈某某的取保申请后,制作了《呈请取保候审报告书》,以及在符某某被取保后写了一份关于《退还林某某、杨某某被犯罪嫌疑人符某某涉嫌诈骗款》的报告。上述两份由马某制作的关于符某某取保候审的文件,都获得了某公安局刑警支队领导和局领导同意。马某在某公安局为符某某办理取保候审过程中,只起了起草上述文件的作用。至于符某某能否取保,是由某公安局及有关领导决定的,不是马某能决定的。起诉书指控"马某当场表示,只要当事人双方达成还款协议,可以为符某某办理取保候审手续"纯系不实指控;所谓马某通知相关当事人到某公安局协商还款事宜和主持签订《还款协议书》等所谓的相关"犯罪事实",不能证明马某徇私枉法。

3. 马某是否应对符某某被取保后在逃及继续犯罪的后果负责

取保候审的制度性缺陷,就在于办案机关在决定对犯罪嫌疑人取保候审后,犯罪嫌疑人可能潜逃。对于犯罪嫌疑人被取保后潜逃的法律后果,《刑事诉讼法》只规定没收保证金或追究保证人责任。对于符某某被取保后在逃这一事实,美兰区人民法院(2006)美刑初字第158号刑事判决书作了明确认定。对于符某某被取保后在逃的法律责任,依法只能由某公安局追究保证人符某涛的相关责任,马某对此不应承担任何个人责任。如果一定要追究符某某取保后在逃的责任,也只能由决定对符某某取保的某公安局及有关领导承担。由于符某某取保后在逃,致使马某不得不中断对符某某一案的继续侦查,其诈骗20万元的犯罪事实没有及时受到追诉。但是,起诉书却指控马某"实际中断对符某某诈骗案的继续侦查,搁置案件材料";"致使符某某在取保候审期间,就已实际脱离司法机关侦控,其诈骗20万元的犯罪事实不受追诉",与实际情况严重不符。起诉书把因取保候审的制度性缺陷带来的当事人潜逃的后果,强行由办案人承担,其后果只能是造成司法不公,打击广大公安干警的积极性,从而使取保候审这一本来就没有很好落实的法律措施,继续成为《刑事诉讼法》中的一大"摆设"。

(二)关于马某的行为是否符合徇私枉法罪的犯罪构成要件问题

根据《刑法》第三百九十九条规定,构成徇私枉法罪,马某主观上须具有徇私枉法的故意;客观上须具备故意包庇符某某,不使他受追诉的行为。

1. 马某不具备徇私枉法的故意

故意是行为人犯罪时的一种心理状态,指的是行为人明知自己的行为是犯罪行为,会受到法律惩罚,但仍然实施犯罪行为。具体到本案,构成徇私枉法罪,马某必须在主观上存在包庇符某某,不使他受追诉的故意。根据已有证据,马某主观上不存在包庇符某某,不使他受追诉的故意。第一,马某事先不认识符某某及家属,也与受害人林某某不认识,与杨某某也只是本系统的同事关系,马某没有包庇符某某,不使他受追诉的感情基础;第二,已有证据表明,马某没有收受符某某及其家属任何财物,也没有收受林某某、杨某某任何财物,不存在促使马某包庇符某某,不使他受追诉的物质基础;第三,在办理符某某案件的全过程中,马某无权决定符某某的刑事拘留和取保候审等手续,他完全是根据某公安局领导的意图、安排和决定办理的,马某事实上不可能包庇符某某,不使他受追诉。

2. 马某客观上不存在徇双方当事人私情,致使符某某的犯罪事实不受追诉的行为

公诉人当庭出示的相关证据显示,确实存在符某某家属和林某、杨某向马某求情,请求办理符某某取保候审手续的情节。但是,在双方当事人都求情的情形下,马某不仅没有徇双方当事人私情,而且客观情况也使马某不可能擅自徇双方当事人私情。在办理符某某案件的时候,马某仅是某公安局刑侦支队下属的经济侦查大队大队长,他不仅要接受刑侦支队支队长领导,还要接受某公安局分管局长领导。因此,马某即使想徇双方当事人私情,也没有徇情的必要权力。事实证明,为符某某办理取保候审一事,系在支队长和分管领导皆批准和同意的情形下,由某公安局作出的决定,这能算是马某徇双方当事人私情的结果吗?

如上所述,既然不存在马某徇双方当事人私情的事实,也就不存在因马某徇双方当事人私情,致使符某某的犯罪事实不受追诉的后果。事实上,符某某的犯罪事实不受追诉,是由取保候审制度的先天缺陷带来的,只能由保证人符某涛承担相应责任。如果一定要追究因取保候审导致符某某在逃的责任,也只能由决定对符某某取保候审的某公安局及相关领导承担责任。

综上所述,由于某公安局对符某某的取保候审决定,符合法律规定,追究马某徇私枉法罪没有事实前提;由于马某主观上没有徇私枉法故意,客观上没有徇双方当事人私情,致使符某某的犯罪事实不受追诉的行为,马某根本不构成徇私枉法罪。本着以事实为依据、以法律为准绳的司法原则,本辩护人恳请人民法院庄严宣告马某无罪。

三、判决结果

本院认为,被告人马某身为公安民警,在办理符某某诈骗案件过程中,对符某某被取保候审后,不认真履行职责,对案件不负责任,长期放任不管,严重失职,致使符某某诈骗案长期不移送审查起诉,且符某某在取保候审后又继续诈骗犯罪,给他人财产造成损失,危害社会,被告人的行为已构成玩忽职守罪。海口市美兰区人民检察院起诉指控被告人犯徇私枉法罪,因被告人的行为不具有对有罪人故意包庇的犯罪特征,故不构成徇私枉法罪。公诉机关指控被告人犯徇私枉法罪,定性不当,予以纠正。本院采纳被告人及其辩护人认为被告人不构成徇私枉法罪的辩解和辩护意见,但认为无罪的意见,与事实和法律不符,本院不予采纳。根据被告人马某的犯罪事实,依法对被告人免予刑事处罚。依照《中华人民共和国刑法》第三百九十七条第一款、第三十七条之规定,判决如下:

被告人马某犯玩忽职守罪,免予刑事处罚。

四、本案启示

本案系因犯罪嫌疑人在取保候审后继续犯罪和在逃引起。其实,马某在办理犯罪嫌疑人的取保候审手续时,是符合法律规定和法定程序的。如果犯罪嫌疑人被取保候审后,马某能履行职责,把该案及时移交其他民警办理,或者继续按法律程序办理,该移送审查起诉就移送审查起诉,该结案就结案,马某的牢狱之灾应当是可以避免的。本案例给人们的启示是,执法人员在严格依法执法的同时,要提高自身的风险防范意识,以免在不知不觉中违法或者涉嫌犯罪。

第三节 维护李某某人身自由权案

一、案情简介
二、赵建平律师辩护词
三、判决结果
四、本案启示

一、案情简介

2000年上半年,李某某时任某银行支行行长。2000年1月至3月,在该行信贷股负责人吴某某运作下,某银行支行先后发放三笔共计490万元贷款。期限届满后,借款人无力还贷。公诉机关认为,以上三笔贷款共计490万元,除了抵押物价值161.48万元(土地使用权)和20万元(房屋)外,余下308.52万元和利息982518.85元至今无法收回,给国家造成特别重大的经济损失,应以违法发放贷款罪追究某银行支行和李某某、吴某某的刑事责任。2004年6月17日,万宁市人民法院公开开庭审理本案。赵建平律师依法出庭为李某某辩护。判决结果为李某某犯违法发放贷款罪,判处有期徒刑三年,缓刑三年。在判决生效后,李某某即被释放,重新呼吸到了自由和清新的空气。

二、赵建平律师辩护词

我接受本案被告人李某某妻子林某委托,并根据海南外经律师事务所①指派,依法参加今天的庭审。辩护人的责任是根据事实和法律,提出被告人无罪或者罪轻的意见,依法维护被告人的合法权益。就李某某涉嫌违法发放贷款一案,我的辩护意见是:

(一)李某某同意向万宁市利昌海洋产业有限公司等单位和个人(以下简称

---

① 赵建平律师当时在海南外经律师事务所执业。

借款人)发放三笔贷款共计490万元的行为,至今给万宁支行造成了多大损失?

根据法庭调查结果,借款人用于抵押的位于东星工业开发区的61.87亩土地使用权的价值为每亩55807元,合计人民币3452779元;借款人用于抵押的房产价值人民币200000元;借款人已还款人民币52000元;上述三项合计人民币3704779元。因此,万宁支行因三笔贷款的损失额为1195221元人民币(4900000－3704779＝1195221)。值得一提的是,李某某于2000年底调到省行工作,三笔贷款中最后一笔的到期日为2001年3月17日,省行于2001年6月7日发出通报,"责令万宁支行立即进行诉前保全,查封相关借款和全部资产,以法律手段积极催收"。但是,万宁支行现任行长催收不力,致使借款人于2001年8月把价值人民币200余万元的渔船及设备,以77万元人民币的价格卖掉。对此扩大的损失,理应由万宁支行现任行长承担,不应由李某某承担。因此,虽然李某某同意给借款人发放三笔贷款的行为,给万宁支行造成了1195221元人民币的损失,但根据本案情况,应减去由万宁支行现任行长承担的77万余元的借款人卖船损失,李某某应承担的损失额为人民币425221元(119522－770000＝425221)。此外,在我国刑事司法实践中,只追究因被告人的行为造成的直接经济损失,对于包括利息在内的间接经济损失不予追究,公诉人提出把490万元的利息一并计算损失额的要求,缺乏法律依据。根据2001年5月《最高人民检察院、公安部关于经济犯罪案件追诉标准的规定》,涉案单位违法向关系人以外的其他人发放贷款的追诉标准为100万元以上,个人违法向关系人以外的其他人发放贷款的追诉标准为50万元以上,因此,李某某发放贷款的行为虽然给万宁支行造成了损失,但依法不应被追究刑事责任。

(二)谁是本案第一责任人

违法发放贷款行为以过失为主观构成要件。李某某作为万宁支行行长,在同意发放三笔贷款时,没有认真调查抵押物的真正价值,完全依靠吴某某准备的信贷资料,主观上存在过失。但作为万宁支行信贷股负责人的吴某某,却与借款人内外勾结,高估地价,冒充评估师签名,从借款人处拿好处,很显然,吴某某主观上存在故意,其行为不仅仅是涉嫌违法发放贷款的问题。正是由于吴某某主观上的故意行为,才使李某某在工作中产生主观过失行为,因此,李某某不应是本案第一责任人,吴某某才是本案第一责任人。

(三)李某某的行为是违规还是违法

公诉人无论在起诉书中还是在今天庭审发言中,一再指出李某某的行为违反了《贷款通则》,因而违反了法律,从而构成违法发放贷款罪。但是,本辩护人不得不向法庭指出,《贷款通则》是人民银行制订的行政规章,其法律效力低于国务院制订的行政法规。违反《贷款通则》的行为是违规行为,不是违法行为。正是基于这个原因,省行在2001年6月7日的《通报》,给万宁支行发放三笔贷款的行为定性为"违规贷款",给李某某的行为定性为"对贷款的最终审查不严,违反贷款操作规程,对信贷资金安全负主要领导责任"。

(四)本案存在的程序问题

本案因万宁支行于2001年向万宁市公安局举报借款人诈骗银行贷款,被万宁市公安局立案侦查,但今天坐在被告席上的不是借款人,而是举报人与时任行长李某某等人。本应作为被告的借款人却作为本案的证人,并由公诉人当庭宣读其证言。对于此奇怪现象,辩护人不得不严肃指出,请公诉机关认真考虑,真正发挥法律监督机关的职能作用。

综上所述,李某某的行为是违规不是违法,李某某的过失行为因吴某某的故意行为引起,李某某的行为虽然给万宁支行造成425221元人民币损失,但该数额尚没有达到违法发放贷款罪的追诉标准,李某某依法不应被追究刑事责任。

以上辩护意见,恳请合议庭充分考虑。

三、判决结果

本院认为,某银行支行是商业银行,属国有企业,在明知被告人吴某某负责的信贷股,操作办理发放三笔抵押贷款490万元的抵押物土地还在作价评估中,不符合贷款规定条件,仍召开信贷管理小组会议,讨论同意发放贷款,违反了《中华人民共和国商业银行法》的有关规定。鉴于贷款的抵押物土地,当时的实际价值为2242973元;在本案审理中,现在的使用价值为3452779元。那么,从案发时计算无法追回的贷款是2457027元[490万元-(2242973元+200000万元潘某某的房屋抵押价值)];在本案审判时计算目前无法追回的贷款是1247221元;都属于直接经济损失重大的界限内,符合最高人民检察院、公安部2001年4月18日发布的《关于经济犯罪案件追诉标准的规定》,单位违法发放贷款,造成直接经济损失100万元以上和个人违法发放贷款造成直接经济损失50万元以上为重大损失的追诉标准,被告单位万宁支行的上述行为已构成违法发放贷款罪。在本案中,被告人李某某身为被告单位万宁支行行长,主持万宁支行全面工作期间,对信贷资金的安全负有主要领导责任,而不正确履行自己的职责,明知抵押贷款不具备抵押贷款条件,也主持发放贷款;被告人吴某某负责信贷工作,是直接负责信贷的主管人员,不认真履行其职责,不够贷款的条件也签署同意发放贷款;被告人李某某、吴某某的上述行为造成了国家的重大经济损失,均触犯法律,构成违法发放贷款罪。万宁市人民检察院指控被告单位万宁支行和被告人李某某、吴某某的犯罪事实清楚,证据确凿充分,认定罪名成立,应予支持。但公诉机关认定违法发放贷款造成直接经济损失为308.52万元,属特别重大损失不当和利息也属贷款损失不当,应予纠正。利息计为贷款损失,缺乏法律依据;而本案现在才处理,却依据贷款抵押物土地在2002年度的使用价值来认定损失308.52万元,也缺乏法律依据,且理由不足。本案发生在2000年,依法应认定扣除抵偿案发时的抵押土地实际使用价值和房屋抵押价值,则违法发放贷款时,造成国家的直接经济损失也不超过300万元,不属于特别重大损失。况且,土地在不同时期有不同的使用价值,其实际使用价值的认定,应以该地实际使用时的价值为依据,这是市场经济发展的实际需求,也符合国家宏观调控政策。

而辩护人均提出同一个辩护意见,认为被告单位和被告人李某某、吴某某违法发放贷款造成直接经济损失不超过人民币50万元,没有达到最高人民检察院、公安部规定的违法发放贷款案件追诉标准,不构成犯罪。三辩护人上述辩护意见所依据的事实和理由均不能成立。因为贷款方(利昌实业公司)还给万宁支行的52000元属于贷款本金利息,利息不能抵偿本金;贷款人潘某某将贷款购买的渔船卖掉得款77万元,没有偿还部分贷款,说明还是违法发放的贷款没有收回,也属于违法发放贷款行为造成的经济损失。不管单位追贷有无尽责与否,单位已经构成犯罪,该单位的主要负责人、直接责任人也应依法受追诉处罚;不能以单位追贷不尽责而使违法发放贷款的主要负责人、直接责任人不受追诉。因此,三辩护人的上述辩护意见依据的事实和理由不能成立,不予采纳。辩护人赵建平关于被告人李某某的行为是违规行为,不是违法行为的辩护意见也不能成立,不予采信。因为被告人李某某的行为已违反全国人大常委会制订的《中华人民共和国商业银行法》,并符合《刑法》规定的违法发放贷款罪的构成要件,这已超越违规违法行为而构成犯罪行为。辩护人赵建平的另一辩护意见认为,经公安机关对借款人制作的笔录,用来作为本案的证据,其效力应值得考虑。应该肯定借款人的笔录,可以作为本案的证据。虽然借款人潘某某等,原被万宁支行以涉嫌诈骗贷款向公安机关举报,据查,公安机关也在立案侦查中。那么,在侦查中,借款人将贷款的过程(事实)向公安机关作的陈述,依照《中华人民共和国刑事诉讼法》规定,能证明案件真实情况的一切事实,都是证据。因此,公安机关依法制作的本案借款人的笔录,与其他证据能够相互印证本案的事实存在,则可以作为本案证据予以采信。

鉴于被告单位万宁支行违法发放贷款,是基于政府部门批准开发的经济项目,又报经上级部门审批以及有土地作抵押的情况下(尽管土地估价报告有失实,但不影响土地的存在),审核不严所造成国家经济的重大损失。被告人李某某和吴某某,都没有正确履行职责,负起各自应尽的责任,致使国家经济造成重大损失,应为本案共同责任人。依照最高人民法院法释(2000)31号《关于审理单位犯罪案件对其直接负责的主管人员和其他直接责任人是否区分主、从犯问题的批复》,可不区分主、从犯,按照其在单位犯罪中所起的作用判处。据此,现根据被告单位万宁支行和被告人李某某、吴某某在本案中各自的具体犯罪事实和情节,并结合被告人李某某、吴某某积极兑现罚金的认罪态度,对俩被告人适用缓刑确实不致再危害社会,可宣告缓刑。现依照《中华人民共和国刑法》第三十条、第三十一条、第一百八十六条(第二、三款)、第五十三条、第七十二条第一款、第七十三条以及最高人民法院法释[一九九九]十四号《关于审理单位犯罪案件具体应用法律有关问题的解释》第一条,判决如下:

1. 被告单位某银行支行犯违法发放贷款罪,判处罚金人民币两万元(限在判决生效后一个月内缴纳);

2. 被告人李某某犯违法发放贷款罪,判处有期徒刑三年,宣告缓刑三年,并处罚金人民币壹万元(已缴纳);

3. 被告人吴某某犯违法发放贷款罪,判处有期徒刑三年,宣告缓刑三年,并处罚金人民币壹万元(已缴纳)。

四、本案启示

银行是高风险行业,银行业的最大风险是贷款不能按时收回。在发生贷款不能按时收回的情形时,有关银行及决策人员就可能涉嫌违法发放贷款罪。本案李某某正是因为发放的贷款无法收回,最终被法院认定构成违法发放贷款罪。本案给人们的启示是,我们在工作中一定要小心谨慎,要具备起码的法律知识和自身风险防范意识。虽然监狱的大门每时每刻都在向人们敞开,但如果我们具备起码的防范意识,还是不那么容易进监狱的。

第四节 维护申某人身自由权案

一、案情简介
二、赵建平律师一审辩护词
三、一审判决结果
四、刑事上诉状
五、赵建平律师二审辩护词
六、刑事裁定书
七、龙华区人民检察院《不起诉决定书》
八、本案启示

一、案情简介

被告人申某,原系海南某房地产公司副总经理,负责公司财务。2003年10月28日,在口头征得公司董事长、总经理连某同意后,向公司财务借款100万元人民币给其朋友经营。后来,申某的朋友由于经营失误,没有及时还款。2007年10月,连某向某公安局举报申某挪用本单位资金。2007年10月31日,申某被公安人员抓获。2007年11月19日,申某的朋友把该100万元归还该公司。公诉机关认为,被告人申某身为公司管理人员,利用职务上的便利,挪用本单位资金借贷给他人使用,数额巨大,其行为触犯了我国《刑法》第二百七十二条第一款之规定,应当以挪用资金罪追究其刑事责任。2008年4月23日,龙华区人民法院公开开庭审理本案,赵建平律师依法出庭为申某辩护。一审判决申某犯挪用资金罪,判处有期徒刑三年。申某不服,依法提起上诉。二审以原审事实不清,证据不足为由,发回重审。2008年12月19日,申某被取保候审。2009年1月8日下午,申某挪用资金案重审一审开庭,赵建平律师继续出庭为申某辩护。2009年1月22日,龙华区人民法院作出(2008)龙刑重字第3号《刑事裁定书》,以龙华区人民检察院申请撤回起诉为由,裁定准许龙华区人民检察院撤诉。2009年1月24日,龙华区人民检察院作出《不起诉决定书》,决定对申某不起诉。申某在被无辜羁押一年零一个月十九天后,终于获得了本该属于他的自由。

二、赵建平律师一审辩护词

尊敬的审判长、审判员、人民陪审员:

作为本案被告人申某的辩护人,我依法发表如下辩护意见:

我国《刑法》第二百七十二条规定的挪用资金罪,指的是公司、企业或者其他单位的工作人员,利用职务上的便利,挪用本单位资金归个人使用或借贷给他人使用的行为。构成挪用资金罪,客观上必须具备利用职务便利,挪用本单位资金归个人或借贷给他人使用的行为。本案被告人申某没有利用职务之便,挪用泉海公司100万元人民币的行为。

(一)申某不存在利用职务之便的前提条件

本辩护人不否认申某是泉海公司股东和副总经理,并负责公司财务和销售这一事实。但是,泉海公司是一家民营企业,连某一人就占有该公司70%的股份。公司财务经理陈某某是连某亲信,出纳连某某是连某儿媳,泉海公司监管资金的人员是财务经理陈某某和出纳连某某。根据公诉人当庭出示的泉海公司2003年第一次董事会《会议纪要》,"使用资金超过壹万元以上,须报总经理批准",因此,申某虽然作为分管公司财务的副总,但却无权决定动用公司资金。我国《刑法》第二百七十二条规定的"利用职务之便",指的是行为人利用管理本单位资金的便利。既然申某没有管理公司资金,无权决定动用公司资金,也就不存在申某"利用职务之便",动用泉海公司资金的情形。

(二)2003年10月28日从泉海公司转出的100万元,应认定为申某向泉海公司的借款

既然申某无权擅自动用公司资金,在申某需要用款时,就必须按公司财务制度,办理相关手续。申某在办理本案讼争的100万元的转款手续时,办理了相应的财务手续。2003年10月28日,申某填写了借款100万元的借款单。该借款单表明,申某系向泉海公司借100万元,该借款单上虽然只有申某一人在借款人一栏签字,连某和陈某某、连某某均没有在相应的部位签字,但这并不影响该借款单作为申某向泉海公司借款的借据性质。值得一提的是,本案起诉书也认定申某行为的性质是,"向公司财务私自借款人民币100万元"。2003年10月28日,泉海公司转出的100万元汇票,应认定为连某同意申某的借款请求后,授权公司直接管理资金的财务经理陈某某和出纳连某某出具汇票,转出该100万元资金。

(三) 公诉书指控申某"谎称公司董事长、总经理连某已同意"一事,缺乏充分有效的证据支持

在该100万元资金的转出是否经连某同意这一问题上,申某自始至终的供述都是"征得了连某的同意",而连某的笔录却是"没有征得其同意"。本案其他证人陈某某、连某某和卫某某都没有参加过申某和连某关于借款问题的商量,他们的证言没有、事实上也不可能证明当时连某是否同意。相反,在连某是否同意借款的问题上,本案的重要证人牟某某证明当时已征得连某同意。2007年11月6日,泉海公司财务经理陈某某发给史某某短信,要求申某偿还此款自2003年10月至2007年10月28日止的利息243500元,也证明申某与泉海公司之间存在的是借款关系。此外,连某事后向牟某某要求还款这一情节,也充分证明连某当时是同意申某借款的。值得一提的是,如果当时连某确实没有同意申某借款,那么在转款后的第二天,连某在知道该100万元未经其同意被转出后,理应当时就报案。但连某直到2007年才向公安部门报案,这只能证明连某当时是知道并同意借款的。在该款借出后,由于迟迟不能归还,连某也不能获得预先约定的30万元的巨额利息,为了能早日归还欠款,连某才以所谓的申某挪用资金的名义,向公安部门报案,以期希望借国家公权解决民事借贷纠纷。

综上所述,申某的行为应认定为向泉海公司借款,公诉机关指控申某挪用本案讼争资金100万元,证据明显不足,本辩护人恳请法庭宣告申某无罪。

三、一审判决结果

本院认为,被告人申某身为公司管理人员,利用职务上的便利,挪用本单位资金借贷给他人进行经营活动,数额巨大,其行为已构成挪用资金罪。公诉机关指控的犯罪事实清楚,证据确凿充分,指控的罪名及适用法律意见准确,应予采纳。关于被告人申某辩称借款时经连某同意的意见。经查,证人陈某某、连某某的证言可证实转款当天并未打电话与连某核实,而是相信申某所说连某已同意,且二人后因此事被停职。证人连某证实事先申某提起过该事其未同意,转款当天其并不知情。且申某当庭辩解转款当天是连某通知其和陈某某、连某某到办公室办理,而其过去的供述又称开始陈某某并不同意转款,让其与连某联系。可见,陈某某事先并不知此事,而是其利用主管财务的便利私自转款。其辩解意见无证据支持,不予采纳。关于辩护人提出申某无权动用公司资金,不存在利用职务之便,以及涉案款项应认定为经连某同意的借款,属借款关系,指控不能成立,请求法庭宣告申某无罪的意见。经查,辩护人提供的牟某某的证明,仅能证实通过申某从泉海公司转入其手中100万元人民币用于经营,而其并未与泉海公司办理借款手续,也未直接与连某联系借款事宜,申某如何将款转出其并不知情,仅是申某的说辞,其借款关系仅存在于和申某之间。而公司为了挽回损失采取各种形式追债,无可厚非,上述情形并不能掩盖申某挪用公司资金的行为。被告人申某利用主管财务的便利,未经总经理连某同意,以个人借用的名义挪用本单位资金给他人使用,未能归还,其行为符合挪用资金罪的构成要件,应以该罪处罚。辩护人的意见不能成立,不予采纳。依照《中华人民共和国刑法》第二百七十二条第一款之规定,判决如下:

被告人申某犯挪用资金罪,判处有期徒刑三年。

四、刑事上诉状

(一)本案严重违反法定程序

本案因报案单位——泉海公司总经理连某买通办案人员引起,是一起国家公权违法介入经济纠纷,导致上诉人无辜入狱和被判有罪的典型案例。在一审庭审过程中,上诉人的辩护人向法庭出示了陈某某发给史某某的短信,该短信要求上诉人偿还泉海公司支付的办案费5万元,这充分证明在办理本案过程中,泉海公司总经理连某和侦查人员存在严重的行贿受贿问题。但是,原判对于该重要情节视而不见,在侦查人员收取泉海公司五万元贿赂,违法对上诉人立案侦查、采取强制措施,错误形成本案的情形下,依然作出了上诉人有罪的判决。

(二)原判认定事实错误

1. 本案的基础是借贷关系。根据借款人童某某、毛某某于2004年出具的《还款计划书》,该两位借款人借款130万元,决定于2004年2月15日归还。该《还款计划书》证明了如下内容:第一,本案讼争的100万元是借款,借款人是童某某和毛某某,贷款人是泉海公司,本案是发生在泉海公司与童某某和毛某某之间的借贷关系,而不是如原判认定的那样,系发生在上诉人与牟某某之间的借贷关系。第二,130万元由100万元本金和30万元利息构成,这印证了上诉人供述和牟某某证词的真实性,即连某要求支付30万元利息。因此,原判应当认定上诉人申请汇款并与泉海公司出纳连某某一道办理汇出该100万元的行为,是泉海公司的公司行为,即泉海公司借出100万元给童某某和毛某某的借贷行为。对于上诉人与泉海公司出纳连某某一道办理汇出该100万元的行为,连某是知道并同意上诉人与连某某一起这样做的。

2. 关于牟某某与本案的关系问题。牟某某是本案借贷关系的介绍人,同时也是本案的重要证人。虽然在上诉人被公安机关违法采取强制措施后,牟某某于2007年11月替童某某和毛某某偿还了借款本金100万元,但不能如原判认定的那样,牟某某是本案的借款人。作为本案借贷关系的介绍人和重要证人,作为代为偿还泉海公司100万元借款的实际还款人,牟某某的证言对于正确认定本案的借款事实有重要意义。在牟某某的证言中,牟某某已证明连某同意借100万元给童某某和毛某某,但要收取30万元利息。原判认定牟某某"并未与泉海公司办理借款手续,也未直接与连某联系借款事宜,申某如何将款转出其并不知情,仅是申某的说辞",与事实不符。

3. 关于上诉人在本案中的作用和地位问题。上诉人只是泉海公司与童某某和毛某某之间借贷关系的经办人。牟某某与上诉人是朋友关系,此前连某也通过上诉人认识了牟某某。2003年10月中、上旬,牟某某代表童某某和毛某某,向上诉人表达向泉海公司借款的意思,上诉人随即向连某作了汇报。连某表示同意借款,但要求50%的利息。由于童某某和毛某某只同意支付30%的利息,加之连某也认识牟某某,最后连某才同意按30%计算利息。由于泉海公司当时资金困难,连某表示只有在泉海公司账上有钱后,才能借给童某某和毛某某。2003年10月27日上午,连某电话通知上诉人,泉海公司的钱进账了,借钱的事可以办了。连某并说,他已通知陈某某和连某某,要上诉人明天上午找该两人办理汇款手续。2003年10月28日上午,在陈某某当场电话取得连某的再次确认后,上诉人按泉海公司财务要求,填写借款单,在陈某某开出汇票后,与连某某一道到银行办理了汇款手续。在连某是否事先告知陈某某这一情节上,上诉人的供述始终是一致的,即陈某某事先已知道此事,但在具体办理汇款手续时,陈某某要求再次电话确认。原判认定"且申某当庭辩解转款当天是连某通知其和陈某某、连某某到办公室办理,而其过去的供述又称开始陈某某并不同意转款,让其与连某联系。可见,陈某某事先并不知此事,"与事实不符。

特别值得一提的是,在是否征得连某同意汇款的问题上,上诉人与连某各执一词。在上诉人的全部供述中,上诉人一直都供述征得了连某的同意。由于连某是否同意借款的问题,只发生在上诉人与连某之间,控方证人包括陈某某、连某某和卫某某在内,都无法证明连某是否同意借款。但本案的重要证人牟某某和重要书证《还款计划书》却足以证明,本案是发生在泉海公司与童某某和毛某某之间的借贷关系。泉海公司是私营企业,上诉人虽主管公司财务,但根据公司规定,"使用资金超过壹万元以上,须报总经理批准",在上诉人办理该100万元的汇款手续时,不可能不征得连某同意。判决书认定的陈某某与连某某因"此事被停职"一事,纯系子虚乌有,是为了印证"连某没有同意借款"这一虚假事实而故意捏造出来的所谓"事实",至今没有原始证据证实该二人因此事受到了泉海公司处罚。陈某某是连某的亲信,现仍供职泉海公司,连某某是连某儿媳,该二人的证言是否真实和是否公正是不言自明的。此外,2003年10月,正是泉海公司业务停滞、资金十分困难的时候。别说100万元借贷,就是3万、5万元的支出,连某也十分清楚,一切经济往来均在连某完全掌握之中。原判认定连某对该借贷行为不知情,既不合情、也不符合事实。本案应认定上诉人与连某某一道办理该100万元的汇出手续时,连某事先知道并征得了连某同意。上诉人没有如判决书认定的那样,"未经总经理连某同意,以个人借用的名义挪用本单位资金给他人使用"。

(三)上诉人不具备构成挪用资金罪的条件

我国《刑法》第二百七十二条规定的挪用资金罪,指的是公司、企业或者其他单位的工作人员,利用职务上的便利,挪用本单位资金归个人使用或借贷给他人使用的行为。构成挪用资金罪,客观上必须具备利用职务便利,挪用本单位资金归个人或借贷给他人使用的行为。所谓"利用职务之便",指的是行为人利用管理本单位资金的便利。泉海公司具体管理资金的人员是陈某某和连某某。如上所述,上诉人虽然作为分管财务的副总,却无权决定壹万元以上资金的使用。既然上诉人没有管理资金的便利,又无权决定动用泉海公司超过壹万元以上的资金,也就不存在上诉人"利用职务之便",挪用泉海公司资金的问题。本案已有证据证明,本案讼争的100万元,系发生在泉海公司与童某某和毛某某之间的借贷关系的标的,上诉人不存在挪用泉海公司该100万元资金给牟某某使用的行为。

综上所述,原判严重违反程序,认定事实错误,适用法律错误。上诉人特依法上诉,恳请上级人民法院依法撤销原判,改判上诉人无罪。

五、赵建平律师二审辩护词

尊敬的审判长、审判员:

作为申某的辩护律师,我依法发表如下辩护意见:

（一）本案纯系泉海公司与童某某、毛某某之间的借贷纠纷

2003年10月中上旬，牟某某代表童某某和毛某某，向时任泉海公司副总经理的申某表达向泉海公司借款100万元的意思，申某随即向连某作了汇报。连某表示同意借款，但要求50%的利息。由于童某某和毛某某只同意支付30%的利息，加之连某也认识牟某某，最后连某同意按30%计算利息，借款时间半个月。2003年10月27日上午，连某电话通知申某，泉海公司账上有钱了，借钱的事可以办了。连某并说，他已通知陈某某和连某某，要申某第二天上午找该两人办理汇款手续。2003年10月28日上午，在陈某某当场电话取得连某的再次确认后，申某按泉海公司的财务要求，填写了借款单，在陈某某开出汇票后，与连某某一道到银行办理了汇款手续。由于童某某与毛某某未能于半月内还款，该两借款人于2004年年初出具《还款计划书》，承诺所借的130万元本息于2004年2月15日归还。对于上述发生的借贷事实，作为泉海公司与童某某和毛某某之间借贷关系的介绍人和重要证人的牟某某，证明泉海公司总经理连某同意借100万元给童某某和毛某某，但要收取30万元利息。但令人遗憾的是，在出具《还款计划书》后，童某某去世，毛某某也找不到人，致使该款长期得不到偿还。2007年11月，在申某被采取强制措施后，牟某某替童某某和毛某某偿还了该100万元。在收到牟某某代为偿还的100万元借款后，陈某某还给史某某发短信，要求偿还24万余元利息和5万元办案费。

（二）本案认定申某挪用泉海公司资金的证据不足，辩护人恳请二审法院依照《刑事诉讼法》第一百六十二条第三款之规定，作出本案证据不足、指控申某挪用资金罪不能成立的无罪判决

申某能否构成挪用资金罪的关键事实是，2003年10月28日申某从泉海公司转出100万元的行为，是否事先经连某同意。在是否事先征得连某同意的问题上，申某与连某的说法不一，申某说事先连某已同意，连某说其没有同意，两人各执一词。由于连某是否同意的问题，只发生在申某与连某之间，公诉人提供的证人卫某某、陈某某和连某某都无法证明连某是否事先已同意。相反，此事虽然只发生在申某与连某之间，但辩护人向法庭出示的下列证据和证人证言却足以证明连某事先已同意：第一，证人牟某某的证言和童某某、毛某某出具的《还款计划书》，证明在经牟某某介绍后，该100万元系泉海公司借给童某某与毛某某使用，其条件是要支付30万元利息；第二，根据证人杨某某当庭作证的内容，连某曾两次公开与杨某某等人谈起此事，即"公司拿100万元，半个月内之内给公司拿回130万元，申哥（申某）给公司挣一台小轿车"。第三，连某在100万元款项转出后，没有立即要求申某追回，并曾多次与牟某某联系，要求牟某某还款，甚至在申某被采取强制措施后，还要求申某爱人史某某偿还利息与办案费。在决定申某是否构成挪用资金罪这一关键问题上，即使申某与连某各执一词，双方一对一，但辩护人提供的证据和证人证言的客观性、公正性和可信性明显大于公诉人提供的证人证言，法庭应认定申某转款之前，已征得连某同意并获得连某授权。特别值得一提的是，即使法庭无法认定控辩双方提交的证据，根据疑罪从无的原则，在本案一对一的情形下，法庭也只能依法作出证据不足、指控申某挪用资金罪不能成立的无罪判决。

（三）申某不符合挪用资金罪的构成要件

我国《刑法》第二百七十二条规定的挪用资金罪，指的是公司、企业或者其他单位的工作人员，利用职务上的便利，挪用本单位的资金归个人使用或借贷给他人使用的行为。构成挪用资金罪，客观上必须具备利用职务便利，挪用本单位资金归个人使用或借贷给他人使用的行为。所谓"利用职务之便"，指的是行为人利用管理本单位资金的便利。泉海公司具体管理资金的人员是陈某某和连某某，申某并没有具体管理公司资金。泉海公司是一家私营企业，申某虽然作为分管财务的副总，却无权决定壹万元以上资金的使用。既然申某没有管理资金的便利，无权决定动用泉海公司超过壹万元以上的资金，也就不存在申某"利用职务之便"，挪用泉海公司该100万元资金的问题。本案已有证据证明，本案讼争的该100万元，系发生在泉海公司与童某某和毛某某之间的借贷关系的标的，申某不存在挪用泉海公司该100万元借贷给他人使用的行为。由于申某不存在利用职务之便，挪用泉海公司该100万元借贷给他人使用的行为，申某不构成挪用资金罪，人民法院应根据《刑事诉讼法》第一百六十二条第二款,宣告申某无罪。

(四)本案严重违反法定程序

本案系因泉海公司总经理连某买通办案人员引起,是一起国家公权违法介入民事纠纷,导致申某无辜入狱和一审被判有罪的典型案例。在今天庭审过程中,辩护人再一次出示了陈某某发给史某某的短信,该短信无理要求申某偿还泉海公司支付的办案费5万元,这不仅证明本案程序严重违法,控方所有证据应归无效,而且证明泉海公司总经理连某和侦查人员之间存在严重的行贿受贿问题。在侦查人员公然收受贿赂,违法对申某立案侦查,并采取强制措施,错误形成本案的情形下,二审法院别无选择,只能依法宣告申某无罪。二审法院只有判决申某无罪,才能维护申某的合法权益,维护法律的尊严,维护社会公平正义。

综上所述,由于本案纯系企业与公民之间的借贷纠纷,由于本案指控申某挪用资金的证据严重不足,由于申某不符合挪用资金罪的构成要件,由于本案严重违反法定程序,辩护人恳请二审法院依法庄严宣告申某无罪。

六、刑事裁定书

本院审理由海口市中级人民法院发回重审的被告人申某挪用资金罪一案,本案在诉讼过程中,公诉机关以该案证据有变化为由,于2009年1月22日向本院申请撤回起诉。

本院认为,在案件宣告判决前,公诉机关以案件事实、证据有变化为由要求撤回起诉,属于依法处分其诉讼权利的行为,该行为符合法律规定,应予准许。依照最高人民法院《关于执行中华人民共和国〈刑事诉讼法〉若干问题的解释》第一百七十七条的规定,裁定如下:

准许海口市龙华区人民检察院撤诉。

七、龙华区人民检察院《不起诉决定书》

本案由某公安局侦查终结,以被不起诉人申某涉嫌挪用资金罪,于2008年

1月15日移送海口市人民检察院审查起诉,2008年1月18日海口市人民检察院将本案交由本院审查起诉。本院受理后,于2008年2月30日退回公安机关补充侦查,2008年3月6日公安机关补查重报;2008年4月10日本院向海口市龙华区人民法院提起公诉,2008年7月25日,海口市龙华区人民法院以申某犯挪用资金罪判处其有期徒刑三年。申某不服一审判决提起上诉,2008年9月12日,海口市中级人民法院以事实不清、证据不足为由发回重审。2009年1月22日,本院从海口市龙华区人民法院撤回起诉。

经本院审查并退回补充侦查,本院认为某公安局认定的申某挪用资金的事实不清、证据不足,不符合起诉条件。依照《中华人民共和国刑事诉讼法》第一百四十条第四款的规定,决定对申某不起诉。

八、本案启示

本案有两个特点,一是本案是一起因借贷引起的民事纠纷,二是报案人连某与申某原来是很好的朋友。对于申某来说,经历了这一次牢狱之灾后,应吸取以下三点教训:第一,在发生借款人不能及时还款的情形时,应及时催促其还款,也应经常主动告知债权人有关情况;第二,交友要慎。俗话说,生意场上无朋友,此话确有一定道理。对于人品不好,道德极差的人,最好还是敬而远之;第三,时刻依法保护自己。俗话说:"害人之心不可有,防人之心不可无。"如果申某在办理本案所涉借贷业务时,要求借款人与连某所在公司签订书面借款合同,或在转款时要求连某签字,申某的牢狱之灾本来是完全可以避免的。此外,对于办案机关来说,一定要秉公办案。如果在办案过程中,以各种名目收取报案人的费用,不仅对涉案人员不公正,而且将使社会公平正义荡然无存,司法机关及工作人员的威信扫地,最终影响法律尊严,动摇党的执政基础。

第五节　维护沈某某人身自由权案

一、案情简介

二、起诉书

三、赵建平律师辩护词

四、一审判决结果

五、本案启示

一、案情简介

沈某某系某印刷公司业务员。2007年10月至2008年6月期间,海南某期刊社委托沈某某所在的印刷公司印刷期刊,沈某某先后四次共收取海南某期刊社为此支付的印刷费33万元。后经人举报系假期刊。2008年6月17日,沈某某因涉嫌诈骗被刑事拘留,同年7月24日被逮捕。2009年6月15日,琼山区人民检察院以贪污罪对被告人董某某和沈某某提起公诉。本案分别于2009年7月28日和9月25日两次开庭审理,赵建平律师与另外一位律师出庭为沈某某作无罪辩护,一审认定沈某某犯贪污罪,判处有期徒刑十二年。沈某某不服,依法提起上诉,二审经开庭审理后,认为本案事实不清,证据不足,发回琼山区人民法院重审,重审一审改判沈某某六年有期徒刑。

二、起诉书

经依法审查查明:被告人董某某自2004年3月起任海南某期刊社编辑部主任,负责收取稿件、稿件赞助款和安排期刊印刷工作。2007年10月至2008年6月,董某某共收取稿件赞助款1473300元。董某某为了非法占有稿件赞助款,与被告人沈某某商定合作印刷假刊,董某某负责收取稿件及稿件赞助款,沈某某负责联系印刷,董某某应允沈某某从稿件赞助款中以每印一篇250元分给沈某某好处费。后董某某将收取的1364篇稿件,不按期刊社正规编辑流程交期刊社审核签发印刷,而是将稿件刊登在其伙同沈某某非法印刷的某期刊2008年第2期4本假刊上。董某某收取的稿件赞助款,除上交海南某期刊社50万元、支付印刷费152190元及"三审三校"费24815元外,其余796295元未交给单位财务。2008年4月至5月间,董某某分四次转账给沈某某在工商银行海口迎宾支行的账户33万元,余下466295元被董某某非法占为己有。2008年5月,海南某期刊社发现有2008年第2期假刊,上报海南省教育厅等主管部门。董某某见印刷假刊的事情败露,于6月3日从海南某期刊社办公室领取3本收据,补开了出版在假刊上的稿件赞助款收据,以掩盖其侵吞稿件赞助款的事实。

被告人董某某无视国家法律,利用职务之便,与被告人沈某某相互勾结,非法印刷某期刊社假刊,以欺骗手段将期刊社稿件赞助款796295元非法占为己有,其中董某某分得赃款466295元、沈某某分得赃款33万元,其行为均触犯我国《刑法》第三百八十二条、第三百八十三条第一项之规定,犯罪事实清楚,证据确凿充分,应以贪污罪追究刑事责任。

三、赵建平律师辩护词

(一)关于本案所涉基础法律关系

本案系因海南某期刊社委托海口某印刷公司印刷某期刊引起。在承接印刷业务时,对作为受托方的某印刷公司来说,在委托方提供委托书和期刊出版许可证的情形下,就可以受理印刷业务。因此,该基础法律关系主体适格,内容合法,意思表示真实,理应受我国法律保护。作为某印刷公司业务员的沈某某,在代理某印刷公司办理该宗业务过程中,只有在擅自侵占收到的印刷款项的情形下,才可能涉及刑事犯罪即职务侵占问题。在沈某某涉嫌职务侵占时,举报的主体应是某印刷公司。庭审调查的结果显示,在某印刷公司与沈某某之间存在承包关系。也就是说,只要沈某某把应当上缴的费用缴足,剩下的款项就属于沈某某个人所有,沈某某不存在职务侵占的可能。起诉书指控沈某某构成董某某贪污案的共犯,纯系牵强附会,子虚乌有。

（二）沈某某主观上没有与董某某共同贪污的故意

起诉书指控"董某某为了非法占有稿件赞助款，与被告人沈某某商定合作印刷假刊，董某某负责收取稿件赞助款，沈某某负责联系印刷，董某某应允沈某某从稿件赞助款中以每印一篇250元分给沈某某好处费"，起诉书的上述指控无任何事实依据。首先，沈某某从没有与董某某商定合作印刷假刊。庭审情况表明，董某某从没有告诉过沈某某委托某印刷公司印刷的期刊是假的，两人也从来没有商定合作印刷假刊。对沈某某来说，只要海南某期刊社提供期刊出版许可证，出具委托书，就可以代理某印刷公司受理该宗印刷业务。虽然沈某某承认事后怀疑期刊是假的，但这不等于两人存在事先商定合作印刷假刊的事实。即使沈某某事后怀疑期刊是假的，法律也没有要求沈某某与之斗争。对于沈某某来说，只知道期刊社付钱，某印刷公司承印，两者的关系仅此而已，根本谈不上合作商定印刷假刊。其次，两人之间无分工。本案印刷业务发生在某印刷公司与海南某期刊社之间，沈某某是某印刷公司业务员，董某某是编辑部主任，两人之间的工作职责是由两人所处的不同单位决定的，而不是两人协商分工形成的。再次，两人从没有商量过分成比例。沈某某从董某某那里拿到的是某印刷公司的印刷费，至于某印刷公司与沈某某之间如何分配，那是某印刷公司与沈某某之间的事情，与董某某以及本案无关。值得一提的是，董某某同意按每篇250元付印刷费，是在履行海南某期刊社与某印刷公司之间的委托印刷合同过程中，董某某向沈某某代理的某印刷公司提出的一个要约，但条件是加快印刷进度，这绝不能认定为是两人商定合作印刷假刊中的利益分配约定。综上所述，可以认定的是，在代理某印刷公司与海南某期刊社发生业务往来过程中，沈某某从没有与董某某有共同贪污的故意。

（三）沈某某从董某某处领到的33万元，是某印刷公司应得的印刷费

辩护人不否认沈某某于2008年期间从董某某处领取了33万元的事实。但是，这33万元不是贪污款，而是沈某某代某印刷公司从董某某所代表的海南某期刊社领取的印刷费。根据董某某供述和某期刊社法定代表人郭某某证言，董某某在支付沈某某该33万元印刷费时，是郭某某同意支付的。由于某印刷

公司与沈某某之间存在承包关系,沈某某在收回印刷成本和支付某印刷公司应收费用后,剩下的就是沈某某的合法所得,这与所谓的贪污款是风马牛不相及的两回事。

综上所述,沈某某既没有与董某某共同贪污的故意,也没有共同贪污的行为。沈某某在本案中的行为,纯粹是代理某印刷公司与海南某期刊社发生业务往来的行为。沈某某收取的33万元,在扣除印刷成本和上缴某印刷公司应收费用后,完全是合法所得。沈某某根本不构成董某某贪污案的共犯,本辩护人恳请法庭庄严宣告沈某某无罪。

四、一审判决结果

本院认为,被告人董某某身为国家工作人员,任海南某期刊社编辑部主任期间,利用收取稿件和稿件赞助款的职务之便,截留教师交给海南某期刊社的稿件和稿件赞助款。为非法占有稿件赞助款,被告人董某某与被告人沈某某勾结,将截留的稿件非法印刷在《新教育》假刊上,以欺骗手段将海南某期刊社的稿件赞助款796295元非法占为己有,其中被告人董某某分得赃款466295元,被告人沈某某分得赃款330000元,其行为构成贪污罪,应以贪污罪追究两被告人的刑事责任。公诉机关指控的犯罪事实清楚,证据确凿充分,指控的罪名成立,应予支持。关于被告人沈某某及其辩护人辩称,被告人沈某某没有与董某某贪污的故意,也没有共同贪污的行为,其收取的33万元是基于其与海南某期刊社的"承揽合同"关系的合法所得,而不是贪污所得。经查,被告人沈某某在明知没有期刊社社长签名同意的情况下,与被告人董某某商量并有明确分工,私自印刷假刊,且董某某在未经社里审批同意的情况下,私自分四次转账33万元给沈某某作为报酬。被告人沈某某与董某某勾结,伙同贪污期刊社公共财产,应以贪污罪论处,故本院对其辩解意见不予采纳。依照《中华人民共和国刑法》第三百八十二条、第三百八十三条第一款、第九十三条第二款、第二十五条第一款、第六十四条之规定,判决如下:被告人董某某犯贪污罪,判处有期徒刑十三年;被告人沈某某犯贪污罪,判处有期徒刑十二年。

五、本案启示

在市场经济运作过程中,人们必须具备起码的法律常识和自我保护意识。本案沈某某如果能要求海南某期刊社与其所在的某印刷公司签订书面合同;如果在每次印刷时,能得到期刊社法定代表人的书面确认,收款时按正常财务程序办理,沈某某就不会有牢狱之灾。

第六节　郑某犯了诈骗罪吗？

一、案情简介
二、赵建平律师一审辩护词
三、一审判决结果
四、刑事上诉状
五、赵建平律师二审辩护词
六、本案启示

一、案情简介

唐某某在通过陈某认识被告人郑某后，要求郑某帮助其丈夫减轻刑事处罚，郑某答应帮忙。由于事情没有办成，唐某某一方面向有关部门报案，称郑某先后5次诈骗其30800元，一方面要求郑某返还其支付的30800元。郑某虽然对是否收到唐某某的30800元存在异议，但还是同意返还30800元。2007年9月21日下午，在郑某将30800元通过陈某交给唐某某时，被早已等候的公安民警抓获，30800元也被作为郑某诈骗的物证收缴。公诉机关认为，被告人郑某以非法占有为目的，采取虚构事实或掩盖事实真相的手段，诈骗他人财物，价值人民币30800元，数额巨大，其行为已触犯我国《刑法》第二百六十六条，应以诈骗罪追究其刑事责任。美兰区人民法院于2008年3月27日公开开庭审理本案，赵建平律师依法出庭为郑某辩护。一审判决郑某犯诈骗罪，判处有期徒刑三年零六个月。郑某不服，依法提起上诉。二审以原判事实不清，证据不足为由，发回重审。重审一审判决郑某犯诈骗罪，判处有期徒刑三年。郑某不服，继续上诉，重审二审改判郑某有期徒刑两年。

二、赵建平律师一审辩护词

尊敬的审判长、审判员、人民陪审员：

作为本案被告人郑某的辩护人，我依法发表如下辩护意见：

（一）关于本案的缘起

本案系因被告人在陈某介绍并认识唐某某后，帮助唐某某的丈夫陈某某减轻处罚引起。被告人郑某作为一名普通公民，我国法律并不禁止其从事法律代理活动，但法律不允许我国公民个人从事有偿法律代理活动。公民在从事法律代理活动时，如果借机敛财或介绍贿赂，则可能涉嫌诈骗或介绍贿赂犯罪。本案正是因为郑某没有帮助唐某某把事情办成，被唐某某等人举报后引起的。

（二）关于本案的涉案金额

起诉书指控郑某先后5次骗取唐某某30800元，与事实不符。实际情况是，郑某只收取唐某某10000元，其余20800元纯系不实指控。这是因为，第一：郑某的六次供述，关于是否收取了唐某某15000元的交代，前后矛盾，如第一次、第二次供述，承认是在其家中收取了唐某某送来的15000元，但在第四次供述中又说记不清楚收钱的地点，在第六次供述中又否认收到了该15000元。此外，郑某也没有说清楚是如何、分几次收取余下的5800元。第二，唐某某是本案所谓的"被害人"，陈某某是其亲属，其证言不可信、不可靠。如两人在笔录中陈述是在白龙路福山咖啡馆，一起把15000元交给郑某，其目的是制造出有一个第三者在场的假象，这与郑某的供述完全不一致，不排除两人合谋陷害郑某的可能。第三，证人陈某只证明郑某收取了唐某某10000元，没有证明郑某收取了其余的20800元。第四，唐某某提供的600元购买香烟的发票，只能证明是一张香烟发票，不能证明郑某收取了所购香烟，也不能证明是唐某某出资购买了香烟。唐某某在日历上关于付款次数与金额的记载，显系事后补记，是为了追究郑某刑事责任，而刻意制造出来的假证，人民法院应依法不予采信。第五，根据证人姚某某的证言，郑某之所以退还30800元，完全是根据唐某某的要求，郑某还钱时对于该金额是有重大异议的。第六，在郑某对该20800元存在异议的情形下,公诉人至今不能向法庭出示郑某收到该款的一张或数张收条,因此,法庭不能认定郑某收到了该 20800 元。第七,正如公诉人在法庭上所说,起诉书之所以指控郑某诈骗了唐某某 30800 元,完全是为了达到 30000 元以上,处刑为 3 年至 10 年的处罚诈骗罪的处刑标准。

(三)郑某收到唐某某 1 万元后,是否替唐某某办事以及是否退款

郑某在收到唐某某 10000 元后,本来是要交给办理陈某某案件的两位办案人的,但由于该两位办案人当天没有到临高,因此,郑某无法把该款送给两位办案人。此后,郑某曾与陈某联系,希望陈某把该款取回。由于郑某是通过陈某认识唐某某的,此款又是陈某在场的情形下,由唐某某交给陈某,再由陈某交给郑某,因此,郑某与陈某联系退款,符合情理,可以采信。特别值得一提的是,郑某已于 2007 年 9 月 21 日下午,把包括该款在内并远远多于该款的款项,退给了陈某,这充分证明郑某没有非法占有该款的故意。公安人员也是在郑某还款之后,才对郑某采取强制措施。

综上所述,公诉机关指控郑某诈骗的证据不足,郑某的行为不构成诈骗罪,本辩护人恳请法庭依法宣告郑某无罪。

三、一审判决结果

本院认为,被告人郑某以非法占有为目的,采取虚构认识检察机关有关领导,可以为被害人唐某某的丈夫减轻处罚的事实,诈骗被害人唐某某的财物,价值人民币 30800 元,数额巨大,其行为已构成诈骗罪。海口市美兰区人民检察院起诉指控的犯罪事实清楚,证据确凿,定性准确,应予支持。被告人郑某关于其收取被害人唐某某人民币 10000 元及其辩护人关于公诉机关指控郑某诈骗的证据不足,郑某的行为不构成诈骗罪,恳请法庭依法宣告郑某无罪的辩护意见,与本院审理查明的事实不符,本院不予采纳。鉴于被告人郑某已经退出赃款人民币 30800 元,本院酌情从轻处罚。为保护公民的财产权利不受侵犯,依照《中华人民共和国刑法》第二百六十六条之规定,判决如下:

(一)被告人郑某犯诈骗罪,判处有期徒刑三年六个月,并处罚金人民币

4000元。

(二)被告人郑某退出并被扣押在案的赃款人民币30800元,发还被害人唐某某。

四、刑事上诉状

郑某不服一审判决,依法向海口市中级人民法院上诉,下面是郑某上诉状的内容:

(一)上诉人没有非法占有唐某某财物的故意

本案系因上诉人在唐某某丈夫的朋友陈某介绍并认识唐某某后,上诉人应唐某某要求,在帮助唐某某的丈夫陈某某减轻处罚的过程中引起。本案正是由于上诉人没有帮助唐某某把事情按照唐某某的要求办成,被唐某某及其一伙诬陷。本案本来是一起简单的民事纠纷,如果上诉人确实因帮唐某某办事,拿了唐某某的钱财,由于事情没有办成,唐某某完全可以要求上诉人退钱或通过正常的民事诉讼途径解决,或者在要求上诉人还款而上诉人无理拒绝还款的情形下,再向公安机关报案。但是,本案却是由唐某某直接向检察院报案,再由检察院指示转交公安机关立案。

上诉人从来没有采取虚构认识检察机关有关领导,可以为唐某某的丈夫减轻处罚,骗取唐某某钱财的行为。指控上诉人诈骗的证人,皆是唐某某的家人或者朋友,其中陈某某是唐某某丈夫的哥哥,陈某是唐某某丈夫的朋友。陈某是某县法院执行庭法官,上诉人有一个民事执行案在陈某手上。由于上诉人没有答应陈某非法索取钱财的要求,自唐某某要求上诉人办事之日起,他们就在暗地里偷偷对上诉人录音,合伙蓄意陷害上诉人。特别值得一提的是,上诉人于2007年9月21日下午根据陈某指定的时间和地点,把唐某某单方提出的30800元退给唐某某,是陈某、陈某某和唐某某与办案人员事先设计的一个圈套,其目的是制造一个上诉人诈骗唐某某30800元的事实。由于上诉人生性耿直,头脑简单,误上了他们一伙的当。但是,上诉人把包括已实际收取的唐某某的10000元在内,并远远多于该款的30800元退给唐某某的行为,证明上诉人没有非法占有该款的故意。由于在上诉人和唐某某之间存在的是一个民事关系，在上诉人返还了该款之后，公安人员不应再对上诉人予以刑事立案并采取强制措施。

（二）原判认定上诉人先后五次骗取唐某某30800元，与事实严重不符。实际情况是，上诉人只收取唐某某10000元，其余20800元纯系不实指控

上诉人的六次供述中，关于是否收取了唐某某15000元的交代，前后矛盾。第一次、第二次供述承认是在上诉人家中收取了唐某某送来的15000元，但在第四次供述中上诉人又说记不清楚收钱的地点，在第六次供述中上诉人又否认收到了该15000元。此外，上诉人也没有说清楚是如何、分几次收取余下的5800元。唐某某是本案所谓的"被害人"，陈某某是其亲属，其证言不可信、不可靠。如两人在笔录中陈述是在白龙路福山咖啡馆，一起把15000元交给上诉人，其目的是制造出有一个第三者在场的假象，这与上诉人的供述完全不一致，这只能证明两人合谋陷害上诉人。证人陈某只证明上诉人收取了唐某某10000元，没有证明上诉人收取了其余的20800元。唐某某提供的600元购买香烟发票，只能证明是一张香烟发票，不能证明上诉人收取了所购香烟，也不能证明是唐某某出资购买了香烟。唐某某提供的在日历上记载关于本案的付款次数与金额，显系事后补记，是为了达到追究上诉人刑事责任的目的，而刻意制造出来的假证，人民法院应依法不予采信。根据证人姚某某证言，上诉人之所以退还30800元，完全是根据唐某某要求，上诉人还钱时对于该金额是有重大异议的。在上诉人对该20800元存在异议的情形下，公诉人至今不能向法庭出示上诉人收到该款的一张或数张收条，因此，法庭不能认定上诉人收到了该20800元。正如公诉人在法庭上所说，起诉书之所以指控上诉人诈骗了唐某某30800元，完全是为了达到处罚诈骗罪的最低诈骗数额要求。值得一提的是，上诉人在收到唐某某10000元后，本来是要交给办理陈某某案件的两位办案人的。但由于该两位办案人当天没有到临高，因此，上诉人无法把该款送给两位办案人。此后，上诉人曾与陈某联系，希望陈某把该款取回。由于上诉人是通过陈某认识唐某某的，此款又是陈某在场的情形下，由唐某某交给陈某，再由陈某交给上诉人的,因此,上诉人只有与陈某联系后,才能把该款退回唐某某。

综上所述,公诉机关指控上诉人诈骗证据不足,上诉人的行为不构成诈骗罪,上诉人恳请二审法院撤销原判,依法改判上诉人无罪。

五、赵建平律师二审辩护词

尊敬的审判长、审判员:

作为本案被告人郑某的二审辩护人,我依法发表如下辩护意见:

本案系因郑某帮唐某某办事,由于没有达到唐某某的要求,被唐某某举报郑某诈骗而引起。本案主要发生在郑某和唐某某之间,证人陈某和陈某某是唐某某的亲属和朋友,其证言的公正性和客观性是值得质疑和大打折扣的。在本案无直接证据证明郑某诈骗了唐某某30800元人民币的情形下,人民法院只能主要依据郑某的供述和唐某某的陈述进行认定。本辩护人依然坚持一审观点,本案认定郑某诈骗的证据不足,恳请二审人民法院宣告郑某无罪。

(一)本案涉案金额应认定为10000元人民币

一审认定郑某先后五次诈骗唐某某30800元人民币,是根据公安办案人员于2007年9月18日和12月12日对唐某某作的两次询问笔录中的陈述。但是,唐某某本人对此的陈述是前后矛盾的。第一,在2007年9月8日唐某某向检察院递交的《刑事控告状》中,唐某某控告郑某先后六次诈骗其人民币及财物31430元。关于郑某第三次诈骗其人民币15000元人民币的情节,唐某某陈述是"当时拿去了10000元,但第二天回来,说共花了15000元,之后我再把5000元交给她,"这与唐某某向公安办案人员所作的陈述是截然不同的;第二,唐某某在日历上的记载是6次,金额共计31430元。郑某先后六次在侦查机关所作的供述,自始至终只承认收了唐某某10000元。关于收取唐某某15000元的问题,郑某在第一次和第二次供述中承认是在自己家中收取的,但在第三次、第四次和第五次供述中又说,"记不清楚收钱的地点",在第六次供述中又否认收到了15000元。郑某也没有说清楚其余三次收取唐某某款项的地点和金额。证人陈某只证明郑某收取了唐某某10000元。证人陈某某证明郑某在海口市白龙路福山咖啡馆收取了唐某某15000元的说法，与郑某在第一次和第二次供述中"在自己家中收钱"的说法不一，显然是为了制造一个有第三者在场的假象，从而达到诬告陷害郑某的目的。至于郑某于2007年9月21日十五时许，在海口市白龙南路福山咖啡厅13号包厢内，把人民币30800元交给陈某，并让陈某交给唐某某的行为，完全是唐某某和陈某以及陈某某设计的一个圈套，其目的是制造一个人赃俱获的假象。本着以事实为依据、以法律为准绳的办案原则，本案只能认定郑某收取了唐某某10000元人民币。

（二）郑某主观上没有诈骗唐某某10000元人民币的故意

2005年6月，郑某收取了唐某某10000元后，原本是要送给办理陈某某案件的办案人员的，但因故没有送给办案人员。由于郑某是通过陈某认识唐某某的，此款又是陈某在场的情形下，由唐某某交给陈某，再由陈某交给郑某的，此后郑某曾与陈某联系，希望陈某把此款取回。但由于陈某一直没有来取款，此款也就一直放在郑某手中。2007年9月21日，当陈某要求郑某把款还给唐某某时，虽然唐某某提出了远远大于10000元的数额，但出于息事宁人和吃亏吸取教训的考虑，郑某还是按陈某和唐某某的要求，把包括该10000元在内的款项退给了陈某，并希望陈某交给唐某某。此外，郑某没有打着认识省检和市检领导的旗号，诈骗唐某某钱财。关于所谓郑某打着省检领导和市检领导旗号的问题，完全是唐某某和陈某、陈某某编造出来的谎言，其目的是为以诈骗罪追究郑某的刑事责任制造条件。

综上所述，郑某在为唐某某办事过程中，仅仅收取唐某某10000元，该款也早已于2007年9月21日交给陈某，并由陈某退还唐某某，郑某的行为不符合构成诈骗罪的主观和客观要件，一审法院认定郑某构成诈骗罪的证据不足，本辩护人恳请二审法院依法宣告郑某无罪。

以上辩护意见，恳请二审法院依法采纳。

六、本案启示

本案对于郑某的教训是相当深刻的。首先，必须认识到自己只是一名普通公民,能力有限,不要轻易答应给别人帮忙;其次,交友要慎。如果所交朋友不当,可能被其陷害,本案郑某就是被她所谓的"朋友"所害;再次,不要钻进别人早已设计的圈套。本案郑某既然没有收受唐某某30800元,就不应该还这笔钱。郑某抱着"花钱消灾"的想法,赌气还钱,恰好上了人家设计好的圈套,被早已埋伏的办案人员抓个正着。

第七节　贷款诈骗与伪造金融票据之辩

一、案情简介
二、赵建平律师辩护词
三、本案启示

一、案情简介

香港商人邱某在融资过程中,被犯罪分子利用,当邱某拿着犯罪分子伪造的中国银行海南省分行的假保函,到光大银行长春分行办理业务时,才知道保函是伪造的。一审以贷款诈骗罪判处邱某一年零六个月有期徒刑,二审以事实不清发回重审。赵建平律师担任邱某重审一审的辩护人。在重审一审开庭时,赵建平律师从邱某从事的融资行为的性质及其与本案其他被告人的犯罪行为无任何关系等方面,为邱某作了无罪辩护。此外,赵建平律师还提出本案其他五位辩护人没有提出的对本案定性的意见,即本案不应定为贷款诈骗罪,而应实事求是地定为伪造金融票证罪和诈骗罪,而邱某本人与伪造金融票证罪和诈骗罪无关,他还是本案其他被告人诈骗犯罪的间接受害者。如果赵建平律师的上述任何一个辩护观点被法庭采纳,都可以依法使邱某解脱。但是,重审一审没有采纳赵建平律师的辩护观点,邱某仍被以贷款诈骗罪处以一年零六个月有期徒刑。在重审一审判决生效后不久,邱某因刑期届满,重获自由。

二、赵建平律师辩护词

尊敬的审判长、审判员:

我接受本案被告人邱某家属委托,并征得邱某同意,同时根据海南川海律师事务所指派,依法参加今天进行的本案重审一审的庭审活动。被告人邱某系香港鑫浪董事长,本案能否准确定性和依法公正处理,不仅对维护邱某本人的合法权益,而且对维护和提升海口市中级人民法院和有关部门的形象和威望,对树立广大香港同胞对祖国大陆法律和司法机关的信心,具有重大意义。我国《宪法》明文规定,国家尊重和保障人权,被告人有权获得辩护。我国《刑事诉讼法》和《律师法》均规定,辩护人的责任是根据事实和法律,提出证明犯罪嫌疑人、被告人无罪、罪轻或者减轻、免除其刑事责任的材料和意见,维护犯罪嫌疑人、被告人的合法权益。作为邱某的第三任辩护律师,本辩护人将忠实履行《宪法》和法律赋予的神圣职责,在前二位资深刑事辩护律师为邱某所作无罪辩护的基础上,继续为邱某作无罪辩护。

邱某无罪的理由如下:

(一)关于本案所涉基础交易行为、邱某的行为以及其他被告人行为的认定

1. 本案所涉基础交易行为

本案所涉基础交易行为是,吉林新港(魏某系该公司法定代表人)为向光大银行长春分行贷款,曾与邱某任董事长的香港鑫浪商议以备用信用证质押贷款融资,但由于吉林新港未能按要求提供开证资料,备用信用证质押贷款没有成功。

2002年12月18日,香港鑫浪、海南华思与真美满公司签订《合作协议书》与《合作补充协议书》,由真美满公司申请中国银行海南省分行向香港集友银行厦门分行发出《预开保函通知单》,卓某为此向本案被告人姜某支付30万元人民币费用。但该《预开保函通知单》由于没有密押,未被集友银行厦门分行接受。

本案被告人姜某以真美满公司名义,与当时中国银行海南省分行的有关人员(即本案被告人李某等人)内外勾结,于2003年2月11日出具了号码为00116的假保函,本案的案外人陈女士为此向姜某支付55万元人民币。该保函如果未被识破,光大银行长春分行将依据该保函和与吉林新港签订的贷款合同,把4.15亿元人民币发放给吉林新港。上述业务流程存在如下法律关系:

第一,光大银行长春分行与吉林新港的贷款关系,这是本基础交易行为中最基本的关系,但遗憾的是案卷中没有这方面的证据。这一事实清楚表明,如果本案存在贷款合同而没有收集,以贷款诈骗罪追究各被告人的刑事责任,显属事实不清;如果本案本来就不存在贷款合同,以贷款诈骗罪追究各被告人的刑事责任,显属定性错误。

第二,真美满公司与中行海南分行之间本应存在但在本案中并不存在的申请担保与反担保关系。这一事实表明,调查和了解真美满公司情况的应为中国银行海南省分行,但由于姜某与时任中国银行海南省分行副处长的被告人李某等内外勾结,不仅使这一必不可少的重要工作环节不存在,而且使人(包括本案邱某和卓某)对以中国银行海南省分行名义出具的保函的真实性深信不疑。

第三,中国银行海南省分行与光大银行长春分行之间的担保关系,其表现形式为本案的假保函。值得一提的是,该假保函的内容表现为以贷款合同为前提,本案涉案当事人无法仅仅依据该假保函,从光大银行长春分行诈骗4.15亿元巨款。该假保函必须和吉林新港和光大银行长春分行之间签订的贷款合同结合在一起,才能从光大银行长春分行贷出巨款。因此,在假保函中所提的编号为3594020201的贷款合同无法查证和吉林新港应于2004年2月10日前还款等重要事实不能查清的情形下,就不能把本案定性为贷款诈骗,而只能依据本案已查清的相关事实,把本案定性为伪造金融票据和其他相关犯罪。

第四,真美满公司与吉林新港之间的合作关系,其表现形式为2003年2月18日真美满公司全权代理人卓某代表真美满公司、鑫浪公司法定代表人邱某与吉林新港签订的三份协议。值得一提的是,本案假保函如果未被识破,最终从光大银行长春分行拿到4.15亿元的应是吉林新港。但是,由于本案假保函被及时识破,本应与假保函一同使用的贷款合同自始就不存在,因此,本案以假保函作为担保形式的贷款行为,自始就无法进行和完成。但是,公诉人否认本案保函应与贷款合同一同使用的事实,把本案所涉假保函等同于与贷款合同独立的另类保函,以诈骗贷款未遂为由,把本案定性为贷款诈骗,不仅与事实不符,也违反金融常识。

2. 邱某及香港鑫浪在本案中的行为

(1)融资行为

2002年11月10日,香港鑫浪与吉林新港签订《协议书》,约定以备用信用证方式质押贷款融资,并由香港鑫浪到期无条件负平仓之一切责任。该《协议书》是了解香港鑫浪及邱某本人在上述基础交易关系中的地位和作用的前提,也是邱某不构成犯罪的事实基础。

2003年2月18日,香港鑫浪法定代表人邱某与真美满公司全权代理人卓某签订《合作协议》,商议保函生效后,4.15亿元人民币贷出后的分配、使用与偿还。值得注意的是,《合作协议》没有约定本案其他个位被告人的利益分配,这证明邱某与本案其他四个被告人没有联系。但是,《合作协议》要成功实施,必须得到吉林新港同意。因此,在同一天,即2003年2月18日,真美满公司与香港鑫浪作为甲方,吉林新港作为乙方,签订了《补充协议》与《承诺书》。在上述两份法律文件中,吉林新港同意真美满公司与香港鑫浪使用4.15亿元人民币,该公司只要求享有4.15亿元中的4500万元,并由香港鑫浪按照2002年11月10日签订的《协议书》约定,承担到期平仓责任。真美满公司与香港鑫浪一道,承担全部责任和义务。该《协议书》同时也表明,吉林新港自始就打着贷款4.15亿元的幌子,谋取4500万元的不义之财,但不想承担任何责任。作为吉林新港法定代表人的魏某,对此负有不可推卸的责任。此外,上述三份法律文件还证明,不仅邱某与本案另外四个被告人无任何关系,姜某等被告人在供述中承认的在他们和吉林新港之间分配4.15亿元贷款的约定,由于吉林新港的魏某自始就不认识姜某等人,与姜某等人无任何联系,更谈不上与姜某等人协商贷款的分配方案,因而姜某等人关于贷款分配的约定是无法实现的。

(2) 邱某与本案被告人有关的行为

本案证据表明,邱某除与卓某发生联系外,与本案其他四个被告人并不认识,也没有任何联系,更未参与其他四个被告人的犯罪活动。即使是与卓某联系,也是通过香港陈女士认识卓某后,双方才谈起保函融资之事。

2003年2月13日、16日,邱某和卓某先后到长春。2月18日,卓某和邱某的司机到机场拿到装有保函的特快专递。当晚邱某与卓某签订《合作协议》后,又与卓某一道与吉林新港魏某签订协议。2月19日,邱某与卓某一道,把保函送给光大银行长春分行国际业务部齐某。之后,因齐某告诉邱某保函系伪造,邱某于当天下午离开长春。

值得一提的是,在知道系假保函之后,卓某向公安机关写了举报材料,要求"公安机关尽快把整个诈骗案调查清楚,把诈骗分子尽快捉拿归案,帮我及邱先生追回被骗去的人民币85万元"。但令人不解的是,邱某和卓某作为本案受害人,作为香港同胞,却成了本案被告人。邱某和卓某本应受到祖国大陆法律和司法机关保护,却反而成了祖国大陆法律和司法机关制裁的对象,这不能不令人感叹。

(3) 本案其他四个被告人的行为

以姜某为首的其他四个被告人的行为,包括伪造中国银行海南省分行公章,冒充有权签字人签字;伪造保函这一与信用证有同等担保作用的重要金融票证;诈骗卓某和案外人陈女士共计85万元人民币(邱某是间接受害者);行贿李某等人以及李某等人接受贿赂的行为。

(4) 邱某的行为与本案其他四个被告人的犯罪行为之间的关系

两者之间没有任何直接或实质的联系,只有表面上的联系。如果说有关系,那就是其他四个被告人通过卓某联系保函融资一事,利用邱某与吉林新港之间的合作关系,进行伪造保函和以假保函诈骗卓某等人钱财的活动,邱某正是其他四个被告人犯罪行为的受害者。邱某本来与本案无任何关系,但是由于他认识卓某,由于卓某与邱某存在合作关系,在卓某被本案其他四个被告人欺骗后,在不知道保函系伪造的情形下,和卓某一道送保函到光大银行长春分行。起诉书和原一审判决据此认定邱某与本案有关系,系本案共犯。即使邱某未参与制假活动,判决书却主观认定邱某应明知保函的性质与办理程序,应对真美满公司进行调查和了解,从而推定邱某知道保函的真伪,并认定邱某为本案共犯。值得一提的是,公诉人认为共同犯罪不要求犯罪分子之间相互认识和见面,只要求有共同的犯罪故意和共同的犯罪行为。具体到本案,邱某通过卓某,卓某通过姜某,姜某通过其他三位被告人的行为,共同进行诈骗银行贷款的犯罪行为。对于公诉人这一主观的逻辑推定,本辩护人认为不仅违反法律规定,也与本案事实严重不符。试想,如果当事人之间都不认识,也不曾见面,何谈有共同犯罪故意和共同犯罪行为。具体到本案,邱某希望卓某能弄到真保函,绝对不是假保函;假保函的制作过程,是在卓某不知情的情形下,在本案另外四个被告人之间完成的,作为远在千里之外的邱某能知道吗?为了强行把邱某作为本案共犯,原一审判决居然不顾客观事实,用"应当明知"这一字眼,推测邱某事先知道保函的真伪,并据此认为邱某与本案制造假保函的其他被告人有共同的犯罪故意。此外,原一审判决捕风捉影,忽视邱某所从事的是融资行为,把邱某与卓某商量联系保函之事,与邱某在不知道保函真假的情形下,联系向集友银行厦门分行和光大银行长春分行开保函一事,和邱某与卓某一道送保函到光大银行长春分行的行为结合在一起,主观认定邱某与本案其他四个被告人心照不宣,默默分工,共同实施了诈骗银行贷款的行为。

(二)关于本案定性

根据《刑法》第一百九十三条第三款,原判认定本案性质为贷款诈骗。但贷款诈骗一般为结果犯,而且受害人是银行等金融机构,犯罪分子是与银行有直接贷款关系的公司或个人。具体到本案,吉林新港尚没有与光大银行长春分行签订贷款合同,仅处于保函审核阶段,何谈诈骗银行贷款?为了弥补这一缺陷,原判只好采用贷款诈骗未遂一说。如果本案定为贷款诈骗未遂是正确的,那起码也应当把本案借款人,吉林新港法定代表人魏某,作为本案被告人之一,起诉书为什么不把魏某列为本案被告人呢?此外,本案贷款诈骗的客观要件为"使用虚假的证明文件",但本案大量证据证明,姜某等被告人伪造假保函,由于该假保函刚到光大银行长春分行就被识破,也没有与之相应的贷款合同相匹配,本案并不存在被告人如何使用该假保函骗取贷款的证据。值得一提的是,原一审判决对姜某等人伪造假保函的行为进行了正确认定,但由于不存在贷款合同等认定贷款诈骗的重要证据,无法查清与贷款诈骗相关的重要事实。本案即使存在贷款合同,法庭还必须查清本案所有当事人与吉林新港的魏某之间是否存在共同诈骗银行贷款的故意。如果本案当事人和魏某之间确实存在诈骗光大银行长春分行贷款的故意,把本案定为贷款诈骗无疑是正确的。但是,本案已有证据清楚地表明,邱某、魏某甚至还有卓某从事的是融资行为,而姜某等四个被告人从事的是以伪造的保函骗取卓某和邱某钱财的行为。原一审判决不顾本案客观事实,把邱某等人的融资行为与姜某等人以假保函诈骗他人钱财的行为混为一谈,从而得出本案是贷款诈骗的错误结论。那么,本案应如何定性呢?根据本案其他四个被告人的行为;光大银行长春分行在审核保函过程中,因发现保函系伪造即终止审查和不存在贷款合同的事实;吉林新港魏某与本案当事人没有共同的诈骗故意;以及本案受害人应为中国银行海南省分行的事实;本案应定为伪造金融票证罪、诈骗罪、伪造印章罪和行贿受贿罪。

由于邱某没有犯上述四罪,理应宣告邱某无罪。

(三) 怎样认定本案证据

本案有充分证据证明邱某无罪,证明邱某无罪的证据包括但不限于卓某的报案书、姜某出具的收到卓某30万元的收条、真美满公司给卓某出具的全权委托书、上述四份协议书等法律文件。特别是上述四份协议书,由于在保函到达后,邱某才签订其中的后三份文件,证明邱某不知道保函是假的。对于假保函不能起到任何担保作用这一普通常识,邱某和任何神智健全的人一样,应是明知的。如果邱某事先知道保函是假的,他是绝对不会签订这三份无用的法律文件的。由于其他四个被告人未签署上述四份法律文件,四份法律文件中也未约定其他四个被告人的分成比例,这充分证明邱某与其他四个被告人主观上没有共同犯罪故意,客观上没有共同犯罪行为。由于在上述四份法律文件中,邱某愿意承担平仓之一切责任,也证明邱某主观上无非法占有银行资金的故意。但是,公诉人认为邱某无法在短期内承担偿还4.15亿元的巨额债务,因此,邱某具有诈骗银行贷款的故意。姑且不论本案巨额资金尚未贷出和无法贷出,以及邱某不知道本案保函的真伪的事实,公诉人之所以有这样的观点,确实在于其对于国际资金市场运作的不了解。

本案没有证明邱某构成犯罪的有效证据,所有证据包括邱某本人的供述、卓某的供述、齐某、魏某的证言,以上其他四个被告人的供述、其他证人证言和所有书证,都不能证明邱某在2003年2月19日前知道保函是假的;也不能证明邱某与本案其他被告人存在共同犯罪的故意、明确的犯罪分工和共同的赃款分配方案。特别值得一提的是,既然省高级人民法院认为本案事实不清,发回重审,在今天重审过程中,公诉人就应向法庭出示新的证据,否则,重审的结果要么依然是事实不清;要么是根据已经查清的事实,把本案改判为伪造金融票据罪和其他相关犯罪。

(四)结论

由于邱某与本案其他被告人无共同的犯罪故意,也没有共同的犯罪行为,邱某不构成本案共犯;由于邱某主观上没有非法占有银行贷款的目的,客观上没有伪造和参与伪造本案假保函,没有授意卓某到海南伪造假保函,也不知道本案保函系他人伪造,邱某的融资行为,包括与卓某商谈保函融资一事,以及2003年2月13日至19日在长春签订系列协议和与卓某一道送保函到光大银行长春分行的行为不构成犯罪。

以上辩护意见,恳请合议庭采纳。

三、本案启示

作为法律共同体成员,包括警官、检察官、法官和律师,除了精通法律外,还必须具备相关领域的背景知识。在办理案件时,必须克服"纯司法"倾向。所谓"纯司法"倾向,指的是不了解相关领域的背景知识,纯粹依据法律条文办案。在司法实践中,纯粹依靠法条办案,是有可能办错案的。如本案不仅涉及我国刑法贷款诈骗和伪造金融票证等罪名,还涉及相当多的金融实务知识。如果办理本案的警官、检察官、法官和其他律师具备与此相关的金融实务知识,本辩护人的辩护意见也许是多余的,邱某和卓某也就不会有这场不该有的牢狱之灾了。

第八节　当逮捕证签发时,某某已请假外出

一、案情简介

二、某某对案情的陈述

三、赵建平律师关于本案的法律意见

四、本案启示

一、案情简介

2004年1月10日,某某被某区公安分局以涉嫌"职务侵占",从广西南宁拘传到某市。同年1月11日晚11时,某某被刑事拘留。同年2月20日,某区检察院第一次依法作出不批准逮捕某某的决定。某某在被羁押40天后,被某区公安分局采取监视居住措施。同年4月中旬,某区公安分局再次请求批准逮捕某某,某区检察院第二次依法作出不予批捕的决定。在被监视居住期间,某某曾两次请假外出,并按时回到被监视居住地。同年5月10日,某某又请假一个月外出治病。在某某第三次请假外出期间,某区公安分局就某区检察院不批捕某某事宜,向某市检察院申请复核。某市检察院经复核后,作出同意批捕某某的决定。当某区公安分局的办案人员到某某住所宣读逮捕决定时,某某已请假外出,从此没有返回。2008年年底,在时隔四年半之后,某市检察院作出《关于撤销某某逮捕决定的通知》,认为某某涉嫌职务侵占罪的事实不清,证据不足,并通知某区检察院撤销对某某的批准逮捕决定。2010年8月,受某某委托,赵建平律师与某区公安分局联系某某案件的处理结果及请求退还某某被扣压的财产事宜,得到该局经侦部门内勤的如下口头答复:该案如何处理,领导还没有研究;所扣凌志小轿车已返还报案单位(但没有提供报案单位收到该车的收条);扣压某某的一部夏新A8手机和一块浪琴牌手表已返还某某(但没有提供某某的收条,由办案人员签字的扣压该两件物品的扣押笔录原件,至今仍由某某交赵建平律师代管);至于扣压的某大厦第十层房屋的产权证,则明确表示由

于该案至今未结,目前还不能退还。

二、某某对案情的陈述

1. 举报公司的成立背景

举报公司是于1993年6月注册成立的中外合资企业。有五家发起股东,分别是外方香港某公司(占25%)和中方蛇口A公司(占20%)、蛇口B公司(占19%)、湖北某公司(占18%)和安阳某公司(占18%),注册资本为1000万美元,各方股东仅实缴应缴出资额的10%。

举报公司自1993年成立后,在中方各股东大力支持下,开展了各项投资业务,先后到武汉、郑州、济南、北海、广州及马来西亚考察项目及投资。由于有多家银行股东背景的融资支持,在当时的经济热潮中,仓促上马投资了一些长线项目,从此埋下了日后举报公司资金来源不济的后患。

2. 内部股权转让情况

1994年底至1995年初,国家开始宏观经济调控,整肃银行业办公司。在这样大的政策影响下,中方有银行背景的三家股东蛇口B公司、湖北某公司及安阳某公司先后提出退股要求。鉴于举报公司是投资性公司,长线项目投资的资金来源,主要靠有银行背景的三家股东提供融资支持,才能将各项投资项目运作发展。当时举报公司已产生一系列投资,只能上不能下,在当时的情形下,股东内部经多次商议,初步达成蛇口B公司退股,湖北某公司和安阳某公司将各自持有举报公司的股权转为对举报公司的债权的方案,但要求原三家股东对举报公司的业务发展,仍提供一定的融资支持。自此,蛇口A公司股东已实际承接举报公司75%的股东权益和全部债务,某某个人也为此向三家股东作出履行向退股股东还债的各项承诺。

大约1995—1996年,蛇口B公司的股本金已由举报公司全额退还。1997年之后,湖北某公司和安阳某公司与举报公司签订退股协议书,并进一步确认某某个人作出的履行退股和清偿还债的相关责任。

1997—1998年初,香港发生亚洲金融危机,外方股东公司及黄某本人(他也是举报公司的董事长），也向举报公司提出退股，并声明不愿继续作为举报公司股东，以免受到举报公司的债务牵连。经协商，举报公司以放弃参与湖北某公路项目所应获得的权益，与香港某公司置换其在举报公司及某药业公司中的全部股东权益。举报公司与香港某公司及黄某确定了股权置换项目权益方案，黄某签署了承诺文件，同意放弃在举报公司及某药业公司中的一切权利，并从此不再履行举报公司董事长和董事股东的职责。

3. 蛇口 A 公司及某某本人承接举报公司的情况

1995 年后，蛇口 A 公司的全部权益已由原股东授予某某个人，并由其全权代表蛇口 A 公司享有在举报公司的权利和承担义务。1998 年下半年后，举报公司的全部股权及债权已事实上转由蛇口 A 公司股东独家承接。举报公司原股东及董事会已不再行使任何权利，也不履行任何义务。由于受当时政策限制，举报公司内部股权变更及董事会权利变更，未在工商局办理变更登记。

自 1993 年举报公司成立之日起，某某即作为蛇口 A 公司股东的全权代表，被委派到举报公司任副董事长兼总经理，并在举报公司首届董事会上，接受全体股东及董事会成员的全权委托，主持举报公司的各项经营活动，对举报公司在经营中的各项重大决定行使决策权，董事会未对某某本人的权利作出明确限制。1998 年后，蛇口 A 公司及某某本人已实际成为举报公司全体股东及董事会的全权代表人和承担全部责任的义务人。虽然外商股东及黄某系在 1998 年之后才写下承诺，全面退出举报公司及某药业公司，但外方的各项股东义务却早在 1995 年之后即停止履行，而且外方投资在举报公司的首期 10% 股本金，也早已从贸易业务中抽走，并取代举报公司全面拥有参与湖北某公路项目的巨大利益。

1995 年后，当中方三家股东提出退出举报公司意见形成时，外方股东也未提出任何反对意见。为了支撑举报公司的业务，筹措融资已成为蛇口 A 公司股东及某某个人的义务，为此，蛇口 A 公司及某某个人把所有的人力、财力都投入到举报公司的项目中。

4. 举报公司歇业经过

1998年后,因亚洲金融危机影响,国内银行进一步紧缩放贷,举报公司也因三家有银行背景的公司相继退出,项目的后续融资断流,导致在郑州、武汉及广州的项目全面停工瘫痪,最后形成"多米诺"倒牌效应,业务全线崩溃,经济陷入危境。接踵而来的是一份份法院追债的传票、查封财产令、拍卖令,逼迫公司穷于应对。在随后一年的时间里,举报公司购置的豪华办公室被拍卖,车辆被拍卖,各处的资产被拍卖,公司在银行的账户空头,2000年大部分员工被辞退,公司被迫停业。

2000年后,举报公司除了几名留守人员处理和应对遗留问题外,公司已准备清盘,营业执照也不再年检。

5. 海南某装饰公司以物业抵债的事实与经过

大约在2000年,海南某装饰公司经理黄某找到某某,说他在海口某大厦第十层有818平方米物业,可由法院指定拍卖后由装饰公司受让,他想以该受让物业作为抵偿装饰公司曾于1996年向举报公司借用的150万元欠债。某某知道这件事后,认为是件好事,如果举报公司能够收回该宗物业,就保全了一份财产权益,这对举报公司债务偿还和职工安置问题多了一点保障。但黄某提出,受让该宗物业,需要举报公司筹措十几万元,以缴交拍卖费、资产评估费和交易税费等,而装饰公司没有这笔钱。因考虑举报公司保全资产要紧,某某表示同意办这件事。

由于举报公司当时已经停业,工商执照也没有年检,公司准备清盘,公司账上拿不出这笔钱,某某只好以私人名义,向别人借贷了十几万元,先设法承办这件事,其中还向黄某的朋友谢某借了2—3万元。

因考虑到举报公司将受让的这宗物业迟早要作为再抵债之用,如果将该宗物业直接过户到举报公司名下,当时有以下两点担心。一是举报公司的名义董事长黄某因与举报公司正在发生利益纠纷,如果被他控制这份权益,又会被他占有转逃;二是如果以举报公司的名义再抵债,举报公司的主体资格将随时注销,这将增加抵债时办理再转让的各项税费。只有选择以举报公司授权,先在海南注册一家公司,将该宗物业先过户到该公司名下。如果举报公司将来要对该物业作处置，只需将专门成立的这家受让公司转让就可以了，该方案便于操作，也可省去不必要发生的各项费用。

某某作为举报公司的全权代表人，必须对举报公司及股东的权益保全负责，有权采取灵活应对的措施，控制和保全这宗物业。在这种情形下，某某才作出先以某某和举报公司留守员工的名义，先在海南注册公司。因此，注册成立了"海南某科技有限公司"，某某个人占95%股权，黄某代持5%股权，黄某的5%股权后转到举报公司办公室主任董某名下，举报公司的两名员工作为该公司监事。

值得讲清楚的是，为什么某某个人要持有95%的股份？为什么先由黄某代持5%的股份，而后才转给举报公司的董某？因为某某对原举报公司的各股东，作出过连带偿还债务的承诺，只有某某能对举报公司的偿债负责到底，其他员工随时都可以辞职走人，所以只有以某某控制该物业，才对公司有安全保障。另外，因为当时举报公司经济开支非常拮据，支付差旅费都成困难。黄某当时就在海南办理此事，就急应对注册及过户的个人身份见证及签字比较方便，也为了节省不必要的差旅开支，所以就由黄某代持5%的股份。在海南某科技有限公司注册完成和该宗物业过户办妥后，就将黄某代持的5%股份就转到董某名下。

海南某科技公司注册和该宗物业受让完成后，某某还代表举报公司，给海南某装饰公司写了举报公司收到装饰公司抵债的该项物业的同意抵债函。在这张证据上，某某也写明了海南某科技公司系代替举报公司受让该宗物业。

6. 某某个人不存在对该物业实施职务侵占的又一佐证

2001年4月2日，举报公司债权人深圳某公司向举报公司追偿债务，某某曾让该债权人单位派员到海口看过该宗物业，某某当时声明海南某科技公司就是举报公司的关联公司，科技公司在海南拥有的这份物业，可以为举报公司的债务作抵押，担保举报公司缓期偿还所欠深圳某公司的债务。某某并且指定正在海南的黄某代表科技公司与举报公司的债权人深圳某公司签署《房屋他项权证登记》申请书。后因该债权人未作进一步交涉，遂将此事搁置下来。

通过这件事,可进一步证明某某本人绝对不存在企图实施职务侵占该宗物业的用心和打算,纯粹是代为举报公司及股东保全该宗物业。

7. 该宗物业受让保全后的情况

某某作为举报公司唯一的全权代表人,在举报公司处境艰难之时,为了保全该项权益,注册了科技公司。2000年,科技公司受让该宗物业后,一直空置,未作任何藏匿、转卖和处置。直到2003年,该宗物业因常年失修,到处漏水,确需维修。另外,又因长期拖欠物业公司的水电费、管理费而被物业公司追讨。在这种情况下,某某才安排整修。整修共花费大约7万元,是某某对外借贷的。整修后即登报出租,承租人从报上看到寻租广告,才与科技公司签订一年期租约,并支付三个月租金1.5万元和押金3万元,共4.5万元。所收三个月租金1.5万元,用于支付物业管理和水电欠费,剩余部分偿还了原借支的维修费。截至目前,该物业仍由原租用人继续租用,但已未付超租期的租金。

8. 某某本人的声明与请求

(1)举报公司自1993年成立以来,董事会就已授权某某作为举报公司唯一的全权代表人,有权代表举报公司对各项重大事项作出决定。1999年某某虽辞去总经理职务,但仍以副董事长身份,全面主持举报公司的各项工作。此间,没有任何股东或董事会成员对某某在举报公司的行为提出过异议和质疑。某某决定以某某和董某名义,代理举报公司在海南注册某科技公司及受让某大厦第十层818平方米的物业,是全权代表举报公司的行为。以上事实经过和证据表明,某某个人绝不存在对该财产实施职务侵占的动机、手段和占为己有的目的,某某不应作为涉嫌职务侵占犯罪嫌疑人被追究刑事责任。

(2)某某明确表态,该物权可在任何时候无条件移交给举报公司,某某本人承诺配合办好此事。

(3)某某请求某区公安、检察机关查明以上事实真相,不要将一起深圳外企公司内部股东的经济纠纷,作为刑事案件立案并追究其中一方的刑事责任,特请求依法作出撤销对某某追究刑事责任的立案决定,解除对某某的强制措施。

三、赵建平律师关于本案的法律意见

作为受某某弟弟委托、并征得某某本人同意的律师,依据《刑事诉讼法》第九十六条之规定,为某某提供法律咨询、代理申诉。兹将本律师对某某涉嫌职务侵占一案的意见,向某区公安分局反映,以协助贵局依法办案,准确打击经济犯罪,维护社会主义市场经济秩序。

1. 案件事实

某某自1993年起即担任举报公司副董事长兼总经理职务,1999年某某辞去总经理职务,但至今仍担任举报公司副董事长。举报公司已于2000年停业。

2000年期间,海南某装饰公司经理黄某找到举报公司副董事长某某,请求用某大厦综合楼第十层房产抵偿该公司借举报公司的150万元款项。为了保全举报公司的150万元资产,某某于2000年下半年注册成立海南某科技公司,以接收某大厦综合楼第十层房产。2000年12月1日,某大厦综合楼第十层房产正式过户到科技公司名下。在科技公司受让某大厦综合楼第十层房产后,举报公司于2000年12月6日与装饰公司就此签订《还款协议》。《还款协议》约定:"乙方(装饰公司)于1995年2月24日向甲方(举报公司)借款人民币壹佰伍拾万元整,乙方根据某区人民法院第434-3号裁定,甲、乙双方经口头协议,将所属某大厦综合楼第十层818.88平方米转于举报公司在海口所开设的科技公司名下,抵偿乙方所欠甲方债务,并协助办好房产证。现乙方已将房产证转交甲方,抵偿乙方所欠甲方所有本息债务。"2001年4月,举报公司指令科技公司用某大厦综合楼第十层房产,为举报公司所欠深圳某公司400万元债务进行担保。深圳某公司曾于2001年4月3日向某市房管局提交了其与科技公司签订的抵押合同,后因深圳某公司原因,科技公司和深圳某公司未办理完毕某大厦综合楼第十层的他项权利登记手续。

在某某被侦查机关限制人身自由期间(2004年1月10日至2月20日),某某曾书面要求举报公司尽快到某市与科技公司一道,共同处某大厦综合楼第十层房产的产权事宜,以结束因此给他本人带来的限制人身自由的强制措施,该书面要求已交给侦查人员。科技公司再次书面致函举报公司,请求该公司尽快派人到海口,在征得某区公安分局同意后,从科技公司名下接收某大厦综合楼第十层房产,以解除科技公司对该物业的管理义务和举报公司对某某的不实指控。

值得一提的是,为了替举报公司接受上述房产,某某本人先后支出10余万元,以支付该房产的拍卖、评估、过户等费用。举报公司知道某某本人为此支出费用一事,并报销过小部分费用。但因公司资金困难,至今没有全部报销。科技公司替举报公司受让某大厦综合楼第十层房产后,代为支付维修、水电、物业管理等费用约7万元,尽到了善良管理人的义务。为了支付某大厦综合楼第十层的长期费用,科技公司不得不把该物业出租,实行"以房养房"。目前,某大厦综合楼第十层仍由原承租人使用,但该承租人已超期未付房租。

2. 律师意见

根据我国《刑法》第二百七十一条规定,职务侵占指的是公司、企业或者其他单位的人员,利用职务上的便利,将本单位的财物非法占为己有的行为。职务侵占罪主观上表现为行为人非法占有本单位财物的故意,客观上表现为非法占有本单位财物的行为。根据本案事实,某某主观上和客观上均不存在占有某大厦综合楼第十层的故意和行为,某某不构成职务侵占罪。

(1)某某没有非法占有某大厦综合楼第十层的故意。据某某多次陈述,在举报公司面临清盘的情况下,为了保住举报公司的150万元资产,他只好注册成立一家公司。他注册成立科技公司的目的,就是为了替举报公司受让和保管某大厦综合楼第十层房产,而不是为了"侵占"。事实上,在科技公司替举报公司受让某大厦综合楼第十层后,举报公司不仅与装饰公司签订同意科技公司接收装饰公司以某大厦综合楼第十层抵债的《还款协议》,而且举报公司还曾指令科技公司,用该属于举报公司的物业,为举报公司的债务进行担保。为了替举报公司受让和保管某大厦综合楼第十层,某某先后支出过10余万元。此外,科技公司至今仍要求举报公司尽快派人到海口办理某大厦综合楼第十层的产权事宜,以解脱科技公司的保管义务和某某蒙受的不白之冤。值得一提的是,如果某某真有"侵占"该物业的故意,某某当时完全可以要求装饰公司直接把该物业转让到他本人名下;或与装饰公司串通,把该物业直接卖给第三人,而完全没有必要多此一举,以设立科技公司的方式受让并"侵占"该物业。

(2)某某和科技公司均没有非法占有某大厦综合楼第十层的行为。目前,某大厦综合楼第十层仍处于科技公司名下,科技公司没有把该物业出售,也没有把该物业抵押,即没有把该物业处置并非法获利,举报公司随时可以依法行使对某大厦综合楼第十层的所有权。

(3)为了以房养房,某某于2001年12月底对某大厦综合楼第十层进行装修,总计花费7万余元,此款至今仍由某某支付。2003年4月,某大厦综合楼第十层被科技公司出租,共收现金4.5万元,其中租金1.5万元用于偿还某大厦综合楼第十层前期应付的物业管理费和水电费,余下3万元作为押金,一直由科技公司保管,须于租期届满后退还。因此,某某同样也没有故意侵占该4.5万元款项的故意和行为。

3. 建议

综上所述,既然某某不存在非法占有某大厦综合楼第十层及出租收益的故意和行为,某某不构成职务侵占罪。本律师恳请某区公安分局慎重考虑本律师意见,依法终止对某某"职务侵占"行为的侦查,撤销案件并释放某某;同时,通知举报公司尽快派人到某市,处理某大厦综合楼第十层的产权事宜。

四、本案启示

本案是一起不该发生的案件,当事人不应通过国家公权解决民事争议。本案给有关单位的教训是深刻的,它给我们如下启示:

第一,公安机关不应介入民事纠纷。公安机关在侦查经济犯罪案件过程中,有时罪与非罪、经济纠纷与经济犯罪的界限比较模糊,更需要公安机关慎之又慎,否则可能给有关企业或公民的财产和自由带来灭顶之灾。办理本案的某区公安分局如果能慎重立案,或者在某区检察院不予批捕的情况下主动予以纠正,本案可以不发生或在发生后能及时予以纠正。当然,公安机关在办理经济犯罪案件过程中,如果能秉公办案,不与报案人发生任何经济来往,不借机侵占犯罪嫌疑人的财产,即使办错了案,也属于政策法律水平问题。

第二,人民检察院作为法律监督机关,应严把批捕关。本案某区检察院在批捕某某过程中,就严把批捕关,两次作出不予批捕某某的决定。虽然某市检察院在复核过程中,曾错误作出批捕某某的决定,但在事隔四年半之后,主动予以纠正,撤销批捕某某的决定,体现了法律监督机关敢于执法、敢于纠正错误的工作作风。

第三,目前我国正处于新旧体制转轨时期,司法环境还不尽如人意。律师办理刑事案件的风险较大,律师为犯罪嫌疑人提供法律服务的风险更大。在业务工作中,刑辩律师千万要小心谨慎。由于本律师依法办案,所有行为均有法律依据,不存在任何违法行为,虽然某某在被监视居住期间,请假外出且长期不归,但与本律师无任何关系。

第四,某某虽然冤枉,但应依法申诉,不应请假长期不归。假设某市检察院不主动纠错,假设某区公安分局全力追捕,某某的处境将极为不利。

第二章 民事行政案件代理

第一节 首例业主委员会侵犯业主权利案

一、案情简介

二、业主委员会起诉

三、代理中机物业答辩

四、赵建平律师一审代理词

五、一审判决结果

六、业主委员会上诉

七、代理中机物业二审答辩

八、二审判决结果

九、业主维权

十、赵建平律师被诬告

十一、业主曹先生被告上法庭

十二、本案启示

一、案情简介

2005年12月底,海口市绿色佳园小区成立首届业主委员会。在业主委员会九名成员中,海南某公司员工及员工家属占了六名。2007年10月19日,某律师代理业主委员会向海口市龙华区人民法院起诉,请求法院判令在绿色佳园小区从事前期物业管理服务,并深得小区绝大多数业主欢迎的海南中机物业管理公司撤出绿色佳园小区,其目的是为该业主委员会私下选定的物业公司接管小区创造条件。2007年11月9日,该业主委员会在某律师"指导"下,以书面召开业主大会的方式,单方面强行通过由业主大会授权其聘请新的物业管理服务企业的决议。在小区广大业主的请求和支持下,2007年11月22日,作为小区业主的赵建平律师,依法代理中机物业出庭应诉,一审判决驳回业主委员会的诉讼请求。在龙华区人民法院依法作出一审判决后,业主委员会不服,继续委托该律师上诉。2008年3月25日下午,海口市中级人民法院公开开庭审理本案,赵建平律师继续代理中机物业出庭。2008年5月6日,海口市中级人民法院依法作出驳回业主委员会上诉,维持原判的二审判决。2008年7月29日,琼山区人民法院在审理小区三位业主代表申请撤销业主委员会以书面召开业主大会的方式,作出业主大会决议无效的诉讼案中,同样认定业主委员会以书面召开业主大会方式通过的决议无效。至此,绿色佳园小区业主的维权行动取得了最终胜利。但是,赵建平律师却被恶意诬告,海南省人大常委会和海口市人民政府有关领导亲自在诬告信上作出批示,要求海南省司法厅和海口市司法局对此进行调查。海南省司法厅和海口市司法局为此专门成立调查组,对诬告信中反映的赵建平律师的所谓"问题"进行调查。海口市司法局调查组的工作人员甚至专程到绿色佳园小区,找业主委员会主任田某某调查了解赵建平律师的所谓"问题"。由于纯系诬告,直到今天,调查组也没有给赵建平律师作出任何书面结论。但是,绿色佳园小区的广大业主却在一审、二审结束后,先后为赵建平律师说了两句公道话,那就是绿色佳园小区广大业主赠给赵建平律师的两面锦旗上的赠言:"亮出正义之剑,维护法律尊严";"法律卫士,维护稳定;不怕诬告,捍卫正义"。

二、业主委员会起诉

2007年10月19日,业主委员会向海口市龙华区人民法院递交《民事诉状》,请求法院判令中机物业立即停止在绿色佳园小区的前期物业管理活动,立即退出小区;立即向业主委员会移交小区竣工总平面图,单体建筑、结构、设备竣工图,配套设施、地下管网工程竣工图等竣工验收资料,设施设备的安装、使用和维护保养等技术资料,物业质量保修文件和物业使用说明文件及物业管理所必需的其他资料;立即向业主委员会移交维修基金、须交的物业管理费和结余的维修养护费,维修基金账册、财务账目清单及其他物业档案资料,业主共有的物业管理用房、经营用房、场地和其他财物;立即向业主委员会移交小区业主或物业使用人姓名、地址、联系电话等资料,并承担本案诉讼费。

业主委员会起诉中机物业的理由是,中机物业的前期物业管理合同已于2006年12月30日到期。期满后,开发商佳元公司未与中机物业续签合同,小区业主大会也没有决定业主委员会与中机物业续签合同。中机物业在小区从事的前期物业服务随其合同期限届满而结束的情形下,中机物业应退出小区,并向业主委员会移交上述资料。

三、代理中机物业答辩

在收到业主委员会的民事诉状后,中机物业佳园管理处路经理找到小区业主赵建平律师,希望赵建平律师能代理中机物业出庭,但被赵建平律师谢绝。赵建平律师认为自己也是业主,在小区业主委员会诉物业的情形下,自己必须回避。在赵建平律师不愿做中机物业诉讼代理人的消息传开后,小区很多业主尤其是一些年龄较大的老同志,主动找到赵建平律师,希望赵建平律师能代理中机物业应诉,理由是业主委员会虽然诉的是中机物业,但如果中机物业败诉,业主委员会私下选定的物业企业就会进驻小区,小区广大业主的权利就会受到侵犯。特别是在2007年11月9日,业主委员会在其代理律师"指导"下,以书面召开业主大会的方式,强行单方面通过由业主大会授权其聘请新的物业管理服务企业的决议,激怒了小区大多数业主,在业主中产生了极坏的影响。经过慎重考虑,赵建平律师决定代理中机物业应诉,其所在的川海律师事务所与中机物业签订了委托代理合同。2007年11月22日,赵建平律师代理中机物业向龙华区人民法院递交了《民事答辩状》。在答辩状中,赵建平律师代理中机物业提出了如下三点答辩意见:

(一)中机物业与海南佳元房地产开发有限公司于2004年12月8日签订的《物业管理服务合同》,至今仍然有效

《合同书》虽然已于 2006 年 12 月 31 日终止,但根据《合同书》第四十二条关于"如双方续订合同,应在合同期满前三个月向对方提出书面意见"的约定,中机物业依约于 2006 年 11 月 15 日向佳元公司提出续订合同的书面要约。佳元公司在收到中机物业的要约后,于 2006 年 11 月 30 日复函中机物业,同意中机物业"继续做好小区的服务工作,直至业主大会选聘新的物业管理企业,并签订物业管理合同之日"。根据《合同法》第十四条、第十六条、第二十一条、第二十五条、第二十六条关于要约、承诺的规定,中机物业与佳元公司又达成了一项新的合同,即双方同意原《物业管理服务合同》继续有效至业主大会选聘新的物业管理企业,并签订物业管理合同之日止。

中机物业与佳元公司和广大入住业主签订的《物业管理公约》第四章第一条第 2 款约定,"物业管理公司首届任期结束后,待小区业主入住率超过 50%时,成立业主委员会。业主委员会有权于业主大会通过多数决议案后,给予物业管理公司不少于三个月的书面通知终止职务"。但时至今日,业主大会并未就此形成任何决议,因此,中机物业在业主大会通过多数决议前,在绿色佳园小区提供物业服务是合法有效的。

此外,业主委员会没有依据《海南省住宅区物业管理条例》第二十九条,在终止或解除物业管理合同后的 10 日内报物业管理主管部门备案。这一不作为行为,表明业主委员会默认《物业管理服务合同》没有终止或解除。

(二)绿色佳园小区业主大会至今没有就选聘、解聘物业管理服务企业作出任何决议,而不是如《民事诉状》中所述,"绿色佳园小区业主大会也没有决定原告与被告续签《物业管理合同》"

2007 年 10 月 12 日,就选聘物业服务公司等事宜,业主委员会向绿色佳园广大业主发出了《关于召开业主大会会议议题的公示函》。由于该《公示函》严重侵犯广大业主的合法权利,广大业主与绿色佳园小区最大业主——佳元公司皆未参加业主委员会举行的所谓"业主大会",绿色佳园小区业主大会至今没有就选聘、解聘物业公司事宜作出任何决议。业主委员会在《民事诉状》中所述"绿色佳园小区业主大会也没有决定原告与被告续签《物业管理合同》",与事实严重不符。

(三)关于业主委员会是否经业主大会授权起诉的问题

根据《物权法》和《物业管理条例》以及《绿色佳园小区业主公约》《业主大会议事规则》规定,业主大会是小区物业管理的最高决策机构,业主委员会是业主大会的执行机构。在选聘、解聘物业服务企业时,必须依法由业主大会作出决议,然后交由业主委员会执行。在中机物业仍然依约履行绿色佳园小区物业管理义务的情形下,在小区业主大会未就选聘、解聘物业服务企业作出任何决议的情形下,在业主委员会未经小区业主大会授权起诉的情形下,甚至也未征求业主委员会委员书面意见的情形下,绿色佳园小区业主委员会主任凭掌管公章之便,贸然以业主委员会名义向人民法院起诉,此种行为显然越权,依法应属无效。如果人民法院作出业主委员会胜诉的判决,不仅会使绿色佳园小区物业管理日后陷入一定时期内无人管理的状态,而且将使绿色佳园小区的相关资料和小区业主或物业使用人的个人秘密落入假业主委员会之名的业主委员会主任个人手中,其后果将不堪设想。

在答辩完毕后,赵建平律师代理中机物业,请求龙华区人民法院依法驳回业主委员会的诉讼请求。

四、赵建平律师一审代理词

2007年11月22日,龙华区人民法院公开开庭审理本案,赵建平律师代理中机物业出庭,小区几十位业主旁听了庭审。在法庭辩论阶段,赵建平律师发表了如下两点代理意见:

(一)原告的起诉是否越权

原告是绿色佳园小区内的业主委员会。业主委员会作为一个群众性自治机构,为了防范其越权和侵犯大多数业主的合法权益,我国法律和行政法规对业主委员会的职责范围有明确规定。根据《物业管理条例》第十五条规定,"业主委员会执行业主大会的决定事项,履行下列职责:(1)召集业主大会会议,报告物业管理的实施情况;(2)代表业主与业主大会选聘的物业服务企业签订物业服务合同;(3)及时了解业主、物业使用人的意见和建议,监督和协助物业服务企业履行物业服务合同;(4)监督管理规约的实施;(5)业主大会赋予的其他职责"。可见,我国《物业管理条例》赋予业主委员会的权利仅是执行权,即执行业主大会决定的事项的权利,其职责包括召集权、签约权、监督权,起诉权不在《物业管理条例》赋予业主委员会的权限和职责范围内。当然,业主委员会作为一个群众性自治组织,也可以行使起诉权。但是,业主委员会在行使起诉权时,一定要依法由业主大会授权。本案原告提起诉讼,没有绿色佳园小区业主大会的授权,原告就本案提起的诉讼显然越权,这样的诉讼不能代表绿色佳园小区大多数业主的意愿,因而是无效民事行为。

值得一提的是,原告的起诉不仅没有绿色佳园小区业主大会的授权,也没有征得小区业主委员会委员的书面同意。在今天举行的庭审过程中,原告没有出示小区业主委员会委员同意就本案提起诉讼的书面证据。

(二)被告与佳元公司签订的《物业管理服务合同》至今仍然有效

被告与佳元公司于2004年12月8日签订的《物业管理服务合同》确已于2006年12月31日到期。但鉴于小区没有召开业主大会对物业管理企业进行选聘或与被告续签管理服务合同,绿色佳园小区前期物业管理服务没有结束。为了维护正常的管理秩序,维护广大业主的合法权益,被告依据与佳元公司签订的《物业管理服务合同》第42条之约定,于2006年11月15日向佳元公司提出续签前期物业管理服务合同的要约。2006年11月30日,在收到被告续签前期管理服务合同的要约后,佳元公司函复被告:"在小区没有召开业主大会对物业管理企业进行选聘或续聘的情况下,你司应继续做好小区服务工作,维护小区正常的管理秩序,维护业主的合法权益,直至业主大会选聘新的物业管理企业,并签订物业管理合同之日。"至此,根据《合同法》第十四条、第十六条、第二十一条、第二十五条、第二十六条关于要约、承诺的规定,在绿色佳园小区前期物业管理服务没有结束的情形下,被告与佳元公司又达成了一项新的物业管理服务合同,即双方同意原《物业管理服务合同》继续有效至业主大会选聘新的物业管理企业,并签订物业管理合同之日止。

此外,原告没有依据《海南省住宅区物业管理条例》第二十九条之规定,在终止或解除物业管理合同后的 10 日内报物业管理主管部门备案。这一不作为行为,表明原告默认被告仍在继续履行《物业管理服务合同》,被告与佳元公司签订的《物业管理服务合同》没有终止或解除。

特别值得一提的是,绿色佳园小区业主大会至今没有就选聘、解聘物业管理服务企业作出任何决议,而不是如原告所述"绿色佳园小区业主大会也没有决定与被告续签《物业管理服务合同》"。即使是被小区广大业主极力反对的、严重违反相关法律和侵犯广大业主合法权益的 2007 年 11 月 9 日的所谓"业主大会决议"及"公告",也只是提出了一个聘请小区物业服务企业的服务内容与标准,而没有决定究竟由哪家物业服务企业提供服务,也没有决定被告是否应退出以及何时退出的问题。即使该"决议"授权"业委会严格按此标准选聘物业服务公司",在业委会选聘了物业服务公司后,仍然必须由小区业主大会予以确认。只有在小区业主大会确认后,才能由业主大会授权业主委员会签订物业管理服务合同。

最后,赵建平律师认为,由于原告越权起诉,由于被告与佳元公司签订的《物业管理服务合同》至今仍然有效并在履行之中,因此,为维护小区正常的管理秩序,维护广大业主的合法权益,作为被告代理人,赵建平律师恳请龙华区人民法院驳回原告的诉讼请求。

五、一审判决结果

2007 年 11 月 28 日,也就是在本案开庭后第六天,龙华区人民法院就本案作出一审判决。该院认为,被告与开发商佳元公司签订的《绿色佳园物业管理服务合同书》,符合法律规定,是有效合同。该合同虽已于 2006 年 12 月 31 日到期,但该合同第四十二条约定:"如双方续订合同,应在合同期满前 3 个月向对方提出书面意见",被告已于 2006 年 11 月 15 日向佳元公司提出书面要约,佳元公司依约于 2006 年 11 月 30 日答复并同意被告"在小区业主没有召开业主大会对物业管理企业进行选聘或续聘的情况下,你司应继续做好小区的服务工作,正常维护小区的管理秩序,维护业主的合法权益,直至业主大会选聘新的物业管理企业,并签订物业管理合同之日",况且,原告在《绿色佳园物业管理服务合同书》自然终止后,既没有与被告或其他物业管理企业签订新的《绿色佳园物业管理合同书》,也没有召开业主大会决议并书面通知被告终止履行职务,显然,被告与开发商佳元公司于2004年12月8日签订的《绿色佳园物业管理合同书》并未有效终止,被告仍然在履行物业管理服务。因此,对原告的诉讼请求,应予驳回。依照《中华人民共和国民事诉讼法》第一百三十八条之规定,判决如下:驳回原告海口市绿色佳园小区业主委员会的诉讼请求。

六、业主委员会上诉

在收到龙华区人民法院一审判决书后,小区广大业主兴高采烈,于当晚自发在小区门前燃放焰火,并于第二天给龙华区人民法院和审理本案的审判员赠送锦旗,同时也给赵建平律师送了锦旗。但是,业主委员会不服,向海口市中级人民法院提起上诉,并提交了与私下选定的物业公司签订的《物业委托服务合同》等三份新的证据,至此,业主委员会诉中机物业的真实面目彻底暴露。在上诉状中,业主委员会提出了如下七点上诉理由:

(一)一审法院关于上诉人是否已与开发商佳元公司续签物业服务合同的认定自相矛盾

一审法院在"经审理查明"部分查明:"2006年12月31日,《绿色佳园物业管理合同书》期满终止,开发商佳元公司未再与被告续签前期《绿色佳园物业管理服务合同书》。"而在其后的"本院认为"部分则认为:"该合同虽已于2006年12月31日到期,但该合同第四十二条约定如双方续订合同,应在合同期满前三个月向对方提出书面意见,被告已于2006年11月15日向佳元公司提出书面要约,佳元公司依约于2006年11月30日答复并同意被告在小区业主没有召开业主大会对物业管理企业进行选聘或续聘的情况下,你司应继续做好小区的服务工作,正常维护小区的管理秩序,维护业主的合法权益,直至业主大会选聘新的物业管理企业,并签订物业管理合同之日。"

一审法院对上述事实的查明和认定明显自相矛盾。

(二)一审法院关于《绿色佳园物业管理服务合同书》是否终止的认定再次自相矛盾

一审法院在"本院认为"部分先认为:"原告在《绿色佳园物业管理服务合同书》自然终止后,既没有与被告或其他物业管理企业签订新的《绿色佳园物业管理合同书》,也没有召开业主大会决议并书面通知被告终止履行职务。"但接着又认为"被告与开发商佳元公司于 2004 年 12 月 8 日签订的《绿色佳园物业管理服务合同书》并未有效终止",一审法院的此项认定显然也是自相矛盾的。一审法院在一份判决书中竟然有两项事实认定自相矛盾,让上诉人很难相信该判决的公正性。一审法院如此判决不仅不能休争止诉,反而激起了上诉人更大的愤慨。

(三)《绿色佳园物业管理服务合同书》已经终止,被上诉人与开发商佳元公司续订合同因违法而无效

《海南省住宅区物业管理条例》第十八条规定:"住宅交付使用后至业主委员会成立前,对物业的管理由售房单位负责,售房单位可以聘请物业管理公司进行管理,也可以自行管理。"

根据上述法律规定,开发商的权利仅限于业主委员会成立前的前期物业管理,包括自行管理或聘请物业公司管理。业主委员会成立后,开发商便不再享有物业管理的权利了,更没有聘请物业公司或与物业公司续订合同的权利。2005 年 12 月 25 日,绿色佳园小区依法成立业主委员会。自此,对物业的管理应由业主委员会负责,是否与被上诉人续订物业服务合同应当由上诉人来决定,被上诉人与开发商佳元公司之间关于续订合同的要约、承诺因违反上述法律规定而无效。被上诉人因未在合同期满前与上诉人书面商定续订物业服务合同,故《绿色佳园物业管理合同书》于 2006 年 12 月 31 日合同到期时便已有效终止。

(四)一审法院认定没有召开业主大会并书面通知被上诉人终止履行职务,是严重的认定事实错误

2007年10月23日至29日，绿色佳园小区业主大会以中国邮政送达书面资料和公告的形式发出会议通知，以通讯表决方式召开了业主大会，形成选聘物业服务企业的决议，并于2007年11月9日书面通知被上诉人终止履行职务。一审法院认定没有召开业主大会并书面通知被上诉人终止履行职务，是严重的认定事实错误。

（五）一审法院认定上诉人未与其他物业管理企业签订新的物业管理服务合同，也是严重的认定事实错误

2007年11月23日，通过公开招标，上诉人成功选聘海南安泰隆商业有限公司物业经营服务分公司（以下简称安泰隆公司）为新的物业管理企业，海口市琼州公证处对此次开标活动进行了公证。2007年11月23日，上诉人向安泰隆公司发出《中标通知书》。2007年11月26日，上诉人与安泰隆公司签订新的《物业委托服务合同》。一审法院认定上诉人未与其他物业管理企业签订新的物业管理服务合同，是严重认定事实错误。

其实在本案一审诉讼时，上诉人依法通过招标方式选聘新的物业服务企业的工作正在进行，被上诉人及一审法院都很清楚。一审判决之所以在开庭后不到一个星期就下判决，就是想造成一种判决时尚未选定新的物业服务企业的假象。

（六）是否选聘新的物业管理企业与被上诉人没有任何关系

未选聘新的物业管理企业不能成为被上诉人继续进行物业管理的理由，即使上诉人未选聘新的物业管理企业也不影响被上诉人退出小区。因为《绿色佳园物业管理服务合同书》已经到期，按照法律规定和合同约定被上诉人均应退出小区，是否与其他物业管理企业签订物业服务合同与被上诉人没有半点关系。

（七）一审判决适用法律错误，依法应予撤销

《民事诉讼法》第一百三十八条规定："判决书应当写明：（一）案由、诉讼请求、争议的事实和理由；（二）判决认定的事实、理由和适用的法律依据；（三）判决结果和诉讼费用的承担；（四）上诉期间和上诉法院。"上述法律规定的是人民法院判决书应当写明的内容,一审法院依据上述规定,判决驳回原告的诉讼请求,是严重的适用法律错误。一审法院应当依据上述事实和《海南省住宅区物业管理条例》第十八条、第二十九条,判决被上诉人立即退出小区,并向上诉人移交相关资料。

最后,业主委员会认为,被上诉人与上诉人签订的《绿色佳园物业管理服务合同书》已经终止,且上诉人聘请了新的物业管理企业并签订了新的物业服务合同,因此,被上诉人应当依法立即停止在绿色佳园小区的物业管理活动,立即退出绿色佳园小区。

七、代理中机物业二审答辩

针对业主委员会的上诉理由,为了澄清是非,赵建平律师代理中机物业,作了如下答辩:

(一)关于上诉人的诉讼主体资格和签约资格

上诉人是绿色佳园小区业主委员会。业主委员会不是一个独立的法人单位,《民事上诉状》称其主任为"法人代表",明显违背事实与法律。业主委员会作为不具备法人资格的、有法定存续期限的其他组织,根据《物业管理条例》第十五条规定,其权限仅仅限于执行业主大会的决定事项。上诉人采取诉讼方式,请求人民法院判令答辩人退出绿色佳园小区,必须有小区业主大会的授权。同样,上诉人在与安泰隆物业分公司签约前,一定要获得小区业主大会的授权。安泰隆物业分公司也必须由业主大会选聘后,才能与上诉人签订物业服务委托合同。由于上诉人至今没有获得小区业主大会的授权,业主大会也没有选聘安泰隆物业分公司作为新的物业服务企业,因此,上诉人不具备诉讼主体资格和签约资格。值得一提的是,根据上诉人一审时提交的《业主委员会成立(换届)备案申请表》,上诉人已于 2007 年 12 月 24 日届满,依法不能再履行职责。关于本案是否继续进行,理应由新选举的业主委员会决定。在小区新的业主委员会成立之前,人民法院应依据《民事诉讼法》第一百三十六条之规定,中止本案的审理。

（二）一审法院认定上诉人"没有召开业主大会并书面通知答辩人终止职务"，有充分的事实与法律依据

上诉人于2007年10月23日至29日，以通讯表决方式召开业主大会、并形成选聘物业服务企业决议的做法，是上诉人单方的违法行为，侵犯了广大业主的合法权益，小区业主坚决反对。海口市房产管理局于2007年12月11日发文（海房字[2007]165号）指出："业主委员会此做法没有法律依据，也不合逻辑，没有回复视为同意，并非没有回函业主的真实意思表示，业主委员会依此选聘的物业服务单位也不能视为业主大会通过。"此外，退一万步，即使上诉人确实于2007年10月23日至29日以通讯方式召开了业主大会，根据《物业管理条例》第十二条关于"选聘和解聘物业服务企业，应当经专有部分占建筑物总面积过半数的业主且占总人数过半数的业主同意"的规定，根据绿色佳园小区邮寄信函清单，上诉人为召开此次业主大会发出的信函，大部分被退回或由田某某越权签收，不应视为已达到法定半数。因此，一审法院认定"没有召开业主大会并书面通知答辩人终止职务"，有充分的事实与法律依据。

（三）上诉人与安泰隆物业分公司签订的《物业委托服务合同》严重违法，是一份无效合同

如上所述，上诉人没有获得业主大会的授权，安泰隆物业分公司也没有被业主大会选聘，上诉人和安泰隆物业分公司双方都没有就绿色佳园小区物业服务的签约资格。值得一提的是，与上诉人签约的安泰隆物业分公司的全称是"海南安泰隆商业有限公司物业经营服务分公司"，答辩人不否认海南安泰隆商业有限公司具有法人资格，但其物业经营服务分公司不具有法人资格，却是一个不争的事实。《物业管理条例》第三十二条明确规定："从事物业管理活动的企业应当具有独立的法人资格。"根据该条规定，安泰隆物业服务分公司没有法定签约资格，其对外签订的物业服务合同当然不具备法律效力。此外，上诉人自己也要求与其签约的物业服务企业，须具备一级资质等一系列高标准，安泰隆物业分公司作为一个刚成立的、并于2007年9月才获得三级物业管理资质的、不具备法人资格的单位，显然与上诉人自己的要求也不符合。至于为什么会与这样一个物业分公司签约,只有上诉人自己最清楚。特别值得一提的是,海口市房产管理局于2007年12月11日给安泰隆公司发文(海房字[2007]164号),认为"业主委员会依此选聘你公司为绿色佳园新的物业服务单位不能视为业主大会通过"。

琼州公证处于2007年11月23日出具的(2007)琼州证字第5702号公证书,是一份因违法而无效的公证,依法不应作为认定事实的根据。该公证书违法之处表现在:

第一,上诉人的此次招投标自始就没有获得小区业主大会的批准,琼州公证处办理此次公证的公证员也十分清楚"业主大会没有批准"这一基本事实,但为了迁就上诉人的要求,只好在公证书中使用"获得绿色佳园小区业主的批准"这一模糊用语。必须指出,"业主的批准"与"业主大会的批准"不是一回事。"业主的批准"可以征得一个业主的同意,这种做法没有法律依据;而"业主大会的批准",则依法必须征得面积和人数法定过半数的业主的同意。

第二,公证书没有审查安泰隆物业分公司无签约资格这一基本事实。在安泰隆物业分公司无签约资格的情形下,仍违法对此次招投标进行了公证。

第三,根据《海南省物业管理招投标管理办法》(试行)第二十五条规定:"评标委员会由招标人代表和物业管理方面的专家组成,人数一般为7人以上的单数,其中专家不得少于成员总数的2/3。"虽然上诉人在此次招投标过程中,曾邀请海口市房管局和下坎区居委会派员参加,但是,最终9名评委全部由上诉人或其委托的人员组成。对于此类严重违法的所谓"招投标",琼州公证处居然也予以公证。答辩人只能遗憾地认为,琼州公证处与上诉人串通一气,损害小区业主的合法权益。

第四,为了逃避因违法公证带来的法律后果,在此次公证笔录中,只有上诉人的负责人田某某在被问人处签字,作为本次公证的公证员卢某和工作人员张某某皆没有在笔录上签名。

我国《公证法》第三十六条虽然规定"经公证的民事法律行为、有法律意义的事实和文书,应当作为认定事实的根据",但该条同时又规定,"但有相反证据足以推翻该项公证的除外"。根据该规定,依据上述证据,人民法院依法不应把该公证书作为认定事实的根据。

(四)答辩人与开发商佳元公司签订的物业服务合同至今仍然有效,绿色佳园小区目前仍处于前期物业管理阶段

《物业管理条例》第二十一条明确规定,前期物业服务合同的履行期限,"为业主、业主大会选聘物业服务企业之前",换句话说,在业主、业主大会选聘物业服务企业之后,前期物业服务合同即为到期。但是,上诉人为了达到其不可告人的目的,故意歪曲法律,盲目引用《海南省住宅区物业管理条例》第十八条,把前期物业服务合同的期限提前至"业主委员会成立后",并无理认为"业主委员会成立后,开发商便不再享有物业管理的权利了,更没有聘请物业公司或与物业公司续订合同的权利"。其实,根据《海南省住宅区物业管理条例》第十四条,业主委员会在行使选聘或解聘物业管理公司,签订、变更或解除物业管理合同的职责时,必须获得业主大会的授权。只有在业主大会通过后,业主委员会才能与新的物业服务企业签订新的物业服务合同。因此,上诉人无理把前期物业服务合同的期限提前至"业主委员会成立后",无充分的法律依据。

答辩人与开发商佳元公司签订的前期物业服务合同虽已于2006年12月31日到期,但根据该合同第四十二条关于"如双方续订合同,应在合同期满前三个月向对方提出书面意见"的约定,答辩人于2006年11月15日向佳元公司提出书面要约,佳元公司于2006年11月30日答复并同意答辩人"在小区业主没有召开业主大会对物业管理企业进行选聘或续聘的情况下,你司应继续做好小区的服务工作,正常维护小区的管理秩序,维护业主的合法权益,直至业主大会选聘新的物业管理企业,并签订物业管理合同之日"。因此,答辩人与佳元公司签订的前期物业服务合同依法至今仍然有效。

一审法院认定答辩人与开发商佳元公司签订的前期物业服务合同期满终止,之后开发商未再与答辩人签订书面合同与事实相符;一审法院根据答辩人于2006年11月15日的书面要约和佳元公司2006年11月30日的复函,认定答辩人与佳元公司续签了前期物业服务合同,有事实与法律依据,两者并不矛盾。

"自然终止"与"有效终止"之间是有差别的,合同在自然终止后,如果当事人之间续订,仍然可以存续,此时合同还未有效终止。本案答辩人与开发商签订的前期物业合同即属于此种情形。因此,一审法院既认定前期物业服务合同已自然终止,又认定该合同未有效终止,并不自相矛盾。

在前期物业服务合同继续有效的情形下,答辩人在绿色佳园小区提供物业服务合法有效。但是,前期物业服务合同的期限,依法依约只能延续到业主大会选聘新的物业服务企业,并授权业主委员会签订新的物业服务合同之日。因此,上诉人是否已依法与其他物业服务企业签订合同与答辩人的去留,有着极大的关系。答辩人只有在小区业主大会选聘新的物业服务企业的情形下,才能依法退出绿色佳园小区的管理,这是答辩人对绿色佳园小区广大业主负责的表现,是答辩人作为国有企业应负的社会责任,也是答辩人诚信经营的表现。

最后,赵建平律师代理中机物业,恳请二审人民法院依法驳回上诉人的上诉请求,维持一审法院的正确判决。

八、二审判决结果

2008年3月25日下午,海口市中级人民法院公开开庭审理本案,小区几十名业主旁听了庭审。令人回味的是,坐在上诉人席位上的只有上诉人的代理律师,上诉人没有到庭。在庭下旁听的业主中,没有业主委员会成员,安泰隆公司也没有派人旁听。2008年5月6日,海口市中级人民法院作出二审判决。

本院认为,根据国务院《物业管理条例》第十一、十二、十五条规定,选聘、解聘物业管理企业的职责由业主大会承担,业主大会会议可以采用集体讨论的形式,也可以采用书面征求意见的方式,但应当有物业管理区域内持有1/2以上投票权的业主参加。选聘、解聘物业管理企业必须经物业管理区域内全体业主所持投票权2/3以上通过。业主委员会是业主大会执行机构,代表业主与业主大会选聘的物业管理企业签订物业服务合同。业委会以通讯表决的方式召开业主大会,表决的方式是业主不回复不同意视为同意,并强行自行作出业主大会决议。经审查,业委会召开业主大会的形式和表决方式均违反国务院《物业管理条例》的有关规定,剥夺了广大业主表示真实意思的权利。本案现有证据表明,没有绿色佳园小区内全体业主所持投票权2/3以上,通过业委会公示的关于部分修改绿色佳园业主公约,部分修改绿色佳园小区业主大会议事规则和选聘物业服务企业的事实。因此,业委会召开业主大会和作出业主大会决议的行为均无效,不受法律保护。业委会根据其自行作出的业主大会决议,业委会以其名义招标选聘物业管理企业亦违反了国务院《物业管理条例》第十一条规定。依照该规定选聘物业管理企业只能由业主大会负责,在业主大会确定选聘的物业管理企业之后,才能由业主委员会代表业主与选聘的物业管理企业签订物业服务合同。故业委会以招标方式选聘物业管理企业的行为以及与安泰隆公司签订的《物业委托服务合同》均无效,不受法律保护。本届业委会任期已经届满,业委会诉请中机公司停止物业管理活动、退出绿色佳园小区、移交有关资料、设备、场地、维修基金和其他财物没有法律依据,其诉讼请求本院不予支持。中机公司作为建设单位选聘的物业管理企业,在业主大会选聘物业管理企业之前,应切实做好前期物业服务工作,维护广大业主的合法权益。综上,原判认定事实基本清楚,处理恰当,应予维持。海口市中级人民法院依照《中华人民共和国民事诉讼法》第一百五十三条第一款第(一)项之规定,判决驳回上诉,维持原判。

九、业主维权

在业主委员会诉中机物业一案进行的同时,绿色佳园小区冯某等三位业主向海口市琼山区人民法院起诉,请求撤销业主委员会于2007年11月9日以业主大会名义作出的业主大会决议。

琼山区人民法院认为,本案争议的焦点,主要是被告召开业主大会和作出业主大会决议的行为是否有效。依据《物业管理条例》第十二条规定,业主大会的形式只有两种:"集体讨论"或"书面征求意见"。被告作出《关于召开业主大会会议议题的公示函》,规定以通讯表决方式召开业主大会,表决的方式是持反对、弃权意见的必须回复(回复意见须附业主身份证、房产证复印件及联系方式),不回复则视为同意。该公示函的内容具有强制性质,将被告的主观意愿灌输在实施方式上,侵害了业主的表决权、投票权、隐私权。参照《最高人民法院关于贯彻执行〈中华人民共和国民法通则〉若干问题的意见(试行)》第六十六条:"不作为的默示只有在法律有规定或者当事人双方有约定的情况下,才可以视为意思表示"的规定,即"不回复则视为同意"这种不作为的默示,必须在法律有规定或双方有约定时才可以作为当事人的意思表示,而《物权法》《物业管理条例》等法律法规均没有这方面规定,本案中也没有证据表明全体业主或业主大会允许被告单方采取这种"不回复则视为同意"的默示推定方式作为业主大会的表决方式。并且,表决程序属业主大会才有权决定的事项,表决方式是表决程序的核心,被告不具有对业主大会表决程序单方作出规定的权力,以这种默示推定方式作为业主大会的表决方式不符合法律规定。因此,被告的上述规定并不符合"集体讨论"或"书面征求意见"两种业主大会召开的形式。被告单方规定的业主大会的召开形式、表决程序均违反《物权法》《物业管理条例》相关规定,剥夺了广大业主表示真实意思的权利。同时,本案现有证据并不能证明对被告所公示的会议议题,被告已征得专有部分占建筑物总面积过半数的业主且占总人数过半数的业主的同意。因此,被告召开业主大会和以业主大会名义作出的关于部分修改绿色佳园业主公约、部分修改绿色佳园小区业主大会议事规则、确定选聘服务小区的物业服务企业的服务内容及服务标准的决议的行为均为无效,不受法律保护。海口市中级人民法院于 2008 年 5 月 6 日作出的(2008)海中法民二终字第 46 号民事判决,亦对涉及本案被告召开业主大会和作出业主大会决议的行为作出无效的认定。

十、赵建平律师被诬告

在代理中机物业与业主委员会物业纠纷案和维护小区广大业主权利过程中,赵建平律师先后三次被诬告陷害。

在一审胜诉后,2008 年 1 月份,正值海南省人大、政协"两会"期间,赵建平律师第一次被诬告。诬告信采用匿名方式,写给了省委组织部、统战部、省政协、省司法厅、省律协和省农工党等有关单位,诬告信的内容是赵建平律师在小区组织斗殴、破坏小区设施等。实际情况是,2007年12月9日,100多名不明身份的人冲进小区,公然破坏小区价值达400万元的监控设施。自2008年1月至春节前,安泰隆公司几乎每天组织闲杂人员到小区门前闹事,严重干扰了小区业主正常的生活。在整个事件中,赵建平律师始终要求小区广大业主冷静、理性维权,并主动做安泰隆公司的工作,指出其行为的违法性质,要求他们不要在小区门前闹事,发挥了一名律师和政协委员维护稳定、化解矛盾的作用。但反过头来,赵建平律师反而成了小区不安定和混乱局面的责任者。在收到诬告信后,由于不明真相,省里一位领导找赵建平律师谈话,要求赵建平律师作为公众人物,要注意形象,严格要求自己。赵建平律师虚心接受领导意见,于2008年春节后与家人一道,搬出了入住不久的新居。赵建平律师被诬告后,小区业主100余人主动在《绿色佳园小区业主对赵建平律师的评价》上签名,小区开发商佳元公司仗义执言,主动为赵建平律师说公道话,下面是评价和公道话的具体内容。

绿色佳园小区业主对赵建平律师的评价

赵建平律师作为绿色佳园小区业主,既能模范地履行业主义务,又能行使业主权利。对侵犯广大业主利益的行为,敢于代表广大业主仗义执言,纠正错误的、偏离法律轨道的行为。

作为一名律师,除本身遵纪守法,同时能够在小区的各种场合,用法律观点对广大业主进行法律宣传,用法律观点对小区存在的纠纷进行剖析,赢得了小区业主的尊重。

赵建平律师本人在生活中对自己要求甚高,作风严谨,无不良嗜好,对邻里相求,有求必应,利用自己丰富的知识和正直的人品帮助有求于他的业主。

绿色佳园的广大业主深深地感受到赵建平律师的善良与追求公正、追求正义、追求真理的气质,体会到赵建平律师在小区里宣传法律,推动社区精神文明建设和民主法治建设的精神。

赵建平律师为绿色佳园的和谐所作的努力，业主们都看得见，但个别别有用心的人采用匿名诬告等手段诬陷、诽谤、陷害赵建平律师。对这种诬告陷害赵建平律师的行为，小区业主们你们能答应吗？我们是不是该对个别人采取必要的法律手段！士可杀不可辱……

绿色佳园的广大业主相信赵建平律师正直的人品和无私的、追求正义和公正的精神，绿色佳园的广大业主认为应该树立赵建平律师这样的法律工作者形象。希望赵建平律师能继续高举正义的法律之剑，为小区业主争取法律赋予的权利，并对个别别有用心的人追究其法律责任。

2008年1月11日

对赵建平律师被诬告说句公道话

海南省司法厅：

赵建平律师是绿色佳园北区的业主，近来北区个别业主采用匿名信诬陷、诽谤该同志，对此我们非常愤慨，特向贵厅反映情况如下：

赵建平律师为何会被诬陷，是因为小区业委会与广大业主产生较大矛盾所致，赵建平律师就是为广大业主说了几句公道话，此事件已在法制时报、海南特区报、南国都市报和海口电视台等媒体多次报道，现在市政府工作小组已进入小区，政府有关部门也已对业委会的错误行为给予了明确批复，同时人民法院也有明确判决（详情见附件）。

近几个月小区内发生了许多不和睦、不和谐事件，已严重侵害了广大业主的正常居住和生活，在此情况下，赵建平律师利用自己丰富的法律知识，为广大业主大胆仗义执言，维护了法律尊严，保护了广大业主的合法权利，维护了社区的稳定。我公司是小区的开发商，而且希望在周边建一座滨江新城，因此，非常希望小区稳定和谐、广大业主安居乐业。如果社区内多几个赵建平这样的好律师，和谐社区就一定可以实现。我们和广大业主都认为赵建平律师业务精、有正义感、敢于仗义执言、有奉献精神，赵建平律师推动了社区的精神文明建设和民主法治建设，树立了一个法律工作者的良好形象。

对于这样的好同志，社会、政府和广大群众要关心、爱护，并要大力宣传和维护这种无私的奉献精神,同时对于个别别有用心的匿名诬告者,请贵厅追究其法律责任。

2008 年 1 月 16 日

在 2008 年 3 月 25 日下午二审开庭后,赵建平律师第二次被诬告。此次诬告与第一次不同的是,在诬告信后盖了安泰隆公司公章。第二封诬告信分别写给了海口市人民政府一位领导和海南省人大常委会一位领导,其内容是赵建平律师在 2008 年 3 月 25 日下午的庭审中,说了安泰隆公司在绿色佳园小区"捣乱"二字。由于系单位实名举报信件,两位省、市领导均在诬告信上作了批示。接到领导批示的信件后,海口市司法局成立了由该局公律科两位同志组成的调查组,接着海南省司法厅也成立了由一位副处长和省律协一位副秘书长组成的两人调查组。在调查过程中,赵建平律师积极配合调查组的工作,但由于赵建平律师在法庭上说安泰隆公司"捣乱",确有事实依据,加之既不违规也不违法,海南省司法厅和海口市司法局调查组无果而终,至今没有给赵建平律师书面结论。

海南省司法厅调查组于 2008 年 5 月 23 日完成对赵建平律师的调查工作,被指派与赵建平律师谈话的同志,要求赵建平律师到此为止,既不要申诉,也不要再提及诉讼中业主委员会的代理律师的名字。虽然受了委屈,但为了顾全"大局",赵建平律师答应了该同志的要求。但是,就在海南省司法厅调查组结束对赵建平律师调查的第三天,也即 2008 年 5 月 26 日,海南省司法厅又收到第三次诬告赵建平律师的信件。在第三次被诬告后,赵建平律师提笔给海南省人大常委会毕志强副主任写了封信,详细说明了有关事实真相。赵建平律师的信引起了毕志强副主任的高度重视,他当即作出批示,要求海南省司法厅对绿色佳园业主委员会的代理律师进行调查。在收到毕志强副主任的批示后,某某主动找赵建平律师谈话,要求赵建平律师同意不要对该代理律师进行调查。赵建平律师当即表态,"调查不调查是司法行政部门的职权",但最后赵建平律师还是从所谓的"大局"出发,同意不对该代理律师进行调查。但就在此次谈话后,某某在第三次诬告赵建平律师的信上作出批示,要求海口市司法局继续对赵建平律师进行调查处理。海口市司法局在接到某某的批示后,又不得不继续对赵建平律师进行调查。值得一提的是,邪不压正,海口市司法局最终果断终止了对赵建平律师的所谓"调查",某某现已被调离任职岗位。但令人不解的是,某某被提拔为副厅级干部。

十一、业主曹先生被告上法庭

绿色佳园小区业主曹先生是某高校教师,为人公道正派。自小区业主委员会侵犯广大业主的合法权利时起,曹先生就一直为维护小区稳定和广大业主的合法权利奔走呼吁,原业主委员会一直把曹先生视为眼中钉、肉中刺。2008年6月1日晚9时左右,也就是海口市中级人民法院作出二审判决后的第26天,原业主委员会主任田某某的老婆陈某和另外两名妇女在小区遇到曹先生,陈某即用粗话挑衅。当曹先生上前与其交涉时,陈某和另外两名妇女即与曹先生发生肢体冲突。在听到老婆与曹先生争吵的消息后,田某某即手拿菜刀冲出家门,要砍杀曹先生,幸亏110警车及时赶到,才没有发生故意伤害或杀人刑事案件,该菜刀后被业主委员会成员孙某某藏匿。当天晚上,陈某到琼山区人民医院进行检查,第2天转入海南省农垦总医院住院治疗。入院诊断为脑震荡、左额部软组织挫伤、右锁骨下皮肤刮伤、右侧创伤性湿肺和肝右叶囊肿,同年6月17日在治愈的情形下出院。2008年8月6日至8月18日,陈某又住进海南省安宁医院,并被诊断患有癔病,出院时已好转。根据海口市公安局琼山分局委托,2009年3月4日,海南省安宁医院精神疾病司法鉴定中心出具《精神疾病司法鉴定意见书》,鉴定意见为陈某患有癔症,陈某所犯癔症与其2008年6月1日同曹先生发生纠纷有一定关系。根据海口市公安局琼山分局委托,2009年4月24日,海南公平司法鉴定中心出具《法医临床鉴定书》,陈某所受损伤程度鉴定为轻微伤。2009年6月2日,陈某向琼山区人民法院起诉,请求法院判令曹先生赔偿损失共计46万余元。2009年10月30日,琼山区人民法院公开开庭审理本案,绿色佳园小区业主70余人旁听了庭审。受曹先生委托,赵建平律师冒着继续被诬告的"风险",免费为曹先生代理本案。一审判决曹先生赔偿陈某

3万余元,二审改判曹先生赔偿陈某2万元。下面是赵建平律师发表的代理词:

尊敬的审判长、审判员:

受被告委托,并根据海南川海律师事务所指派,我依法参加今天的庭审活动,下面我发表如下代理意见:

(一)本案系由原告故意挑衅引起,原告对本案的发生有重大过错

根据法院从海口市公安局文庄派出所调取的证据,事发当晚小区业主彭某某、杨某、杨某某、冯某、曾某某、肖某某、梁某某都证明,由于原告对被告在小区主持公道不满,此前原告就辱骂过被告,当晚原告与被告发生纠纷,是由原告发泄不满,辱骂被告引起。即使是原告的朋友尹某,也证明原告当时见到被告时,说了一句粗话,"他妈的",这时,迎面过来一名男子,责问原告骂谁,原告便与该男子发生争执。以上证据充分证明,当晚发生的纠纷,是由原告辱骂被告引起,原告对本案的发生有重大过错。我国《民法通则》第131条和最高人民法院《关于审理人身损害赔偿纠纷案件适用法律若干问题的解释》(以下简称《司法解释》)第2条规定,受害人对同一损害的发生或者扩大有故意、过失的,可以减轻或者免除赔偿义务人的赔偿责任。由于被告系因在小区主持公道,原告对被告不满,多次挑衅被告并于当晚产生本案纠纷,因此,人民法院应依法免除被告的民事赔偿责任。

(二)关于原告的损失问题

原告与被告于2008年6月1日发生纠纷后,原告的治疗过程可分为两个阶段。第一阶段从6月1日到6月17日,原告先后到琼山区人民医院和农垦总医院治疗;第二阶段从8月6日到8月18日,原告在海南省安宁医院治疗。在第一阶段治疗时,原告入院诊断为脑震荡、左额部软组织挫伤、右锁骨下皮肤刮伤、右侧创伤性湿肺、肝右叶囊肿,出院诊断去掉了右侧创伤性湿肺,但增加了轻度脂肪肝和胆囊多发性息肉两项,治疗结果为治愈,原告于6月17日出院。值得一提的是,当晚发生肢体冲突时,被告与包括原告在内的三名妇女之间只是互相推、抓,被告没有击打原告头部,原告当时也没有倒地,农垦医院诊断出原告患有脑震荡,完全是根据原告的主诉,没有科学检测依据,被告依法不应对

原告的所谓脑震荡承担损害赔偿责任。对于原告本来就存在的右侧创伤性湿肺、肝右叶囊肿、轻度脂肪肝和胆囊多发性息肉等疾病，与被告及其当晚发生的纠纷无任何关系，被告依法不能也不应对此承担赔偿责任。因此，被告只应而且也只能对原告治疗左额部软组织挫伤和右锁骨下皮肤刮伤承担赔偿责任。而且，原告还必须列出治疗左额部软组织挫伤和右锁骨下皮肤刮伤的费用。如果原告不能就治疗左额部软组织挫伤和右锁骨下皮肤刮伤发生的治疗费用举证，人民法院必须依法驳回原告的诉讼请求。从第一阶段到第二阶段之间隔了51天，原告在第一阶段结束51天后，才到安宁医院住院，并检查出癔病。值得指出的是，对于原告所患癔病，不能由被告承担赔偿责任，其理由是癔病是患者本身早就有的一种疾病，它的发生系由外界因素引起。原告在第一阶段治愈后被检查出癔病，不能排除在这51天内原告又受到其他因素刺激的可能。

（三）关于被告与原告发生纠纷的行为与原告所受损害后果之间的因果关系问题

根据海南省安宁医院精神疾病司法鉴定中心出具的《精神疾病司法鉴定意见书》(海安医精司鉴[2009]精司鉴字第12号)的鉴定意见，原告患有癔症；原告所患癔症与2008年6月1日同被告发生纠纷有一定的关系。根据该鉴定意见，可以肯定的是，原告早就有癔症，此次癔症发作与2008年6月1日的纠纷有一定关系。值得一提的是，鉴定意见中的"有一定关系"，指的是医学上的诱因，而不是法律上的直接因果关系。对于因纠纷这一诱因引发的癔症，被告依法不应承担赔偿责任。假如原告患有心脏病，当晚由于与被告发生纠纷不幸死亡，难道也要追究被告故意伤害原告致死的法律责任吗？答案显然是否定的。此外，由于原告因与被告发生纠纷所受的损害早已于6月17日治愈，加之原告对纠纷的发生有重大过错，被告对原告所患癔症依法也不应该承担赔偿责任。

根据海南公平司法鉴定中心出具的《法医临床鉴定书》(琼公平鉴[2009]医鉴字第033号)的鉴定结论，原告头、额、右锁骨下所受损伤程度为轻微伤。该鉴定结论系根据原告在第一阶段和第二阶段治疗的病历作出，鉴定时文庄派出所没有通知被告，被告对此不知情。由于被告当晚没有击打原告头部，鉴定结论认为原告头部受轻微伤,与实际情况不符。至于额和右锁骨下所受损伤程度为轻微伤,与第一治疗阶段农垦总医院诊断的左额部软组织挫伤和右锁骨下皮肤刮伤基本一致。如果原告能举证证明因治疗额和右锁骨下产生的医疗费,被告可以对此予以赔偿。

(四)关于本案的处理意见

1. 关于原告的诉讼请求

原告的诉讼请求共计468188.46元,总计包括医药费、营养费、交通费、误工费、护理费、鉴定费、住院伙食费、心理救治及语言康复费、后续治疗费、精神损害抚慰金十项。第一,关于误工费一项。原告系下岗职工,无收入或无固定收入,根据《司法解释》第二十条,参照受诉法院所在地相同或者相近行业上一年度职工的平均工资计算,误工时间为2008年6月1日至6月17日,原告提出高达18000元的误工费,没有事实与法律依据;第二,关于护理费一项。根据《司法解释》第二十一条,护理人员原则上为一人,参照当地护工从事同等级别护理的劳务报酬标准计算。原告提出181450元的护理费,没有任何法律依据,也无充分有效的证据证明,有趁机敲诈之嫌;第三,关于心理救治及语言康复费20000元和后续治疗费129600元。对于因纠纷产生的损害,原告已于2008年6月17日在农垦医院治愈出院,不存在心理救治及语言康复后续治疗费问题。如果确实有必要进行心理救治及语言康复和后续治疗,但由于目前皆没有实际发生,原告提出两项高达149600元的数额,无充分有效的证据证明,纯系借诉讼敲诈。根据《司法解释》第19条,可以待实际发生后另行起诉;第四,关于精神损害抚慰金100000元。根据最高人民法院关于精神损害赔偿的司法解释(法释[2001]7号)第八条和第十一条,由于原告已于2008年6月17日治愈出院,没有造成严重后果;由于原告对损害事实和损害后果的发生有重大过错,被告依法不应承担精神损害赔偿;第五,关于医药费16067.46元、营养费776元、交通费770元、鉴定费800元、住院伙食费725元,原告或者没有提供充分有效的证据证明,或者提供的证据与《司法解释》第十九条、第二十二条、第二十四条相违背,人民法院依法不应予以支持。

2. 对本案的处理意见

由于原告故意挑衅引起本案纠纷,其对本案的发生有重大过错;由于原告不能举证证明因治疗左额部软组织挫伤和右锁骨下皮肤刮伤所发生的具体费用;本代理人建议人民法院依法驳回原告无理的诉讼请求。

以上代理意见,恳请合议庭采信。

【判决书】

本院认为,(一)关于原、被告应如何承担本案的民事责任问题。公民依法享有生命健康权。我国《民法通则》第一百零六条第二款规定:由于过错侵害他人财产、人身的,应当承担民事责任;第一百一十九条规定:侵害公民身体造成伤害的,应当赔偿医疗费、因误工减少的收入、残废者生活补助等费用。本案中,原告与被告因琐事发生矛盾,双方互相推打,原告的伤情为轻微伤,导致患有癔症,其患有癔症与2008年6月1日与被告发生纠纷存在一定关系,有海南省安宁医院精神疾病司法鉴定中心、海南公平司法鉴定中心出具的两份鉴定报告为证,本院予以认定。但在冲突中双方身体各有损伤,双方均有过错,均应承担相应的过错责任。考虑到原告伤情较为严重,被告过错较大,本院确定被告负本案主要责任,承担60%的赔偿责任,原告负本案的次要责任,承担40%的赔偿责任。

(二)关于本案的赔偿项目及赔偿标准问题。根据最高人民法院《关于审理人身损害赔偿纠纷案件适用法律若干问题的解释》的规定,参照海南省公安厅交通警察总队《关于2007—2008年度海南省道路交通事故人身损害赔偿项目和计算标准的通知》的规定,并根据原告的请求事项,本院确定原告依法应获支持的赔偿项目及数额有:1. 医疗费15637.7元(依照医院诊断证明和医疗费发票确定,其中原告在海南省农垦总局医院的医疗费用为7855元;在琼山区人民医院的医疗费用为1140.4元;在海南省安宁医院的医疗费用为6642.3元);2. 误工费2350元(按原告每月1500元的收入标准,以原告在琼山区人民医院治疗一天,海南省农垦总局医院住院治疗十六天,医生建议全休十天,海南省安宁医院住院治疗十三天,门诊治疗七天,合计误工四十七天计算);3. 护理费

26224.4元（按照原告丈夫田某某2008年6月工资12910.86元的标准，其在琼山区人民医院和海南省农垦总局医院护理原告十七天，护理费为7310元；原告在海南省安宁医院住院之日即2008年8月6日至本案辩论终结之日即2009年10月30日，护理期限为四百四十四天，由一名护工护理，按本省上一年度相同或相近行业职工平均工资15551元的标准计算，护理费为18914.4元；此后的护理费用可在定残后确定护理级别后再行计算）；4.住院伙食补助费750元（参照我省国家机关工作人员的出差伙食补助25元/天的标准，以原告在琼山区人民医院治疗一天，海南省农垦总局医院住院治疗十六天，海南省安宁医院住院治疗十三天，计算为750元）；5.精神损害抚慰金，由于被告的侵权行为伤害了原告，也造成了严重的后果，故原告请求被告赔偿精神损害抚慰金，本院予以支持。但原告请求被告赔偿精神损害抚慰金100000元偏高，不予全部采纳，本院确定被告赔偿原告精神损害抚慰金10000元为宜。上述1—5项共计54962.1元。被告承担60%的赔偿责任，应支付32977.26元给原告。原告应获支持的赔偿项目及请求，超出部分于法无据，本院不予支持。原告请求被告赔偿营养费776元，交通费770元、鉴定费800元、心理救治及语言康复费20000元、后续治疗费129600元，因原告没有提供医院关于加强营养的建议意见，同时原告提供的交通费票据及购买营养品和药品的票据存在瑕疵，原告也未能提供证据证明其实际花费鉴定费800元以及进行心理救治及语言康复费和其他后续治疗的事实，因此，对于原告的上述五项请求，本院不予支持。原告的后续治疗费可以待时机发生后另行起诉。

综上所述，依照《中华人民共和国民法通则》第一百零六条第二款、第一百一十九条、第一百一十三条，最高人民法院《关于审理人身损害赔偿案件适用法律若干问题的解释》第十七条、第十九条、第二十条、第二十一条、第二十二条、第二十三条、第二十四条，最高人民法院《关于确定民事侵权精神损害赔偿责任若干问题的解释》第八条第二款，《中华人民共和国民事诉讼法》第六十四条第一款的规定，判决如下：

1. 被告曹某赔偿原告陈某医疗费、误工费、护理费、住院伙食补助费、精神

损害抚慰金共计人民币32977.26元;

2. 驳回原告陈某的其他诉讼请求;

3. 案件受理费8328元,由被告负担2000元,原告负担6323元。

十二、本案启示

本案是因利益问题引起的一起典型的民事纠纷。本案所涉及的利益问题,对于小区广大业主来说,是知情权和投票权被侵犯的问题;对于中机物业来说,是前期物业服务是否终止和是否有权继续为小区提供服务的问题;对于业主委员会来说,是其私下选定的物业公司能否顺利进驻小区的问题,即其通过以权谋私的手段能否顺利获取非法利益的问题。对于这三个问题,前两个问题必须依法维权,第三个问题必须依法予以制止。值得庆幸的是,本案历经一审和二审,中机物业和中机物业后面的小区广大业主都取得了胜诉。本案取得一审、二审胜诉的原因如下:

第一,省、市有关党政部门的关心和支持,是本案胜诉的前提。在本案发生和发展过程中,海口市人民政府和海口市委政法委组织有关部门成立了"指导绿色佳园业委会换届工作组"。工作组及时发布的有关文件,指出了业委会有关行为的违法性,并要求业委会停止违法活动,这为本案的胜诉奠定了基础。省、市物业主管部门——海南省建设厅和海口市房管局自始至终对小区业主的维权活动给予关心和支持,也为本案胜诉打下了良好基础。

第二,龙华区人民法院和海口市中级人民法院的公正判决,是本案胜诉的关键。说句实在话,由于是被动应诉,本代理人对于一审能否胜诉没有把握。但让人没有想到的是,龙华区人民法院在一审开庭后一个星期,就作出了中机物业胜诉的判决。这充分说明,人民法院绝大多数审判员的政治觉悟和业务素质是过硬的,是值得党和人民信赖的,是经得起任何风浪考验的。同样,二审法院也作出了中机物业胜诉的判决,并且弥补了一审判决中的不足之处,让业主委员会及其代理人再没有空子可钻。

第三,中机物业的优良服务,是本案胜诉的基础。如果中机物业提供的物业服务,不能令小区大多数业主满意,就不能获得小区广大业主的支持,业主委员会的图谋就有可能得逞。在本案中,小区广大业主的利益与中机物业的利益是连在一起的。只有中机物业胜诉,小区广大业主的权利才能得到保护。中机物业只有以优质服务,才能赢得小区业主的支持,才能维护小区业主的权利。

第四,小区广大业主理性、依法、团结的维权意识和行为,是本案胜诉的又一关键。本案业主委员会表面上诉的是中机物业,如果小区广大业主事不关己,没有维权意识,恐怕本案的结果不会是这样。如果小区广大业主不理性维权,也许会发生恶性治安甚至刑事案件。

本案结束至今已有一段时间了,反思本案之所以发生,本代理人认为原因是多方面的,但主要原因是极少数人道德缺失、法律意识淡薄以及与代理律师的误导有关。如果业主委员会不以书面投票方式剥夺业主的投票权,如果业主委员会不私下与安泰隆公司签订合同,恐怕本案不仅不会发生,而且绿色佳园小区也不会一度出现混乱局面。因此,提高个别律师的政治觉悟,加强对个别律师的职业道德教育,已是迫在眉睫的任务。

本案引发的深层次思考是,如何进一步规范业主委员会的行为,特别是在业主委员会侵犯广大业主合法权利的时候,如何对业主委员会的行为进行制约。更深层次的思考是,中国的民主制度如何更好地推进,如何保证经民主选出的人能真心为选民服务,如何对其行为进行有效监督和制约。此外,对于诬告陷害信件,有关部门和领导应如何认真对待,应如何公正处理?在查出确系有意诬告陷害的情形下,是否有必要对诬告者进行调查处理。

至于赵建平律师在代理本案中受到的不公正对待,赵建平律师只是把这段经历写出来让公众知道,时间会冲淡一切。对于这种违反道德与法律的诬告行为,我们应该像拍掉身上的泥土一样,不必与之太多计较,因为"法律是维系社会秩序的根本保障。人类社会从野蛮走向文明,从无序走向有序,从混乱走向和谐,必由之路只有一条,那就是昂首阔步,高扬法律的大旗。但是,当我们以巨大的勇气去实现这样的光荣和梦想时,我们必将承受如影随形的风险与牺牲"。

第二节 海南岛首例狗"吓"人官司

一、案情简介

二、赵建平律师一审代理词

三、重审一审判决结果

四、被告上诉

五、重审二审判决结果

六、海南省人民检察院《民事抗诉书》

七、再审判决结果

八、申请再审结果

九、被告对本案的十点质疑

十、关于饲养动物损坏赔偿责任几个法律问题的思考

十一、本案启示

一、案情简介

2004年10月17日早晨7时30分左右,李女士像往常一样,用军用套带牵着她饲养的表演犬——麦子,乘坐电梯出去散步。当电梯行驶到一楼打开时,李女士牵着麦子在电梯里还没有动,麦子也没有叫唤,却看到罗先生向左方后退2米左右,慢慢坐在地上后躺下。李女士把麦子拴住后,上前扶罗先生,并叫来保安和罗先生家人。之后,李女士与罗先生家人一道,把罗先生送到海口市人民医院。根据罗先生妻子要求,李女士一共为罗先生垫付1497元医疗费用。根据当时医院检查结果,罗先生摔倒后没有受伤。当时医院只同意病人住观察室观察,在罗先生及其家属要求后,医院才同意罗先生住老年病保健中心治疗。

2004年12月20日,罗先生向海口市美兰区人民法院提起诉讼,请求判令李女士赔偿13717余元,并承担本案诉讼费。2005年3月24日,美兰区人民法院公开开庭审理本案。一审判决李女士赔偿罗先生9327.66元,二审裁定撤销

一审判决,发回重审。美兰区人民法院经重审后,仍作出判令李女士赔偿的判决。李女士不服,继续上诉至海口市中级人民法院,二审维持原判。李女士仍不服,向海南省人民检察院申诉,海南省人民检察院就本案向海南省高级人民法院提出抗诉。海南省高级人民法院指令海口市中级人民法院再审。海口市中级人民法院再审后,仍然维持原判。李女士不服,向海南省高级人民法院申请再审。海南省高级人民法院经审查后,裁定驳回李女士的再审申请。本案标的虽小,但事关司法公正和公民道德素养,自本案一审开始,赵建平律师一直免费为李女士代理本案。

二、赵建平律师一审代理词

(一)关于本案的基本事实

本案的基本事实是,2004年10月17日早晨7点30分左右,本案原告和被告李女士在一楼电梯口相遇。根据原告向法庭陈述,相遇时,原告距电梯门有2尺距离,后又更改为1尺距离。此时,李女士像往常一样,牵着麦子正准备走出电梯,突然发现原告往左方后退2米左右,坐地后倒下。当时只有原告和被告李女士在场,无第三人目击。

通过庭审调查,可以认定如下与本案有关的事实:

第一,被告李女士像往常一样,用军用套带拉着麦子,这可以从原告证人常某证言,被告证人许某某、沈某某证言和被告李女士的陈述证实;

第二,原告由于年老,加之腿脚在战争年代受伤不便,经常乘坐轮椅出入小区。即使不乘坐轮椅,也要手持拐杖。这可以从证人许某某、原物业处主任的证言证实。今天原告已来到法庭,对于原告的身体状态,相信法庭也已觉察。但是,事发当天,原告没有乘坐轮椅,没有手持拐杖,其家人也没有在原告身边;

第三,经本案代理人当庭询问原告,原告回答事发当时,麦子没有叫唤,也不存在冲着原告抓、咬、扑等攻击性动作;

第四,根据原告向法庭陈述,原告见到麦子后,"本能躲避",但"腿脚不便",由于"边上就是墙",在往左后方躲避的过程中摔倒。

第五,原告摔倒后,被告李女士和原告家人一道,把原告送往海口市人民医院。经当时诊断,原告摔倒后没有造成伤害。经原告及家人要求,医院才同意原告住老年保健中心。被告李女士共为原告支付检查费497元,并垫付住院费1000元。

第六,住院十天后,医院才检查出原告的"病因"(原告律师法庭用语)。在原告住院后,被告李女士曾往医院探视。

第七,麦子现为小动物保护协会会员,定期进行防疫、免疫,其性格温顺,不具攻击性,而且会表演数数等节目。

第八,麦子系李女士驯养,与李某某无关。虽然李女士与李某某系母女关系,虽然海语花园2栋1302房系以李某某名义购买,但不能改变李女士系麦子唯一主人的事实。

(二)关于本案的法律适用

1.《海口市城市环境卫生管理办法》是否可以适用于本案

该《办法》第十三条禁止海口市区内养狗,因科研、教学或者其他特殊需要饲养的,必须经公安、卫生防疫部门批准。对擅自养狗的,该《办法》责令限期处理。逾期未处理的,予以没收并处以罚款。但是,该《办法》生效后,没有得到严格实施。被告李女士也曾申请办理准养证,但市政府有关部门还没有开展此项业务。此外,即使被告李女士违反《办法》第十三条,也应由《办法》规定的海口市环境卫生管理部门予以没收、罚款处理,而不应由人民法院行使处罚权。

2. 如何理解并正确适用《民法通则》第一百二十三条。该法条明确规定,只有在饲养的动物造成他人损害的情形下,动物饲养人才承担民事责任。该法条明确了两点:

第一,饲养动物(国家保护动物除外)法律是不干预的,但对动物饲养人实行责任自负原则。

第二,动物的行为应和他人受损害后果之间存在因果关系。在看到麦子后,本案原告由于心理原因、腿脚不便原因和身体衰老原因,在往左后方倒退过程中自行摔倒,这与麦子没有直接关系。如果说有关系,那只是一种间接关系或间接原因。也就是说,原告在看到麦子后,由于自己心理、生理的原因摔倒。如果此时把原告换成一个正常人或原告当天有家人陪同,甚至原告当天如果像往常一样手持拐杖,都不会发生见狗后摔倒的怪事。如果法庭不考虑本案因果关系,判令被告李女士承担本不应承担的赔偿责任,就会形成一种判例,即任何人在见到狗时,在由于自己的原因摔倒后,都可以向养狗人索赔,显然这是十分荒唐的。

退一万步说,即使原告看到麦子后摔倒,李女士应承担责任。但在李女士陪同原告家人到医院,对原告进行检查后,发现原告并没有因摔倒造成损害的情形下,李女士的民事责任即告终止。

值得一提的是,原告当庭出示的证据,没有一项证明原告的摔倒与麦子之间有因果关系,原告可以据之向被告李女士索赔。原告代理人在发表代理意见时,谈到被告李女士说"麦子惹祸了",以此论证李女士应承担赔偿责任。姑且不论当时在场的保安没有听见这一句话,李女士也始终否认说了这句话,根据原告当庭的陈述,当时麦子"没叫、没咬、没扑、没抓",其系见到麦子后自行摔倒,是受"惊吓",既然实际情况是这样,何谈是"麦子惹祸"呢?此外,原告代理人还以被告李女士事后到医院探视原告的行为,作为原告向被告李女士索赔的理由,这同样也站不住脚。

为了维护自己的合法权益,被告李女士才不得不提起反诉,请求法院判令原告返还她垫付的检查与住院费用。

综上所述,原告的诉讼请求没有事实与法律依据,相反,被告李女士的反诉有事实和法律依据。本代理人恳请法庭驳回原告无理的诉讼请求,支持被告李女士的反诉请求。

三、重审一审判决结果

本院认为,被告李某未经有关部门批准在市内养狗,违反了《海口市城市环境卫生管理办法》第十三条"市区禁止养犬"的规定。被告李某与原告系同住一幢楼的邻里,其在牵狗乘坐电梯时,应当预见到狗会惊吓或伤害他人,但由于其管理不善,致使在电梯门打开时,原告看见狗后受到惊吓而后退摔倒,两者之间存在法律上的因果关系,因此,被告李某应对狗致原告造成的损害承担民事法律责任,即应赔偿原告就医治疗支出的医疗费8844.76元、护工费1155元、交通费190元、住院伙食补助费825元(按33天×25元计),共计11014.76元,扣除被告李某在原告入院时已支付的住院押金和医疗费1497.10元,被告李某实应赔偿原告9517.66元;但护工费超出部分,与法不符,不予支持。由于原告未提供营养费的证据,且其所受损害并未造成严重后果,因此,原告要求被告李某赔礼道歉及赔偿营养费和精神损失费的诉请,证据不足,且与法无据,亦不予支持。被告李某辩称,事发当日,其牵的狗未对原告实施伤害,原告摔倒是其自身原因所致,其不应承担赔偿责任,与事实不符,理由不成立,不予采纳。狗即麦子不属另一被告饲养,另一被告对狗致原告造成的损害不应承担赔偿责任,故另一被告辩称原告将其列为被告无事实和法律依据的理由成立,应予采纳。被告李某提出反诉,要求原告返还其支付的医疗费,因没有事实和法律依据,本院不予支持。依照《中华人民共和国民法通则》第一百二十七条的规定,判决如下:

(一)被告李某须于本判决发生法律效力之日起10日内赔偿原告医疗费7647.66元、护工费1155元、交通费190元、住院伙食补助费825元,共计人民币9517.66元。

(二)驳回原告罗某某的其他诉讼请求。

(三)驳回被告李某的反诉请求。

四、被告上诉

被告不服重审一审判决,赵建平律师继续代理被告,向海口市中级人民法院上诉,其上诉理由是:

(一)重审一审判决违反法定程序,违法采信2006年4月5日的调查笔录

重审一审于2005年10月30日指定上诉人的举证期限为30日,即至2005年11月30日届满。本案原定2005年11月21日下午开庭,后因故延至2006

年1月21日开庭,后又延至2006年3月15日开庭。在本案承办人于2006年4月5日找主治医生进行调查后,又于2006年4月26日开庭对调查笔录进行质证。重审一审判决违反法定程序的情形表现在:

1. 擅自委托有关部门鉴定

重审一审判决承认,"本院于2005年10月26日、11月8日、11月11日、11月17日、12月30日委托海南省诉讼证据鉴定中心……进行鉴定,上述部门以不具有鉴定资格,机构调整、不属法医鉴定范围等理由不予受理"。根据最高人民法院《关于民事诉讼证据的若干规定》(以下简称规定)第二十五条、第二十六条规定,人民法院进行鉴定的程序如下:(1)当事人在举证期限内提出鉴定申请;(2)鉴定申请经人民法院同意后,由双方当事人协商确定有鉴定资格的鉴定机构、鉴定人员;(3)如协商不成,由人民法院指定。重审一审判决严重违反上述法定程序,在被上诉人还没有提出鉴定申请的情形下,在双方当事人没有协商鉴定机构、鉴定人员的情形下,就擅自五次委托有关部门进行鉴定。

2. 违法调查取证

(1)重审一审判决在第5页写道:"2006年3月14日、4月5日,本院就原告的两次拍片检查诊断结论等问题,向海口市人民医院进行了调查",与事实严重不符。实际情况是,本案承办人并没有于2006年3月14日进行调查,在3月15日和4月26日两次开庭过程中,法庭没有向上诉人出示3月14日的调查笔录。即使是4月5日的调查笔录,也是向海口市人民医院的主治医生调查取得,该医生不能代表海口市人民医院,该笔录与海口市人民医院出具的法律文件不可同日而语。

(2)2006年4月5日的调查笔录严重违法,是一份明显无效的证据。第一,尽管被上诉人的代理人再三主张该笔录系本案承办人根据被上诉人的申请调查取得,但该代理人无法出示在法定举证期限届满前7日提交的书面申请。根据《规定》第十八条,申请书应载明被调查人的姓名或单位名称、住所地等基本情况,所要调查收集的证据的内容,需要由人民法院调查搜集证据的原因及其要证明的事实。被上诉人此前于2005年11月向法庭提交的申请书,只能作为鉴定申请书,不能作为申请人民法院取得该调查笔录的申请书。第二,该调查笔录存在明显删除被调查人话语的现象。对于该被删除的话语,没有经被调查人同意,明显违反法律要求。第三,该调查笔录的性质为证人证言。根据《规定》第五十五条、第五十八条,证人应当出庭作证,当事人可以对证人进行质证。重审一审判决不仅未要求该主治医生出庭作证,即使在 2006 年 4 月 26 日举行的专门对该调查笔录进行质证的开庭过程中,在上诉人的代理人依法就该调查笔录发表质证意见后,在重审一审判决中也未予采纳,并且也没有说明不予采纳的理由。第四,该调查笔录与客观、真实、有效的证据矛盾。既然法庭委托的有关鉴定机构,都无法对两次拍片检查诊断结论进行鉴定,难道仅凭对一个主治医生的调查笔录,就可以作为 2004 年 10 月 28 日的拍片结论真实可信的结论吗?就可以认为 2004 年 10 月 28 日的拍片结论与十天前被上诉人见到麦子的事件存在因果关系吗?既然2004年10月17日当时就已进行了拍片,并作出了被上诉人没有受到任何人身损害这一结论,人民法院就应依法采信这一结论。特别值得一提的是,不能为了其他原因和目的,无理采信十天后作出的拍片结论,更不能以调查笔录的形式作为采信十天后拍片结论的理由。

(二)重审一审判决在事实认定方面继续存在下列错误

1. 忽视了上诉人及宠物麦子对被上诉人没有致害行为这一重要前提

本案中,上诉人用套牵着宠物麦子,当见到被上诉人时,麦子只是静静地坐在电梯内,没叫、没咬、没扑、没抓(原告一审当庭自述)。麦子不具有攻击性,从没有攻击过任何人。当被上诉人看到麦子后,产生不必要的恐慌后退几步倒地,是其心理原因直接引起,其主观是有过失的。这类情形在生活中常见,比方说,有人看到彪形大汉吓得摔倒,或在夜间看到奇形怪状的树木产生幻觉,难道要找这位彪形大汉和树木管理人赔偿吗?总之,侵权损害赔偿的前提是要有致害行为,在本案中上诉人及麦子没有作出任何外在表现的行为,损害赔偿也就无从谈起。

2. 重审一审判决对本案的核心证据,即被上诉人跌倒后当日的 X 光检查报告单虽然有所提及,但没有依法采信该客观有效的证据当被上诉人倒地后,上诉人随即陪同被上诉人到医院作了全面仔细的 X 光检查,结论是未发现骨折及损伤。任何一个有医学常识的人都知道,一个人跌倒是否产生骨折当时就可诊断,而非隐形疾病。并且 X 光检查报告单是在被上诉人倒地后不久,双方当事人在场的情况下由医疗机构作出的,是本案最核心、最有证明力的证据,具备证据的关联性、客观性和合法性三要素,而重审一审判决却采纳了被上诉人入院十天后的诊断书。对比这两份证明,不难发现被上诉人提供的该证据是十天后形成的,在时间上与倒地的事实没有直接的关联性,不能排除被上诉人在这十天内两次跌倒的可能。因此,前一份证据才是判断被上诉人有无损害后果的唯一证据。而对于这份如此重要的证据,重审一审判决只是简单提及,而没有依法采信。认定被上诉人看见狗倒地后,造成压缩性骨折、腰椎间盘突出、腰椎退行性病变系十天后才检查出来,这与十天前被上诉人倒地无任何必然联系。特别值得一提的是,原审法院即使敢于置被上诉人倒地后并没有受伤的客观事实于不顾,敢于认定被上诉人倒地后造成了压缩性骨折、腰椎间盘突出、腰椎退行性病变,也不仔细考虑一下,这样认定会造成如下笑话:难道被上诉人看见狗倒地后,会患上腰椎退行性病变吗?难道被上诉人看见狗倒地后,会患上腰椎间盘突出症吗?即使被上诉人看见狗倒地后,造成了压缩性骨折,难道当时就检查不出来吗?难道被上诉人十天后检查出压缩性骨折,一定可以作为十天前倒地的直接后果吗?

3. 一审判决忽视了被上诉人家属主动要求住院,住院费用与本案无关的事实

被上诉人倒地后被送医院,检查结果没有受伤,而其家属再三要求住院,当时医院只同意在观察室观察两天,最后是在其家属要求下才住老年病保健中心。事实上,被上诉人患有高血压、腰椎间盘突出等病症。可见,被上诉人住院不是倒地受伤所致,而是人为主动要求。结果是被上诉人将与本案无关的住院费用偷梁换柱,转嫁给上诉人。重审一审判决继续置上述事实于不顾,未予查明,同样贸然支持了被上诉人的这一无理请求。

4. 上诉人饲养的狗是有合法手续的

根据上诉人在一审中提交的补充证据三，上诉人已申请办理准养证，但海口市有关部门至今没有开展此项工作。重审一审判决既不认定补充证据三的证明效力，又不主动向海口市有关部门了解，就无理认定上诉人"未经批准违反规定在市内养狗"，是极不负责任的表现。

（三）一审判决适用法律错误

1. 一审判决错将地方行政规章作为民事赔偿的法律依据

《海口市城市环境卫生管理办法》是地方性行政规章，属于公法范畴，违反该规章的法律后果是受到行政部门的行政处罚，而不是民事赔偿。民事赔偿的法律依据必须是民事法规，因此，该《办法》第十三条不能作为民事赔偿的依据。

2. 我国《民法通则》关于侵权的基本原则是必须有致害行为和损害后果的发生，而本案不具备这两个前提。我国《民法通则》第一百二十七条明确规定："饲养的动物造成他人损害的，动物饲养人或者管理人应承担民事责任。"根据上述法律规定，动物饲养人或者管理人在承担饲养的动物造成他人损害的民事责任时，必须符合以下条件：

（1）动物须有加害行为

上诉人饲养的狗对被上诉人没有任何加害行为，甚至在见到被上诉人时，连叫唤的声音都没有。原判为了判令上诉人承担民事责任，明知法律仅要求动物有加害行为，却故意曲解法律，人为地把狗会"惊吓"他人，作为上诉人承担民事责任的条件，并且把"惊吓"一词放在"侵害"一词前。但被上诉人看见了上诉人饲养的狗，就认定狗把被上诉人给吓着了，不仅与事实不符，对动物也是不公平的。退一万步说，即使原审法院故意曲解法律的行为可以成立，狗会"惊吓"他人，可以解释为狗对他人的加害行为，但被上诉人在看见上诉人饲养的狗时，狗没有叫唤，事实上狗没有惊吓被上诉人。被上诉人之所以说狗吓着他，是由于其自身心理和生理原因所致，这与狗没有任何关系。

（2）他人须有受损害的事实

根据海口市人民医院2004年10月17日的检查结果，被上诉人在看见狗倒地后，并没有受伤，被上诉人没有发生损害事实。

(3）动物的加害行为与他人受损害的后果之间存在因果关系

由于上诉人饲养的狗没有加害行为,由于被上诉人看见狗倒地后,当时没有受伤,因此,不存在狗与被上诉人十天后检查出的压缩性骨折、腰椎间盘突出、腰椎退行性病变有因果关系。

值得一提的是,所谓法律上的因果关系,指的是某行为是某事件的直接的或根本性的第一位的原因,而不是间接性原因或"诱因"。如上所述,被上诉人在看见狗后,在狗没有叫唤的情况下,由于自身心理原因,主动往后退,在后退过程中,由于年老体迈、腿脚不方便等原因倒地。被上诉人看见狗仅仅是间接原因或诱因,导致其后退并倒地的直接原因是其心理和年老体迈、腿脚不方便。原判认为"原告看见狗后受到惊吓而后退摔倒",并认定狗与被上诉人的倒地存在所谓"法律上的因果关系"。原判这样认定,忽略了因果关系的根本属性,把"被上诉人看见狗"这一间接原因或诱因,作为被上诉人倒地的直接原因。

为了说明直接原因与间接原因之间的区别,上诉人在此有必要作提示性说明。如果一位患有心脏病,并且年逾70岁的老人,在看见狗后被吓死,也不应由狗的饲养人承担民事责任。因为老人死亡的直接原因是心脏病,"看见狗"只是引发心脏病,并导致老人死亡的间接原因或诱因。

由于上诉人饲养的狗没有加害行为,被上诉人也没有损害事实发生,被上诉人十天后检查出的所谓损害事实与上诉人饲养的狗没有因果关系,因此,原判适用《民法通则》第一百二十七条,判令上诉人承担民事责任,显属适用法律错误。这样判决的后果,实际是把上诉人因年老必然产生的腰椎间盘突出、腰椎退行性病变等疾病和因家属要求住老年病保健中心引起的医疗费用,以国家审判机关的名义,判令由上诉人承担。被上诉人作为一名离休干部,在根据重审一审判决由上诉人承担此次医疗费用后,还可享受离休干部医疗待遇,即可因病得福,获得双倍补偿,从而导致道德危机的产生。

综上所述,重审一审判决严重违反法定程序,认定事实错误,适用法律错误。为维护合法权益和司法公正,上诉人特再次提起上诉,恳请上级法院主持公道,依法驳回被上诉人无理的诉讼请求。

五、重审二审判决结果

关于原判程序是否合法的问题。原审法院于2006年3月15日对本案进行第一次公开开庭审理后,根据被上诉人在举证期限内(2005年11月6日前)向法院提出的调查申请,向被上诉人的主治医生调查被上诉人摔伤治疗情况,并组织双方对调查笔录进行了质证,原审法院所作的调查程序合法。原审法院所调查的医生是被上诉人的主治医生,他了解掌握被上诉人的病情,如实反映了被上诉人的治疗过程,该陈述客观真实,可以作为认定本案事实的依据。原审法院在被上诉人在举证期限内没有提出鉴定申请,又未征求双方当事人是否协商确定鉴定机构的情况下,委托有关部门对被上诉人两次拍片检查诊断结论进行鉴定,属程序违法,但不影响本案的正确判决。关于被上诉人的椎体压缩性骨折与被上诉人被麦子惊吓跌倒之间是否存在因果关系的问题。上诉人以被上诉人跌倒当日检查未发现椎体压缩性骨折为由,主张被上诉人跌倒十天后被诊断椎体压缩性骨折与被上诉人被麦子惊吓跌倒不存在因果关系。对此,本院认为,被上诉人跌倒当日经海口市人民医院进行CR检查,虽没发现椎体压缩性骨折,但被上诉人自跌倒当日至进行脊柱MR腰椎平扫(核磁共振)检查期间一直住院,经住院十天治疗脊柱一直疼痛,医生怀疑被上诉人的腰椎骨或椎间盘可能有其他病变,由于CR检查属于X光拍片,只能看见一个轮廓,而MR检查属于断层扫描对椎间盘病变看得比较清楚,医生建议被上诉人进行核磁共振检查并无不当,且无证据证明被上诉人在住院期间(自CR检查至MR检查期间)曾经跌倒或摔伤,故被上诉人进行MR检查的诊断结论,足以证明被上诉人椎体压缩性骨折与被上诉人被麦子惊吓跌倒之间存在因果关系。无论上诉人所饲养的狗麦子是否有合法手续,都不影响上诉人将麦子牵往公共场所时,应当预见麦子可能惊吓或伤害他人,由于上诉人自信其饲养的麦子不会伤害他人,并牵麦子乘坐电梯时惊吓到被上诉人,造成被上诉人往后退时跌倒椎体压缩性骨折的后果。对此,上诉人应承担相应的民事责任,即赔偿被上诉人因椎体压缩性骨折所支出的医疗费、护工费、交通费、住院伙食补助费。上诉人主张被上诉人将与本案无关的住院费用转嫁给上诉人,但未能提供有效证据予以证明,故该主张本院不予采纳。原判认定事实清楚,实体处理正确,本院予以维持。上诉人的上诉请求和理由不成立,本院不予支持。依照《中华人民共和国民事诉讼法》第一百五十三条第一款第(一)项的规定,判决如下:

驳回上诉,维持原判。

六、海南省人民检察院《民事抗诉书》

被告不服二审判决,向海南省人民检察院申诉。海南省人民检察院经审查后,认为海口市中级人民法院重审二审判决存在适用法律不当的错误,并于2007年1月15日发出《民事抗诉书》。《民事抗诉书》内容如下:

该号判决认为,原告进行 MR 检查的诊断结论,足以证明其椎体压缩性骨折与被狗惊吓跌倒之间存在因果关系。李某将狗牵往公共场所时,应当预见狗可能惊吓或伤害他人,由于李某自信其饲养的狗不会伤害他人,并牵狗乘坐电梯时惊吓到原告,造成原告往后退时跌倒椎体压缩性骨折的后果。对此,李某应承担相应的民事责任。本院认为,该号判决基于上述理由,判令李某承担民事赔偿责任,属适用法律错误。本案是动物致人损害赔偿纠纷,根据《民法通则》第一百二十七条规定,动物致人损害的民事责任不以被告的过错为要件,适用无过错责任原则。该类案件的民事责任,虽不以被告的过错为要件,但在客观方面仍然必须具备以下条件,即加害行为、损害结果及二者之间的因果关系三项要件。据此,本案不但要有损害结果发生的事实,赔偿权利人还应当证明动物有致害"举动"以及致害"举动"与损害结果之间存在因果关系。本院认为,有些饲养的动物确实对他人的人身和财产具有潜在的危险性,但动物对人的潜在危险,必须以一定的方式爆发出来,并因其所表现出来的行为举动确已造成他人损害的后果,则动物饲养人或者管理人方才承担相应的民事责任。本案中,如果李某饲养的宠物狗麦子在电梯口确实咬了他人或者表现出了抓、扑、吠等惊吓他人的行为,那么就可以认定它"实施"了致害举动。而根据原告在庭审中的陈述以及庭审查明的事实表明,电梯门打开时,狗未有"咬"、"抓"、"叫"

等攻击或恐吓人的行为,而原告本人系身患旧疾、出远门需要借助轮椅的老人,因原告否认狗实施了加害举动,李某承担赔偿责任所需要的因果关系根本不具备。况且,本案不能排除原告倒地受伤的结果系其自身腿脚不便等身体条件所致的可能性,故该号判决判令李某承担民事赔偿责任与法无据。

综上,本院认为,海口市中级人民法院的该民事判决适用法律不当,依照《中华人民共和国民事诉讼法》第一百八十五条第一款第(二)项的规定,向海南省高级人民法院提出抗诉,请依法再审。

七、再审判决结果

一、关于原告发生的椎体压缩性骨折与被告李某饲养的狗麦子惊吓跌倒之间是否存在因果关系的问题。原告跌倒当天,经海口市人民医院进行 CR 检查,虽未发现椎体压缩性骨折,但原告在进行 CR 检查后,经住院治疗十天仍感到脊柱椎疼痛,病情未见好转。医生怀疑原告的腰椎骨或椎间盘可能有其他病变,为进一步诊断治疗,医生对原告进行了 MR 检查,检查结果为:L1 椎体压缩性骨折。因 CR 检查属于 X 光拍片,只能看见腰椎骨一个轮廓,而 MR 检查属于断层扫描对椎间盘病变看得比较清楚,医生对原告进行 MR 检查(核磁共振检查),是为了确诊治疗,并无不当。李某以原告跌倒当天检查未发现椎体压缩性骨折,而主张十天后被诊断椎体压缩性骨折与被李某饲养的麦子惊吓跌倒之间不存在因果关系。但李某无证据证明原告在住院期间(两次检查期间)曾经跌倒或摔伤,故原告进行 MR 检查的诊断结论,足以证明原告椎体压缩性骨折与李某饲养的狗麦子惊吓跌倒之间存在因果关系。

二、关于李某应否承担民事责任的问题。《海口市城市环境卫生管理办法》第十三条规定:"市区禁止养犬。"李某违反该规定在市区内饲养狗,并将所饲养的狗麦子牵到公共场所,应当预见麦子有可能惊吓或伤害他人,由于李某自信其饲养的麦子不会伤害他人,当麦子出电梯口时,麦子虽未对原告有"咬、抓、叫"攻击的行为,但惊吓了原告,使原告在往后退让时跌倒,造成椎体压缩性骨折的后果。对此,李某应承担相应的民事责任,即赔偿原告因跌倒造成的椎体压缩性骨折所支出的医疗费、护工费、交通费、住院伙食补助费。李某认为原告主张与本案无关的其他住院费用,但未能提供有效证据予以证明,其主张不予支持。

综上所述,原判认定事实清楚,适用法律正确,应予维持。检察机关的抗诉理由不成立。经本院审判委员会讨论决定,依照《中华人民共和国民事诉讼法》第一百五十三条第一款第一项、第一百八十四条的规定,判决如下:

维持本院就本案作出的二审民事判决。

八、申请再审结果

本院认为,根据我国《民法通则》第127条的规定,不论动物的饲养人或管理人是否存在过错或动物是否有主动加害行为,动物的饲养人或管理人都应当对其饲养的动物造成的损害后果承担民事责任,除非该损害后果是由受害人自己或第三人的过错造成的。李某以其饲养的宠物狗对罗某没有实施加害行为为由,主张原判决适用法律确有错误的申请再审事由,不能成立。

驳回申请再审申请人李某的再审申请。

九、被告对本案的十点质疑

综观此案,涉及海口市美兰区人民法院、海口市中级人民法院和海南省高级人民法院,海南省人民检察院依法抗诉,历经六审,现已进入执行阶段。本人对本案判决不服,下面是本人的十点质疑。

1. 医生、法官和原告勾结作假。本案最重要的证据,是原告于2004年10月17日在海口市人民医院做CR腰椎正侧位拍片,28日在该院做MR腰椎平扫。诊断结果分别如下,CR结果:①腰椎轻度骨质增生;②骨盆未见异常;③骶尾椎未见异常。MR结果:①L3/4,L4/5,L5/S1椎间盘突出(轻度);②L1椎体压缩性骨折;③腰椎退行性病变。海口市人民医院老年病保健中心医生周某在2004年10月28日书写的病例中,入院诊断为:①腰骶部软组织挫伤;②高血压病(Ⅰ期);③腰椎骨质增生症;补充诊断结论为:①L1椎体压缩性骨折;②腰椎间盘突出症(L3/4,L4/5,L5/S1);在周某医生2004年11月19日书写的出院记录中,明确记录入院时间:2004年10月17日,入院诊断为:①L1椎体压缩性骨折;②腰椎间盘突出症;③腰骶部软组织挫伤;④高血压病(Ⅱ期)。病例书写规范明确要求:"入院诊断由主治医师在病人入院后72小时内作出。用红墨水笔书写在病历最后的左半侧(与初步诊断同高处),标出诊断确定日期并签名"。综上所述,周某医生两份入院诊断前后不一致,病理名称不同。最令人不解的是,10天后的诊断结果居然认定在10天前的入院诊断中,海口市美兰区人民法院却以此为依据,作出后述一系列判决。请问:既然原告在10月17日入院当天的CR检查中未见骨折,而10月28日的MR才检查出来压缩性骨折,为什么海口市人民医院老年病保健中心周某医生书写的10月17日入院诊断上,就已认定原告L1椎体压缩性骨折?难道周某医生具有火眼金睛、未卜先知的特异功能?周某医生如此作假,法院居然予以采纳,此案判决依据何在?

2. 海口市美兰区人民法院(2005)美民一重字第19号《民事判决书》认定,被告未经批准,违反《海口市城市环境卫生管理办法》第13条"市区禁止养犬"的规定。宠物狗麦子是本人在经海口市工商部门批准的合法宠物店购买的斑点狗。买狗后,本人曾去公安局办理准养证事宜,公安局答复未开展此项工作。直至2008年1月12日,海口市公安局仍未开展办理准养证工作。本人自购买此狗后,即加入海南省小动物保护协会,办理了防疫证并定期进行防疫检查。《海口市城市环境卫生管理办法》规定,养狗必须得到公安和卫生防疫部门批准,麦子没有公安部门的批准,是因为海口市公安局当时还未开展办理狗的准养证工作。请问:既然不予办理狗的准养证是政府行为,责任不在本人,那么法院如何认定本人有过错?同时,地方法规又如何能作为民事赔偿的依据?海口市美兰区法院为何对地方法规断章取义?

3. 原告称"电梯门一开,一条大狗突然窜出"。但在美兰区人民法院法庭调查过程中,原告自述,狗当时"未叫、未扑、未咬"(详见法庭笔录),这岂不是自相矛盾吗?海口市美兰区人民法院(2005)美民一重字第19号《民事判决书》认定本人"对狗管理不善,应当预见狗会惊吓或伤害他人",但狗当时是由本人使用军用套带牵领,管理不善从何说起?既然法院认定本人应当预见狗会吓人,那为何北京天安门广场、首都机场、北京火车站及地铁等人流密集区域,还有公安、武警牵狗巡逻?海口媒体的报道中不是也曾刊登过武警牵狗巡逻的照片吗?请问:在狗未实施任何伤害及攻击行为,甚至连动都没动的情况下,法院为何判定动物致人伤害赔偿?原告所谓的受到"惊吓",依据何在?

4. 海口市美兰区人民法院(2005)美民一初字第75号《民事判决书》的案由是人身损害赔偿纠纷。在海口市中级人民法院发回重审后,海口市美兰区人民法院(2005)美民一重字第19号民事判决书把本案的案由改为动物致人损害赔偿纠纷。我国《民法通则》第127条明确规定,"饲养的动物造成他人损害的,动物饲养人或者管理人应该承担民事责任。"根据上述法律规定,动物饲养人或者管理人在承担饲养的动物造成他人损害的民事责任时,必须符合以下条件:①动物须有加害行为;②他人须有受损害的事实。③加害行为与损害后果之间存在因果关系。在海口市美兰区人民法院庭审中,原告已当庭承认狗当时"未叫、未扑、未咬",同时海口市人民医院120科室当天的CR检查结果也未见异常。请问:加害何在?损害何在?美兰区人民法院将原告的诉讼请求从最初的人身损害赔偿变为动物致人伤害赔偿,是什么居心?又有什么法律依据?

5. 2004年10月17日,海口市人民医院的医生对原告进行CR检查后,结论是未见异常。原告家属强烈要求住院,医生告知只能在观察室观察,但其家属拒绝,称原告近日前列腺等不适,并以此为由要求入住老年病保健中心。在此情形下,医生特别在病例中注明,其家属要求入住老干科即海口市人民医院老年病保健中心。而老年病保健中心的具体功能是什么,在海口市人民医院的网站中有详细介绍,现摘录如下:保健中心,又称老年病科,是集医疗、保健与康复为一体的内科综合病区,设有高级病房与普通病房,共设病床45张。主要诊治各种内科疾病,擅长各种老年疾病,特别是老年心脑血管疾病、老年呼吸系统疾病、老年糖尿病、老年痴呆、老年消化系统疾病等各种内科疑难杂症。请问:既然原告未见异常,海口市人民医院老年病保健中心收治原告入院的病由是什么?海口市人民医院老年病保健中心是否为治疗骨折的专业科室?海口市人民医院老年病保健中心医生周某是否具有治疗骨折的执业资格？

6. 海口市美兰区人民法院(2005)美民一重字第19号《民事判决书》称"原告入院后疼痛难忍，几乎不能动弹"，既然如此，原告为何不在当天或第二天，甚至第三天、第五天进行检查，而要在10天之后进行MR检查？同时，本人在2004年10月18日上午7时30分探望原告时，看到原告独自一人站立在洗手间照镜子，神态自如。当本人问候他时，原告马上扶门框，做痛苦呼吸状，让人难以理解。当本人询问原告生活起居是否正常时，原告答复本人"未大便"。接着原告又当本人面询问其子："是否已将其大小便样本送去检查？"请问：原告谎话连篇，语言前后矛盾，结合第三点疑问，为何法院仍执意采纳其陈述？

7. 海口市美兰区人民法院(2005)美民一初字第75号《民事判决书》认定本案事实的依据是，原告在海口市人民医院住院治疗，经诊断：原告①L1椎体压缩性骨折；②腰椎间盘突出症；③腰骶部软组织挫伤；④高血压病（Ⅱ期）。因本人对原一审不服，提起上诉，随后海口市中级人民法院以事实不清，证据不足发回重审。但是，在海口市美兰区人民法院(2005)美民一重字第19号《民事判决书》中，诊断结果又变成①L3/4，L4/5，L5/S1椎间盘突出（轻度）；②L1椎体压缩性骨折；③腰椎退行性病变。请问：原告在海口市人民医院只做过一次MR检查(2004年10月28日)，海口市美兰区人民法院的原一审和重审判决书认定的医院诊断结果，为何是两个不同的报告？是谁撤换了医院的诊断报告？

8. 本人在事后调阅卷宗时发现，初审当庭进行质证的海口市人民医院原始证据在目前的卷宗中已消失。目前放在卷宗中的海口市人民医院的MR报告，本人及代理律师均未在法庭调查中质证。请问：海口市美兰区人民法院初审判决书中依据的海口市人民医院的原始报告哪里去了？现在卷宗里的海口市人民医院的报告又是从哪里来的？

9. 在海口市美兰区人民法院的重审判决书中，判令本人赔偿的医疗费中，居然还有原告使用过的痔疮膏费用。在海口市中级人民法院的庭审过程中，法官当场质疑："摔还能摔出个痔疮？"随后，法官当庭询问原告，"要求报销的出租车票，为何把号盖起来？"原告家属无从回答。即使这样，判决书依然要求本人对该两项进行赔偿。此外，海口市美兰区人民法院的(2005)美民一重字第19号《民事判决书》，要求本人进行赔偿的各项医疗费相加之和居然和总的赔偿数额不一致。请问：基本加法尚且不能正确计算的法院，如何体现法律的严肃性和公正性？同一错误，三级法院经历数审都没有发现，法官的责任心何在？这样的判决书合法吗？依据此判决书下达的法院执行通知合法吗？既然摔不出痔疮，为何痔疮膏等费用还能列入赔偿项目之中，法院依据的是什么？

10. 在海口市中级人民法院以事实不清，证据不足为由，把本案发回重审后，海口市美兰区人民法院采信了对海口市人民医院老年病保健中心医生周某的私下笔录(未到庭质证)，周某称："CR 检查属于 X 光拍片，只是一个骨头的图像，对于腰椎检查通过 CR 检查看到的只是一个轮廓……"但人民卫生出版社出版的《医学影像检查技术学》第 2 版(该书为全国高等学校教材供医学影像学专业用)，第 47 页第 5 点，关于骨骼、肌肉系统检查的段落中明确指出：在适当的曝光宽容度范围内使用 CR 系统，只需曝光一次，通过处理即可分别得到清晰的骨骼和肌肉影像。该书第 47 页的下半部分明确说明，CR 在床旁摄影的应用对象为创伤，特别是脊柱、骨盆、肢体创伤的病人。请问，在美兰区人民法院的法官对海口市人民医院老年病保健中心医生周某进行的私下笔录中，周某称 CR 只能看到轮廓有什么科学依据？

根据以上十点，本人认为海口市人民医院老年病保健中心医生周某与海口市美兰区人民法院主审法官和原告相互勾结，狼狈为奸，弄虚作假，伪造证据，三审法院黑白不分、事实不清、证据不足，居然使原告对本人的敲诈得逞！本案判决判令本人承担民事赔偿责任于法无据，已成了社会上人们谈论的笑柄，在海口见狗倒地即可获得赔偿。专事打假的"王海"们，干脆到海口改行从事见狗倒地要求赔偿的生意。

本人的案子虽然小，但反映的问题却不小。司法审判无小事，一个不公的民事判决，可以使一个企业或一个家庭面临灭顶之灾；一个不公的刑事判决，可以使一个家庭妻离子散，家破人亡。正如本人的一位朋友在得知本案的最终审理结果后所说的："如此判决，匪夷所思；司法黑暗，人神共愤。"更令人愤慨的是,本案再审主审法官,在本案已风平浪静后,还把本案作为典型案例写进论文、接受记者采访,再次向社会扩大本案的负面影响,再次挑起本人和原告家属的矛盾。作为一个小老百姓,本人惹不起官府和本案原告,但躲得起。目前本人已离开海南,本案判决恐怕只能成为无数法律白条中的又一张白条了。

十、关于饲养动物损害赔偿责任几个法律问题的思考

——王志刚①

《中华人民共和国侵权责任法》第十章自第七十八条至第八十四条共七条,规定了饲养动物致人损害的赔偿责任。这对于人们无论是基于个人爱好,还是生活情趣或工作需要而饲养动物,同时遵守法律、尊重社会公德、尊重他人生活,将起到巨大的教育、规范和管理作用。

人类饲养动物自古已有,而规范人们饲养动物行为的法律也是历史悠久。早在公元前20世纪《苏美尔法典》、18世纪的《汉穆拉比法典》,我国秦朝的《秦简·法律答问》,对人们饲养动物造成他人损害的,已有相应的民事赔偿及刑事处罚规定。1987年1月1日生效实施的我国《民法通则》第一百二十七条,对饲养动物致人损害的赔偿责任就已有较为明确的规定。但由于该法条内容规定的比较原则,人们的文化水平和法律知识存在差异,对上述法律条款的理解也有很大不同。因此,在发生饲养动物造成损害时,往往会在损害赔偿责任的承担上发生很大争议,甚至通过诉讼也不易平息纠纷。随着社会进步和民法发展加快的趋势,各级地方政府对饲养动物管理的地方法规不断完善,而人们饲养动物的种类和数量也在不断发展和扩大,相关的纠纷类型和数量也随之增多,解决纠纷的难度也有相应增加。《中华人民共和国侵权责任法》的公布实施,进一步完善了《民法通则》的相关规定,对规范人们饲养动物的行为,保护当事人的合法权益,明确侵权责任、预防侵权发生和制裁侵权行为,化解社会矛盾,促进社会公平正义,具有非常重要的意义。笔者最近审理的一个饲养动物

---

① 作者系海南省高级人民法院民一庭副庭长,本案再审主审法官。

损害赔偿责任案件,就比较典型,可能具有一定的启示或借鉴作用。

一、案情简介

2004年10月中旬某日晨7时许,在海南省海口市某小区居住的年逾古稀的罗老先生晨练回家,在所住楼房的电梯门前等候乘坐电梯上楼时,恰逢李女士牵带其饲养的宠物狗下楼晨溜。电梯下到一楼开门,李女士带其饲养的宠物狗尚纹丝未动,而刚要进电梯的罗老先生看见狗后,当即后退不迭摔倒在电梯门前的地上。后经医院诊断为:L1椎体压缩性骨折。罗老先生住院治疗33天,医疗费8844.76元、护理费1155元、交通费190元。后双方协商未果,罗老先生向法院起诉,请求被告李女士赔偿。李女士答辩称:原告见到狗时自行摔倒,并非狗对其实施了伤害,也没有造成伤害结果。请求驳回原告的诉讼请求。

二、诉讼情况

一审法院审理认为,李女士未经有关部门批准在市内养狗,违反了当地政府《城市环境卫生管理办法》关于"市区禁止养犬"的规定。李女士与罗老先生是同住一幢楼的邻里,其在牵狗乘坐电梯时,应当预见到狗会惊吓或伤害他人。由于其管理不善,致使罗老先生在电梯门前受到惊吓而后退摔倒,两者之间存在法律上的因果关系。李女士应对其饲养的狗给罗老先生造成的损害,承担民事赔偿责任。依据《中华人民共和国民法通则》第一百二十七条的规定,判决李女士向罗老先生支付赔偿金。

李女士不服一审判决,上诉请求:撤销一审判决,驳回原告的一审诉讼请求。主要理由为:(1)饲养动物损害赔偿责任的前提是动物须有加害行为。上诉人饲养的宠物狗对被上诉人没有实施叫、咬、扑、抓等加害行为。一审把狗会"惊吓"他人作为上诉人承担法律责任的条件,是故意曲解法律。(2)被上诉人看到狗而后退倒地,一是由于其自身心理原因而"受惊吓",其主观是有过失的;二是由于被上诉人年老体迈、腿脚不便等原因,与狗不存在法律上的因果关系。(3)上诉人饲养狗是有合法手续的。上诉人已申请办理准养证,但政府有关部门还没有开展此项工作。(4)地方政府的行政规章不能作为民事赔偿的法律依据。

二审法院审理认为,医院的诊断结果能够证明罗老先生 L1 椎体压缩性骨折与被李女士饲养的宠物狗惊吓跌倒之间,存在因果关系。无论李女士所饲养的狗是否有合法手续,都不影响其在将宠物狗牵往公共场所时,应当预见宠物狗可能惊吓或伤害他人。由于李女士自信其宠物狗不会伤害他人,并在乘坐电梯时宠物狗惊吓到罗老先生,造成罗老先生往后退时跌倒椎体压缩性骨折的后果。对此,李女士应承担相应的民事赔偿责任,其上诉请求和理由不成立。原判认定事实清楚,实体处理正确,判决:驳回上诉,维持原判。

李女士不服法院二审判决,向该省检察院申诉。检察院审查认为,承担饲养动物的损害赔偿责任,必须具备动物有加害行为、该加害行为造成受害人损害结果和二者之间的因果关系三项要件。遂以原审认定罗老先生发生的椎体压缩性骨折与李女士饲养的宠物狗惊吓跌倒之间是否存在因果关系及关于李女士应否承担民事责任的问题适用法律不当为由提出抗诉,请求法院依法再审。

海南省高级人民法院指令原二审法院再审,该院经再审认为,一、李女士没有证据证明罗老先生在住院期间曾经跌倒致伤,故医院的诊断结论足以证明罗老先生椎体压缩性骨折与其被李女士的宠物狗惊吓跌倒之间存在因果关系。二、李女士违反当地政府关于禁止在市区内饲养狗的规定,并将其饲养的宠物狗牵带到公共场所,应当预见宠物狗有可能惊吓或者伤害他人。其饲养的宠物狗虽然未对罗老先生有"咬、抓、叫"等攻击行为,但使罗老先生受到惊吓并在往后退让时跌倒,造成椎体压缩性骨折的后果。对此,李女士应承担相应的民事赔偿责任。原判认定事实清楚,适用法律正确,判决维持二审判决。

李女士仍不服上述再审判决,又以宠物狗对罗老先生没有实施叫、咬、扑、抓等加害行为,没有造成罗老先生损害结果,和原判适用法律确有错误为主要事由,向海南省高级人民法院申请再审。

海南省高级人民法院再审认为,根据我国《民法通则》第一百二十七条的规定,不论动物的饲养人或管理人是否存在过错,或动物是否有主动加害行为,动物的饲养人或管理人都应当对其饲养的动物造成受害人的损害后果承担民事责任。除非该损害后果是由受害人自己或第三人的过错造成。李女士以其饲养的宠物狗对罗老先生没有实施加害行为为由,主张原判决适用法律确有错误的申请再审事由,不能成立。根据最高人民法院《关于适用〈民事诉讼法〉审判监督程序若干问题的解释》第二十四条之规定,裁定驳回申请再审人李女士的再审申请。

李女士在一审、二审和两次申请再审,均委托有律师代理诉讼。其代理律师一直坚持认为:李女士饲养的宠物狗没有对罗老先生实施加害行为。罗老先生见到狗,与其自行跌倒之间仅存在诱因关系,并非法律上的因果关系。李女士对罗老先生见到狗后跌倒,应承担道德责任,但绝不是法律责任。该律师还出书以《海南岛首例狗"吓"人官司》专门阐述其上述观点。该观点具有一定的代表性。

三、法律解析

改革开放以来,随着社会经济的不断发展,人民生活水平也在逐步提高。而随着生活水平的不断提高,人们对生活质量的需求和精神生活品味的要求也在快速提升。因此,近年来,国内饲养动物的人群和家庭及饲养动物的数量均呈快速增加趋势。而人们饲养动物的种类也由饲养一般的家犬、家猫等家养动物,扩大到藏獒、牧羊犬等烈性、大型犬类驯化动物;还有的饲养毒蛇、蟒蛇、猴子、蜈蚣及毒蝎等野生或未驯化动物。由此,因饲养动物致人伤害的事例频繁发生,其中不乏动物饲养人和管理人被自己饲养或管理的动物伤害或致死的惨痛事件。由此所发生的民间纠纷数量和纠纷所涉及的人数明显增加,解决纠纷的难度也在相应加大。

以饲养动物中的犬类为例,从20世纪50年代以来,我国狂犬病发病先后出现了3次流行高峰。第一次高峰出现在20世纪50年代中期,年报告死亡数最高达1900多人。第二次高峰出现在20世纪80年代初期,1981年全国狂犬病报告死亡7037人,为新中国成立以来报告死亡数最高的年份。整个80年代,全国狂犬病报告死亡数都维持在4000人以上。第三次高峰出现在21世纪初期,狂犬病疫情重新出现连续快速增长的趋势,2007年全国报告死亡数高达

3300人。目前,狂犬病疫情仍未得到有效控制,并且有加速上升的趋势。仅就海南省来看,今年1月1日至11日全省发病4例,均已死亡;狂犬病高发状况已引起省政府高度重视。日前,海南省政府办公厅出台了《关于加强养犬管理和狂犬病防治工作意见》,就如何防治狂犬病明确了8个相关部门的职责。根据我国有关部门对人用狂犬病疫苗使用量的不完全统计,我国(不含港澳台)每年被动物伤害的人数已超过4000万人。

在上述案例中,我们可以看出,李女士及其代理律师从不服一审法院判决到提起上诉,从检察院提起抗诉再到李女士提出申诉,表明:自从我国《民法通则》第一百二十七条规定饲养动物造成他人损害的民事责任以来,不但我们的人民群众对饲养动物造成他人损害的民事责任的法律知识不多,而且我们的一些法律工作者,可能包括我们的一些法官对此的认识和理解也不甚一致。所以,《中华人民共和国侵权责任法》的公布实施,不但对人们在饲养动物享受高精神生活品质的同时,注意预防所饲养的动物对他人造成损害,和当事人在受到饲养动物损害时如何依法保护自己的合法权益,有着非常重要的教育意义,而且对我们的法律工作者在从事相关法律事务中,能够正确理解、释明和适用法律,以化解社会矛盾,促进社会公平正义,具有更为重要的意义。

笔者在今年初参加了海南政法职业学院、海南省法学会和对外经济贸易大学联合举办的《中华人民共和国侵权责任法》高级研修班,还参加了海南省高级人民法院组织的专题培训班。现结合上述案例,撰此文阐述对《中华人民共和国侵权责任法》相关规定的学习体会和启示。

1. 关于饲养动物损害责任的归责原则问题

《中华人民共和国侵权责任法》第七十八条规定:饲养的动物造成他人损害的,动物的饲养人或者管理人应当承担侵权责任,但能够证明损害是因被侵权人故意或者重大过失造成的,可以不承担或者减轻责任。很明显,该法条规定的是无过错责任的归责原则。其要义:

一是无论动物的饲养人或管理人是否存在过错,只要其饲养或管理的动物对他人造成了损害,动物饲养人或管理人就应当承担侵权责任。在上述案例中,宠物狗是李女士饲养的,其晨溜时给狗戴了犬套和犬链,并在电梯开门时仍抓紧犬链没有放开。当时,李女士没有也不可能预见会在电梯开门时遇见罗老先生,更不会想到罗老先生会受惊吓跌倒。因此,李女士没有过错。而该宠物狗由于训练有素且较温顺,在电梯开门见到欲进电梯的罗老先生时,没有叫、咬、扑、抓等攻击动作,所以,也不能归结为李女士的饲养过错。即使如此,该宠物狗确实使罗老先生受到了惊吓而后退跌倒造成了损害后果,按无过错责任的归责原则,作为饲养人的李女士依法仍应当承担其宠物狗对罗老先生造成损害的赔偿责任。因此,李女士及其代理律师关于不承担损害赔偿责任的抗辩理由,不符合法律规定,不能成立。

　　二是除非动物的饲养人或管理人能够举证证明,饲养动物对人的损害,是由于受害人自己的故意或者重大过失造成的,其可以不承担损害赔偿责任或者减轻损害赔偿责任。否则,仍应适用无过错责任的归责原则而不能不承担损害赔偿责任。我们知道,在现实生活中,有些绝望的人可能会"故意"冲撞正在行使中的火车、汽车以寻求死亡的解脱(故意"碰瓷"汽车的除外),但故意让宠物狗或其他饲养动物造成自己受伤或死亡的事情,确实还从未见到或听到过。从学理和法理上讲,这样规定是法律规范逻辑性的必须,不能完全排除。在实践中,这种"故意"大多发生在受害人窃取他人饲养或管理的动物,或者不顾已有饲养动物的危险警示和相应防护措施的特定场所,仍擅自冒险进入的情况下。受害人自己的"重大过失",应是指其对自身安全的过于疏忽注意,对他人饲养的动物实施挑逗、投打,或以声音或动作进行恐吓激怒动物,或超越安全距离、安全设施过于接近动物而造成损害。如早先报道的某人擅自偷偷越栏进入老虎放养区,而被老虎咬死的事例,就非常典型。但是,基于法律规范逻辑的严谨性,法律规定"重大过失",必有能够与其相区别的"一般过失"或"轻微过失"。因为在现实生活中,人们对饲养动物尤其是饲养的宠物及其习性,大多知晓且习以为常。但由于饲养动物本身的习性,会因动物的种类不同、生长期不同、环境不同或生理状态不同而有很大的差异或变化。而这些差异或变化,又往往不为我们一般人所知晓;有些甚至连饲养人、专职饲养员也不容易识别。这时,人们一些习以为常的举动,很可能会诱发动物一反常态的反应,而对人包括其熟悉的人,甚至主人造成损害。如笔者的一个同事到他一个很好的朋友家串门,按照原来的习惯抚摩朋友家多年养的一只小宠物狗,没想到被小狗咬了一口。原来这只小狗到了发情期,他的到来吓跑了异性小狗,所以小狗对其报复。这种情形,就不属于受害人自己的过失。同样,我们还曾看到过宠物伤害主人、藏獒咬死主人、动物园老虎咬死饲养员等的多篇报道。在正常情况下,人们能够根据一般经验判断家养动物、驯化动物和野生动物的危险性,从而决定自己的行为。但要了解动物在不同生长期、不同环境、不同状态下习性的变化,判断何时和是否产生攻击性或恢复野性,除了一些特殊的动物专家外,绝大多数人们还确实难以做到。虽然《中华人民共和国侵权责任法》第七十八条在规定被侵权人"重大过失"的同时,没有规定相应的"一般过失"或"轻微过失",或区别两者的标准,但是,着重保护受害人利益和规范饲养动物行为,则是该法条明确的基本宗旨。

适用该法条我们应当注意的是:"动物的饲养人或者管理人应当承担侵权责任"中的"应当",在第二要义不成立的情况下,可以理解为必须。"受害人自己的故意或者重大过失"的主张和举证责任,在动物饲养人或管理人而不在受害人。

2. 关于确定饲养动物造成他人损害的表现形式问题

我们知道,一般动物的捕食和防卫本领主要有扑、咬、抓、踢、怒吼、狂叫、龇牙或耸起鬃毛等形式。其中,动物的扑、咬、抓、踢动作,均能够对人造成直接损害。而怒吼、狂叫、龇牙或耸起鬃毛等,也能够引发人们心理恐惧、神经或生理变化,这些变化对一般人群来讲可能稍纵即逝,而对于一些老年人、病人、儿童或妇女,可能就会造成其他损害。此外,由于动物本身所具有的形体外观和人们日常生活所知对动物潜在危险的恐惧,在某些特定的情况下或特殊的环境中,饲养动物尤其是野生动物、包括已经驯化的动物在失去驯服性时的恐吓声音或形体,都有可能使人们"感受到惊吓"或"感受恐吓",往往会出现"心理恐惧"而诱发其他形式的损害结果。如上述案例中的罗老先生,在电梯开门时猛然看到狗而受到惊吓,继而向后跌倒造成 L1 椎体压缩性骨折的损害后果。在我们现实生活中,常见的某人因受"恐吓"而致精神失常,或因受"惊吓"而致心脏病患者病情发作、加重甚至当场死亡的事例一样。

在现实生活中受"惊吓"的通常表现形态为:没有感觉或预知等精神准备,在较近距离、较暗环境或非常安静的状态下,突然看到、听到或感知到的物体、形态、声音等,在常人或非常人大脑和心理产生特定的逆转、刺激、停滞而不能在瞬间恢复,诱发心搏骤停或神经系统瞬间功能丧失,导致行为脱离自主控制的肢体物理反应或本能自然反应等,外在表现形式多为:愣怔、手足无措、失去平衡、后退、摔倒,严重的还会出现瘫软、肢体瘫痪或神经系统失调及其他功能系统紊乱等。针对儿童、妇女、年老体衰者或患有精神、心脏疾病等特殊人群来讲,后果可能会更加严重。因此,人们饲养动物本身就构成对他人的潜在的危险和损害。

综上情形我们可以看出,动物致害是一种特殊类型的"损害"。我们既不能将上述案例中的损害,限定为宠物狗是否对罗老先生实施了扑、咬、抓等攻击动作,也不能将损害仅简单限定在宠物狗是否对罗老先生实施了吠叫、龇牙或耸起鬃毛等的恐吓声形,还要根据当时的环境背景和当事人的具体状况,正确判断这种特殊类型的"损害"。确定了这一点,关于饲养动物损害责任中的因果关系问题,应当也就迎刃而解了。

3. 关于饲养动物损害责任的主体问题

饲养动物损害责任的主体,与其他民事法律关系主体有很大的不同。从《中华人民共和国侵权责任法》第七十八条规定来看,饲养动物损害责任的主体,当然主要是"动物的饲养人或者管理人"与"被侵权人",而"饲养动物"也是一个特殊的主体。因为是"饲养动物"使"动物的饲养人或者管理人"与"被侵权人"发生了饲养动物侵权责任法律关系。所以,"饲养动物"是产生这种法律关系中的一个必不可少的特殊媒介主体,而且是一个具有生命,具有自主决定行为本能,能够由人们饲养或驯养但仍有可能回归野性本能,并能够对人们造成伤害的,不同于其他物的特殊物。在目前我国的民事法律关系包括侵权责任法律关系中,"饲养动物"还不是一个独立的民事主体,但在某些西方国家,有些"饲养动物"尤其是宠物已经成为特殊的民事主体。它们基于饲养主人的遗嘱继承而成为财产所有者,其生命、健康和财产权利除法律强制性规定和主人遗嘱外,不得侵犯。

4. 关于饲养动物的管理规定问题

从《中华人民共和国侵权责任法》第七十九条的规定来看,关于饲养动物的管理规定,主要是指各级地方政府为了管理和规范动物饲养行为,保障公民健康和人身安全,维护市容环境和社会公共秩序的目的,对动物饲养人应当遵守的义务而制定的地方性法规。在目前,各级地方政府制定的规范性文件,主要是以饲养犬类为主的管理规定。主要内容有:饲养人的资格管理,允许或禁止饲养犬只种类管理,登记和办证管理,犬只安全义务管理、犬只伤人时的救助义务和危险预防义务管理等方面。这些地方性法规的规定与《中华人民共和国侵权责任法》第七十九条所要求的饲养动物必须采取安全措施规定的精神是一致的。比如,地方性法规一般都禁止民众饲养烈性犬,《中华人民共和国侵权责任法》第八十条虽然没有明确规定禁止饲养烈性犬,但规定了最为严格的无过错责任归责原则,且不存在过失相抵问题。

从上述案例来看,李女士一再强调其饲养的宠物狗对罗老先生没有实施叫、咬、扑、抓等加害行为,也一再强调其饲养动物的合法性。但从我们的日常生活经验来看,无论邻居饲养了什么样的动物,相邻的人们都会提醒家人,尤其是孩子要特别注意。因此,无形中饲养动物就给相邻人家增加了时时要注意防范伤害和危险的生活氛围压力。饲养人牵带动物外出到公园、绿地或是电梯、通道等公共场所,无形中又给周边的人们带来社会压力。从法理上讲饲养动物本身就对周边的人们构成危险和随时可能发生的损害,也就对周边不饲养动物的人们正常、安逸生活产生一个潜在的不公平。因此,法律在不完全禁止人们饲养动物的同时,对饲养动物采取了严格责任原则,以维护社会公德和绝大多数人的正常生活利益,并在两者之间维持一个法律上的平衡。

十一、本案启示

本案的焦点问题是，狗有没有对罗先生进攻，并导致罗先生受伤？对于这一事实问题，罗先生在法庭上的回答是，狗当时"没叫、没咬、没抓、没扑"。但是，对于一个如此简单的案件，海口市两级法院的判决结果都是被告败诉，判令被告承担民事赔偿责任。甚至在海南省人民检察院就本案提起抗诉后，仍判令被告承担民事赔偿责任。本代理人不否认罗先生见到狗与其自行跌倒之间存在诱因关系，但这种诱因关系绝不是法律上的因果关系。被告应对罗先生见到狗后跌倒承担道德责任，但绝不是承担法律责任。其实，在罗先生见到狗跌倒后，被告完全可以不予理睬，牵着狗自行离去。被告没有这样做，而是主动与罗先生家人联系，并一起到医院检查。在罗先生家人主动要求住院治疗后，被告又多次到医院探视。令被告不解的是，被告的行为丝毫没有感动原告，原告反而提起了巨额赔偿。

本案给人们的启示是：第一，当前我国社会正处于转型期，人们之间的矛盾较多。妥善处理这类矛盾的方法主要是协商调解，诉讼外和诉讼内都可以协商调解，诉讼只能作为一种补充或权宜措施。第二，在遇到恶意诉讼或借诉讼获取不当利益的情况时，当事人要坚决维权，不给对方以任何可乘之机，以维护当事人合法权益和法律尊严。第三，各级人民法院在处理民事纠纷时，要坚持依法独立办案，不受其他因素影响和制约。第四，新闻媒体在捕捉新闻事件时，一定要客观公正。

第三节 本案讼争的商品房缩水 40 余平方米吗?

一、案情简介

二、原告起诉

三、某公司答辩

四、原告律师代理词

五、赵建平律师代理词

六、一审判决结果

七、原告上诉

八、某公司二审答辩

九、二审判决结果

十、本案启示

一、案情简介

原告到某公司购买了一套面积为 136.37 平方米的顶层商品房,该房建筑面积单价为每平方米 1620 元。双方同时又约定,顶层阁楼面积 44.75 平方米,每平方米按 1000 元计价。但是,被告的售楼员在填写《商品房买卖合同》时,在该房建筑面积栏填写为 136.37+44.75(阁楼)平方米,套内建筑面积栏填写为 124.81+44.75(阁楼)平方米,同时被告售楼员把顶层建筑面积单价(1620 元)与阁楼面积单价(1000 元)平均后,得出该房套内建筑面积每平方米 1567 元、总价 265701 元的结论后,也填写在格式合同的价格栏中。之后,原告以房产证上的面积比合同约定面积少 44.75 平方米为由,认为该房的面积误差比为 -25.1%,并据此要求被告返还房款及利息 13 万余元。受某公司委托,赵建平律师代理开发商两次出庭应诉,一审判决驳回原告的全部诉讼请求,二审判决驳回上诉,维持原判。

二、原告起诉

原告的诉讼请求是,判令被告返还原告房款和利息合计 136174.9344 元;判令被告按银行逾期贷款利率(6.612%)支付应返还款项从原告起诉之日至实际履行日的利息;判令被告承担本案诉讼费。

原告起诉的事实与理由是,2003 年 10 月 31 日,原告与被告签订 L-02-148 号《商品房买卖合同》,购买被告开发建设的绿色佳园小区第 15 栋紫桓园 C 单元 602 号预售商品房。《商品房买卖合同》约定:该房建筑面积为 181.12 平方米(136.37 + 44.75),套内建筑面积为 169.56 平方米(124.81 + 44.75),按套内建筑面积计价,单价为 1567 元,总价为 265701 元(1567 × 169.56)。被告以房屋实际面积比合同约定面积大为由,实际向原告收取房款 270933 元(此为 C 单元 602 房的房款,杂物间另外收取了 2268 元),比《商品房买卖合同》约定的房屋总价多收了 5232 元。

2005 年 6 月 10 日,房产局核发了房屋产权证,该房屋产权登记建筑面积为 140.39 平方米,其中套内面积为 127.07 平方米,比合同约定的套内建筑面积少 42.56 平方米。根据合同约定的面积误差比计算方法:(产权登记面积 - 合同约定面积)÷ 合同约定面积 × 100%,该房屋的面积误差比为 -25.1%。

原告不选择退房,根据《商品房买卖合同》第五条第二款第(2)项约定,面积误差比绝对值在 3% 以内(含 3%)部分(169.56 × 3% = 5.0868)的房价款(1567 × 5.0868 = 7971.0156)及利息(7971.0156 × 20 × 0.1875%(月利率)= 298.91 元)[支付日(2003 年 12 月 1 日)计至起诉日]应由被告返还给原告,绝对值超过 3% 部分(42.56 - 5.0868 = 37.4732)的房价款(1567 × 37.4732 = 58720.5044)应由被告双倍返还给原告(58720.5044 × 2 = 117441.0088)。被告以房屋实际面积比合同约定面积大为由多收取原告 5232 元,此行为应认定为对合同约定房屋面积的扩大,该部分多收的房款也属于面积误差比绝对值超过 3% 部分的房款,也应由被告双倍返还给原告(5232 × 2 = 10464)。由于被告出售给原告的商品房的产权登记面积远小于《商品房买卖合同》约定的面积,根据双方签订的《商品房买卖合同》约定,被告应返还原告房款及利息合计136174.9344元(7971.0156+298.91+117441.0088+10464)。上述款项在原告主张之日即应返还,被告迟延返还,造成原告的利息损失,应按银行逾期贷款利率(6.612%)支付从原告起诉之日至实际履行日的利息。

三、某公司答辩

在收到法院送达的起诉状后,赵建平律师代理某公司作了如下答辩:

(一)被答辩人购买的15C602房的建筑面积是136.37平方米,套内建筑面积是124.81平方米

2003年4月26日,答辩人与被答辩人签订商品房屋认购单,约定被答辩人购买答辩人开发建设的某小区15栋C单元602房,该房建筑面积约137.3平方米,建筑面积单价为每平方米1620元,阁楼单价为每平方米1000元。

2003年10月31日,答辩人与被答辩人签订L-02-148号《商品房买卖合同》,双方进一步约定该房建筑面积为136.37平方米,套内建筑面积为124.81平方米,阁楼面积为44.75平方米。合同附件四《补充协议》还约定,本幢六楼顶层除斜坡层面建筑面积外,剩余面积按每平方米1000元销售,杂物间按每平方米300元销售,该房屋总价计算方法为套内建筑面积总价加顶层阁楼面积总价加杂物间总价。

值得指出的是,《商品房买卖合同》为格式合同,被答辩人利用答辩人填写合同第三条约定的建筑面积时,不得不把阁楼面积与该房建筑面积合写在一个空格内,并只能在合同补充条款内另行约定阁楼优惠促销条款的事实,混淆当时的实际销售意图,在被答辩人的起诉状中,把44.75平方米的阁楼面积计入该房建筑面积,从而单方面把该房的建筑面积扩大为181.12平方米,套内面积扩大为169.56平方米,并据此起诉答辩人。

(二)关于被答辩人购买房产的价格问题

在认购单中,双方约定该房的建筑面积单价为每平方米1620元。该房产套内面积单价应是1620元×136.37平方米(建筑面积)÷124.81平方米(套内面积) =1770 元,该房套内建筑面积总价是 1770 元×124.81 平方米 =220919 元,顶层阁楼面积总价是 1000 元×44.75 平方米 =44750 元,被答辩人应支付的总价款是 220919 元 +44750 元 =265669 元,该价格与合同约定的该房总价格 265701 元相比,只相差 32 元。

但是,由于合同格式中没有预留出空间,用于表述阁楼价格的计算过程,在填写该房产套内建筑面积单价时,答辩人的售楼员为了方便填写,用合同总价 265701(实际应为 265669 元)除该房产的套内建筑面积 124.81 平方米和顶层阁楼面积 44.75 平方米之和后,得出该商品房的单价为每平方米 1567 元的结论。

(三)关于被答辩人实际支付的房款问题

根据《海口市房屋建筑面积测绘报告》,答辩人销售给被答辩人的 15 栋 C 单元 602 房的建筑面积为 140.39 平方米,套内面积为 127.03 平方米。该报告在备注(夹层)栏中还单独注明,顶楼夹层(阁楼)建筑面积为 48.39 平方米。海口市房管局颁发给被答辩人的房屋所有权证,确认了该报告关于该房建筑面积为 140.39 平方米,套内面积为 127.03 平方米的结论。

根据合同第五条关于"合同约定面积与产权登记面积有差异的,以产权登记面积为准"和"房产最终面积以房产管理局测量的实际面积为准,房款多退少补"的约定,按套内建筑面积计,该房最终实际总价为 127.03 平方米×1770 元(套内建筑面积单价) =224843 元,阁楼最终实际总价为 48.39 平方米×1000 元 =48390 元,但答辩人实收 46092 元[计算公式:44.75×1000 +(44.75×1000)×3%]。以上两项相加,被答辩人应支付的总房款为 270935 元,答辩人实收被答辩人购房款 270933 元。由此可以看出,房屋销售总价的计算是一个复杂过程,只有合同双方在充分理解的基础上才能认可,在此前提下,被答辩人方能够认可最终款项,并且按此款项支付房款,被答辩人是完全了解和确认这种计算方法的,答辩人没有多收被答辩人房款。被答辩人请求答辩人返还多收的房款,无事实依据。

(四)关于该房产的面积误差比问题

合同约定的套内建筑面积 124.81 平方米的 3% 是 3.75 平方米(124.81×

3%),答辩人最终交付的房产的误差为2.22平方米(127.03平方米-124.81平方米),该误差在合同允许的3%以内。

根据合同第五条第2款关于"面积误差比绝对值在3%以内(含3%)的,据实结算房款"的约定,答辩人与被答辩人双方已结算完毕。现被答辩人根据其计算出来的错误面积误差比,向答辩人索要所谓的"房款与利息",没有事实与法律依据。

(五)关于答辩人销售15栋C602房时,同时销售该房顶层阁楼的问题

根据建设工程施工许可证副本和建设工程规划许可证副本,答辩人开发建设的小区15栋为六层框架结构。海口市房管局颁发给被答辩人的房屋所有权证,确认15幢房屋总层数为七层(首层为架空层,实际可销售层为六层)。因此,该15栋符合琼山建设行政管理部门的要求,并得到了海口市房管局的确认。

根据《小区二期15号楼夹层建筑、安装工程结算书》,答辩人为建设该楼夹层的平均成本约每平方米826.38元(加上税收等费用,成本近1000元)。答辩人以每平方米1000元的价格把C单元602房的顶层阁楼一起销售给被答辩人,是为了收回成本,同时也是答辩人的一种促销优惠手段。答辩人对顶层阁楼不办房产证的情况已多次向业主说明,而且在合同当中明确注明,44.75平方米是阁楼面积。同时,在"海口市房屋建筑面积测绘报告"中的房屋分户面积汇总表中,明确列明建筑面积是140.39平方米,阁楼面积(夹层)是48.39平方米,在房产证中标明的建筑面积也是140.39平方米,因此,测绘部门和房管部门确定的建筑面积都是140.39平方米,都未将阁楼面积纳入总建筑面积中。且在购买小区顶层房屋的业主和答辩人之间已达成关于顶层阁楼"不办产权证,不收物业管理费"的默契。

根据物业管理处出具的证明,被答辩人与所有购买顶层阁楼的业主一样,享受着顶层阁楼"不收物业管理费"的优惠待遇,但也意味着与其他业主一样,认可了阁楼不办理房产证这一事实。但是,被答辩人却把早已用行为默认不办产权证的阁楼面积,计算在所购房产的面积中,并据此向答辩人索赔。对于被答辩人这种否定当时签订购买本套房屋真实意图的行为,答辩人表示遗憾。答辩人在此慎重指出,如果被答辩人坚持把所购顶层阁楼面积计算在该房的建筑面积内,答辩人可以收回该顶层阁楼,并退回被答辩人购买该顶层阁楼的46092元,但阁楼应归还给答辩人所有。

综上所述,被答辩人的《民事起诉状》纯系钻合同空子,毫无事实与法律依据。答辩人恳请人民法院依法驳回被答辩人的无理诉讼请求,维护答辩人的合法权益。

四、原告律师代理词

2005年11月1日,海口市琼山区人民法院公开开庭审理本案。原告代理人发表了如下代理意见:

(一)本案性质是《商品房买卖合同》纠纷,那么确定本案事实的基本依据,应当是原、被告双方所签订的商品房买卖合同及被告为原告办理并交付给原告的房屋所有权证

1. 原、被告双方于2003年10月31日签订的《商品房买卖合同》,双方主体适格,意思表示真实,内容不违反法律规定,应当合法有效。

2. 《商品房买卖合同》尤其对商品房的面积、面积单价以及购房总价款,还有产权登记面积与合同约定面积发生差异时的处理方法作了十分明确的约定。依据最高人民法院《关于审理商品房买卖合同纠纷案件适用法律若干问题的解释》第十四条,因商品房面积发生纠纷,合同有约定的,按照约定处理。本案系因房屋面积引起的纠纷,依法应当依照合同约定的处理方式来解决。原告的诉求是根据合同而提出,且不违反法律规定,应当予以支持。

(二)被告为原告办理的房屋所有权证上登记的房屋面积比合同约定面积小,且面积误差比绝对值大大超过3%,被告依约依法应当承担违约责任

双方签订的《商品房买卖合同》约定,房屋套内建筑面积为169.56平方米,按套内建筑面积计价单价1567元/平方米,房屋总价款为265701元,但被告实际收取270933元,多收取5232元。被告办理并交付给原告证号为海房字第

HK086923 号的《房屋所有权证》上登记的房屋套内建筑面积却只有 127.03 平方米，比合同约定少 42.56 平方米，面积误差比绝对值达到 25.1%，原告在选择不退房的情况下，根据合同约定，被告应返还如下款项：面积误差比绝对值 3% 以内部分房价款 7971.0156 元及其利息 298.91 元，绝对值超过 3% 部分房价款的双倍 117441.008，多收取的 5232 元的双倍 10464 元，合计 136174.9344 元。

（三）被告答辩以及辩论意见没有事实和法律依据

1. 被告答辩逻辑混乱，在请求书中要求改变条款，认为显失公平，那就是已经承认合同中的条款。但在答辩中却又说，合同约定的意思是另外的意思，这本身是自相矛盾的。如果对房屋价格的约定是分开算的，合同就不存在显失公平，就没有必要变更。

2. 本案的证据材料说明，阁楼所占用的房屋面积在合同约定面积以内。房屋的面积依法只有三种：建筑面积、套内建筑面积和公用分摊面积。开发商即被告故意将包含在套内建筑面积以内的阁楼面积与套内建筑面积并列，实际上是一种欺诈。如果把套内建筑面积和阁楼面积并列，那试问是否可以把套内建筑面积加卫生间加厨房都并列起来，显然这是不可以的。

3. 被告企图以商品房认购单否认买卖合同的内容。法律规定商品房买卖应当以合同为准，被告称商品房买卖合同为格式合同，并非其真实销售意图，实际上该格式合同留有当事人按自己意愿协商约定修改的余地，被告的借口是很牵强的，发生纠纷以后才说合同不是自己的真实意思，这是在推卸自己的责任。

4. 被告以合同附件四补充协议第 4 条"最终房产总价计算方法为六楼套内面积总价 + 顶层阁楼面积总价 + 杂物间总价"，来说明其答辩观点。如前所述，被告的这种做法实际上是一种欺诈，这个补充协议是被告在格式合同之外自己所拟定，原告只是在该补充协议上关于杂物间的计价和使用年限以及房产总价大写部分捺手印予以认可。我们再看该商品房买卖合同说明第 4 条："本合同文本中涉及的选择、填写内容以手写项为优先。"那么在合同中约定的套内建筑面积、计价单价、总金额都是手写，而且是由被告售楼人员手写，手写部分明显看出阁楼面积是包含在套内建筑面积以内，即使是在补充协议当中，其手写部分的房产总价也是用单价 1567 元乘以套内建筑面积 169.56 平方米的总价款 265701 元直接加上杂物间的价款 3000 元才等于 268701 元。因此,代理人认为应当依照商品房买卖合同说明,优先认定合同及其补充协议当中手写部分的事实。而被告所谓的"房产总价按套内面积总价加阁楼面积总价加杂物间总价计算"的说法没有事实和法律依据,依法不能予以认定。

5. 法律规定房屋的产权是以登记作为要件,并不是所谓的默许就可以确定的。最高人民法院《关于贯彻执行〈民法通则〉若干问题的意见(试行)》第六十六条规定,不作为的默示只有在法律有规定或者当事人有约定的情况下,才可以视为意思表示。在本案中,不存在法律规定的,也不存在合同约定的,视为原告意思表示的不作为的默示的情况,因此被告提出原告默许被告做法的主张没有法律依据。另外,他人放弃自己的权利和不收物业管理费,不能要求原告放弃自己的合法权益,更不能免除被告的法定义务。

综上所述,被告在本案中已违反合同约定,构成违约,依法应承担相应的违约责任,其答辩意见毫无事实和法律依据。原告的诉讼请求合理合法,恳请法庭依法予以支持。

五、赵建平律师代理词

在一审开庭审理过程中,赵建平律师发表了如下代理意见:

(一)被告是否已按约定,实际足额交付房产

根据合同约定,原告购买的房产的建筑面积为 136.37 平方米,其中套内建筑面积 124.81 平方米,另加阁楼面积 44.75 平方米。一个不争的事实是,被告已按合同约定,足额交付房产给原告。原告和被告向法庭出示的证据均表明,被告交付给原告的房产的建筑面积为 140.39 平方米,其中套内建筑面积 127.03 平方米,另加 48.39 平方米的阁楼。

(二)被告是否多收原告的购房款

根据合同约定,购房款由房款和阁楼款构成。其中,房款建筑面积每平方米 1620 元,换算为套内面积每平方米 1770 元(1620 元 × 136.37 平方米 ÷

124.81平方米);该房最终实际总价为224843元(127.03平方米×1770元),另加阁楼价款48390元,原告应支付的总房款为270935元(224843元+48390元);被告实收原告房款270933元。上述事实证明,被告没有多收原告购房款。

(三)关于原告的诉讼请求

根据法庭调查结果,被告已足额交付原告所购房产,其多交的3个多平方米的房产,亦在合同许可的3%误差比以内,被告没有多收原告购房款。原告的诉讼请求无事实依据,人民法院应依法予以驳回。

(四)阁楼面积是否应计算在所购房产内,一并办理房产证

原告起诉的依据和理由是,合同面积与房产证面积相比,房产证上的面积少了44.75平方米,即阁楼面积没有计算在房产证的面积之内。但是,被告已实际交付44.75平方米的阁楼,原告认为被告少交44.75平方米的房产,与事实严重不符。根据本案相关证据,对于顶层阁楼不办房产证的事实,被告在原告购房时就已告知,原告早已知道,并和其他业主一道享受被告和物业管理处关于"顶层阁楼不办产权证,不交物业费"的优惠待遇。

综上所述,本案原告、被告双方已按合同约定,全部履行完毕各自应当履行的义务。原告无理起诉,理应承担诉讼请求被驳回的后果。

六、一审判决结果

本案争议的焦点为:被告是否多收原告的购房款。

本院认为,原告与被告某公司于2003年10月31日签订的《商品房买卖合同》,双方意思表示真实,内容不违反法律、行政法规的强制性规定,且双方对其合同效力均无异议,合同真实有效。在合同履行过程中,原告支付购房款人民币270933元给被告,被告也将房屋连同阁楼(夹层)交付原告。房产部门在产权登记时采信的测绘报告表明,15栋C602房套内面积为127.03m^2、分摊面积13.36m^2、建筑面积140.39m^2、夹层面积48.39m^2。由于15栋的批建楼层为6层,阁楼未在规划报建范围之内,因此,房产部门未对该部分面积进行产权登记,但原告已按合同约定支付了阁楼款,并且也使用了阁楼。综上,原告居住使用的 C602 房,除了产权证登记的面积 127.03m² 外,还有未登记的阁楼面积 48.39m²,因此,原告所购买的 C602 房的实际面积(127.03 + 48.39 = 175.42m²)大于合同约定面积(124.81 + 44.75 = 169.56m²),故原告以产权证登记的面积少于合同约定面积为由,要求被告退还多收的购房款及利息,理由不成立。而事实上,原告对阁楼已经实际享有使用,虽然没有办理产权登记,但阁楼是附属于原告购买的房屋 C602 房,所有权也应视为原告享有。原告在占有使用阁楼的同时,又要求被告退还阁楼的房款,有悖于《民法通则》规定的公平原则。因此,原告主张被告返还房款及利息 136174.9344 元的诉讼请求,本院不予支持。依照《中华人民共和国民法通则》第四条、《中华人民共和国民事诉讼法》第六十四条规定,判决如下:

驳回原告的诉讼请求。

七、原告上诉

原告不服一审判决,依法向海口市中级人民法院上诉,原告的上诉理由是,一审判决认定事实不清,适用法律不当。

上诉人与被上诉人签订的《商品房买卖合同》约定,该房建筑面积为 181.12 平方米(136.37 + 44.75),套内建筑面积为 169.56 平方米(124.81 + 44.75),按套内建筑面积计价,单价为 1567 元,总价为 265701 元(1567 × 169.56)。被上诉人以房屋实际面积比合同约定面积大为由,实际向上诉人收取房款 270933 元。2005 年 6 月 10 日,房产局核发了房屋产权证,该房屋产权登记的建筑面积为 140.39 平方米,其中套内建筑面积为 127.03 平方米,比合同约定的套内建筑面积少 42.56 平方米,房屋面积误差高达 -25.1%。

上诉人认为,双方签订的《商品房买卖合同》,没有约定 44.75 平方米的阁楼面积部分不予办理房屋产权登记的约定,既然 44.75 平方米的阁楼面积也进行计价,其面积就属于办理产权登记的范畴。至于因阁楼部分未在规划报建范围之内,导致房产部门未对该部分面积进行产权登记,其过错在于被上诉人。一审法院判决由上诉人承担被上诉人未予报建导致房屋无法办理产权登记的过错后果,这既不符合情理,也违背相关法律规定。此外,一审判决将不能办理产权登记的阁楼,认定为其所有权归上诉人享有,也与相关法律规定不相符合。房产所有权的取得一般以产权登记为准,既然44.75平方米的阁楼部分由于未进行规划报建,导致其未能合法取得产权,对于无法正常进行产权登记的房屋,如何能确认其产权的合法性呢?相应的,其所有权的归属也无法进行确认。退一步而言,如果认为上诉人对阁楼享有权利,充其量也仅具有使用权,而非所有权。

原告请求依法撤销一审判决,根据本案事实,判决支持原告的诉讼请求。

八、某公司二审答辩

针对原告上诉内容,赵建平律师代理某公司作了如下答辩:

(一)原判认定事实清楚

1. 关于房屋面积的认定

《商品房买卖合同》第三条约定,该房屋建筑面积为136.37 + 44.75(阁楼)平方米,其中套内建筑面积124.81 + 44.75(阁楼)平方米,公共部位与公用房屋分摊建筑面积11.56平方米。由于44.75平方米的阁楼面积没有进入公摊,原判根据上述合同约定和有关证据,认定本《商品房买卖合同》项下房屋的建筑面积为136.37平方米,套内面积124.81平方米,阁楼面积44.75平方米,不仅有合同依据,而且符合实际情况。答辩人交付的房屋建筑面积为140.39平方米,套内面积127.03平方米,分摊面积13.36平方米,阁楼面积48.39平方米。答辩人的履约行为符合合同约定,面积误差比绝对值在3%以内。

2. 关于房款的认定

该房建筑面积单价为每平方米1620元,套内面积单价为1770元(1620 × 136.37建筑面积 ÷ 124.81套内面积),顶层阁楼单价为每平方米1000元,该房最终实际总价为224843元(127.03平方米 × 1770元),阁楼最终实际总价为48390元(48.39平方米 × 1000元),但答辩人实收46092元[44.75 × 1000 + (44.75 × 1000) × 3%]。根据《补充协议》关于该房总价为套内面积总价加顶层阁楼面积总价的约定,该房的总房款为270935元(224843元+46092元),答辩人实收购房款270933元,答辩人没有多收房款。根据《商品房买卖合同》第三条及《补充协议》约定,套内面积单价与阁楼单价应分别按每平方米1770元和每平方米1000元计算。至于《商品房买卖合同》关于该商品房的套内面积单价为每平方米1567元的约定,系用合同约定总价265701元除该房屋的合同约定套内面积124.81平方米和顶层阁楼面积44.75平方米之和得出的结论,该结论不仅在计算方法的表述上不明确,而且混淆了该房套内面积单价与阁楼单价之间的价格差异,人为提高了阁楼面积单价,从而使被答辩人误把单独计价的阁楼面积计入套内面积之内。但是,被答辩人具备完全行为能力,有较高的认知能力,在购房时应当清楚单价为每平方米1770元的套内面积的房屋与单价为每平方米1000元并享受免受物业管理费优惠的阁楼之间的差异。

(二)原判适用法律正确

被答辩人一审的主要诉讼请求是,"判令被告返还原告房款和利息合计136174.9344元",其依据是答辩人交付的房屋面积误差比绝对值超过3%。但是,经审理查明的事实证明,答辩人交付的房屋面积误差比绝对值符合合同约定。实际上,被答辩人是在实际占有阁楼的情形下,要求答辩人三倍返还阁楼价款,被答辩人的要求显然于情、于理、于法不符。该房屋的总价款仅为270933元,阁楼价款仅为46092元,被答辩人请求返还的房款为136174余万元,占总房款的近一半,高出阁楼价款三倍。如果被答辩人的无理诉讼请求得到支持,将产生被答辩人用13余万元购买到一套建筑面积为140.39平方米,套内面积127.03平方米,并带48.39平方米阁楼的商品房的不公平后果。因此,原判认定"原告在占有使用阁楼的同时,又要求被告退还阁楼的房款,有悖于《民法通则》规定的公平原则",并依据《民法通则》第四条规定,依法驳回原告无理的诉讼请求,维护了公平公正。

综上,原判认定事实清楚,适用法律正确。如此判决,维护了市场经济秩序,打破了被答辩人通过诉讼谋取非法利益的美梦。答辩人恳请一审法院驳回被答辩人无理的上诉请求,依法维持原判。

九、二审判决结果

本院认为,上诉人与被上诉人签订的《商品房买卖合同》,合法有效,应受法律保护。在履约过程中,上诉人已依约向被上诉人支付购房款,被上诉人也已依约向上诉人交付了房产,且所交房产面积已超过合同约定的房产面积。据此,上诉人以被上诉人交付的房产面积少于合同约定的房产面积为由,所提上诉请求缺乏事实依据,应予驳回。原审判决认定事实清楚,适用法律正确,应予维持。依照《中华人民共和国民事诉讼法》第一百五十三条第一款第一项之规定,判决如下:

驳回上诉,维持原判。

十、本案启示

在市场经济的时代背景下,人们追逐经济利益本无可非议。但是,"君子爱财,取之有道",这个"道",指的就是人们在逐利过程中,必须遵守法律,必须遵守道德规范。如果不遵守法律和道德规范,市场经济秩序就会混乱,人们不仅获得不了利益,即使偶尔获得了不该获得的利益,也会得而复失。本案当事人之间的交易本已完成,原告拿到了符合约定面积的房屋,被告收到了房款。但由于合同约定不明确、不规范,原告钻合同空子,借机通过诉讼索要所谓多交的房款及利息。原告的诉求均被一审、二审法院驳回。本案启示人们,公民要慎用法律赋予的民事起诉权,逐利行为要有充分、合法的依据,否则只能以败诉告终。与其获得败诉的结果,还不如把时间、精力投入到其他事情上去。

第四节 甲公司可否拒付本案购房尾款?

一、案情简介
二、被告答辩暨反诉状
三、赵建平律师代理词
四、判决结果
五、本案启示

一、案情简介

根据法院判决,某公司享有海秀大道57号金龙小区B2座的产权。2002年12月19日,某公司与深圳筑银公司、农垦一供签订《和解协议书》,约定某公司出售金龙小区B2座所得款项,应清偿某公司所欠农垦一供以及农垦一供所欠深圳筑银公司款项。2002年12月20日,某公司与农垦一供、深圳筑银公司一道,与宏达公司签订《协议书》,约定宏达公司以640万元价格购买金龙小区B2座,宏达公司应支付某公司470万元,余款应分别支付给农垦一供和深圳筑银公司。2003年2月19日,某公司与农垦一供、深圳筑银公司一道,和甲公司签订《协议书》,该《协议书》与上述2002年12月20日签订的《协议书》内容一致,唯一不同的是C公司代替宏达公司,作为金龙小区B2座的购买方。《协议书》并约定,如C公司逾期支付某公司售房余款,应按未支付金额日万分之五支付违约金;如逾期两个月,某公司有权收回金龙小区B2座1至3层房产。同日,某公司与农垦一供、深圳筑银公司、宏达公司一道,和甲公司签订《合同书》,约定甲公司取代宏达公司,全权行使宏达公司于2002年12月20日与某公司、农垦一供、深圳筑银公司所签《协议书》中的责权利。《合同书》并约定,甲公司应于2003年7月25日前支付某公司售房余款105万元。但是,甲公司未能于2003年7月25日前支付某公司105万元售房余款,某公司分别于2003年7月26日、11月14日发出催款通知,但甲公司置之不理。为维护合法权益,某公司委托赵建平律师于 2003 年 12 月 1 日,向龙华区人民法院提起诉讼,请求判令甲公司偿还售房尾款 105 万元及违约金。但是,甲公司在接到某公司起诉状后,却提出反诉状,请求人民法院判令某公司赔偿甲公司所谓的损失 228 万元。本案于 2004 年 4 月 7 日开庭,针对甲公司无理的反诉请求,赵建平律师进行了有力的反驳,法庭最终支持某公司的诉讼请求,驳回了甲公司的反诉请求。

二、被告答辩暨反诉状

(一)原告在其诉状中所说的被告违约一事不是事实,被告并未违约

2003 年 2 月 19 日,原告与被告、农垦一供、深圳筑银四方签订购买金龙小区 B2 座半拉子房地产项目协议书,以上四方公司同时签订了该项目转让合同书,被告购买的该项目原产权为原告所有。

上述《合同书》和《协议书》应视为合法有效的一个合同整体。根据《合同书》第三条关于"四方必须遵守 2003 年 2 月 19 日协议书,履行各方义务"的约定,包括原告在内的各方根据《合同书》取得的合同利益(包括原告 105 万元售房款),必须以履行《协议书》约定的义务为前提。原告未履行《协议书》约定的义务,违反了《协议书》第三条、第六条第一项、第五条第二项约定,原告违约在先,而被告并未违约。因此,原告无权要求被告继续履约。

四方协议书第三条约定,土地变性费及过户费等有关费用由被告承担,原告与农垦一供、深圳筑银协助办理;第六条第一项规定,在协议签订后 45 个工作日内(即 4 月 20 日前),非被告原因未取得该项目土地证,由原告(第一责任人)与农垦一供、深圳筑银承担相应法律责任;第五条第二项约定,原告必须在半年内配合被告将该项目产权(含土地使用证、规划许可证、施工许可证、建设规划许可证、预售许可证、和整幢房产之房产证等)过户到被告名下。如果上述责任和义务全部尽到,被告必须在合同签订后 6 个月内(即 2003 年 7 月 25 日前)付清余款。如果未尽到以上责任和义务,未将产权过户到被告名下,则顺延付款,并由原告承担法律责任。

合同签订后,经被告努力,于 2003 年 10 月 23 日取得《土地使用证》,2003

年11月11日取得该项目《预售许可证》，但至今尚未取得该项目建设用地规划许可证。原消防报建材料原告亦未移交我公司，从而导致我公司无法办理消防许可证。以上证件未办理，直接导致无法办理该房产的产权证，也就是说产权至今尚未登记过户到我公司。

在协议签订后，我公司组织了一个专门的对外联络部，负责与原告等三方一起办理该项目过户手续，并按规定缴纳了土地变性等有关费用。原告是第一责任人，是法院判定的产权拥有者，但原告丝毫未尽到四方协议关于将项目产权过户到我公司名下之义务。原告总部在湖北随州市，海口经常无人可寻，我公司三次函告原告，抓紧时间办理，如延期对我公司造成损失由原告赔偿，原告均置之不理，并从未派专人参与，也未督促农垦一供提供有关上报材料手续，原告作为第一责任人对应尽的合同义务束之高阁。

深圳筑银于2003年7月25日给我公司来函，要求支付其70万元余款，我公司于2003年7月27日去函告知，其产权尚未过户到我公司名下，依据四方协议约定，余款顺延支付。深圳筑银于2003年11月25日来函，该公司经到有关部门了解，我公司于2003年10月23日取得《土地使用证》、2003年11月11日取得《预售许可证》，故按照四方协议顺延的条款，要求我公司务必于2004年4月15日前支付其尾款70万元。

我公司办好土地证后，还为原告担保了其拖欠国家的各项税款，原告不但不感谢我公司，竟质问我公司，"谁要你们给我们办的"，如此不讲理和不尊重别人的劳动，是十分让人难以理解的，而且也是原告在办理产权过户态度上的一个明确的证明。我们不办担保，土地证如今也办不下来。

2003年11月14日，原告给我公司发来催款通知书，要求我公司根据2003年2月19日四方协议书约定，立即付清余款105万元。我公司回函告知原告，由于应由原告负责办理的《土地证》，延误时间达5个月之久，给我公司造成重大损失，按照四方协议约定，付款时间顺延，付款数量待我方清理各方面的关系（如外墙、脚手架、税收等）和对我方造成的损失后双方商定。

原告竟以协议上有2003年7月25日前付清余款一说，在顺延付款时间未到,顺延付款也不违约的情况下,申请查封我公司预售账号,对我公司该项目后期开发及信誉产生了极坏影响。

综上所述,原告已严重违约,其违约在先,我公司顺延付款时间未到,且顺延付款也不违约,根据《中华人民共和国合同法》第六十七条,请求法院驳回其诉讼请求。

(二)被反诉人已经严重违约,这种违约对我公司产生的损失极其严重

1. 由于被反诉人原因,使土地过户手续延期5个月之久,房屋预售证本应在2003年5月办理,但拖到2003年11月份。延期办理房屋预售证,使我公司房产不能预售,银行按揭无法到位。按我公司2003年6月份回收资金700万元~1000万元以上,拖延我公司回收资金700万元以上的时间为6个月,按我公司延期付款将按未支付金额日万分之五处罚的同等条件计算,被反诉人应赔偿我公司人民币63万元整。

2. 由于被反诉人原因,我公司由于不能预售房产回收资金,致使我公司建设资金短缺,导致本应在2003年7月20日前完工的该项目延期至今尚未完工,给施工方造成重大损失。这种损失又由施工方转嫁到我公司,经我公司现场代表签证给工程公司的窝工费、材料损失、机械台班费延期罚款等80万元。

3. 由于被反诉人原因,该项目延期建设使我公司增加大量管理费,按每月最基本费用5万元计算,已超过6个月,我公司损失至少30万元。

4. 反诉人贷款利息损失20万元。

5. 由于被反诉人未将土地证及其他产权证,在四方协议约定时间内(2003年8月19日前)及时过户到我公司名下,使我公司错过了经济适用房的国家财政补贴。按我公司50%的房产销售价格低于限价的部分计算,我公司将最少获得国家财政补贴200万元。

6. 被反诉人在该房产现状以前搭好的脚手架按预算20万元,尚未支付给工程公司,按四方协议要求应由被反诉人承担,直接付给工程公司。

7. 我公司担保被反诉人拖欠的税款,每月担保费1.2万元,已担保3个月,共计3.6万元,手续费1.4万元,共计5万元。

8. 被反诉人在顺延付款时间未到,顺延付款也不违约的情况下,申请查封我公司银行预售账户,给我公司对该项目开发造成重大经济损失,使我公司信誉受到极坏影响,我公司要求其赔偿10万元。间接损失(含银行信誉)无法估量,我公司保留追索权。

以上种种,被反诉人应承担的费用和对我公司的赔偿总金额至少达到428万元。本着息事宁人的态度,我公司决定追索被反诉人给我公司造成的绝对损失218万元。

为保护反诉人的合法权益,现依据有关法律法规之规定,反诉至贵院,请贵院依法判决。

三、赵建平律师代理词

(一)关于原、被告双方及第三人签订的售房《协议书》与《合同书》的法律效力问题

必须明确的是,虽然上述《协议书》与《合同书》上写明的签订时间是2003年2月19日,但是,法庭调查的结果显示,上述《协议书》与《合同书》实际签订时间为2003年4月28日,法庭应认定上述《协议书》和《合同书》的签订时间为2003年4月28日,从而正确认定农垦一供配合被告办理产权过户的起止时间。

《协议书》与《合同书》签约主体合法,某公司依据海中法(2000)民再字第一号民事判决书,享有金龙小区B2座的产权,依法可以转让、出售;《协议书》与《合同书》意思表示真实,转让总价640万元人民币,其中,被告所欠原告售房尾款105万元,应于2003年7月25日前支付;《协议书》与《合同书》内容符合法律规定,金龙小区B2座已被依法解封,小区占用范围内的国有土地使用权已获准转让,并已实际转让到被告名下,被告也已依法取得房产预售许可证,交易已实质完成,被告已开始售房并获利。《协议书》与《合同书》合法有效,应受法律保护。

在《协议书》与《合同书》合法有效的情形下,《协议书》约定的违约金条款亦为有效条款,原告据此要求被告支付违约金的诉讼请求合法,人民法院应予支持。

（二）关于原、被告及第三人谁存在违约行为的问题

在上述《协议书》与《合同书》签订后，原告依约履行了合同义务，这表现在：第一，原告在签约后把金龙小区 B2 座的房产移交给了被告。由于原告系依据法院生效判决售房，因此，金龙小区 B2 座的所有权转移时间，应依据《合同法》第一百三十三条规定，自原告把金龙小区 B2 座交付给被告时起转移；第二，依约移交了与金龙小区 B2 座项目有关的所有原始资料；第三，配合被告及农垦一供办理金龙小区 B2 座产权过户手续。

农垦一供也依约履行了配合被告办理土地使用权过户及产权过户手续的义务。农垦一供当庭向法庭提交的 17 份证据，足以证明农垦一供已履行了配合过户义务。至于农垦一供没有在合同约定时间内，配合被告办理完产权过户手续，这是由于政府有关部门办理审批手续需要时间，非农垦一供所能预见和可以事先避免，农垦一供和原告不应就此承担任何责任。

相反，被告在履行《协议书》和《合同书》过程中，却故意和严重违约。被告的违约行为表现在，至今仍无理拖欠原告的售房尾款 105 万元。被告认为原告没有在半年内配合其将金龙小区 B2 座的产权过户到被告名下，因此，被告可以顺延付款。姑且不论配合被告办理产权过户的第一义务人是农垦一供；姑且不论农垦一供在履行配合义务过程中，不存在任何违约行为；退一万步讲，假定被告的主张有理，由于被告已分别于 2003 年 10 月 23 日和 11 月 11 日取得土地使用证和预售许可证，被告也应于近日付清购房尾款。但是，原告没有见到被告有于近日付款的些微表现。更有甚者，在今天的法庭辩论过程中，被告代理人故意曲解法律，把被告无理拒付购房尾款的行为，说成是行使《合同法》第六十七条规定的后履行抗辩权，这从反面证明被告拒付购房尾款，没有事实和法律依据。

（三）被告应无条件立即支付原告售房尾款 105 万元

《合同书》第二条已明确约定，被告应于 2003 年 7 月 25 日前付清原告售房尾款 105 万元，并应支付本案第三人各 10 万元和 130 万元。但时至今日，被告不仅未支付原告售房余款,而且也未支付本案第三人有关款项,被告拒付购房尾款的违约行为是有目共睹的。被告为了给其拒付原告售房尾款寻找理由,硬说被告付清原告售房余款105万元是附条件的,这个附条件就是原告必须在半年内配合被告将该项目产权过户到被告名下,并且无端将项目产权的范围扩大到除土地使用证和预售许可证以外的所有其他有关证件。必须指出,第一,配合被告办理产权过户的第一义务人是农垦一供;第二,本案项目产权的范围,仅包括土地使用证和预售许可证;第三,农垦一供已配合被告办理完产权过户手续;第四,被告在庭审中提出的有关金龙小区B2座的其他有关手续,原告也已依约提供给被告。并且,这些手续的提供与否,与被告依约付款无关,不是被告付清购房尾款的前提条件,与本案的审理亦无关。被告必须按照《合同法》第一百五十九条和第一百六十一条关于买受人应按照约定价格与约定时间付款的规定,支付原告售房尾款105万元。

(四)被告反诉无理,人民法院依法应予驳回

被告的反诉请求高达228万元,但被告的反诉请求无充分有效的证据支持。其反诉请求或是被告与案外人工程公司之间的法律关系,或是被告与税务部门之间的行政关系,或属于被告内部的经营问题,这些问题与原告的售房行为无关,更与原告的售房行为无任何因果关系,也与本案的审理和原告要求被告付清购房款105万元无关。值得一提的是,如果被告反诉属实,那么被告的购房行为一定损失惨重,被告目前不可能继续经营下去,但实际情况是,被告至今仍在售房,而且金龙小区B2座房产还卖得不错,这从侧面证明被告的反诉是不实的。被告的如意算盘是通过打官司,赖掉应付的该105万元债务;再通过所谓的反诉,从原告处发一笔不义之财。对于被告不讲诚信的违约行为,对于被告无理的反诉请求,本代理人相信人民法院会依法予以驳回。

综上,原、被告与本案第三人之间签订的《协议书》与《合同书》合法有效,原告和农垦一供不存在违约行为,被告应依约无条件立即支付原告售房余款105万元。被告反诉无理,人民法院应依法予以驳回。

四、判决结果

本院认为,原、被告及两第三人签订的,原告、两第三人及宏达公司共同签订的合同书,系当事人的真实意思表示,合同内容合法有效,应受法律保护。签约后,被告承接宏达公司在合同中的权利与义务,其应按协议向原告支付尚欠项目款105万元。根据原、被告及两第三人共同签订的协议书第三条、第五条第二款之规定,原告及两第三人应协助被告办理土地变性及过户手续,被告应在签约后6个月内付清余款,该付款的前提是原告必须在半年内配合被告将该产权过户至被告名下,否则顺延付款,故被告按合同约定在支付105万元存在附条件,被告可根据附条件享有先行履行抗辩权。被告系在原告、两第三人及宏达公司履约过程中,承接宏达公司权利义务,故合同的开始履行时间应按合同时间即2003年2月19日计。在办理土地过户过程中,第三人农垦一供是该土地的名义使用权人,其在更名过程中积极配合协助,但该土地复杂的审批手续,非第三人农垦一供意愿所左右,土地变性手续于2003年10月23日完成过户至被告名下,第三人在协助过程中没有违约行为。2003年10月23日,四方签约合同中支付项目款项的附条件已经成就,被告应按合同第五条第二款之规定,履行支付105万元的义务,但被告未能履行,被告在支付105万元过程中构成违约,应承担违约责任。原告请求被告支付105万元尾款并以每日万分之五计付违约金的请求合法,应予支持。被告提出反诉后,仅就担保税费及窝工损失向法院提交证据,故被告的其他反诉请求因举证不足,本院不予支持。被告提交纳税担保,未能提供原告应承担的税费及原告的税费已由被告承担,故被告就纳税损失的反诉请求因举证不充分不予支持。至于窝工损失,被告亦未说明窝工原因及窝工损失的实际产生,故被告反诉请求窝工损失因举证不充分不予支持。至于脚手架费用,应由权利人另外主张。据此,依照《中华人民共和国民法通则》第一百零六条第一款、第一百一十二条第二款之规定,判决如下:

(一)限被告自本判决生效后10日内,向原告支付购房款105万元及违约金(违约金的计算方法:自2003年10月24日起至本判决应履行之日止,以105

万元为本金,按每日万分之五计付)。

(二)驳回被告的反诉请求。

五、本案启示

本案被告在购买原告房产后拒付尾款,在原告起诉后又提起巨额反诉,企图通过诉讼获得不当利益,但被告的企图没有得逞。本案充分说明,市场经济就是法治经济,民事主体只有按规则运作,才能获得法律保护,否则即使图谋通过诉讼获利,也不会得逞。

第五节 本案开发商违约吗?

一、案情简介
二、一审判决结果
三、某公司上诉
四、赵建平律师二审代理词
五、二审判决结果
六、本案启示

一、案情简介

2006年4月8日,原告张某与被告某公司签订《商品房买卖合同》,约定张某购买南方明珠海晨园7号楼2单元201房,交房时间为2006年6月6日前。在交房日期届满后,张某以房屋存在质量问题为由拒不收房,并向海口市美兰区人民法院起诉,请求判令某公司支付逾期交房违约金、赔偿损失等诉讼请求,一审法院几乎全部支持张某的诉讼请求。某公司不服,上诉至海口市中级人民法院。经审理,二审法院驳回了张某关于支付迟交房违约金和赔偿损失的诉讼请求。

二、一审判决结果

2007年12月29日,美兰区人民法院就本案作出(2007)美民一初字第907号民事判决书。

经审理查明,2006年4月14日,原告张某与被告某公司签订"商品房买卖合同"一份,约定原告向被告购买位于海口市碧海大道39号"南方明珠"小区海晨园7号楼2单元201号房,建筑面积143.06平方米,其中套内建筑面积126.91平方米;按套内建筑面积计算,该商品房总价款为人民币425086元,其中原告于2006年4月28日支付该房首期房款人民币225086元(含定金),余款人民币20万元由原告申请银行按揭；被告应以银行按揭款到达被告银行账户后十个工作日为交房期限，将分期综合验收合格的商品房交付原告使用，并在商品房交付使用后360日内将办理权属登记需由被告提供的资料报产权登记机关备案；如被告逾期交房超过90日后，原告要求继续履行合同的，合同继续履行，被告应自本合同约定的最后交付期限的第二天起至实际交付之日止，按已交付房价款每日万分之三的标准向原告支付违约金；商品房达到交付使用条件后，被告应当书面通知原告办理交付手续；双方进行验收交接时，被告应当出示房屋合格的证明文件，并签署房屋交接单；所购商品房为住宅的，被告还需提供《住宅质量保证书》和《住宅使用说明书》作为本合同附件，被告自商品住宅交付使用之日起，据此承诺的内容承担相应的保修责任；被告不出示证明文件或出示证明文件不齐全的，原告有权拒绝交接，由此产生的延期交房责任由被告承担；因被告原因造成该商品房不能办理产权登记或发生债权债务纠纷的，由被告承担全部责任；被告承诺与该商品房正常使用直接关联的水、电、有线电视、电话线到位，楼内宽带网布线到位，并具备开通条件，绿化基本到位，道路通行，电梯正常运行，基础设施等在房屋交付时到达；本合同自双方签订之日起生效。

合同签订后，原告分别于2006年4月28日向被告支付购买"南方明珠"小区海晨园7号楼2单元201号房首付款人民币225086元，于同年5月24日将房屋按揭贷款人民币20万元直接转入被告账户。至此，原告已向被告付清全部购房款，被告也向原告出具了相应的购房款发票。2006年6月19日，原告妻子刘某某到被告处办理验房手续时，发现房屋内墙湿，且外墙与隔壁一单元02号房卫生间之间有裂缝，为此要求被告尽快修理而没有办理收房手续。同年6月29日、7月19日、7月27日、8月1日，原告妻子刘某某分别到被告处办理验房手续时，发现主卧东墙、北墙因外墙裂缝导致内墙渗水，地面渗水，主卫积水，次卫地面渗水，客厅西墙根渗水，南北阳台地漏不通导致积水，经多次要求修缮但漏水墙仍然没有修理，渗水情况比之前面积更加严重。对于该房存在的以上问题，被告工作人员也在收楼意见反馈表上进行了签字确认。2007年4月9

日,原告再次验房时发现房门锁被撬坏,室内、书房和主卫生间东墙仍渗水及湿花印,卧室内房间电源线插座被拆下,内部电线被抽走,电梯仍没有开通,隔断墙上有一条约两米长的裂纹等情况,即向被告提出房屋不符合收房条件而拒绝收房。同日,原告向海口市琼崖公证处申请对南方明珠海晨园7号楼2单元201号房的现状进行保全,并缴纳了公证费人民币1000元。同年7月29日,原告再次到南方明珠海晨园7号楼2单元201号房验收时,发现该房还是2007年4月9日保全时的状况,没有修复。为此,原告以被告逾期未交付质量合格条件的房屋为由向本院提起诉讼。

另查明,2006年2月8日,"南方明珠"小区海晨园工程质量经建设、勘察、设计、施工、监理等单位验收合格;同年8月8日,海南省建设工程质量安全监督总站同意上述质量验收结论及备案。另外,原告及其家属多次从北京来海口验收房屋的交通费共计11030元,住宿费共计2457元。

本院认为:原告与被告于2006年4月14日签订的"商品房买卖合同",是双方在平等自愿基础上达成的真实意思表示,主体适格,内容未违反法律、行政法规的禁止性或强制性规定,属有效合同,受法律保护。合同签订后,原告依约付清了全部购房款。在合同履行过程中,对于被告是否已履行书面通知交房的合同义务问题,根据双方合同约定,被告应以银行按揭款到达被告银行账户后十个工作日为交房期限(即自2006年5月24日起至同年6月5日止),并以书面形式通知原告交房,但被告在举证期限内未能提交证据,证明其已依约书面通知原告办理交房手续,故被告提出已在合同中约定交房的最后期限而不需再另行通知原告的辩解,缺乏事实根据,本院不予采信。对于原告及其家属多次验房而拒绝收房的原因,是由于被告一直没有解决房屋存在渗水的质量问题所引起的,原告不存在违约,故被告认为原告违约不收房且无权提出房屋质量问题的辩解,缺乏事实与法律依据,本院不予采信。虽然被告提供了"南方明珠"小区海晨园的工程竣工验收备案表,但原告所购买的"南方明珠"小区海晨园7号楼2单元201号房存在的质量问题,原告已经过公证保全及被告工作人员的多次签字确认,而且被告在约定的交房期限届满后,既没有书面通知原告办理交房手续,也没有将修复合格的房屋交付给原告,故已构成违约,应承担逾期交房的民事责任。根据合同约定的逾期交房违约金计算标准,被告应自2006年6月6日起至实际交付之日止,按已交付房价款425086元每日万分之三的标准向原告支付逾期交房违约金。对于被告的上述违约行为造成原告及其家属多次从北京到海口收房而实际支出的交通费11030元、住宿费2457元以及公证费1000元,依法应由被告承担。由于原告申请银行按揭贷款支付购房款属于另一法律关系,而且原告按月交付的银行利息属于正常履行按揭贷款合同的行为,故原告要求被告赔偿逾期交房期间原告交付的银行利息损失的诉请,缺乏法律依据,本院不予支持。

综上,原告要求被告按照合同约定的国家相关标准修复并交付质量合格的海口市碧海大道"南方明珠"小区海晨园7号楼2单元201号房,赔偿自2006年6月6日起至房屋实际交付之日止的逾期交房违约金及本院认定的部分实际损失的诉请,合法有据,应予支持。依照《中华人民共和国合同法》第四十四条、第六十条、第一百零七条、第一百一十二条、第一百一十四条、第一百三十五条,《最高人民法院关于审理商品房买卖合同纠纷案件适用法律若干问题的解释》第十八条第一款,《中华人民共和国民事诉讼法》第六十四条第一款之规定,判决如下:

一、被告某公司须于判决发生法律效力之日起15日内将位于海口市碧海大道"南方明珠"小区海晨园7号楼2单元201号房,按"商品房买卖合同"约定相关标准修复并交付给原告张某。

二、被告某公司须于判决发生法律效力之日起15日内向原告张某支付逾期交房违约金(自2006年6月6日起至实际交房之日止,按已交付房价款425086元每日万分之三的标准计算)。

三、被告某公司须于判决发生法律效力之日起15日内赔偿原告张某合计人民币14505元。

四、驳回原告张某的其他诉讼请求。

三、某公司上诉

某公司不服一审判决,依法向海口市中级人民法院上诉。某公司的上诉请求是:撤销海口市美兰区人民法院(2007)美民一初字第907号民事判决书中的第二项和第三项判决,判令被上诉人承担本案诉讼费。某公司上诉的事实与理由如下:

第一,本案讼争的商品房已具备交房条件

"南方明珠"海晨园已于2006年1月22日竣工验收,工程质量合格。原判认定"2006年2月8日,南方明珠小区海晨园工程质量经建设、勘察、设计、施工、监理等单位验收合格;同年8月8日,海南省建设工程质量安全监督总站同意上述质量验收结论及备案",上诉人并取得《海南省建筑工程竣工验收备案证》(备案号:2006044)。因此,本案讼争房屋已具备交房条件,被上诉人以该房屋存在质量问题为由,拒绝办理交房手续的理由不能成立。

第二,上诉人是否应履行书面通知交房的义务

根据上诉人与被上诉人签订的《商品房买卖合同补充协议》第十一条约定,上诉人应于银行按揭款到达出卖人银行账户后十个工作日内,把被上诉人购买的"南方明珠"海晨园7号楼2单元201号房,交付被上诉人使用。被上诉人向银行按揭贷款的款项于2006年5月24日汇出,从2006年5月25日开始计算十个工作日,2006年6月7日为十个工作日的最后期限,因此,被上诉人和上诉人最迟应当于2006年6月7日办理房屋交接手续。虽然上诉人与被上诉人签订的《商品房买卖合同》第十一条约定,商品房达到交付使用条件后,出卖人应当书面通知买受人办理交付手续,虽然上诉人未能提交证据证明已依约书面通知被上诉人办理交房手续,但是,原判既然认定被上诉人的妻子刘某某已于2006年6月19日来看房,就应认定上诉人事实上已履行了通知交房的义务。上诉人不必再提交书面证据,证明其已通知被上诉人办理交房手续。此外,值得一提的是,上诉人与被上诉人签订的《补充协议》第十条约定,买受人签订合同时,必须留下详细真实有效的联系地址和电话,否则出卖人无法送达而造成的一切后果由买受人自行负责。被上诉人居住在北京,其在《商品房买卖合同》中留下的地址为北京市崇文区葱店一巷5号,但是一审判决书中被上诉人的地址却为北京市西城区龙井街17号,因此,即使原判认定上诉人必须履行书面通知义务,该书面通知义务也因被上诉人提供的地址不真实,而应由被上诉人承担上诉人通知不能的责任。

第三,被上诉人是否可以以房屋存在质量问题为由拒收房屋,并索要迟交房违约金

上诉人不否认本案讼争的房屋存在一些细小的质量问题,对于该房屋存在的这些质量问题,上诉人早已修复完毕。如果该房屋确实存在主体结构质量不合格或严重影响正常居住使用,被上诉人完全可以请求解除合同和赔偿损失。在本案讼争的房屋只存在一些小的质量问题,并且早已修复的情形下,如果被上诉人提出解除合同,上诉人也同意解除合同。但是,被上诉人一方面以房屋存在质量问题为由拒不收房,并索要所谓的迟交房违约金;另一方面又要求上诉人在修复房屋后交房。根据双方签订的《商品房买卖合同》约定,被上诉人只有在以下两种情形下,才有权拒绝交接房屋:①上诉人不出示房屋已合格的证明文件或出示的证明文件不齐全;②与该商品房正常使用直接关联的水、电、有线电视、电话线不到位,楼内宽带网布线不到位,绿化不到位,道路不能通行。但是,被上诉人不是以上述两个理由不交接房屋,被上诉人向法庭提交的看房记录和公证书,也不能证明房屋存在上述两方面的质量问题,因此,被上诉人无权拒绝交房。此外,根据《最高人民法院关于审理商品房买卖合同纠纷案件适用法律若干问题的解释》第十二条及第十三条和本案的实际情况,上诉人只应承担房屋交接后的修复责任。在被上诉人已依约前来收房,并且不存在法定与约定拒绝收房的情形下,被上诉人无权拒绝交接房屋,上诉人依法不应承担被上诉人因无理拒收房屋产生的所谓迟交房违约金和其他损失。

四、赵建平律师二审代理词

2008年6月17日,海口市中级人民法院公开开庭审理本案。赵建平律师

代理某公司出庭,并发表了如下代理意见:

(一)原判错误认定上诉人,"没有书面通知原告办理交房手续"

上诉人与被上诉人约定的交房期限为2006年6月6日,原判也已认定原告妻子刘某某曾于2006年6月19日到南方明珠看房。

上诉人与被上诉人签约的时间为2006年4月14日,原判认定此前南方明珠小区海晨园工程质量经建设、勘察、设计、施工、监理等单位验收合格,被上诉人购买的是现房而不是期房。但是,由于被上诉人采取的是银行按揭付款方式,上诉人只有在被上诉人申请的银行按揭款到账后,才能把现房交付被上诉人,双方在《补充协议》第十一条特别约定:"该房交房日期以银行按揭款到达出卖人账户后十个工作日为交房期限。"《商品房买卖合同》第十一条关于"商品房达到交付条件后,出卖人应当书面通知买受人办理交付手续"的约定,指的是买卖期房的情况,不能适用于本案。根据《补充协议》第十一条约定,在银行按揭款到达上诉人账户后十个工作日为交房期限,事实上双方已约定了交房时间,不存在再另行通知的情形。

(二)被上诉人是否可以以房屋存在质量问题为由拒收房屋,并索要迟交房违约金和其他损失

《商品房买卖合同》第八条约定上诉人应将经分期综合验收合格的房屋交付被上诉人,被上诉人购买的位于海晨园7号楼的2单元201号房早于2006年2月8日经分期综合验收合格,本案讼争房屋已具备交付条件。被上诉人只有在以下两种情形下,才能拒绝交接房屋:第一,房屋主体结构质量不合格;第二,上诉人不出示房屋已合格的证明文件或出示的证明文件不齐全。但是,被上诉人至今不能向法庭提交充分有效的证据,证明本案讼争房屋存在主体结构质量不合格的问题,或上诉人不出示房屋已合格的证明文件或出示的证明文件不齐全,因此被上诉人无权拒绝交房。根据施工方于2008年5月10日出具的证明,该房渗水现象已作修补处理,不再渗漏;根据某物业管理公司于2008年5月6日出具的证明,被上诉人房屋电线被盗是该公司管理疏漏责任,并承诺在被上诉人办理交房手续后立即负责维修解决。值得指出的是,在被上诉人已依约前来收房,并且不存在可以拒绝收房的情形下,被上诉人无理拒绝交接房屋,上诉人依法不应承担因被上诉人无理拒收房屋产生的所谓迟交房违约金和其他损失。

(三)被上诉人至今故意不办理房屋交接手续

上诉人作为房屋出卖人,被上诉人作为房屋买受人,被上诉人理应向上诉人办理房屋交接的相关手续,而不应私下通过熟人找物业公司看房。上诉人办理交楼的程序是,首先,核对购房人的购房合同、交款发票、购房人身份证件等相关资料;其次,由购房人缴纳维修基金、燃气入户费、有线电视等费用;再次,由上诉人开具《入住通知书》,购房人到物业管理处验房,逐一对房屋的验收部位检测。购房人若有异议,可按有关质量维修规定,要求在约定时间内进行修复,并由购房人在《住宅质量保证书》上签字确认。被上诉人自2006年6月19日起,多次私下到南方明珠看房,但至今不到上诉人处按正常程序办理交房手续,理应承担房屋至今未能交接的责任。值得一提的是,由于被上诉人至今仍拒绝收房,该房的所有权和占有权仍在上诉人名下。被上诉人的私下看房行为和看房记录,不仅违反合同约定,也违反商品房交房的流程,因而是无效行为。被上诉人申请对当时仍在上诉人名下的本案讼争房屋进行公证的行为,是一种严重的侵权行为,该公证属于违法公证。此外,证明房屋是否存在质量问题,只能由建筑工程质量部门即海南省建筑工程监督总站进行鉴定,依法不能由公证机构进行所谓的公证。被上诉人在一审提交的公证书,只能证明房屋当时的现状,不具有对房屋进行质量鉴定的性质,人民法院不应予以采信。被上诉人根据其私下的看房记录和公证书提起诉讼,显属恶意。

五、二审判决结果

(一)关于本案讼争的房屋是否具备交付条件的问题。虽然《商品房买卖合同》约定上诉人出售的房产为期房,但该条款属于《商品房买卖合同》中的格式条款。根据原审查明的事实,2006年2月8日,"南方明珠"小区海晨园工程质量经建设、勘察、设计、施工、监理等单位验收合格;而上诉人与被上诉人签订的

《商品房买卖合同》的时间为2006年4月,事实上,被上诉人购买的商品房为现房而不是期房,双方在签订《商品房买卖合同》时,上诉人出售的商品房已具备交付条件。原审认定被告承诺与该商品房正常使用直接关联的水、电、有线电视、电话线到位,楼内宽带网布线到位,并具备开通条件,绿化基本到位,道路通行,电梯正常运行,基础设施等在房屋交付时到达,与事实不符。事实上,双方对上述配套设施除对水、电、有线电视、电话线到位,并具备开通条件,约定在房屋交付时到达外,双方对楼内宽带网布线到位、绿化基本到位、道路通行、电梯正常运行基础设施方面并没约定具体到位日期。故被上诉人关于上诉人在交房期限内其电梯未正常运行,不具备房屋交付条件的理由不成立。

(二)关于上诉人是否应当书面通知被上诉人办理交付手续的问题。双方虽在《商品房买卖合同》中约定,上诉人应于2006年4月30日前将分期综合验收合格的商品房交付给被上诉人,并在该合同的第十一条中约定,商品房达到交付使用条件后,上诉人应书面通知被上诉人。该条款与合同中约定出售的房产为期房条款,同属于《商品房买卖合同》中的格式条款。而本案被上诉人购买的商品房为现房,双方在签订《商品房买卖合同》时,上诉人出售的商品房已具备交付条件。且双方在补充协议第十一条中重新约定了交房期限,系对《商品房买卖合同》中约定的交房日期的变更。且双方在补充协议中约定,补充协议与正文条款不一致的,以补充协议为准,被上诉人对此亦无异议。故在被上诉人已明知交房日期的情况下,上诉人无需再书面通知被上诉人交房日期。

(三)关于被上诉人购买的房屋至今未办理交接手续的责任承担问题。首先,《中华人民共和国建筑法》第六十一条规定,交付竣工验收的建筑工程,必须符合规定的建筑工程质量标准,有完整的工程技术资料和经签署的工程保修书,并具备国家规定的其他竣工条件。建筑工程竣工验收合格后,方可交付使用。最高人民法院《关于审理商品房买卖合同纠纷案件适用法律若干问题的解释》第十二条规定,因房屋主体结构质量不合格不能交付使用;第十三条规定,因房屋质量问题严重影响正常居住使用,买受人请求解除合同和赔偿损失的,应予支持。交付使用的房屋存在质量问题,在保修期内,出卖人应当承担修复责任;出卖人拒绝修复或者在合理期限内拖延修复的,买受人可以自行或者委托他人修复,修复费用及修复期间造成的其他损失由出卖人承担。

本案中,上诉人出售的房屋已竣工并验收合格,并无证据证实上诉人出售的房屋主体结构质量不合格,不能交付使用,亦无证据证明上诉人出售的房屋因房屋质量问题严重影响正常居住使用。故被上诉人应当与上诉人办理房屋交接手续。如被上诉人购买的房屋,确实存在非主体结构方面的质量问题,根据上述法律规定,在保修期内,上诉人应当承担修复责任;上诉人拒绝修复或者在合理期限内拖延修复的,被上诉人可以自行或者委托他人修复,修复费用及修复期间造成的其他损失由上诉人承担。根据双方签订的补充协议约定,被上诉人应在交房前按总房款的3%,一次性向上诉人缴纳房屋维修基金,该款被上诉人并未支付。在被上诉人未付清合同约定的房屋维修基金、未办理房屋交接手续的情况下,以房屋存在质量问题为由,主张上诉人承担违约责任,无合同及法律依据。其次,双方已在补充协议中明确约定交房日期,被上诉人以房屋非主体结构的质量问题为由拒绝收房,导致双方无法依约办理房屋交接手续。根据双方《商品房买卖合同》第十一条约定,双方进行验收交接时,上诉人应当出示房屋合格的证明文件,并签署房屋交接单;所购商品房为住宅的,上诉人还需提供《住宅质量保证书》和《住宅使用说明书》。上诉人不出示证明文件或出示证明文件不齐全的,被上诉人有权拒绝交接,由此产生的延期交房责任由上诉人承担。本案中,被上诉人主张的房屋非主体结构的质量问题,不属于双方在《商品房买卖合同》第十一条约定的房屋买受人拒绝交接的情形,故根据合同约定,因被上诉人拒绝交接房屋而产生的责任应由其自行承担。其主张上诉人承担逾期交房的违约责任亦无合同及法律依据,本院依法不予以支持。上诉人的上诉请求符合法律及合同约定,本院予以支持。综上所述,原审判决认定事实有误,导致适用法律错误,本院应予以纠正。据此,依照《中华人民共和国民事诉讼法》第一百五十三条第一款第(一)项、第(二)项之规定,判决如下:

一、维持海口市美兰区人民法院(2007)美民一初字第907号民事判决的第一项、第四项;

二、撤销海口市美兰区人民法院（200）美民一初字907号民事判决的第二项、第三项。

六、本案启示

本案张某纯系恶意诉讼。对于张某无理的诉讼请求，一审法院居然全部予以支持。如果二审法院不秉公执法，某公司恐怕只能走上漫漫申诉路。在当今社会转型期，少数人为了追逐利益，利令智昏，他们可以置道德和法律于不顾。对于少数人的此类行为，全社会都要与之作坚决斗争，涉案当事人要依法维权，代理律师要敢于仗义执言，仗法执言，法官要依法公正审理，新闻媒体要予以充分曝光。

第六节　海南某公司诉请解除商品房买卖合同纠纷

一、案情简介

二、赵建平律师一审代理词

三、一审判决结果

四、赵建平律师二审代理词

五、本案启示

一、案情简介

2004年12月28日,原告海南某公司与被告吴某签订编号为GF-2000-0171的《商品房买卖合同》。合同约定被告购买原告开发的位于海口市金贸区金山广场诚意阁12层Ⅰ号房,该房建筑面积110.04平方米,套内建筑面积91.81平方米,按套内建筑面积计算,该房单价为每平方米2743.60元,总房款25.2万元。付款方式为银行按揭,被告首付52000元,余款20万元申请银行按揭。房屋交付期限为2005年3月30日前,原告应将经验收合格的房屋交付被告。如逾期交房,原告应按日向被告支付总房价款万分之一的违约金。

2005年1月26日,被告与原告及案外人工行洋浦分行签订《个人购房借款合同》。该借款合同约定被告作为借款人,原告作为担保人,工行洋浦分行作为贷款人,由工行洋浦分行贷款20万元给被告,以清偿被告在购房合同项下应支付给原告的剩余购房款。

在上述两份合同签订后,被告先后分两次支付原告购房款25.2万元。但是,被告所购房屋至今没有验收合格,原告至今也没有给被告办理该房的所有权证和相应的土地使用权证。在此情形下,被告于2008年底停止支付按揭款。

2009年6月11日,原告向龙华区人民法院起诉,请求法院判令被告偿还购房款及贷款利息和其他费用18万余元,并支付上述款项的相应利息;解除原告与被告签订的商品房买卖合同,被告所付购房款作为违约金由原告没收;被告承担本案诉讼费和律师费。赵建平律师在接受被告委托后,向龙华区人民法院递交了反诉状,并代理被告出庭。被告的反诉请求是:(1)确认海口市金山广场诚意阁12层I号房屋的产权属于反诉原告,判令反诉被告为反诉原告办理该房屋的所有权证和相应的土地使用权证;(2)判令反诉被告支付迟交房违约金39312元;(3)判令反诉被告承担本案诉讼费。

一审判决解除原告与被告签订的《商品房买卖合同》,判令双方互向对方支付迟交房违约金和逾期付款违约金,全部驳回被告的反诉请求。被告随即委托赵建平律师上诉。二审以原判认定事实不清,程序违法,可能影响案件的正确判决为由,撤销一审判决,发回龙华区人民法院重审。重审确认涉案房屋属于被告所有,被告应支付所欠购房款。

二、赵建平律师一审代理词

作为反诉原告的代理人,我依法发表如下代理意见:

(一)关于本案当事人之间的合同关系及法律效力

本案反诉原告与反诉被告之间存在两个合同关系,一是双方之间的商品房买卖关系,二是双方之间的按揭借款担保关系。上述两份合同主体合格,内容合法,意思表示真实,是合法有效的合同,理应受我国法律保护。

(二)关于双方当事人的履约情况

在《商品房买卖合同》项下,反诉原告已依约履行合同,支付完全部购房款。相反,反诉被告却严重违约,这主要表现在:第一,本案讼争房屋没有验收合格;第二,至今没有办理该房的房屋所有权证和相应的土地分割证。在按揭借款担保合同项下,由于反诉被告无理不办理房屋产权证书,反诉原告于2008年底停止支付按揭款,反诉被告代反诉原告支付了余下按揭款。

(三)关于本案的处理意见

由于反诉被告严重违反商品房买卖合同约定,人民法院应确认本案讼争房屋的产权属于反诉原告,并判令反诉被告为反诉原告办理该房屋的所有权证和相应的土地分割证,支付迟交房违约金,承担本案反诉费。

在按揭担保合同项下,反诉原告愿意支付经法庭确认的反诉被告代为支付的相关费用。

三、一审判决结果

本院认为,原告与被告签订的《商品房买卖合同》,系双方当事人的真实意思表示,且未违反法律禁止性规定,应确认有效,受法律保护。合同签订后,被告虽向原告交付了首期房款,并按合同约定向洋浦分行按揭贷款20万元,但由于被告未按时偿还贷款,导致洋浦分行从原告保证金账户中扣划182877.3元,偿还被告所欠的贷款及利息费用,且被告拒绝向原告支付该笔款项,被告的行为已构成违约并超过30日。按合同约定,被告逾期付款在本合同规定逾期超过30日后,原告有权解除合同。原告解除合同的,被告按累计应付款的1%向原告支付违约金,因此,原告请求解除原告与被告之间签订的《商品房买卖合同》,符合合同约定,本院予以支持。被告逾期付款,应按累计应付款的1%,向原告支付违约金。至本案审理时,被告累计应付款为25.2万元,其违约金252000×1%=2520元,原告要求被告支付违约金的请求,有事实与法律依据,本院予以支持。因本案未出现合同约定的被告向银行申请贷款不被受理或被告的贷款申请被银行受理后,不在20日内办理贷款手续,则自动转为一次性付款,被告应在本合同签订之日起30日内付清97%即20万元的款项,否则视被告违约,原告有权处理该房屋,并且将被告已付首期款视为违约金,不予退还的情形,因此,原告请求被告所付房款的52000元作为违约金由其没收,不符合合同约定,本院不予支持。根据《中华人民共和国合同法》第97条规定,合同解除后,尚未履行的,终止履行。鉴于双方所签订的《商品房买卖合同》已经解除,根据上述规定,合同尚未履行部分终止履行,因此,被告要求按合同约定,判令涉案房产产权归其所有,原告为其办理该房屋的所有权证和相应的土地使用权证的诉讼请求,不符合法律规定,本院不予支持。另外,由于原告延迟交房,应承担相应的违约责任,原告应交付房屋的时间为2005年3月30日,至本案受理时止,共52个月,其违约金为39312元(252000元×0.0001×52个月×30天)。

被告要求原告支付逾期交房违约金的诉讼请求,有事实和法律依据,本院予以支持。另:因本案中涉及两种不同的法律关系,本院已依法通知原告应就该两种法律关系作出选择,但原告表示仍坚持其诉讼主张,不同意进行选择。因此,本院仅对原告与被告双方的商品房买卖合同关系予以审理,而对双方的债权债务关系不作处理。综上,依照《中华人民共和国民法通则》第106条、第111条、第112条,《中华人民共和国合同法》第60条、第93条、第94条、第97条、第107条、第114条之规定,判决如下:解除原告与被告签订的《商品房买卖合同》;限被告在本判决书生效之日起三日内,向原告支付逾期付款违约金2520元;限原告在本判决书生效之日起三日内,向被告交付逾期交房违约金39312元;上述两项相抵后,原告向被告支付36792元;驳回原告的其他诉讼请求;驳回被告的反诉请求。

四、赵建平律师二审代理词

作为本案上诉人的代理人,我依法发表如下代理意见:

(一)原判认定事实错误

原判错误把上诉人停止偿还《个人购房借款合同》项下按揭款的行为,认定为不支付《商品房买卖合同》项下购房款的行为;错误把被上诉人在《个人购房借款合同》项下保证人的权利,认定为《商品房买卖合同》项下卖方的权利,并据此错误解除《商品房买卖合同》。上诉人与被上诉人于2004年12月28日签订《商品房买卖合同》后,即依约支付首付款5.2万元,余款20万元也已向工行洋浦分行申请按揭贷款,并支付给被上诉人,上诉人至今不欠被上诉人购房款,上诉人没有违反《商品房买卖合同》。在上诉人没有违约的情形下,原判判令解除该合同,没有事实与法律依据。原判既然"仅对原、被告双方的商品房买卖关系予以审理,而对双方的债权债务关系不作处理",就应认定上诉人没有违反《商品房买卖合同》,并依法支持上诉人的反诉请求。但是,原判却错误认定上诉人违约并解除该合同,导致原判不支持上诉人的反诉请求中关于确认讼争房屋产权,办理房屋所有权证和相应土地分割证的请求。本案不争的事实是,上诉人违反的是《个人购房借款合同》项下偿还银行贷款的义务,在被上诉人作为该《个人购房借款合同》的保证人,代上诉人偿还银行按揭款后,被上诉人可以依法要求上诉人偿还其代为偿还银行的款项,但不能依据上诉人违反《个人购房借款合同》的事实,请求解除《商品房买卖合同》。原判本应支持被上诉人要求上诉人偿还其代为偿还工商银行款项的请求,驳回其解除《商品房买卖合同》的请求。但令人不解的是,原判却不顾本案事实和法律规定,作出了解除《商品房买卖合同》的请求。特别值得一提的是,《商品房买卖合同》《关于付款方式的补充协议》及《个人购房借款合同》中没有交叉违约的约定,即上诉人违反《个人购房借款合同》,并不必然或同时导致上诉人违反《商品房买卖合同》与《关于付款方式的补充协议》。因此,在上诉人仅违反《个人购房借款合同》的情形下,原判据此解除《商品房买卖合同》,没有事实依据。

(二)原判适用法律错误

原判既然判令解除《商品房买卖合同》,就意味被上诉人不承担交付房屋的责任,被上诉人也就不存在所谓的支付迟交房违约金的责任。但是,原判在判令解除《商品房买卖合同》的同时,却判令被上诉人承担支付逾期交房的违约责任,向上诉人支付逾期交房违约金。在上诉人已依约依时全额支付购房款和被上诉人没有主张迟付款违约金的情形下,原判却无理驳令上诉人支付被上诉人延迟付款违约金。此外,退一万步,即使原判判令解除《商品房买卖合同》有事实与法律依据,原判也应依法解决《商品房买卖合同》解除前因双方已经履约产生的后果问题,即上诉人已交房款的返还和房屋的产权归谁所有的问题。但是,原判在判令解除《商品房买卖合同》的同时,仅判令双方互相承担本不存在的迟付款和迟交房的违约责任,但对上诉人已交房款和房屋产权的归属问题只字不提。原判虽然没有支持被上诉人没收上诉人所交房款的请求,但原判如此判决,实际上允许被上诉人在"合法"侵占上诉人所交首付款和已付按揭款(两者合计达10余万元)的情形下,把本案讼争房屋收回。此外,原判虽然判令被上诉人支付上诉人逾期交房违约金,但却无理解除《商品房买卖合同》,使被上诉人可以不交付房屋,本案讼争房屋还是不能归上诉人所有。

(三)关于本案的处理意见

鉴于上诉人已依约依时履行《商品房买卖合同》项下应履行的全额付款义务,但被上诉人却严重违约,没有依约办理房屋产权证和相应的土地使用权证,故二审法院应确认海口市金山广场诚意阁 12 层 Ⅰ 号房的产权属于上诉人;判令被上诉人为上诉人办理该房屋的所有权证和相应的土地使用权证;判令被上诉人支付迟交房违约金 39312 元。根据《个人购房借款合同》,由于被上诉人已替上诉人支付 182877.33 元购房款及贷款利息和其他费用,上诉人愿意支付该款项及相应利息。鉴于上诉人和被上诉人各自违反《个人购房借款合同》和《商品房买卖合同》的事实,上诉人愿意承担本案本诉一审诉讼费,被上诉人应承担本案一审反诉和二审上诉费。

五、本案启示

本案并不复杂,关键是分清商品房买卖合同关系和抵押贷款关系,分析原告和被告分别在两个法律关系中是否存在违约行为,就可以依法作出公正判决。但是,本案原一审主审法官却不是这样,而是混淆两者关系,把被告违反抵押贷款合同项下的义务,认定为违反商品房买卖合同项下买方的义务,从而作出错误判决。当然,对被告来说,既然铁心要购买该房,在原告违约的情形下,也不应停止支付按揭款,以避免自己违约的情形发生。在被告既不违反商品买卖合同,也不违反按揭贷款合同的情形下,本案原告就找不出任何解除合同和收回所售房屋的理由。

第七节　200亩国有土地使用权之争

一、案情简介
二、一审判决(节录)
三、赵建平律师二审代理词
四、赵建平律师关于撤销合同之诉代理词
五、本案启示

一、案情简介

甲公司拥有海口市府城镇200亩国有土地使用权。2008年5月21日，甲公司与蔡某共同申请设立乙公司，甲公司拟用该200亩国有土地使用权作价700万元入股，占乙公司70%股份。2008年5月30日，甲公司与乙公司签订《土地转让协议书》，约定把该200亩国有土地使用权以700余万元的价格，转让给乙公司。2009年3月11日，甲公司与乙公司签订《土地使用权转让合同》，并于次日到海口市国土资源局办理土地使用权过户手续。但由于某种原因，此次土地使用权过户手续没有办理成功，事后海口市国土资源局把过户资料退还给当事人。2010年2月3日，甲公司与案外人梁某签订《股权转让协议书》，把对乙公司享有的70%的股权转让给梁某。由于拖欠某银行营业部债务，该土地使用权被某银行营业部申请法院查封。甲公司、乙公司与某银行营业部于2010年2月5日签订《和解协议书》，由乙公司支付700余万元给某银行营业部，以偿还甲公司所欠某银行营业部700余万元债务。2010年7月12日，乙公司向海口市琼山区法院提起诉讼，请求确认乙公司与甲公司签订的《土地使用权转让合同》有效，并判令甲公司把该200亩国有土地使用权过户到乙公司名下。2010年12月23日，琼山区法院作出一审判决，判决乙公司与甲公司之间签订的《土地使用权转让合同》有效，甲公司把该国有土地使用权变更登记到乙公司名下。在琼山区法院作出一审判决后，甲公司董事长潘某找到赵建平律师，直陈此案苦衷,希望赵建平律师能代理此案。在接受甲公司委托后,赵建平律师在法定上诉期限内代理甲公司提起上诉。由于甲公司在一审审理期间没有反诉撤销该《土地使用权转让合同》,赵建平律师又代理甲公司另案向海口市中级法院提起撤销该合同之诉。2011年3月29日和4月12日,海口市中级法院公开开庭审理本案二审上诉案和甲公司另案提起的撤销合同之诉,赵建平律师代理甲公司出庭。

二、一审判决(节录)

经审理查明:原告乙公司于2008年5月21日登记设立,当时的股东为蔡某及被告甲公司,被告甲公司作为股东约定以本案所涉土地以700万元的价格出资,占原告乙公司的股份70%。2008年5月31日,原被告双方签订《土地转让协议书》,又约定"被告自愿将位于海口市府城镇大洋村,海口市国用(2009)字第001756号《土地使用权证》项下的135128.63平方米土地使用权及地上附属物(本案所涉土地)转让给原告,合同单价每平方米51.81元,总价款为人民币700.1014万元。并注明该地已租赁给海南某鸽业公司使用20年,原告应在2008年12月31日前付清全部款项,在此之前委托海南某拍卖公司转账到海口某贸易公司名下的款项视为同宗地款项,款项付到80%后,原被告双方开始办理过户手续。本协议签订后,租赁方继续租赁土地,租金由被告收取,租期满后,原告可进场使用,本协议与今后递交给国土局办理过户手续的《土地使用权转让合同》具有同等效力,本协议尚未约定的违约条款,以今后签订的《土地使用权转让合同》的条款为依据"。

2009年3月11日,原被告双方签订《土地使用权转让合同》一份,约定合同签订后十日内双方应共同到海口市国土资源局办理土地使用权变更登记手续,同时按规定缴纳税费。2009年3月12日,海口市政府服务中心出具受理通知书,受理了原被告双方的"出让地转让变更登记"申请。2009年4月8日,海南省第一中级人民法院在执行某银行营业部与被告甲公司借款合同纠纷一案中,依法查封了该土地使用权。2010年2月5日,原告乙公司、被告甲公司及某银行营部三方签订《和解协议书》，在协议中载明"2007年5月30日，乙方（被告甲公司）丙方（原告乙公司）双方签订了土地转让协议，协议约定乙方将上述土地使用权以700.1014万元的价格转让给丙方。目前，丙方出具其已支付土地转让价款605万元且缴纳税费以及向土地部门申请办理过户手续等相关材料"。协议中约定原告乙公司将《土地使用权转让合同》约定的土地转让价款700.1014万元支付给某银行营业部，用以清偿被告甲公司欠某银行营业部的借款本息（原告乙公司已经支付给被告甲公司的土地使用权转让价款，由原告乙公司向被告甲公司追偿或由双方另行协商解决）。原告乙公司足额支付该款700.1014万元给某银行营业部后，由某银行营业部向法院出具履约证明并申请解除对该土地使用权的查封。2010年2月9日，原告乙公司向某银行营业部支付了人民币700.1014万元用于代被告甲公司偿还借款。同日，某银行营业部向一中院出具了《履约证明书》，证明原告乙公司已经按照三方和解协议履行了全部付款义务。2010年3月8日，一中院解除了对该宗土地的查封。2010年3月18日，原被告双方在海口市政务服务中心申报了关于本案争议土地的出让地转让登记业务。2010年3月24日，该宗土地因被告涉及其他债务又被一中院查封，原被告双方申请办理土地转让材料被海口市国土资源局退回。

另查：2010年2月3日，原告乙公司章程修正案及股东会决议，股权转让协议书均载明："梁某受让被告甲公司的70%股份，成为原告乙公司的股东，并载明梁某以货币出资700万元"。原告乙公司在诉讼中称替被告甲公司支付给某银行营业部700.1014万元，是由梁某个人支付给原告乙公司的，即以此形式受让被告甲公司在原告乙公司的股份，而成为原告乙公司的股东。

本院认为，被告甲公司作为原告乙公司设立时的股东，虽约定以本案所涉土地作为出资，但其又分别于2008年5月30日及2009年3月11日与原告乙公司签订了该土地使用权转让协议，该协议系双方真实意思表示。被告甲公司并没有提出证据证明该协议是出于胁迫或欺诈签订，且也没有其他无效的情形，故是合法有效的。双方应严格按照合同约定履行相应的义务。从双方提供的《和解协议》能证实原告乙公司已按合同约定支付了605万元的土地转让价款。由于被告甲公司欠多方债务,致使该地被查封,原告乙公司不能如期将土地使用权登记在自己名下,不是原告的过错。故被告甲公司应立即按合同约定履行相应过户义务。梁某以替被告甲公司支付欠某银行营业部的700万元形式,实际受让被告甲公司在原告乙公司的股份而成为股东,且原告乙公司工商登记中载明梁某的出资为现金出资,故被告甲公司原约定的以土地出资,因其将土地使用权转让给原告乙公司而出资未到位,其出资不到位引发的责任应受《公司法》调整。被告甲公司承认在《土地使用权转让合同》签订时,双方没有恶意串通的意思表示,其辩称该合同是以合法形式掩盖非法目的,也未提出相应证据证明。另外,被告甲公司认为双方是以明显低价转让财产,对债权人造成了损害,该情形属于案外债权人行使撤销权的范围。综上,其确认无效的主张,无事实依据和法律依据,本院不予支持。依照《中华人民共和国合同法》第52条、60条、107条之规定,本院判决如下:

一、原告乙公司与被告甲公司签订的《土地使用权转让合同》合法有效;

二、被告甲公司将位于海口市府城镇大洋村海口市国用(2009)第001756号《土地使用权证》项下的135128.63平方米的土地使用权变更登记到原告乙公司名下。限本判决生效后30日内履行。

三、赵建平律师二审代理词

尊敬的审判长、审判员:

作为本案上诉人甲公司的二审代理人,我依法发表如下代理意见:

(一)原判违反法定程序

本案诉讼标的额为700余万元,依法应由海口市中级人民法院受理。本案被上诉人就此案提交的《民事起诉状》,也是向海口市中级人民法院提起诉讼,但不知何故,本案却由琼山区人民法院越级受理。

原判把当事人之间的股权转让纠纷与本案土地使用权转让纠纷并案审理,违反法定程序。

原判没有查明本案讼争地块上的附着物价值高达1000余万元的事实,没有根据该地块的价值远远超过《土地使用权转让合同》转让价700余万元的事实,向当事人释明,反而直接判令《土地使用权转让合同》有效,亦违反法定程序。值得一提的是,在本案一审过程中,由于上诉人没有反诉撤销《土地使用权转让合同》,只好就本案讼争《土地使用权转让合同》另案提起撤销之诉。目前,海口市中级人民法院已依法受理上诉人提起的撤销合同之诉,并定于4月12日开庭。由于本案与上诉人提起的撤销《土地使用权转让合同》之诉,实际是同一宗案件,但处理结果存在相互冲突的可能。为保证人民法院司法判决的统一,本代理人恳请合议庭依法撤销原判,改判本案讼争《土地使用权转让合同》无效;或在撤销合同之诉依法审理终结之后,再就本案作出二审判决。

(二)本案当事人于2009年3月11日签订的《土地使用权转让合同》依法无效

《土地使用权转让合同》不是一份孤立的法律文书,《土地使用权转让合同》必须与此前签订的《土地转让协议书》和上诉人与海口市国土资源局签订的出让合同及其附件一道,才构成此次土地使用权转让的完整法律文件。原判在未考虑《土地转让协议书》中的约定及未对上诉人与海口市国土资源局签订的出让合同及其附件进行必要审查的情形下,甚至也没有对该《土地使用权转让合同》进行必要调查的情形下,就认定该《土地使用权转让合同》有效,显属事实不清、证据不足和适用法律错误。

1.《土地使用权转让合同》至今尚未生效。

《土地使用权转让合同》第24条约定,"本合同双方签字盖章后,经市国土资源局办理变更登记手续后生效",即该《土地使用权转让合同》为附生效条件的合同。我国《合同法》第45条规定,"当事人对合同的效力可以约定附条件。附生效条件的合同,自条件成就时生效"。虽然海口市国土资源局曾于2009年3月12日受理该地块的变更登记申请,并承诺于2009年5月15日办结。但本案一个不争的事实是,本案讼争土地至今没有办理变更登记手续,该《土地使用权转让合同》依法依约至今没有生效。《物权法》第15条亦明确规定,有关不动产物权的合同,在法律另有规定或合同另有约定的情形下,合同按照法律规定或合同约定的条件生效。合同约定的生效条件至今不具备,该《土地使用权转让合同》不生效,符合《物权法》第15条规定。

2. 双方没有就《土地使用权转让合同》的若干主要条款协商一致,《土地使用权转让合同》纯系虚假,实质上没有成立,也没有得到严格履行。

该《土地使用权转让合同》的主要条款不具备,没有约定该地块的四至、转让年限、地上附着物和有否出租及典押等情形,甚至连《土地使用权转让合同》的份数都没有约定,缺少《土地使用权转让合同》中必须由当事人具体约定的必备条款。本案另一个不争的事实是,本案讼争地块一直没有移交给被上诉人,该地块一直由案外人——海南某鸽业公司承租使用。该地块为工业用地,使用年限仅剩41年,如减去某鸽业公司承租使用的20年后,该地块的使用年限仅为21年。该地块上附着物的价值高达1000余万元,上诉人从没有以口头或书面方式放弃。由于《土地使用权转让合同》没有记载上述真实情况,不具备《土地使用权转让合同》应有的真实性和可履行性,是一份虚假的《土地使用权转让合同》。

《土地使用权转让合同》没有约定被上诉人支付土地转让款的时间,根据《土地转让协议书》约定,被上诉人应于2008年12月31日前付清全部款项。《土地转让协议书》约定的"在此之前委托海南某拍卖有限公司转账到海口某贸易有限公司名下的款项视为同宗地款项"纯系虚构,在被上诉人没有于2008年12月31日前付清全部款项的情形下,《土地使用权转让合同》自始就不真实和无法履行。此后被上诉人代上诉人支付案外人某银行营业部700余万元的行为,只是被上诉人代上诉人还债的行为,不是被上诉人支付土地转让款的行为。

《土地使用权转让合同》第9条约定,本《土地使用权转让合同》签字之日起十天内,被上诉人须向上诉人缴纳土地使用权转让金总额的百分之十,作为履行《土地使用权转让合同》的定金。根据该条要求,被上诉人理应于2009年3月21日前,支付《土地使用权转让合同》约定的定金。但被上诉人至今没有提交其已依约交付定金的证据,被上诉人未交付定金的行为,使得该本来虚假的《土地使用权转让合同》可以不再继续履行。

3.《土地使用权转让合同》存在《合同法》第52条第2款规定的恶意串通，损害第三人利益的情形，依法应属无效。

上诉人当初以明显不合理的低价，与被上诉人签订该《土地使用权转让合同》，目的是为了逃避所欠多位案外人的债务。2010年7月23日和9月9日，案外人某房地产开发公司和琼山区某单位曾就该《土地使用权转让合同》提起撤销之诉。原判错误认定"被告认为双方是以明显低价转让财产，对债权人造成了损害，该情形属于案外人行使撤销权的范围"，此认定把《合同法》第74条规定的债权人的撤销权与第52条第2款规定的合同无效的条件混为一谈，显属适用法律错误。

4. 该《土地使用权转让合同》显失公平，亦属于《合同法》第54条规定的可撤销合同。

根据2009年2月20日的估价报告，本案讼争土地的总价款为3271.68万元，附着物的价值高达1000余万元，但《土地使用权转让合同》却约定以700余万元的价格，把该地块转让给被上诉人，该《土地使用权转让合同》显然显失公平，属于可撤销合同。一审法院没有向当事人释明，也没有依法撤销该《土地使用权转让合同》，反而判令该《土地使用权转让合同》有效，使被上诉人可获得本不该获得的巨额利益，严重损害上诉人的合法权益。特别值得一提的是，《土地使用权转让合同》约定的700余万元转让价格，仅为评估价格3271.68万元的四分之一左右。海南省国土环境资源厅《关于充分发挥土地调控作用促进房地产业平稳健康发展的通知》（琼土环资用字[2010]3号）第5条第(11)款明确规定，"成交价格比市县土地行政部门委托评估的市场评估价低20%的，市县政府可以行使优先收购权"。原判认定《土地使用权转让合同》有效，亦违反上述《通知》规定。

综上所述，原判严重违反法定程序，认定事实严重错误，适用法律严重错误。本代理人恳请二审法院依法撤销原判，改判本案讼争《土地使用权转让合同》无效，以维护司法公正。

四、赵建平律师关于撤销合同之诉代理词

尊敬的审判长、审判员：

作为本案原告甲公司的全权委托代理人，我发表如下代理意见：

（一）关于原告的真实意思

由于原告欠债较多，其主要的资产就是本案讼争地块。为了保全该资产，原告与蔡某合资成立被告，原告以该地块折价700万元，作为对被告的注册资金，后又改为以700余万元的价格把该地块转让给被告。由于转让价格极低，琼山区某单位和某房地产开发公司作为原告的债权人，曾就此提出过撤销此次交易的诉讼。在与被告签订《土地转让协议书》与《土地使用权转让合同》之后，由于考虑到原告是占被告70%股权的大股东，原告的债权人仍能据此执行即使在被告名下的该地块。为了弥补这一"漏洞"，原告又无偿把持有被告70%的股权转让给梁某。由于法律知识欠缺，在转让对被告持有的全部股权后，原告无法控制被告，因而发生本案的连环诉讼。本案被告先向琼山区法院提起确认本案讼争合同有效之诉，接着本案原告向海口市中级法院提起撤销合同之诉。纵观本案，一个不争的事实是，原告的真实意思是"假戏假做"，原告绝对不会把当时价格高达3000余万元的200亩国有土地使用权（如果加上价值1000余万元的地上附着物，该地块的转让价格更高达4000余万元），以700余万元的价格转让给被告。原告与被告履行《土地转让协议书》与《土地使用权转让合同》的行为，包括申请对该地块评估、办理变更过户手续及签订《和解协议书》，都是为了与被告一道保全该地块。但由于2010年2月3日原告把持有被告70%的股权转让给梁某，让原告"假戏假做"的真实意思被人为隐蔽和无法实现，代之以被告单方的"假戏真做"这一意思表示。

此外，为了保全该地块，早在与蔡某合资成立被告之前，即2008年1月6日，原告就与案外人某鸽业公司签订土地租赁合同，把该地块租赁给某鸽业公司使用20年，租期至2028年才届满。自2008年1月起，该地块就一直由某鸽业公司使用，没有移交给被告。此行为也证明原告的真实意思是"假戏假做"，

原告从没有以低价把该地块转让给被告的真实意思。

(二)关于原告诉请撤销本案讼争《土地转让协议书》与《土地使用权转让合同》,是否超过一年除斥期间的问题。

原告与被告签订《土地转让协议书》与《土地使用权转让合同》的时间,分别在 2008 年 5 月 30 日和 2009 年 3 月 11 日。值得注意的是,在 2010 年 2 月 3 日前,即原告在把其持有被告 70% 的股权转让给梁某之前,由于原告对被告享有 70% 的股权,原告把本案讼争土地使用权转让给被告的行为,其性质是关联公司之间的交易,原告通过对被告享有 70% 的股权,进而享有对本案讼争土地使用权的控制权。也就是说,在 2010 年 2 月 3 日前,本案讼争《土地转让协议书》与《土地使用权转让合同》的签约主体,是原告和与原告占 70% 股权的被告,也可以说是原告和与被告名义出面的原告签约。因此,在 2010 年 2 月 3 日之前,原告的合法权益并没有受到损害。但是,自 2010 年 2 月 3 日原告与梁某签订《股权转让协议书》,把其持有被告的 70% 股权全部无偿转让给梁某始,原告再也不能对被告行使股东权利,此时原告与被告之间关于本案讼争土地使用权的转让交易,就从关联公司之间的内部交易变成两个互无控股关系的独立公司之间的独立交易,原告此时才知道或应当知道自己对本案讼争土地使用权的权利被侵犯。因此,原告撤销权的起算时间应从 2010 年 2 月 3 日起算,至 2011 年 2 月 3 日终止。由于原告起诉的时间在 2011 年 1 月 12 日,原告的撤销权没有消灭。

被告以 2009 年 2 月 20 日宝环土地估价事务所出具评估报告的时间,作为本案撤销权的起算时间显然无理,人民法院依法不应予以采信。

(三)原告诉请撤销《土地转让协议书》与《土地使用权转让合同》,有充分的事实与法律依据。

《土地使用权转让合同》的签订时间在 2009 年 3 月 11 日,被告在其《民事诉讼答辩状》中称,该《土地使用权转让合同》签订于 2008 年,与事实不符。《土地转让协议书》与《土地使用权转让合同》把本案讼争土地使用权的转让价格都定为每亩 34483 元,总价款 700.1014 万元。因此,2009 年上半年海南土地市场的价格,是决定合同转让价是否显失公平的重要和唯一的根据。根据宝环土地估价事务所于2009年2月20日出具的土地估价报告,当时的市场价为每亩16.1万元,总价款3271.68万元,远远高出合同转让价四倍。但由于在2010年2月3日前,该宗地系在原告与其关联公司之间交易,该宗地的转让价格即使低于合同转让价,也属于原告内部的关联交易行为,不构成对原告合法权益的损害。但是,自2010年2月3日始,由于原告不再持有被告股权,被告也不再是原告的关联公司,被告以四分之一的市场价受让该宗地,显然显失公平。值得一提的是,在琼山区法院(2010)琼山民一初字507号《民事判决书》中,也认定"双方是以明显低价转让财产,对债权人造成了损害"。根据《民法通则》第4条关于"民事活动应当遵循自愿、公平、等价有偿、诚实信用的原则"和《合同法》第54条关于"在订立合同时显失公平的,当事人一方有权请求人民法院撤销"的规定,原告诉请人民法院撤销本案讼争《土地转让协议书》与《土地使用权转让合同》,有充分的事实与法律依据。

本案之所以发生,根本原因在于2010年2月3日原告把持有被告70%的股权无偿转让给梁某,自此失去对被告的控制,从而使该宗地的转让显失公平,此行为完全符合最高法院关于《民法通则》的司法解释第72条关于"一方当事人利用对方没有经验,致使双方的权利义务明显违反公平、等价有偿原则,可以认定为显失公平"的规定。

值得一提的是,《土地转让协议书》与《土地使用权转让合同》约定的700余万元转让价格,仅为评估价格3271.68万元的四分之一左右。如果加上地上1000余万元附属物的价值,该700余万元转让价仅为市场价的六分之一左右。海南省国土环境资源厅《关于充分发挥土地调控作用促进房地产业平稳健康发展的通知》(琼土环资用字[2010]3号)第5条第(11)款明确规定,"成交价格比市县土地行政部门委托评估的市场评估价低20%的,市县政府可以行使优先收购权"。根据该《通知》精神,本案讼争《土地转让协议书》与《土地使用权转让合同》也必须予以撤销。

综上所述,原告诉请撤销本案讼争《土地转让协议书》与《土地使用权转让合同》,有充分的事实与法律依据,同时也没有超过一年的除斥期间。本代理人恳请合议庭支持原告的诉讼请求,撤销本案讼争《土地转让协议书》与《土地使用权转让合同》,以维护法律的正确实施和社会公平正义。至于被告代原告支付给某银行营业部的700余万元,原告愿意全额偿还,并支付同期银行利息。

五、本案启示

本案是一起完全不该发生的民事纠纷。本案起因于甲公司欲逃避债务,保存本案讼争的200亩国有土地使用权。甲公司采取的办法是先成立乙公司,后来又把本案讼争土地使用权转让给乙公司。但由于甲公司把其对乙公司的70%的股权转让给了他人,最终使甲公司对乙公司失去控制权,从而使乙公司与甲公司就该讼争土地使用权的归属对簿公堂。甲公司原来的用意是"假戏假做",但没想到其结果却是"假戏真做"。纵观本案,甲公司的法定代表人法律意识不强,在以下几个关键问题上违反法律规定或失策:

第一,在约定用土地使用权作价入股的情形下,不用土地作价入股,违反《公司法》的相关规定;

第二,把对乙公司享有的70%的股权无偿转让给梁某,使甲公司失去对乙公司的控制权,从而最终失去对该土地使用权的控制;

第三,合同约定的转让价格偏低,确实显失公平。

此外,一审过程中甲公司的代理人没有提起反诉,没有向法庭讲明讲透合同无效和可撤销的理由,也是本案一审败诉的原因。

第八节　海南某医院侵犯陈某某生命权案

一、案情简介

二、被告答辩状

三、海南省医学会《终止鉴定通知书》

四、赵建平律师代理词

五、判决结果

六、本案启示

一、案情简介

孔氏兄弟来自哈尔滨，系孔圣人后代（繁字派）。2003年6月10日下午，孔氏兄弟的母亲陈某某因支气管哮喘，到海南某医院住院治疗。当日下午4时30分，陈某某住进该院呼吸科病房。医生在简单询问病情、听诊时，陈某某告知医院，自己有青霉素类、头孢类过敏史。但是，医生在未进行过敏试验的情形下，于下午5时35分静脉点滴头孢噻唔纳，点滴进行到约3分钟时（下午5时38分），陈某某突然一声呛咳，嘴唇和脸部发紫，身体团缩，说不出话，用手痛苦地指向针头，随即呼吸、心跳停止，昏死过去，虽经抢救，陈某某于14分钟后心跳恢复，但不能自主呼吸，仍昏迷不醒，此后生命一直处于垂危状态。后经医患双方同意，于6月12日下午转往省人民医院呼吸科ICU病房抢救，6月29日晚10时30分因抢救无效死亡。

在母亲死亡后，孔氏兄弟及家人多次找某医院要求赔偿，该院均置之不理。孔氏兄弟又多次找该院主管部门，也没有任何结果。在万般无奈之下，孔氏兄弟只好诉诸法律。在朋友推荐下，孔氏兄弟找到赵建平律师。在听完孔氏兄弟的陈述后，赵建平律师对此表示深深的同情。但由于自己不懂医学，加之本案难度太大，赵建平律师没有同意代理。后来，孔氏兄弟第二次又找到赵建平律师，诚恳地再次希望赵建平律师能够代理该案。望着孔氏兄弟充满期望的眼神,赵建平律师只好下决心代理。2004年5月18日,赵建平律师代理孔氏兄弟向龙华区人民法院递交民事起诉状,被告于2004年6月10日答辩。法院本来决定于2004年7月15日公开开庭审理本案,但由于被告申请医疗事故鉴定,导致未能如期开庭。海南省医学会先后两次组织鉴定,并于2005年10月11日作出《终止鉴定通知书》。在时隔一年半之后,龙华区人民法院终于在2005年11月25日公开开庭审理本案,岛内各大媒体记者到庭旁听了庭审。之后,岛内各大媒体均对本案进行了客观、公正的报道。2005年12月19日,龙华区人民法院终于作出判决,判令被告支付孔氏兄弟医疗费、丧葬费、交通费、住宿费、精神损害抚慰金共计18万余元。至此,用赵建平律师的话来说,肩上的千斤重担终于卸下了。赵建平律师为道义而战,为孔圣人后代(繁字派)讨公道的正义之诉,终于获得法律的支持。

二、被告答辩状

(一)患者陈某某在答辩人处诊疗经过

患者,陈某某,女,77岁,因反复发作性咳嗽、喘息20余年,再发加重20余天,于2003年6月10日下午到答辩人处呼吸内科住院治疗。入院后,患者介绍其20余年前开始出现咳嗽、咳痰、喘息,呼吸困难,以呼气为主,呈发作性,曾在当地医院明确诊出:支气管哮喘、慢性阻塞性肺气肿、慢性肺源性心脏病。年轻时常因天气变凉,劳累后诱发,经化痰、抗感染、解痉平喘、利尿、强心治疗后症状好转。近两年爬二楼气促明显,最近在室内行走亦出现气促。20余天前因受凉后咳嗽、咳痰加重,痰黄稠,难以咯出,气促,无畏寒发热,无鼻塞流涕,无咽痛,无打喷嚏,无咯血,无潮热盗汗,无进行性消瘦,入院前一天曾在省人民医院门诊拟"支气管哮喘并肺部感染"予以头孢曲松钠、左克针抗感染、氨茶碱针解痉平喘等治疗。自诉痰黄转白,但痰量仍多,气促无明显缓解,活动后加重,无夜间阵发性呼吸困难,无浮肿,尿量少,口唇、肢端轻度紫绀。既往有青霉素类、磺胺类过敏史。

入院体检:体温36.0℃,呼吸22次/分,血压130/75mmHg,神志清楚,精神差,慢性病容,口唇紫绀,颈静脉稍怒张,气管居中,胸廓呈桶状,肺气肿征,双肺呼吸音极低,右肺及左右下肺闻及湿啰音,散在哮鸣音,心界不大,心律 86 次/分,律齐,心音低钝,三尖瓣听诊区心音较二尖瓣听诊区强,双下肢无水肿,四肢末端紫绀。

入院诊断考虑:支气管哮喘并肺部感染,慢性阻塞性肺气肿,慢性肺源性心脏病,呼吸衰竭,心功能Ⅳ级。

入院后予以吸氧,化痰,解痉平喘,抗感染,改善肺功能治疗,选用头孢类药物抗感染,患者下午 5 时 35 分静滴头孢噻肟钠,5 时 38 分突然出现胸闷、气促、口唇紫绀,不能言语,神志不清,小便失禁,随即心跳、呼吸停止,立即予以心肺脑复苏等处理。5 时 52 分心肺复苏成功,心跳达 140 次/分,血压 140/70mmHg,自主呼吸 6 次/分,神智尚未转清,继续予以机械通气,脑复苏治疗。6 月 11 日凌晨 2 时双侧瞳孔对光反射灵敏,大小约 3mm,8 时神志呈嗜睡状态,呼之有睁眼反应,四肢自主运动对称,痛觉反射灵敏,生命体征基本保持稳定正常,检查血气分析、血肝功能、肾功能、电解质等回报均基本正常,心肺脑复苏成功,重要器官功能均恢复正常,并基本维持稳定状态。

患者入院后一小时,在静脉点滴仅 3 分钟左右,即出现心跳呼吸骤停,在整个抢救过程中,呼吸内科的医务人员均积极参与抢救,患者呼吸、心跳骤停十四分钟后得以恢复,心、肺、脑、肝、肾等重要器官第二天检查均恢复正常,整个抢救过程是成功的。

6 月 12 日下午,请省人民医院黄主任会诊,黄主任表示同意答辩人的诊断及治疗,后经与家属商定,同意将患者转至省人民医院继续治疗。

(二)有关事实说明

1. 根据记录,患者入院陈述既往史时并无说明其有头孢类过敏史,而是说有"青霉素、磺胺类过敏史",虽然有关药典说明对青霉素过敏者,应慎用头孢类药物,但考虑到患者入院前已经在省人民医院门诊使用过头孢类药物(根据病史记载为头孢曲松钠),故答辩人对患者使用了同样属于头孢类的抗菌素药物新治君治疗。并且,在药典中也没有规定使用头孢类药物需要进行皮试,所以,答辩人不存在违反诊疗护理常规的行为。

2. 患者心脏骤停的原因,已经由专家会诊,认为虽然不能完全排除药物过敏,但考虑为原发性心脏骤停可能性较大。原因有三:(1)患者为77岁高龄病人,既往有长年的哮喘、慢性肺气肿、慢性肺源性心脏病史,这些基础疾病的存在导致患者长期机体缺氧,本次又因肺部感染入院,心室晚电位可疑阳性,这些都是引发原发性心脏骤停的重要依据。(2)患者入院前一直在使用同类头孢类药物治疗,并未存在有任何过敏反应,况且在心脏骤停前并无过敏反应的常见表现,如皮疹、喉咙水肿、循环衰竭等,因此没有充分依据表明这是过敏反应所致的心脏骤停。(3)以目前文献资料、药典说明,尚未有报导头孢类药物对心脏有任何的直接毒性作用,因此也排除了药物毒性作用引起心脏骤停的可能。

3. 患者于6月10日下午突然出现心脏骤停后,经答辩人积极抢救成功,至6月12日离开答辩人处时,生命体征已经基本正常。此后,患者的治疗情况、患者死亡后是否尸检查明死因等情况,答辩人亦无从得知。因此,患者陈某某死亡原因尚待查明。

综上所述,答辩人认为对患者的治疗过程,符合相关医疗操作规范,不存在违规或过失行为,患者在答辩人处出现心脏骤停已经抢救成功,不是患者死亡的原因,请求人民法院查明事实,依法判决。

三、海南省医学会《终止鉴定通知书》

龙华区人民法院:

贵院于2004年7月19日委托我会对陈某某与某医院医疗事故争议案进行鉴定,当时因医患双方在抽取异地专家问题上未能达成一致意见,造成鉴定不能,故我会于9月3日中止对本案的鉴定。贵院又于2005年8月12日致函我会,要求对此案恢复鉴定,我会重新启动鉴定程序后,经审核医患双方提交的鉴定材料,现仍存在鉴定材料不全、病历真伪的争议,双方对部分鉴定材料不予认可及部分病历资源涂改等问题。根据《医疗事故技术鉴定暂行办法》第十六条及中华医学会医鉴办《关于做好组织医鉴工作的建议》的有关规定,现决定对陈某某与某医院的医疗事故争议案终止鉴定。

终止鉴定理由为：

1. 本案的争议要点主要是死因（或心跳骤停原因）的争议，患方认为患者陈某某因有青霉素类和头孢类过敏史，在注射头孢噻肟纳三分钟后出现心跳骤停，为用错药物或药物过敏性休克所致。曾提出所使用的剩余药液应封存备检，现医方未能提交封存的剩余药液或经具有检验资格的检验机构对该药液作出的检验报告，故对判别患者心跳骤停原因造成困难，无法作出准确的鉴定，此为鉴定材料不全且也无法补充，是终止鉴定的主要原因。

2. 医方认为患者心跳骤停的原因是因年老患者，患有多种慢性心肺疾病，特别是肺源性心脏病，心肺功能不全所致，所提交的病历资源，包括入院纪录、病程记录、抢救记录、医嘱单为第二次封存的资料，患方对第二次封存前的病历资料存在被重写或修改的质疑，故其真实性不予认可。而医疗事故技术鉴定主要依据原始病历资料记录的客观事实经过，才能作出正确的鉴定。本案的病历资料真实性发生争议，为终止鉴定的原因之二。

3. 审核医患双方提交的鉴定材料中，有一项心室晚电位报告单中的患者性别为男性，报告日期有涂改迹象，经核对，与封存的原件一致。因心室晚电位是作为判断心功能的指标之一，此项检查报告存在真实性争议，也对鉴定造成困难，为终止鉴定的原因之三。

四、赵建平律师代理词

尊敬的审判长、审判员、人民陪审员：

我接受本案原告委托，并根据海南川海律师事务所指派，依法参加今天的庭审。

本案发生至今已将近两年半，原告起诉也有一年半时间。今天，在庄严的法庭上，为了给死者一个交代，给生者一个安慰，更重要的是，为了防范类似悲剧重演，为了给被告及相关责任人一个警示，为了构建和谐医患关系，我作为受原告全权委托的代理人，根据本案铁的事实和神圣的法律，发表如下代理意见：

(一)被告存在主观过错

1. 被告过失违反诊疗常规、规范

(1)被告明知患者对头孢类过敏,轻信患者不会产生过敏后果,因而在注射前没有给患者做皮试。

根据原告陈述,患者对头孢类、青霉素类过敏。患者事发前在国贸社区门诊部注射过头孢类药液,由于患者对头孢类、青霉素药液过敏,国贸门诊部在给患者注射之前,不仅做过皮试,而且在确认患者不会发生危险后,才注射头孢曲松钠。根据被告提交的答辩状和被告出具的《关于患者陈某某在我院的诊疗经过》,被告对于患者对头孢类过敏是明知的,对于因头孢类过敏导致患者死亡的结果也是不排除的。被告之所以没有给患者做皮试,就是因为考虑到患者几小时前,在国贸社区门诊部注射过头孢类药液后,没有发生过敏现象,主观认为患者对头孢类药液不过敏,因而在未作皮试的情形下,给患者注射了一针要命的头孢噻唔纳。可见,被告的上述行为,属于过于自信的过失。

(2)被告给患者注射前,违反诊疗常规、规范,没有给患者进行心电图、X光和肾功能检查,也没有给患者做吸氧、吸痰处理,更没有预先做好过敏抢救的准备工作。

(3)被告事后抢救不及时,在事发后两小时才给患者戴上呼吸机和冰帽。

2. 被告事后故意销毁药液,导致鉴定不能,应依法承担由此产生的败诉后果。

3. 为了逃避赔偿责任,被告丧尽天良,居然事后篡改、伪造病历。被告篡改、伪造病历的行为表现在:

(1)根据2003年6月5日省人民医院对患者的检查结论、被告于2003年6月10日和11日对患者的检查结论以及省人民医院于2003年6月12日、6月29日对患者的诊断结论,患者无慢性肺原性心脏病、呼吸衰竭和心功能Ⅳ级,但在被告事后提供的患者的病历中全都写上了。

(2)能证明患者心脏存在疾病的重要依据——心室晚电位图,性别不对,病例号不对,日期存在明显涂改迹象,显然是一份伪证。

特别值得一提的是,对于被告销毁药液和篡改、伪造病历的行为,在法庭刚才宣读的海南省医学会于2005年10月11日出具的《终止鉴定通知书》中,已作为该会终止鉴定的理由。由于被告的原因导致鉴定不能,被告当然应依法承担由此产生的败诉后果。

(二)被告的过失诊疗行为,直接导致了患者的人身死亡后果

根据2003年6月12日被告的护理单和省人民医院的护理单、医嘱单,患者转院时没有抢救成功,更没有使患者恢复。根据省人民医院于2003年6月29日关于患者死亡原因的诊断,患者的死亡结果系休克后导致。

(三)患者的死亡结果与被告的诊疗过失行为之间存在因果关系

根据原告当庭出示的相关证据,完全可以排除患者存在慢性肺原性心脏病和原发性心脏病的可能;根据患者转院后在省人民医院的诊疗病历和被告的答辩状以及被告事后对患者使用的治疗过敏的药物,患者系因头孢类过敏休克,因抢救无效死亡。很显然,患者的死亡与被告的诊疗过失行为之间存在不容置疑的因果关系。根据最高人民法院民事诉讼证据规则的规定,被告应对其主观无过失和患者的死亡与诊疗行为之间不存在因果关系承担举证责任。但是,直至现在,被告没有也不可能就其无主观过失和患者的死亡与其诊疗过失行为之间不存在因果关系承担举证责任。由于举证不能,被告当然应承担败诉后果。

综上所述,由于被告存在主观过错,由于被告的过失诊疗行为和患者的死亡后果之间存在因果关系,被告应依法承担赔偿责任。

鉴于被告销毁和篡改、伪造病历的行为,已违反《医疗事故处理条例》第五十六条、第五十八条,本代理人恳请人民法院给被告的行政主管单位——省卫生厅发出司法建议书,建议省卫生厅对被告的相关责任人作出相应的行政处理。同时,鉴于本案相关责任人的行为已触犯我国《刑法》第三百三十五条医疗事故罪,原告授权本代理人向法庭声明,保留向公安部门报案,或采取刑事自诉方式追究相关责任人的刑事责任的权利。

以上代理意见,恳请合议庭采纳。

五、判决结果

本院认为,公民的生命权、健康权受法律保护。被告的医务人员在对原告母亲陈某某的治疗护理过程中,对陈某某的生命健康权未尽到应有的关心和注意,在已知陈某某有青霉素头孢类过敏史的情况下,违反诊疗护理常规,未按药品使用说明书的规定操作,未给予陈某某作皮试而注射了头孢噻肟纳,致使陈某某多器官组织功能衰竭和急性肾衰竭等,并最终导致陈某某因抢救无效死亡。

此事故发生后,虽然被告曾申请医学会就其医疗行为与陈某某死亡之间是否有因果关系及是否存在医疗过错行为进行鉴定,但由于被告未能提交封存保留的剩余输液或依法具有检验资格的检验机构对剩余输液作出的检验报告,且被告提交病历资料中的心室晚电位报告单,出现了性别错误及日期被涂改的现象,从而导致鉴定终止。根据最高人民法院《关于民事诉讼证据若干规定》第四条第八项关于"因医疗行为引起的侵权诉讼,由医疗机构就医疗行为与损害结果之间不存在因果关系及不存在过错承担举证责任"的规定,由于被告的原因而导致无法鉴定,对此被告应承担举证不能的责任。因此,可以推定被告医护人员的医疗行为有过错,且其过错行为与陈某某死亡之间存在因果关系,作为责任人的被告则推定其具有监督、管理不善的过失。

综上,由于被告的过失诊疗护理行为,造成了患者陈某某死亡的医疗事故,对此,被告应承担医疗事故损害赔偿民事责任。原告作为死者陈某某的直系亲属,要求被告给予赔偿有理,本院予以支持。赔偿数额的确认,则依据《医疗事故处理条例》规定的项目和标准计算。因被告未能举证证明受害人陈某某在其处的原发病医疗费用,其收取陈某某预交的医疗费用无合法依据,故被告应将收取受害人陈某某预交的住院医疗费6000元返还原告。此外,由于被告的过失行为造成陈某某人身损害后,在海南省人民医院抢救治疗发生的费用127451.91元,也应由被告承担。由于丧葬费是按照医疗事故发生地规定的丧葬费补助标准计算,参照海南省交警总队2002年12月23日制定的《关于二

○○三年度海南省道路交通事故人身损害赔偿计算标准的通知》（下称通知）规定，死者陈某某的丧葬费按4000元支付，故被告应向原告支付的丧葬费为4000元，原告多支出的其他费用由原告自己负担。交通费及住宿费凭票据支付，原告支付的交通费为3268元，住宿费为6836元，对此，被告应给予赔偿。由于被告的侵权行为使原告在心理和感情上遭受了创伤和痛苦，对此，被告应给予原告精神赔偿，故对原告提起的精神抚慰金赔偿，本院予以支持，但原告提出的6万元赔偿数额过高，根据《医疗事故处理条例》第五十条第十一项规定，该赔偿金按照事故发生地居民年均生活费计算，赔偿最高年限为六年，参照《通知》规定，本省人均生活费标准为一年6823元，因此，被告应向原告赔偿的精神抚慰金为40938元（6823元×6）。

据此，依照《中华人民共和国民法通则》第一百一十九条、《医疗事故处理条例》第五十条之规定，判决如下：

限被告于本判决发生法律效力之日起10日内支付医疗费133451.91元、丧葬费4000元、交通费3268元、住宿费6836元、精神损害抚慰金40938元，共计188493.91元给原告。

案件受理费5715元，由原告负担435元，被告负担5280元；鉴定费3000元，由被告负担。

六、本案启示

医疗行业是高风险行业，发生医疗事故不足为怪，关键是医患双方要理性对待，依法处理。在处理本案过程中，患方家属强忍突然失去慈母的巨大悲痛，自始至终坚持理性维权，依法维权，最终赢得了本案的胜诉。相反，在发生医疗事故后，某医院态度恶劣，对待患者家属的合法诉求不理不睬，甚至采取违法手段毁灭对其不利的证据，最终彻底输了官司。

本案的胜诉，还得益于海南省医学会依法公正作出的《终止鉴定通知书》。海南省医学会如果不能公正处理本案鉴定事宜，本案也许还要无休止地进行没有结果的鉴定。

每起医疗事故的情况均不相同,有时是患方有理,有时是医方有理。律师在代理医患纠纷时,不可一味站在患方或医方立场上发表意见,必须具体情况具体分析,提出有事实与法律依据的代理意见,协助人民法院依法妥善处理医患纠纷,为构建和谐医患关系作出应有的贡献。

第九节 维护某单位巨额存单权利案

一、案情简介

二、赵建平律师一审代理词

三、一审判决结果

四、民事上诉状

五、民事上诉答辩状

六、赵建平律师二审代理词

七、二审判决结果

八、本案启示

一、案情简介

1996年4月30日,某单位到某银行存入500万元,某银行出具了一张定期存款存单,年利率11.529%,期限一年,但某银行一直拒付。2003年11月6日,某单位委托赵建平律师向海口市中级人民法院提起诉讼。本案于2003年12月24日开庭,在法庭上,某银行认为该定期存单为无效存单,某单位所存款项已转入某公司账户,实际用款人是该公司,本案已过诉讼时效,因此,某银行要求法院驳回某单位的诉讼请求。针对某银行的答辩,赵建平律师在代理词中进行了有力的反驳。2003年12月26日,海口市中级人民法院以(2003)海中法民初字第125号民事判决书,判令某银行支付某单位500万元及利息。某银行不服,随即向省高级人民法院提起上诉。省高级人民法院于2004年4月27日以(2004)琼民二终字第6号民事判决书,驳回某银行上诉,维持原判。

二、赵建平律师一审代理词

(一)本案讼争存单是否有效

根据最高人民法院《关于审理存单纠纷案件的若干规定》,人民法院认定存单是否有效,应从存单的形式是否真实和存单持有人与金融机构之间存款关系是否真实两个方面进行认定。本案被告出具的单位定期存单,无论存单的形式,还是存单持有人与被告之间的存款关系,都是真实的,被告没有提出任何异议。因此,人民法院应认定本案讼争存单是合法有效的。被告以该存单项下500万元已被他人假冒原告名义取走并结清利息为由,认为该存单无效的理由无法律依据,人民法院依法不应予以支持。

(二)关于本案是否有用资人的问题

虽然原告与案外人华人置业于1996年4月23日签订《协议书》,但《协议书》无被告签名盖章,《协议书》中的条款没有授权被告把原告存款转借华人置业或直接由原告交付案外人华人置业的约定,《协议书》只是原告欲获得高额利息的约定,但由于案外人华人置业没有支付原告约定利息,《协议书》没有实际履行。被告依据《协议书》,认为华人置业是用资人,与实际情况不符。

1996年5月3日,犯罪嫌疑人李某某、郑某某伪造原告印鉴,假冒原告名义,向被告挂失原告持有的本案讼争存单。被告在既没有认真鉴别印鉴真伪,又没有调查核实挂失止付人的真实身份的情形下,就把原告存单项下的500万元存款转入犯罪嫌疑人指定的银行账户。对于被告的这一重大过失行为,依据最高人民法院1996年3月21日的司法解释(法函[1996]65号),被告应依法承担赔偿责任。被告拒绝赔偿,并否认其有过失行为,没有法律依据和事实依据。

(三)关于本案是否超过诉讼时效的问题

为了逃避向原告支付本案讼争存单项下本金与利息的责任,被告在法庭上提出原告的起诉已超过诉讼时效这一抗辩理由。但被告的这一抗辩根本站不住脚,因为真实有效的银行存单永远受法律保护,不会因存款到期或存款人到期不取款而失效。本案讼争存单到期日为1997年4月30日,对于原告于存单到期后无论何时的取款行为,只要原告出具的存单真实有效,被告就应付款,并支付同期银行存款利息,被告不得以超过诉讼时效等理由抗辩拒付。

综上所述,本案讼争的存单合法有效;由于无原告同意的用资人,因此本案是简单的存单纠纷,不是以存单为表现形式的借贷纠纷;对于没有鉴别出印鉴真伪,使原告资金受损的过失行为,被告应承担责任;本案不存在所谓的诉讼时效问题;被告应立即兑付本案讼争存单项下本金,并支付同期银行存款利息。

三、一审判决结果

1. 关于原告主张本案的依据即本案存单的有效性。原告主张本案提交的依据为由被告原属沿江二西分理处出具的号码为0008734的定期存款存单一张。庭审中,被告对该存单的真实性予以确认,并承认原告确于1996年4月30日在其沿江二西分理处存款500万元。因此,该存单真实有效,原、被告间由此形成合法的存款关系,该存款关系应受法律保护。

2. 本案的法律关系性质问题。根据《最高人民法院关于审理存单纠纷案件的若干规定》第六条,在出资人直接将款项交与用资人使用,或通过金融机构将款项交与用资人使用,金融机构向出资人出具存单或进账单、对账单或与出资人签订存款合同,出资人从用资人或从金融机构取得或约定取得高额利差的行为中发生的存单纠纷案件,为以存单为表现形式的借贷纠纷案件。而本案中,原告为追求高额利差,于1996年4月23日虽与案外人华人公司签订《协议书》,同意通过银行的以存定贷行为,实现原告存款,华人公司借贷的目的。但在原告将其500万元存入被告下属的沿江二西分理处后,原告并未指令被告将该500万元交与华人公司使用,而且原告也未收取华人公司应当支付的高额利差。由此,原告与华人公司间订立的《协议书》,未实际履行,同时,被告也不是该《协议书》的一方当事人。华人公司取得该款,既非原告指定被告将该款转给华人公司使用,也非被告直接将该款自行转给华人公司使用,而是华人公司用伪造原告的公章及假冒原告法定代表人的签名方式取得。故本案不符合以存单为表现形式的借贷纠纷案件的特征,应属一般存单纠纷。被告抗辩该案属于以存单为表现形式的借贷案件的理由不成立,本院不予支持。

3. 本案诉讼时效问题。原告存入被告处的存款虽为一年期,但根据人民银行有关存款条例及银行存款惯例,一年期的存款到期后,如存款人不主张兑付,则该存款自动转存。因此,原告诉请并未超过诉讼时效。

综上,原告基于本案存单与被告间形成合法有效的存款关系,被告由此负有向原告兑付该存单项下存款本金及利息的义务。故原告要求被告支付其存款500万元及利息有理,本院予以支持,但原告主张的利息应以人民银行规定的存款利率计算,其超过法定利率的主张,本院不予支持。至于原告所存款项,案外人以伪造公章及假冒签名方式转出,系被告审查不严所致,由此产生的法律后果应由被告承担。依照《中华人民共和国民法通则》第八十四条第二款之规定,判决如下:

被告自本判决发生法律效力之日起10日内向原告支付500万元人民币及利息(利息计算:自1996年4月30日起至本院限定的还款之日止,按中国人民银行规定的同期一年期整存整取利息标准计付)。

四、民事上诉状

某银行不服一审判决,依法提起上诉。下面是某银行民事上诉状的主要内容:

(一)本案的事实和证据证明,1996年4月23日,被上诉人与华人置业公司签订《协议书》,被上诉人愿意将500万元资金交给华人置业公司使用,期限是一年,利息为20%。被上诉人与华人置业公司签订协议后,将500万元资金从海南中行椰树门办事处转入上诉人处。1996年5月17日,华人置业公司取得被上诉人的500万元资金。虽然华人置业公司法定代表人李某某伙同他人以伪造印章的行为而获得资金,可能承担刑事责任,但在民事方面并不影响被上诉人将资金交给华人置业公司使用的真实意思表示,且在此事发生后,上诉人积极采取措施,追回了华人置业公司在上诉人处的330多万元资金,保全了被上诉人大部分资金的安全。

上诉人认为本案的审理，不应只认定上诉人同被上诉人之间的纠纷，而忽略双方争议的标的所发生的实际情况，放弃追究华人置业公司的民事责任，这种做法不仅损害上诉人的合法权益，也违背本案事实。依照最高人民法院《关于审理存单纠纷案件的若干规定》第六条，应当追加同本案有利害关系的第三人华人置业公司参加本案诉讼，以使本案的审理能客观和公正。

（二）一审判决书关于"被上诉人存入上诉人处一年期的存款到期后，如存款人不主张兑付，则该存款自动转存，因此，被上诉人的诉请并未超过诉讼时效"的认定，与本案事实不符。被上诉人在1996年4月30日将500万元存入上诉人处，期限是一年。但被上诉人存入上诉人的这一款项，在1996年5月3日被申请挂失，并在1996年5月17日转入华人置业公司账户。这一事实被上诉人早在1997年5月到上诉人处支取款项时就已经知道，同时依据被上诉人提交的证据内容及被上诉人在2000年8月3日出具的函和上诉人提交的证据内容均已证实，这说明被上诉人非常清楚这一事件可能造成的重大损失。即使依据书证，被上诉人是在2000年8月7日知道此事，按照诉讼时效中断计算，被上诉人也已超过了法定诉讼时效。请二审法院依法查明，维护法律尊严。

五、民事上诉答辩状

针对某银行的上诉，赵建平律师代理海南某单位作了如下答辩：

（一）1996年4月23日，答辩人与案外人华人置业公司签订的《协议书》，没有授权被答辩人把答辩人的500万元资金转借华人置业公司，也没有由答辩人把该500万元交付华人置业公司的约定，即《协议书》不存在答辩人愿意把该500万元交付华人置业的意思表示。

（二）1996年5月17日，犯罪嫌疑人李某某伙同他人伪造答辩人印鉴，从被答辩人处骗取500万元资金的行为，与答辩人无任何关系。被答辩人必须就自己的过失行为，依法承担责任。至于被答辩人事后追回330多万元资金的行为，是被答辩人保全银行资金的行为，亦与答辩人无关。

（三）本案是简单的存单纠纷，不是以存单为表现形式的借贷纠纷，华人置业公司与本案的审理及其结果无任何利害关系，原审法院不同意追加其为第三人，有充分的事实和法律依据。

（四）关于所谓的"诉讼时效"问题。本案答辩人与被答辩人之间的关系是银行与客户之间的存款关系。就存款关系而言，只要银行存单真实有效，就永远受法律保护，不会因存款到期或存款人到期不取款而失效。本案讼争存单虽然到期日为 1997 年 4 月 30 日，但对于答辩人到期后无论何时的取款行为（包括依据存单向法院起诉的行为），只要答辩人出具的存单真实有效，被答辩人就应付款，并支付同期银行存款利息，因此，本案不存在所谓的诉讼时效问题。如果追索与本案相关的 500 万元资金，确实存在诉讼时效问题，那么，诉讼时效也只存在于被答辩人与犯罪嫌疑人李某某等人之间，而且该诉讼时效也因被答辩人追回 330 多万元的行为和侦查机关对犯罪嫌疑人李某某等人采取强制措施而中断。被答辩人不得无理把自己追究犯罪嫌疑人李某某等人民事责任的诉讼时效，说成是答辩人向被答辩人主张存款权利的时效。被答辩人这样主张的目的，无非是想以诉讼时效为由，把因自己的过失行为引起的损失，转嫁到客户即答辩人身上。

综上所述，本案是简单的存单纠纷，被答辩人必须无条件支付答辩人 500 万元本金及利息。海口市中级人民法院（2003）海中法民二初字第 125 号《民事判决书》，认定事实清楚，适用法律正确，二审应予维持。

六、赵建平律师二审代理词

（一）关于本案的事实问题

1. 1996 年 4 月 23 日，被上诉人与案外人华人置业公司签订的《协议书》，没有约定被上诉人直接把 500 万元资金交付华人置业公司，也没有约定或授权上诉人把该 500 万元资金交付华人置业公司。上诉人认为《协议书》约定被上诉人自愿把该 500 万元资金交付华人置业公司使用，与事实不符。

2. 1996 年 5 月 17 日，华人置业公司以伪造印鉴的手段，从上诉人处获取了被上诉人的 500 万元存款,这是触犯刑法的犯罪行为,也违背了被上诉人把该 500 万元交由上诉人保管的真实意思表示。上诉人提出华人置业公司的行为,在民事方面并不影响被上诉人将资金交给华人置业公司使用的真实意思表示,与事实不符。

(二)关于本案的法律适用问题

1. 1996 年 4 月 23 日的《协议书》,没有约定被上诉人直接把 500 万元资金交与华人置业公司,也没有约定通过上诉人把该 500 万元资金交付华人置业公司,本案与最高人民法院《关于审理存单纠纷案件的若干规定》第六条不符。本案是简单的存单纠纷,不是以存单为表现形式的借贷纠纷,人民法院应依据最高人民法院《关于审理存单纠纷案件的若干规定》第五条,正确处理本案。

2. 对于上诉人没有鉴别出印鉴真伪的过失行为,人民法院应依据最高人民法院《关于银行以折角核对方法核对印鉴应否承担客户存款被骗取的民事责任问题的复函》(1996 年 3 月 21 日法函[1996]65 号),判令上诉人承担民事赔偿责任。

3. 根据银行业惯例,存单到期后自动转存。因此,只要被上诉人出具的存单真实有效,上诉人就必须无条件兑现存单本金与利息,本案不存在所谓的诉讼时效问题。何况,在本案讼争存单到期后,被上诉人多次要求上诉人兑现存单,但均遭上诉人无理拒绝,才导致上诉人与被上诉人对簿公堂。上诉人提出诉讼时效问题,无非是想以诉讼时效为由,把因自己的过失行为引起的被上诉人的损失,转嫁给被上诉人承担。

(三)关于本案的处理意见

由于本案是简单的存单纠纷,不是以存单为表现形式的借贷纠纷;由于上诉人没有鉴别出印鉴真伪,导致被上诉人的 500 万元资金受损;由于本案不存在所谓的诉讼时效问题;因此,人民法院应判令上诉人兑现本案存单项下的本金与利息。海口市中级人民法院海中法民二初字第 125 号《民事判决书》,认定事实清楚,证据确凿充分,适用法律正确,二审应予维持。

七、二审判决结果

本案争议的第一个问题,本案是一般存单纠纷还是以存单为表现形式的借贷纠纷。最高人民法院《关于审理存单纠纷案件的若干规定》第六条,确定了以存单为表现形式的借贷纠纷案件的内涵与外延,从而确定了以存单为表现形式的借贷纠纷案件的范围,该类案件的典型特征有三项:(1)当事人至少有三方,出资人、金融机构、用资人;(2)有资金流动,资金从出资人流向用资人,金融机构在其中提供帮助;(3)出资人为追求高额利差,与金融机构或与用资人约定了利差或已扣除利差。本案中认定是否以存单为表现形式的借贷纠纷案件的关键,在于对"指定"这一情节的认定。某单位虽于1996年4月23日与案外人华人置业公司签订《协议书》,同意通过银行的以存定贷行为,实现某单位存款、华人置业公司借贷的目的。但在某单位将其500万元存入被上诉人下属的沿江二西分理处后,某单位既没有指令该分理处将该500万元交与华人置业公司使用,也没有收取华人置业公司应当支付的高额利差,该分理处也不是该《协议书》的一方当事人。某单位已经将500万元资金交付给上诉人,上诉人已成为500万元资金的占有者。而500万元资金从上诉人转到华人置业公司手中,并非某单位指定,而是华人置业公司用伪造的某单位公章及假冒某单位法定代表人签名的方式取得。故本案不构成出资人"指定",不符合以存单为表现形式的借贷纠纷案件的特征,应属一般存单纠纷。上诉人认为该案属于以存单为表现形式的借贷案件的理由不成立,本院不予支持。

本案争议的第二个问题,是否应当追加华人置业公司参加诉讼。是否应当追加华人置业公司为本案第三人,关键在于本案法律关系性质的认定。最高人民法院《关于审理存单纠纷案件的若干规定》第五条,确定了一般存单纠纷案件的内涵与外延,它是对一般存单纠纷案件认定的关键,以区别于存在用资人和借贷情形的存单纠纷案件。一般存单纠纷案件当事人只有两方,即存单等凭证的持有人和金融机构,无第三人。而本案属一般存单纠纷,故不应追加华人置业公司为第三人,上诉人关于追加华人置业公司参加本案诉讼的主张缺乏法律依据,本院不予支持。

本案争议的第三个问题,某单位的诉请是否超过诉讼时效。存单纠纷的时效问题,是指存单的持有人向金融机构主张取款权利是否有效限定的问题。从理论上讲,储户与金融机构的存储合同,也是一个借款合同,储户将货币借给金融机构,金融机构在到期后返还本金并支付利息。存储法律关系与借贷法律关系的不同在于存储合同到期后,金融机构负有保管义务,对于金融机构的保管期限问题,法律法规并没有规定。而根据人民银行有关存款条例及银行存款惯例,定期存款到期不取则自动转存。可见,金融机构在存储合同到期后负有付款义务和保管义务。从我国实际情况看,如果存款人超过一定年限不取走存款,该存款就归金融机构所有,将会引发严重的社会稳定问题。综上,原审判决认定某单位的诉请未超过诉讼时效并无不当。上诉人关于某单位的诉请已超过诉讼时效的主张理由不能成立,本院不予采纳。

综上所述,上诉人的上诉主张均不成立,应予驳回。原审判决认定事实清楚,适用法律正确,应予维持。本院依照《中华人民共和国民事诉讼法》第一百五十分三条第一款第(1)项之规定,判决如下:

驳回上诉,维持原判。

八、本案启示

本案被告是省级专业银行金融机构,应清楚本案存单合法有效,在存款人要求取款时,理应予以支付。至于被告与冒用原告名义取款的案外人之间的关系,应另案解决。如果根据现行国有金融单位管理体制,被告只能根据法院的有效判决才能支付原告款项,其拒付原告存款并上诉的做法可以理解。如果不是上述原因,那么被告拒付原告款项,在一审败诉后又上诉的做法,只能说明被告的银行信用存在问题。

第十节 真假股东之辩

一、案情简介
二、民事起诉状
三、赵建平律师代理词
四、民事裁定书
五、本案启示

一、案情简介

在设立某有限公司过程中,由于需要两名以上股东,刘某便要求老乡岳某代为持股100万元,该100万元资金全部由刘某出资,岳某承诺"不享受股东任何实际权利,同时也不承担经营风险"。但是,岳某置本案的基本事实于不顾,提起股东知情权诉讼。某公司委托赵建平律师出庭应诉。

二、民事起诉状

原告岳某的诉讼请求是,判令被告限期提供公司财务会计报告、所有会计账簿及凭证、发票登记簿及发票存根、收据登记簿及收据存根、涉及由被告开发项目的相关凭证、书面合同和销售发票,供原告查阅、复制,本案诉讼费用由被告承担。

事实和理由如下:被告是2007年9月17日由刘某出资900万元人民币、原告出资100万元人民币成立的有限责任公司,其中原告出资100万元占被告10%的股份,原告的出资事实有现金存款凭证、海南某会计师事务所出具的验资报告及工商注册登记材料等为证,原告是被告的合法股东。被告于近期增资扩股,由海南某投资有限责任公司出资2000万元,占被告66.67%的股份;刘某出资900万元,占被告30%的股份;原告出资100万元,占被告3.33%的股份。

被告成立至今,既没有按公司章程就公司的经营方针和投资计划等事项召开过真正意义上的股东会,也没有及时向作为股东的原告通报和提供财务状况等其他有关公司经营情况的报告和文件,使作为股东的原告无法了解公司的经营及财务运转情况。尤其是被告设立了分公司,将被告享有国有土地使用权的旅游项目开发、销售权授予分公司,该项目开发具备了一定规模并已经开始销售。而作为被告的合法股东,对该项目的投资开发情况、房屋销售额收益情况等均不知情,原告多次要求被告就该项目的开发情况予以说明,并提供会计账簿和会计凭证、书面合同等相关资料供查阅,以行使原告作为股东的知情权,然而被告均予以拒绝。

鉴于上述事实和理由,原告认为其作为被告的合法股东,根据《公司法》的相关规定,享有投资收益权、重大决策权和选择管理者等权利,并享有了解公司经营状况和财务状况等知情权,被告的行为已经严重侵害了作为股东的原告的合法权益。

三、赵建平律师代理词

尊敬的审判长、审判员:

本案原告不具备被告的合法股东身份,因而不享有股东知情权,具体理由如下:

(一)原告至今没有对被告出资。原告对被告虚假出资的100万元,系由被告当时的最大股东刘某实际出资,原告只是代刘某持股而已。对于这一关键问题,本代理人已向法庭提交有关证据,证人朱某也已到庭作证,人民法院应依法予以采信。

(二)原告提交的一系列证据,只具备形式真实性,不具备实质合法性,不能证明原告已实际出资。原告所提交的该系列证据,是在设立被告过程中,为了符合《公司法》关于股东人数要求,原告应刘某要求,代持股份形成,是为了规避《公司法》关于股东人数的规定,因而不具备合法性。由于原告提交的证据,不具备实质合法性,不具有法定证明力,不能作为有效证据使用,人民法院依法不应予以采信。

(三)原告申请人民法院调查取得的证据,与本案无关,不能证明原告已实际出资这一事实。

综上所述,本代理人恳请人民法院依法驳回原告无理的诉讼请求。

四、民事裁定书

原告岳某与被告某有限公司股东知情权纠纷一案,原告以因其他方面原因为由,申请撤回本案的起诉。

本院认为,原告撤回起诉,符合有关法律规定。依照《中华人民共和国民事诉讼法》第一百三十一条第一款的规定,裁定如下:

准许原告岳某撤回起诉。

五、本案启示

刘某的本意是让岳某代其持有某公司股份,即"假戏假做",但岳某却认为他就是某公司股东,即"假戏真做"。代持股份行为性质上是一种规避法律的违法行为,其后果是代持股份行为无效,不受法律保护。但是,由于代持股份行为表面上符合法律要求,有时真假难辨,极有可能假戏真做。在市场经济条件下,面对利益的诱惑,无论是亲朋还是好友,有可能违背当初承诺,追求这种表面合法的利益。这就要求人们不仅要洁身自好,而且还要有依法维权意识,不能让自己的经营行为存在隐患。

第十一节 维护某公司民事权利案

一、案情简介

二、民事反诉状

三、民事反诉答辩状

四、赵建平律师代理词

五、民事调解书

六、本案启示

一、案情简介

某公司在三亚设有分公司。2006年6月28日、7月22日、9月4日,三亚分公司与甲公司签订三份《酒店室内装饰工程施工合同》,该三份合同还分别把《装修合同履约保证金》等作为附件。双方在三份合同中约定,由三亚分公司承包酒店项目西区E1、E2、E3、E4栋和东区普拉娜餐厅、海鲜餐厅室内装饰工程,合同暂定价分别为736.82万元、590.78万元和270.09万元。三份合同还约定三亚分公司向甲公司支付履约保证金。

三份合同签订后,三亚分公司于2006年6月29日申请施工,并在合同约定期限内完工,酒店已于2007年1月15日开业。2007年1月25日,三亚分公司向三份合同约定的监理单位——海南新世纪工程监理有限公司申请检查和验收。同日,海南新世纪工程监理有限公司初步验收该工程合格,可以组织正式验收。2007年4月25日,被告资料管理员韩某收到三亚分公司送交的该工程竣工报验报告一式两份。2008年1月3日,被告资料管理员韩某又收到三亚分公司送交的该工程结算书和相关区域竣工图纸一套。

根据三亚分公司于2007年12月编制的工程结算书,该工程造价为19572287.35元人民币。甲公司至今只支付工程款13582390元人民币,尚欠工程款5989897.35元人民币。三亚分公司先后四次依约支付履约保证金

3860840元人民币,甲公司至今没有依约返还该保证金。某公司和三亚分公司曾多次要求甲公司支付高达1000余万元的工程款和履约保证金,但均未果。为维护合法权益,某公司和三亚分公司委托赵建平律师向三亚市中级人民法院提起诉讼。

二、民事反诉状

在收到某公司和三亚分公司的起诉状副本后,甲公司提起反诉,请求判令被反诉人向反诉人支付工程延期罚款人民币350万元;支付工程返工维修款共人民币750114.42元;支付不文明施工罚款共人民币12250元;承担本案的全部诉讼费用。

甲公司反诉的事实与理由是:2006年6月28日,反诉人与被反诉人签订《酒店室内装饰工程施工合同(一)》,合同约定反诉人将酒店项目西区E1、E3栋的室内装饰工程交由被反诉人施工,工期为2006年6月28日至同年9月28日;2006年7月22日,反诉人与被反诉人签订《酒店室内装饰工程施工合同(二)》,约定将酒店项目西区E2、E4栋的室内装饰工程交由被反诉人施工,工期为2006年7月18日至同年10月18日;2006年9月4日,反诉人与被反诉人签订《酒店室内装饰工程施工合同(三)》,约定将酒店项目普拉娜餐厅和海鲜餐厅的室内装饰工程交由被反诉人施工,工期为2006年9月4日至同年11月5日。上述合同签订后,被反诉人即进场施工,却没有如期完成施工,从而严重影响反诉人如期使用经营酒店,为此应向反诉人承担工程延误罚款。

在被反诉人对上述工程施工中,经反诉人检查,发现被反诉人施工的工程质量严重不合格,经反诉人多次要求改正均无果,且在未能如期交出工程的情况下,被反诉人不但不增加人手加紧施工,反而急剧减少施工人员,由此不但严重影响工程如期竣工,而且严重影响工程质量,进而延误反诉人按期使用经营酒店。在万般无奈之下,反诉人要求对质量不合格的工程转由北京建峰建设装饰工程集团及海南艺藤竹社工艺家具有限公司等单位进行返工维修,被反诉人亦予以认可,并同意产生的返工维修费从工程款中抵扣。经核算上述返工维修费共人民币743631.1元。此外,在应由被反诉人施工的工程中,有一小部分区域已由其他公司进行施工,并且在被反诉人施工过程中,因其施工管理不善,损坏了其他公司已施工的工程,致使其他公司重新返工,因此产生的费用约人民币6483.32元亦应由被反诉人承担。

除上述情况外,在被反诉人对上述工程施工中,多次发生不文明施工情形,为维护整个项目的安全文明施工秩序,反诉人向被反诉人发出罚款通知,金额为12250元,被反诉人应承担该不文明施工行为的责任。

综上所述,对上述情况被反诉人依法应承担相应责任。为此,根据《民事诉讼法》等相关规定,特提起反诉,望人民法院能依法支持,以维护反诉人的合法权益。

三、民事反诉答辩状

在收到甲公司的反诉状后,赵建平律师代理某公司和三亚分公司作了如下答辩:

(一)关于工期问题

答辩人不否认三份合同约定的完工期限分别为2006年9月28日、10月18日和11月5日。在合同履行过程中,由于被答辩人配合不到位、停电和其他必须先完成的工程没有完成,导致答辩人不能依原约定的完工期限完工。2006年12月2日,答辩人与被答辩人签订《承诺书(军令状)》,约定答辩人于2006年12月20日前,全部完成合同约定的各项任务。根据该《承诺书(军令状)》,上述三份合同的完工时间已顺延至2006年12月20日。根据被答辩人于2006年11月23日、11月30日和12月30日给答辩人发出的《通知》,工程竣工期又延至2006年12月30日。根据2007年1月15日被答辩人给答辩人等单位的发函,答辩人承建的工程已于2006年12月20日验收。答辩人已早于被答辩人要求的完工期限十天完工,答辩人不存在拖延工期的情形,被答辩人反诉答辩人支付工程延期罚款350万元,没有事实与法律依据,答辩人恳请人民法院依法驳回被答辩人的该项反诉请求。

(二)关于工程质量问题

答辩人不否认工程质量存在一些细小的问题,关于该问题,答辩人与被答辩人已于2008年4月17日协商解决,即确认维修费用为229465.49元,维修工作由北京建峰建设装饰工程集团负责。2008年4月19日,答辩人又与北京建峰建设装饰工程集团确认维修费用为229465.49元。关于工程返工维修费问题,答辩人愿意承担229465.49元。对于超出该数额的维修费用,答辩人不予认可,并恳请人民法院依法予以驳回。

(三)关于不文明施工罚款问题

答辩人的施工人员不存在不文明施工行为。被答辩人要求答辩人支付不文明施工罚款,既没有事实依据,也没有法律依据,人民法院依法不应予以支持。

(四)关于诉讼费用的承担问题

在答辩人承建的装饰工程早已完工并早已投入使用的情形下,被答辩人至今仍无理拖欠答辩人的工程款和履约保证金,被答辩人理应承担本案的本诉费用。被答辩人为了达到以不合法的反诉请求冲抵其拖欠的工程款和履约保证金,无理提起高达400余万元的反诉请求,理应承担反诉费用。

为维护合法权益,答辩人特作如上答辩,恳请人民法院明察。

四、赵建平律师代理词

尊敬的审判长、审判员:

作为某公司及其三亚分公司的诉讼代理人,我依法发表如下代理意见:

(一)关于三份合同的效力问题

某公司三亚分公司是某公司依法在三亚设立的分公司,其具有签约资格。在某公司三亚分公司与甲公司之间签订的三份《酒店室内装饰工程施工合同》及相关附件,主体合格,内容合法,意思表示真实,系有效合同,理应受我国法律保护。值得一提的是,某公司具有甲级资质,其与三亚分公司之间是母公司与分公司关系,三亚分公司没有实行独立核算,技术和管理人员与某公司是同一套人马。在三亚分公司与本案被告签约后,实际是某公司履行合同,某公司为此还专门成立了项目部。因此,某公司与三亚分公司是同一诉讼主体,两者享有相同权利,履行同样义务。

(二)关于工程结算书的法律效力问题

合同第四条第六款约定,被告的职责之一是,"按合同规定期限及时办理竣工结算";合同第九条第二款约定,"甲方(被告)在收到乙方(原告)结算资料后30天内完成竣工结算审核工作";合同第十四条第一款约定,被告的违约行为之一是,"无正当理由不支付工程竣工结算价款"。《建设工程价款结算暂行办法》第十六条规定:"发包人收到竣工结算报告及完整的结算资料后,在本办法规定或合同约定期限内,对结算报告及资料没有提出意见,则视同认可。根据确认的竣工结算报告,承包人向发包人申请支付工程竣工结算款。发包人应在收到申请后15天内支付结算款,到期没有支付的应承担违约责任。"

三份合同约定工程暂定价共计为15976900元。在施工过程中,增加了部分工程量,工程实际造价为19572287.35元,该造价由三部分组成,装饰工程部分17749334.91元,签证工程部分763882.93元,水电安装工程部分1059069.51元。被告已付工程款13582390元,至今仍拖欠工程款5989897.35元。原告在完成施工任务后,于2007年12月编制装修工程结算书,并于2008年1月3日送交被告,被告理应依约于2008年2月3日完成竣工结算审核工作,但被告违约至今没有与原告进行结算。由于被告至今没有与原告结算工程款,根据上述法律规定和合同约定,原告出具的工程结算书具有最终的法律效力,人民法院依法不应同意被告关于对本案工程量进行鉴定的申请,而应依法支持原告关于请求被告支付尚欠工程款5989897.35元,并支付自实际交付工程之日起至实际付清工程款之日止的工程款利息的诉讼主张。

(三)关于被告未经验收擅自使用工程引起的法律后果问题

2006年12月20日,原告将已完工工程交付被告。2007年1月15日酒店开业迎宾,被告于该日使用原告交付的E栋客房和普拉娜餐厅、海鲜餐厅。合同第四条第六款约定,被告的职责之一是,"组织工程竣工验收"。2007年1月

25日，新世纪监理公司同意对工程进行正式验收，但被告一直违约没有组织验收。最高人民法院《关于审理建设工程施工合同纠纷案件适用法律问题的解释》第十三条、第十四条、第十八条明确规定："建设工程未经竣工验收，发包人擅自使用后，又以使用部分质量不符合约定为由主张权利的，不予支持"；"建设工程未经竣工验收，发包人擅自使用的，以转移占有建设工程之日为竣工日期"；"当事人对付款时间没有约定或者约定不明的，下列时间视为应付款时间：建设工程已实际交付的，为交付之日"。根据上述司法解释的规定，被告在工程未经竣工验收擅自使用近两年后，在原告依法起诉的情形下，以工程存在质量问题为由提起反诉，人民法院依法不应予以支持。由于工程未经竣工验收，被告擅自使用，人民法院应依法以2006年11月20日原告实际完工并转移占有工程的时间为竣工日期，并自该日起计付利息。

本着尊重客观事实的原则，原告不否认工程质量存在一些细小的问题。关于工程质量问题，双方已于2008年4月17日协商解决，即确认维修费用为229465.49元，维修工作由北京建峰建筑装饰工程集团负责。2008年4月19日，原告又与北京建峰建筑装饰工程集团确认维修费用为229465.49元。关于工程返工维修费问题，原告愿意承担229465.49元。对于超出该数额的维修费用，原告相信人民法院会依法公正处理。

（四）关于质保金是否应返还的问题

根据合同约定，原告先后四次支付被告质保金共计3860840元人民币。根据《装修合同履约保证金》第四条约定，"工程竣工验收合格并办理结算后，未出现质量问题且进度达到甲方要求，甲方在两年内付清合同履约保证金，第6、12、18、24月时分别支付保证金总额的25%"。由于被告至今无故不办理工程竣工验收和结算手续，从工程实际竣工并交付被告使用之日，即2006年12月起算，被告应自2007年7月起至2008年12月止，分四次等额返还原告质保金。被告至今没有返还原告质保金，理应依法返还原告质保金并承担迟延返还质保金期间的利息。

（五）关于工期问题

本代理人不否认三份合同约定的完工期限分别为2006年9月28日、10月18日和11月5日。在施工过程中，由于被告配合不到位、停电和其他必须在先完成的工程没有完成，导致原告不能依原约定的完工期限完工。2006年12月2日，原告与被告签订《承诺书（军令状）》，约定原告于2006年12月20日前，全面完成合同约定的各项任务，因此，原告的完工时间已顺延至2006年12月20日。原告承建的工程已于2006年12月20日验收并交付被告，酒店也已于2007年1月15日开业。由于原告不存在拖延工期的情形，被告诉请原告按日支付10万元共计350万元的工程延期罚款，没有事实与法律依据。特别值得一提的是，退一万步，即使原告应承担因自身施工原因引起的延误工期责任，根据合同第七条第二款约定，"每延误一天罚合同总金额的千分之二，罚款总额不超过合同总金额的百分之五"，原告也不应承担高达350万元的延期罚款。此外，原告的施工人员不存在不文明施工行为，被告要求原告支付不文明施工罚款，同样没有事实与法律依据。

综上所述，本案原告与被告之间签订的合同合法有效，理应受法律保护。在履行合同过程中，按照被告指定的时间和同意增加的工程量，原告完成了施工任务。但是，在工程于2006年12月20日交付使用和于2008年1月3日收到工程结算书的情形下，被告却违约不组织竣工验收，不与原告结算工程款，也不返还质保金，被告理应支付拖欠的工程款、返还质保金，并支付拖欠上述款项期间的利息。被告反诉原告支付工程延期罚款、不文明施工罚款，以及超出原告认可部分的质量维修费、给其他装修公司造成的损失，没有事实与法律依据，人民法院依法不应予以支持。

以上代理意见，恳请人民法院依法采信。

五、民事调解书

本案在审理过程中，经本院主持调解，双方当事人自愿达成如下协议：

一、某公司及三亚分公司与甲公司双方确认工程余款人民币1949880元，甲公司于2009年3月25日前一次性向某公司三亚分公司支付工程余款人民币1949880元；

二、甲公司2009年4月15日前一次性向某公司三亚分公司返还酒店装饰工程履约保证金人民币3860840元；

三、若甲公司未在上述期限向某公司三亚分公司付款，则甲公司应按未付款总金额每日百分之一向某公司三亚分公司支付延迟履行金；

四、双方按照本调解书履行各自义务后，任何一方不得以任何理由就酒店装饰工程提出新的诉讼。

五、案件受理费（本诉）85452元（某公司三亚分公司已预缴），减半收取42726元，由某公司三亚分公司负担；案件受理费（反诉）20450元（甲公司已预缴），减半收取10225元，由甲公司负担。

上述协议，符合有关法律规定，本院予以确认。

六、本案启示

诚实守信是中华民族的传统美德，也是市场经济的起码要求。如果大家都能诚实守信，严格按合同履约，市场经济就会规范，经济纠纷的数量就会大大减少。欠债还钱，天经地义。如果不诚实守信，即使诉讼中使用反诉手段，最终也不会如愿。本案某公司在提供劳务后，有权获得相应报酬，但甲公司却以各种借口不予支付。为维护合法权益，某公司向法院提起诉讼。令人意料不到的是，甲公司在无理的情形下，居然提起反诉。本案虽以调解方式结案，但引起我们思考和重视的是，市场经济主体必须讲诚信，必须依法维权。

第十二节　维护刘某民事权利案

一、案情简介

二、民事反诉状

三、民事反诉答辩状

四、赵建平律师一审代理词

五、一审判决结果

六、民事上诉状

七、民事上诉答辩状

八、二审判决结果

九、本案启示

一、案情简介

2005年11月29日,原告刘某与被告海南某公司签订《商品房买卖合同》与《补充协议》,约定原告向被告购买位于海口市金贸区环海国际商务大厦第三层房屋,该房屋合同套内面积1031.62平方米,单价为每平方米3836.33元,总金额为3957635元;原告应向被告支付250万元人民币,剩余款项由原告替被告刊登、发布广告的应收款冲抵;被告应于2006年8月30日前向原告交房,并按合同附件约定,在一至四层增设两部观光电梯及为原告预留空调室外机位置;被告同意原告永久利用该商品房所在的第四层外墙面做商业广告;被告应自该房屋竣工验收合格交付使用之日起180天内办妥产权证。如被告逾期交房,应按日向原告支付已交付房款万分之一的违约金。原告已向被告支付购房款3815632元,其中250万元转账支付,1315632元为原告替被告刊登、发布广告的应收款冲抵。剩余142003元按双方《补充协议》约定,待结清广告款后多退少补。原告曾多次找被告结算,被告却以各种理由不予结算,无理拒绝向原告交房,也不履行其他应由被告履行的义务。为维护合法权益,原告委托赵建平律师于2008年2月16日向海口市龙华区人民法院起诉,请求法院判令被告向原告支付海口市金贸区环海国际商务大厦第三层房屋;向海口市房管局办理该房屋的登记备案手续,并自该房屋竣工验收合格交付原告使用之日起180天内办妥房屋产权证与相应的土地分割证;向原告出具该房屋已付购房款未开具的购房发票;按合同附件与补充协议约定,增设两部观光电梯、预留空调室外机位置和允许原告利用该商品房所在的第四层外墙面做商业广告;按原告已付房款的每日万分之一支付违约金,合计208715元(自2006年8月30日起开始计算,暂计算至2008年2月29日,应支付至实际交房之日止);并判令被告承担本案诉讼费。被告在答辩期间向海口市龙华区人民法院提起反诉,请求法院判令解除双方于2005年11月29日签订的《商品房买卖合同》,并支付逾期付款违约金。龙华区人民法院于2008年4月9日公开开庭审理本案。赵建平律师代理本案原告刘某出庭。龙华区人民法院判决支持原告诉讼请求,驳回被告反诉请求。被告不服,依法向海口市中级人民法院上诉。2008年12月15日,海口市中级人民法院就本案作出终审判决,除变更违约金一项外,全部维持一审判决。

二、民事反诉状

2005年11月29日,反诉人与被反诉人就环海大厦第三层房屋的买卖事宜签订《商品房买卖合同》,约定该商品房合同约定建筑面积1319.21平方米,其中套内建筑面积1031.62平方米,公共部位与公用房屋分摊建筑面积287.59平方米,按套内建筑面积计算,该商品房单价为每平方米3836.33元,总金额人民币3957635元整;该合同第六条付款方式及期限约定,合同签订时付330万元整,余款在2006年8月30日前付清;第七条买受人逾期付款的违约责任约定,买受人如未按本合同规定的时间付款,按逾期时间,分别处理:(1)逾期在30日之内,自本合同规定的应付款期限之第二天起至实际全额支付应付款之日止,买受人按日向出卖人支付逾期应付款万分之一的违约金,合同继续履行;(2)逾期超过30日后,出卖人有权解除合同。出卖人解除合同的,买受人按累计应付款的1%向出卖人支付违约金。买受人愿意继续履行合同的,经出卖人同意,合同继续履行,自合同规定的应付款期限之第二天起至实际全额支付应付款之日止,买受人按日向出卖人支付逾期应付款万分之一的违约金。同日,双方签订的补充协议约定,被反诉人应在合同签订后的五个工作日内,支付人民币250万元,剩余购房款由被反诉人替反诉人发布、刊登的广告费冲抵,多退少补。

双方在签订商品房买卖合同时,反诉人未取得预售许可证。2006年1月16日,反诉人取得预售许可证。根据海南保利房产测绘有限公司对环海大厦进行预售面积预测,出具的《海口市房屋预售面积预测报告》显示,被反诉人购买的第三层房屋,套内建筑面积为1180.17平方米,以《商品房买卖合同》第四条约定的单价每平方米3836.33元计算,该第三层的总价款应为4527521.58元。反诉人多次要求被反诉人以此价款重新签订《商品房买卖合同》或补充协议,并要求其在约定的2006年8月30日付完全部价款。但被反诉人对此置之不理,至反诉前仅支付3815632元(其中2500000元为转账支付,1315632元为广告费冲抵),尚有715764.58元没有按时支付。因被反诉人未能在2006年8月30日付完全部价款,根据《商品房买卖合同》第七条约定,反诉人有权解除合同,并要求被反诉人支付违约金7158元。

值得一提的是,被反诉人自2008年1月1日起,即擅自开始对第三层进行装修,且不顾结构安全及消防规定,私自以混凝土结构板对该三层东北角的消防疏散梯口进行封堵,经反诉人及环海大厦监理人多次劝阻仍未改正。

为维护反诉人及其他业主的合法权益,特向贵院提起反诉,请求判如所请。

三、民事反诉答辩状

(一)被答辩人请求解除2005年11月29日签订的《商品房买卖合同》(以下简称合同)和要求答辩人支付逾期付款违约金,无事实与法律依据

1. 答辩人已依约全面履行合同,被答辩人的上述请求无事实依据

合同明确约定,该商品房建筑面积1319.21平方米,其中套内建筑面积1031.62平方米,公共部位与公用房屋分摊建筑面积287.59平方米,按套内建

筑面积计算,该商品房单价为每平方米3836.33元,总金额为人民币3957635元,交房时间为2006年8月30日前。双方于同日签订的《补充协议》约定,合同签订后五个工作日内,答辩人支付人民币250万元,剩余购房款由答辩人替被答辩人刊登、发布广告的应收款冲抵结算后,多退少补。合同签订后,答辩人先后依约支付被答辩人购房款3815632元,剩余购房款142003元,按双方《补充协议》约定,待结清广告款后,多退少补。答辩人在替被答辩人做完最后一次广告后,于2007年4月6日书面要求被答辩人结算,但被答辩人至今不予结算。

2. 被答辩人的上述请求无法律依据

我国《合同法》第九十四条明确规定可以解除合同的5种法定情形,被答辩人关于解除合同的诉请,不符合该5种情形中的任何一种。此外,合同第七条虽然约定买受人如逾期付款超过30日,出卖人有权解除合同,但答辩人不存在逾期付款的情形,被答辩人套用该条无事实依据。

3. 如果本案讼争房产存在面积增加的情形,亦不能成为被答辩人解除合同的理由

答辩人对于本案讼争房屋是否增加以及增加多少,持否定意见。即使本案讼争房屋的面积有所增加,被答辩人也只能就此请求答辩人支付房款或提出支付房款之诉,这不能成为被答辩人请求解除合同的合法理由。

(二)答辩人不存在侵权情形

被答辩人诉请答辩人立即拆除其封堵环海大厦第三层东北角消防疏散楼梯口的混凝土结构板,并恢复原状的诉请,无充分、有效、合法的证据支持,人民法院依法不应予以支持。

四、赵建平律师一审代理词

尊敬的审判长、审判员,作为本案原告代理人,我依法发表如下代理意见:

(一)关于本案讼争合同的效力

本案讼争合同,主体合格,内容合法,意思表示真实,系有效合同。值得一提的是,双方于2005年11月29日签订合同时,虽然被告还没有获得商品房预

售许可证,但被告随后于2006年1月获得了预售许可证,根据相关司法解释的规定,本案讼争合同可认定有效。

(二)关于本案讼争合同的相关内容

经庭审查明,本案讼争合同项下的房屋,套内建筑面积1031.62平方米,按套内建筑面积计算,该商品房单价为每平方米3836.33元,总金额人民币3957635元。被告应于2006年8月30日前,把经验收合格的该商品房交付原告。如被告逾期交付,则应按合同第九条约定,支付逾期交房违约金。值得一提的是,合同系标准格式,当事人只能选择按合同第九条第1款承担迟交房责任,或另行协商迟交房违约责任。被告选择只承担逾期不超过30日的违约责任,不承担逾期60日的违约责任,与合同第七条约定的买受人逾期付款的违约责任不对等,不符合权利义务对等原则,人民法院理应认定被告应承担逾期60日的交房责任。关于付款时间,合同虽然约定"余款在2006年8月30日前付清",但补充协议约定剩余购房款由原告替被告刊登、发布广告的应收款冲抵,经结算后多退少补,因此,关于付款时间双方已变更为全部广告完成后,经双方结算后多退少补。

(三)关于本案讼争合同的履行情况

合同和补充协议签订后,原告已依约先后支付购房款3815632元,剩余142003元购房款,由于被告不予结算应冲抵的广告款,导致原告至今无法支付。被告至今不依约把经验收合格的该商品房交付原告,被告的行为已违反合同约定。由于至今不能交付房屋,被告理应依约支付迟交房违约金。根据补充协议约定,原告支付剩余购房款的时间为双方结算广告款之后,由于被告故意不和原告结算,导致原告至今不能交付剩余购房款,原告依法不应承担迟付款的违约责任。特别值得一提的是,由于合同约定该商品房的套内建筑面积为1031.62平方米,即使该商品房的套内建筑面积有所增加,被告也只能要求原告支付增加面积的相应房款,而不能据此请求人民法院解除合同,并以此为基数索要逾期付款违约金。

(四)原告对被告没有侵权行为

被告在其反诉状中,指控原告"私自以混凝土结构板对该三层东北角的消防疏散楼梯口进行封堵",无充分、合法有效的证据支持,人民法院依法应不予采信;对其拆除并恢复原状的反诉请求,应依法不予支持。

综上所述,原告的诉请有充分的事实与法律依据,被告反诉无理。本代理人恳请人民法院支持原告的诉讼请求,驳回被告的反诉请求。

五、一审判决结果

本院认为,原、被告于2005年11月29日签订的《商品房买卖合同》及补充协议,主体适格,内容合法,系双方的真实意思表示;虽然在签订合同时被告尚未取得房屋预售许可证,但本案在原告起诉前被告已取得,故该合同及补充协议仍应认定有效,对原、被告具有法律拘束力,双方当事人应当按照约定履行各自的义务。第一,虽然双方在合同中约定"余款在2006年8月30日前付清",但补充协议又约定剩余购房款由原告替被告刊登、发布广告的应收款冲抵,结算后多退少补,且补充协议与主合同条款不符的,以补充协议为主。因此,本院可认定原、被告对原告付款时间已变更为全部广告完成后,经双方结算后多退少补。原、被告在主合同中约定的总房款为3957635元,合同签订后原告以各种方式支付了3815632元,尚余142003元,本院应认定原告已支付了大部分购房款,履行了主要债务,剩余购房款因被告不给予结算应冲抵的广告款,导致原告无法支付,过错责任在被告。由于双方在合同中约定,实际面积以房管局测绘面积为准,多退少补。争讼房屋实际面积比原合同中约定面积增加148.55平方米,被告应主张原告支付增加面积的相应房款,因被告未能提供证据证明其在预售实际面积测绘报告出来后,曾经催告原告在合理期限内支付相应房款,故原告依法不应承担迟延付款违约责任。诉讼中双方对原告尚欠715764.58元购房款的事实没有异议,且原告表示愿意继续履行合同并支付尚欠余款,本院予以准许,为此本院对被告主张解除合同及原告支付逾期违约金的请求不予支持。第二,双方在合同中约定,被告应当在2006年8月30日前将验收合格的商品房交付原告使用,但期限届满后,被告未能交付,至原告起诉时逾期将近18个月,且在收到原告支付的购房款后,未向其开具足额票据,被告的行为已构成违约,应承担相应的违约责任。现原告主张被告交付所购房屋;向房管局申请办理备案及办妥房产证和土地分割证;出具未足额部分购房款的发票及增设两部观光电梯、预留空调室外机位置的请求,符合合同约定和法律规定,予以支持。至于原告主张被告按已付购房款的每日万分之一支付违约金的问题,虽然双方在合同中未对出卖人逾期交房超过30日后应承担的违约金的标准约定,仅对买受人逾期交款超过30日后应承担的违约金的标准约定,但该约定显失公平。根据公平原则,原告要求被告应承担逾期交房超过30日后的违约责任的请求合理合法,本院予以支持,该违约金的计算标准应按租金标准计算。因双方争讼的房屋位于海口市金贸区繁华地段,本市房产管理部门没有公布此类房屋的租金标准,而双方在诉讼中也未委托有关评估机构对租金标准进行评估,原告主张以已付款按每日万分之一计付违约金,并不明显过高,从减少当事人的诉讼成本和讼累考虑,本院对此请求予以支持。第三,根据《物业管理条例》的有关规定,利用物业共用部位、共用设施设备进行经营的,应当征得相关业主、业主大会、物业管理企业同意后,按照规定办理有关手续。该楼宇外墙面使用权共有,原、被告就外墙面使用的协议有悖于上述条例,本院不予支持。被告指控原告"私自以混凝土结构板对该三层东北角的消防疏散楼梯口进行封堵"的主张,因被告未提供充分、合法有效的证据支持,且该请求与本案属不同的法律关系,即使有该事实被告亦当另案起诉,故本院对被告该主张不予支持。为此,依照《中华人民共和国合同法》第六十条、第一百零七条、第一百一十四条,最高人民法院《关于审理商品房买卖合同纠纷案件适用法律若干问题的解释》第二条、第十七条之规定,判决如下:

(一)限被告于本判决生效之日起10日内向原告交付海口市金贸区环海国际商务大厦第三层房屋;

(二)限被告于本判决书生效之日起10日内向海口市房管局办理上述房屋的登记备案手续,并自上述房屋竣工验收合格交付原告使用之日起180天内办妥房屋产权证与相应的土地分割证；

（三）限被告于本判决书生效之日起10日内向原告出具1815632元的购房发票；

（四）限被告于本判决书生效后，按合同附件与补充协议约定，增设两部观光电梯，预留空调室外机位置；

（五）限被告于本判决书生效之日起10日内，向原告支付逾期交房违约金（违约金的计算方法：以已付购房款3815632元按日万分之一计，自2006年8月31日起计至本判决限定履行之日止）；

（六）限原告于本判决生效之日起10日内向被告支付剩余购房款715764.58元。

（七）驳回原告的其他诉讼请求；

（八）驳回被告的反诉请求。

六、民事上诉状

被告不服一审判决，依法提起上诉，下面是民事上诉状的主要内容：

（一）被上诉人未能在《商品房买卖合同》约定的2006年8月30日前支付全部房价款，已构成违约，原审法院对此没有认定，并认为导致剩余购房款无法支付，"过错责任在被告"，属认定事实不清。

1. 在2005年11月29日签订《商品房买卖合同》时，上诉人尚未取得预售许可证，此时，《商品房买卖合同》应属无效。直至2006年1月6日，在房管局核准《海口市房屋预售面积预测报告》并颁发预售许可证后，该合同才有效。而合同中约定的面积与预测报告不符，上诉人多次要求被上诉人按房产局预售批准的预测面积1180.17平方米计算房价款，并重新签订合同，但被上诉人均置之不理。因此，双方无法对房价款进行结算，此责任在被上诉人。

2. 依《商品房买卖合同》第六条约定，被上诉人应在2006年8月30日前付清全部房价款，显然，此房价款即是按房产局预售批准的面积1180.17平方米计算的4527521.58元。虽然补充协议约定，剩余房款以广告费冲抵结算后多退少补,但从补充协议的约定上看,双方并没有对商品房买卖合同第六条约定的2006年8月30日这一付款期限进行变更,即被上诉人以广告费冲抵房价款,也应在2006年8月30日前全部付清。

3. 在法庭上被上诉人承认,其是在2007年4月6日才将相关的结算单据交由被告,其违约事实昭然,从而也证明未能支付剩余购房款的责任在被上诉人。

4. 虽然在原审法庭调查时,上诉人承认收到含广告费1315631元在内的房价款3815632元,但这其中2006年8月30日后以广告费冲抵的就有5笔共计93125元。上诉人确认收到上述广告费冲抵的房价款,不等于同意被上诉人可以在2006年8月30日后付清房价款,并免除其违约责任。

(二)因被上诉人违约,上诉人可以诉请解除合同及支付逾期付款违约金。上诉人曾发函催告被上诉人,要求其支付尚欠房款,原审判决认为上诉人,"未能提供证据证明其在预售实际面积测绘报告出来后,曾经催告原告在合理期限内支付相应房款",故被上诉人"不应承担迟延付款违约责任",并对反诉请求不予支持,属适用法律错误。

1. 在海口市房管局核准《海口市房屋预售面积预测报告》并颁发预售许可证后,上诉人曾多次要求被上诉人按此报告载明的面积支付房价款,且在2008年2月13日向被上诉人发出的函件中,要求其在收到函件的3日内,支付"尚欠房款,否则追究其违约责任",即是催告其在合理期限内支付相应房款。此函件作为证据已在举证期限内提交,原审法院认为上诉人未能提供证据证明与事实不符。

2. 如前所述,由于被上诉人是在2007年4月6日才将广告费冲抵房价款的单据交给上诉人,且至今仅支付房价款3815632元,没有全部付清,已构成违约。上诉人作为开发商,与被上诉人签订合同的目的,是通过出卖开发的商品房获得价款,但被上诉人没有付清全部房价款,致使上诉人获得房价款的目的不能实现,上诉人完全可以根据《合同法》第九十四条第(四)项,关于"当事人一方迟延履行债务或者其他违约行为致使不能实现合同目的"的规定,诉请人民法院解除《商品房买卖合同》。

3. 根据《商品房买卖合同》第七条,"买受人如未按合同规定的时间付款,逾期超过 30 日后,出卖人有权解除合同"的约定,由于被上诉人没有在 2006 年 8 月 30 日前付清房价款,至今逾期已超过 30 日,上诉人可以援引该第七条约定,解除合同。

目前,被上诉人仅支付价款 3815632 元,尚欠 715764.58 元,根据《商品房买卖合同》第七条出卖人解除合同的,买受人按累计应付款的 1% 向出卖人支付违约金的约定,被上诉人应支付违约金 7158 元。但原审法院对上诉人的反诉请求不予支持,显属适用法律错误。

(三)原审判决认定被上诉人"强行进场装修"的事实,却又认为"被告未能交付",并据此作出的判决主文第一项明显不当。

被上诉人既然已经进场装修,即证明其已占有控制了该房,根据最高人民法院《关于审理商品房买卖合同纠纷适用法律若干问题的解释》第十一条"对房屋的转移占有,视为房屋的交付使用"的规定,应视为上诉人已向被上诉人交付了环海国际商务大厦第三层房屋。更何况,因被上诉人未能在约定期限内付清房款,已构成违约,上诉人有权拒绝交付,故原审判决第一项判决上诉人"于本判决生效之日起 10 日内向原告交付海口市金贸区环海国际商务大厦第三层房屋",明显不当。

(四)被上诉人履行合同不符合约定,上诉人可以拒绝相应的履行要求,原审判决主文第五项判决上诉人支付逾期交房违约金,无任何事实和法律依据,违背了上诉人与被上诉人在《商品房买卖合同》第九条中仅对逾期交房不超过 30 日的违约责任的约定,且逾期交房违约金的计算方法有误。

1. 上诉人与被上诉人签订的《商品房买卖合同》,体现了当事人意思自治原则和契约自由原则,当事人约定的违约责任条款只要不违反社会公共利益,均应严格遵守。由于双方在合同第九条仅对逾期交房不超过 30 日的违约责任作了明确约定,即出卖人逾期交房不超过 30 日,自合同第八条规定的最后交付期限的第二天起至实际交付之日止,出卖人按日向买受人支付已交房价款万分之一的违约金,而对逾期超过 30 日交房的违约责任未作任何约定,因此,原审法院应严格按照该合同约定,计算逾期交房违约金。而且,2008 年 1 月 1 日视为上诉人交房日,即使要支付逾期交房超过 30 日后的违约金,也仅须付至 2007 年 12 月 31 日止。但原审法院判决上诉人支付自 2006 年 8 月 16 日起至判决限定履行之日止的逾期交房违约金,该期间显然已超过双方所约定的 30 日期限,该判决无事实依据,也违背上述立法本意。

2. 双方在《商品房买卖合同》第九条中,没有约定以每日万分之一计算逾期交房的违约金,且我国法律及最高人民法院《关于审理商品房买卖合同纠纷案件适用法律若干问题的解释》等相关的司法解释中,也没有规定在双方没有约定违约金数额或者损失赔偿额计算方法的情况下,可以按每日万分之一的标准计算逾期交房违约金。故原审判决的计算标准无任何事实和法定依据。

(五)原审判决主文第二、三、四项的判决,违反《合同法》第六十六条规定。

根据合同第六条和第九条约定,被上诉人付清房款和上诉人交房的期限均为 2006 年 8 月 30 日前,这属于《合同法》第六十六条所规定的互负债务,没有先后履行顺序。因被上诉人未能在合同约定期限前付清房价款,上诉人对于其要求交房、登记备案、办证和开具购房发票等请求,可以根据《合同法》第六十六条的规定拒绝履行。而原审判决主文第二、三、四项,分别支持被上诉人的诉讼请求,违反了该条规定。

综上,恳请二审法院撤销原审判决,驳回被上诉人的诉讼请求,支持上诉人的反诉请求。

七、民事上诉答辩状

针对被告的民事上诉状,赵建平律师代理本案原告作了如下答辩:

(一)关于本案的基本事实

2005 年 11 月 29 日,答辩人与被答辩人签订《商品房买卖合同》(编号:GF-2000-0171)与《补充协议》,约定答辩人向被答辩人购买位于海口市金贸区环海国际商务大厦第三层房屋,该房屋合同套内面积 1031.62 平方米,单价为每平方米3836.33元,总金额为3957635元;答辩人向被答辩人支付250万元,剩余款项由答辩人替被答辩人刊登、发布广告的应收款冲抵;被答辩人应于2006年8月30日前,将经验收合格的房屋交付答辩人,并按合同附件约定在一至四层增设两部观光电梯及为答辩人预留空调室外机位置;被答辩人应自该房屋竣工验收合格交付使用之日起180天内办妥产权证。

上述《合同》与《补充协议》签订后,答辩人先后共计向被答辩人支付购房款3815632元,其中250万元转账支付,1315632元为答辩人替被答辩人刊登、发布广告的应收款冲抵。剩余142003元按《补充协议》约定,待结清广告款后多退少补。答辩人最后一次为被答辩人做广告的时间是2007年3月9日,在做完最后一次广告后,答辩人多次找被答辩人结算,并于2007年4月6日出具书面结算清单,但被答辩人却以各种理由不予结算,同时也不向答辩人交房。答辩人于2008年2月16日向龙华区人民法院起诉,该院于2008年7月17日作出(2008)龙民一初字第429号民事判决书。

(二)一审判决认定事实清楚,适用法律正确

1. 一审判决认定事实清楚

(1)关于合同价格。双方约定该商品房套内面积1031.62平方米,单价为每平方米3836.33元,总金额为3957635元。如产权登记面积与合同约定面积发生差异,双方约定"按房产局测量实际面积为准。多退少补"。根据合同的上述约定,答辩人只需按合同总价支付3957635元房款。如产权登记面积与合同约定面积发生差异,双方只存在"多退少补"的问题,不存在谁违约的问题。虽然被答辩人曾于2008年2月13日书面要求答辩人付清增加面积后的款项,但由于被答辩人无理要求答辩人重新签订合同,一直没有向答辩人提供房产局最终测量报告,和无理拒绝与答辩人结清冲抵房价款的广告款,最终导致双方无法对房价款进行结算,此责任在被答辩人而不在答辩人。

(2)关于交房时间及违约责任。双方约定被答辩人应于2006年8月30日前,将经验收合格的商品房交答辩人使用。被答辩人交房时,应书面通知答辩人办理交房手续,出示房屋经验收合格的文件,签署房屋交接单,并提供《住宅质量保证书》和《住宅使用说明书》。被答辩人至今没有书面通知答辩人交房，也没有向答辩人出示或提供有关交房的法定文件，被答辩人已经违约是一个不争的事实。虽然双方在《合同》中只约定被答辩人逾期交房不超过30日的违约责任，但由于双方在《合同》中约定了答辩人逾期付款超过30日的违约责任，按照《民法通则》和《合同法》的公平原则，原判判令被答辩人同样承担逾期交房超过30日后的违约责任，有法理和法律依据。

（3）关于付款时间。答辩人不否认双方在《合同》中约定，"合同签订时付款330万元整，余款在2006年8月30日前付清"，但双方同时又在《补充协议》的第一条付款方式及期限约定，"合同签订后五个工作日内，支付人民币贰佰伍拾万元整，剩余购房款经本条2、3项款项（即广告款）冲抵结算后多退少补"。但是，双方没有在《补充协议》中约定答辩人完成广告的最后时间，因此，答辩人支付剩余房款的时间，为答辩人替被答辩人做完最后一次广告后，双方进行结算的时间。《补充协议》已变更了《合同》约定的答辩人的付款时间，即把2006年8月30日前付清余款的约定，变更为答辩人最后一次广告做完后，双方进行结算的时间。根据《补充协议》第三条关于"本补充协议与主合同不符的，以本补充协议为准"的约定，关于答辩人付款时间的变更，在双方之间具有最终的法律效力。答辩人于2006年8月30日后以广告款冲抵剩余购房款的行为，不构成违约。答辩人在2007年3月9日为被答辩人做完最后一次广告后，于同年4月6日书面要求与被答辩人进行结算的行为，符合《补充协议》约定。

2. 一审判决适用法律正确

由于答辩人已依约支付了大部分购房款，履行了主要义务，剩余购房款因被答辩人不给予结算应冲抵的广告款，以及无理要求重新签订合同和一直不提供房产局的测量报告，导致答辩人无法支付剩余房款，过错责任在被答辩人；由于被答辩人至今未能把经验收合格的商品房交付答辩人，同时也没有履行房屋的登记备案手续、办理房屋产权证与相应的土地分割证、增设两部观光电梯和预留空调室外机位置等义务，一审法院根据《合同法》第六十条、第一百零七条、第一百一十四条和最高人民法院《关于审理商品房买卖合同纠纷案件适用法律若干问题的解释》第二条、第十七条的规定,判令被答辩人履行《合同》和《补充协议》约定的上述义务,并支付逾期交房违约金,完全正确。

综上所述,一审判决认定事实清楚,适用法律正确,答辩人恳请二审人民法院依法驳回被答辩人无理的上诉请求,维持原判。

八、二审判决结果

本院认为,原审判决认定刘某与上诉人于 2005 年 11 月 29 日签订的《商品房买卖合同》及《补充协议》有效正确,对此,双方当事人均无异议。关于违约问题。上诉人以刘某未能于 2006 年 8 月 30 日前全额支付合同中所约定的购房款 3957635 元,更未全额支付最后核准的购房款 4527521.6 元为由,认为刘某已构成违约,其有权解除合同及补充协议。虽然双方在合同中约定余款在 2006 年 8 月 30 日前付清,但补充协议又约定合同签订后五个工作日内刘某支付 250 万元,余款由刘某替上诉人刊登、发布广告的应收款冲抵,结算后多退少补,本补充协议与主合同条款不符的以本补充协议为准。故刘某的履行支付房款的义务应以补充协议的约定为依据。刘某最后一次以广告费冲抵购房款的时间为 2007 年 3 月 9 日,而上诉人对冲抵购房款的广告费用不予结算,致使刘某无法准确履行支付购房款的义务,过错责任在上诉人,故刘某依法不应承担迟延付款的违约责任。至于因房屋面积增加而增加的购房款未付,刘某亦不应承担违约责任。第一,上诉人未能提供有效证据证明其在预售房屋实际面积测绘报告出来后刘某起诉前,曾通知刘某在合理的期限内支付增加的购房款。第二,由于冲抵购房款的广告款的广告费用未结算,致使刘某无法准确支付购房款,故不能认定刘某违约。上诉人因刘某违约应解除合同的主张不能成立,其该项上诉请求依法不予支持。根据合同约定,上诉人应于 2006 年 8 月 30 日前将验收合格的房屋交付给刘某,而期限届满后,上诉人并未依约向刘某交付房屋,已构成违约,应承担相应的违约责任。虽然合同中未约定上诉人逾期超过 30 日应承担违约金的标准,仅对刘某逾期交款超过 30 日后应承担违约金标准进行了约定,但该约定显失公平,且上诉人逾期交付房屋,确实给刘某造成了经济损失,原审判决根据公平原则,从减少当事人的诉讼成本和讼累考虑,判决上诉人按每日万分之一计付违约金并无不当。但2008年1月1日至2008年3月20日刘某强行进行装修,已实际占用了讼争的房屋,在此期间上诉人不应承担违约责任。综上,依照《中华人民共和国民事诉讼法》第一百五十三条第一款第(二)项的规定,判决如下:

一、维持海口市龙华区人民法院(2008)龙民一初字第429号民事判决第一、二、三、四、六、七、八项;

二、变更海口市龙华区人民法院(2008)龙民一初字第429号民事判决第五项为:于本判决生效之日起10日内,某公司向刘某支付逾期交房违约金(自2006年8月31日至2007年12月31日、自2008年3月20日至房屋交付之日止,按3815632元每日万分之一计付)。

九、本案启示

利益问题是引起诸多民事案件的根本原因。本案之所以发生,其原因是近年海南房价大幅上涨,海南某公司觉得以每平方米不足4000元的价格,把1000余平方米的房屋卖给刘某不合算,因而以各种理由不交房。在刘某起诉后,海南某公司又提起反诉,请求法院判令解除合同,并支付逾期付款违约金。在一审败诉后,海南某公司又提起上诉,直至二审维持原判。本案给人们的启示是,生活在当代社会的人们,都存在利益问题,追逐个人利益是人的本能,我们再也不能无视个人利益了。但俗话说得好,"君子爱财,取之有道"。这个"道",就是法律和道德。但愿当代芸芸众生,在追逐个人利益,实现人生辉煌的同时,能依据法律和道德,能兼顾他人利益和社会利益。

第十三节　诉讼时效之争

一、案情简介
二、赵建平律师代理词
三、审理结果
四、本案启示

一、案情简介

1992年2月28日,某单位与某公司签订合同书,约定某单位提供建设用地,某公司提供建房资金,双方合作建房。签约后,由于资金原因,某公司迟迟未能动工建设。1997年2月18日,某单位单方解除合同。在某单位单方解除合同的情形下,某公司要求某单位赔偿损失,某单位拒绝赔偿,某公司遂向海口市中级人民法院提起诉讼。海口市中级人民法院经审理后,认为某公司的起诉超过诉讼时效,于2006年1月12日驳回某公司的诉讼请求。某公司不服,向海南省高级人民法院上诉。2006年8月21日,海南省高级人民法院以(2006)琼民一终字第12号民事判决书,驳回上诉,维持原判。某公司不服,向最高人民法院申请再审。2008年12月12日,最高人民法院作出(2008)申字第1063号民事裁定书,指令海南省高级人民法院再审。2009年5月22日,海南省高级人民法院公开开庭审理本案。赵建平律师作为某单位的再审代理人,参加了本案再审。2009年7月29日,海南省高级人民法院作出(2009)琼民再终字第11号民事判决书,维持本院(2006)琼民一终字第12号民事判决,即维持驳回某公司诉讼请求的二审判决。

二、赵建平律师代理词

2009年5月22日,海南省高级人民法院公开开庭审理某公司诉某单位合作建房合同纠纷再审一案。在法庭调查阶段结束后,赵建平律师发表了如下代

理意见:

海口市中级人民法院(2005)海中法民一重字第 2 号《民事判决书》和海南省高级人民法院(2006)琼民一终字第 12 号《民事判决书》，皆认定某公司的起诉超过法定两年的诉讼时效，并据此驳回某公司的诉讼请求。本代理人认为某公司关于其起诉没有超过诉讼时效的理由不能成立，上述判决认定事实清楚，适用法律正确，再审法庭应予维持。

(一)关于本案诉讼时效的起算点

1997 年 2 月 18 日，某单位经公证送达某公司《关于解除合作建房合同的通知》，正式解除双方于 1992 年 2 月 18 日签订的《合同书》及一切法律文件，并要求某公司"自即日起 15 日内来我单位商谈有关因贵方原因而造成的我方损失的赔偿问题"。

首先必须认定的是，某单位的这一单方解约行为是否具备法律效力。本代理人认为，某单位的这一单方解约行为具备法律效力。第一，有合同依据。1992 年 2 月 18 日双方签订的《合同书》第六条第十七款约定:"由于乙方(某公司)原因延误设计、施工，超过本合同规定时限半年以上时，甲方(某单位)有权终止本合同，收回土地另找合作对象。"由于《合同书》第五条第十五款约定，某公司在合同签订后 2 个月内完成小区规划，5 个月内完成土地转让、立项、勘察、设计、报建等工作;第十六款约定本合同时限自报建完成后 18 个月，双方后来于 1993 年 6 月 6 日签订的《补充合同(二)》又将合同时限改变为自施工许可证颁发之日起 20 个月，因此，某公司最迟应于 1995 年 10 月底前交付房屋。在某公司严重违反合同时限的情形下，某单位单方于 1997 年 2 月 18 日解除合同的行为有合同依据。第二，有法律依据。无论是根据当时生效的《经济合同法》第二十六条第一款、第二款，还是根据《合同法》第九十四条第三款、第四款，某单位的单方解约行为有法律依据。第三，某公司自 1997 年 11 月 10 日起，就放弃了对某单位这一单方解约行为提出异议的权利，再也没有就此向某单位提出异议或向法院起诉。

其次必须明确的是，某单位这一单方解约行为带来的法律后果。根据当时生效的《经济合同法》的相关规定,特别是《合同法》第九十七条规定,"合同解除后,尚未履行的,终止履行;已经履行的,根据履行情况和合同性质,当事人可以要求恢复原状、采取其他补救措施,并有权要求赔偿损失"。因此,在某单位自1997年2月18日单方依法解除合同时起,某公司即依法有权要求某单位赔偿损失。值得一提的是,某单位的解约通知也已明确要求某公司,"自即日起15日内来我单位商谈有关因贵方原因而造成的我方损失的赔偿问题"。

最后,如何计算本案诉讼时效的起算点?《民法通则》第一百三十七条规定:"诉讼时效期间从知道或者应当知道权利被侵害时起计算。"在某单位自1997年2月18日单方依法解除合同时起,某公司就已经知道或者应当知道应向某单位要求返还财产或赔偿损失,因此,本案诉讼时效应依法自1997年2月18日起计算。某公司事实上也行使了这一权利,自1997年2月18日起至1997年11月10日止,某公司三次就解除合同的效力与赔偿问题与某单位进行交涉,但自此以后再也没有向某单位主张过赔偿损失的权利。因此,本案的诉讼时效已于1997年11月10日起中断,应从该日起重新计算某公司的诉讼时效。

(二)自1997年11月10日起,某公司不存在中断诉讼时效的法定理由,某单位至今没有抛弃时效利益

在1997年11月10日起算某公司诉讼时效的情形下,某公司必须依法于1999年11月10日前向某单位主张权利或者向法院起诉。某公司所举其已于1999年5月12日给某单位的函件,只是一个复印件,某单位在一审中依法不予质证,该证据不能证明某公司在上述法定诉讼时效期限内,向某单位主张过权利,因此,某公司的诉讼时效于1999年11月10日就已终止。可以认定的是,自1997年11月10日起至2001年7月10日之间,将近4年之久,某公司没有向某单位主张过权利。此后某公司于2001年7月10日和2002年12月2日给某单位的发函,系无效民事行为,依法不能构成诉讼时效的中断。同样,某单位于2001年7月30日的回函、2002年12月4日的签收行为,只表明某单位在某公司超过诉讼时效后承认收到对方的函件,并未作出承认某公司实体权利的意思表示,故不构成时效利益的抛弃。

值得一提的是,某单位于 2001 年 7 月 30 日的复函,虽然有"已经多次交涉"的字眼,但根据起草该复函的证人龚某的证言,所谓"已经多次交涉",指的是 1997 年 11 月 10 日前某公司与某单位的多次交涉。某公司证人伍某某,系某公司当年的负责人,其与某公司有利害关系,其证言的真实性和公正性存在重大疑问,而且伍某某的证言只证明他代表某公司,"每年均多次向某单位主张赔偿损失",但没有证明具体主张权利的时间,该部分证言具有不确定性。此外,既然伍某某证明 1999 年 5 月 12 日某公司的发函原件,由他和侯某带回公司办公室存档,为什么某公司至今没能出示该函件的原件,可见伍某某的证言显然是虚假的。

(三)关于无效合同的诉讼时效问题

双方于 1992 年 2 月 18 日签订的《合同书》及随后签订的法律文件,均被一、二审法院认定无效,随之而来的是无效合同的诉讼时效问题,即无效合同的诉讼时效是否可从合同确认无效之日起计算。关于该问题,我国法律至今没有明确规定。本代理人认为,在处理该问题时,应具体案情具体分析,关键是正确认定当事人知道或者应当知道权利被侵害的时点,如本案应认定 1997 年 2 月 18 日为某公司知道或者应当知道权利被侵害的时点。在无法认定当事人知道或者应当知道权利被侵害的时点的情形下,则应自合同被认定无效之日起,作为无效合同当事人请求权的诉讼时效的起点。值得一提的是,由于我国法律至今没有对因无效合同引起的财产返还和赔偿损失的诉讼时效问题作出具体规定,某公司在其《民事再审申请书》中,也只能引用最高人民法院审理的广西某公司与北海某公司土地使用权转让合同纠纷案和海南省高级人民法院审理的海南某公司与江西省某单位土地转让纠纷再审案。但是,上述两案不存在一方当事人单方依法解除合同的情形,不存在对方当事人知道或者应当知道权利被侵害的情形,上述两案与本案无可比性,最高人民法院给该两案所作的批复不能适用于本案。相反,最高人民法院在审理中国某公司诉国营某电视机厂、某银行借款纠纷上诉案时指出,中国某公司请求保护其相应权利的诉讼时效期间,应当自其知道该损害发生之时而非合同被确认无效之时起算,并据此驳回中国某公司的诉讼请求。本代理人建议再审法庭依据该判例,驳回某公司的再审请求。值得一提的是,如果不加分析,一律把无效合同的时效认定在合同被确认无效后,当事人就可以不受限制地翻陈年老账,这将导致无法维护现存的经济秩序,最终干扰市场经济的正常运行。

(四)即使某公司的起诉没有超过诉讼时效,某单位也依法不应赔偿某公司的所谓损失

虽然双方于1992年2月18日签订的《合同书》及随后签订的法律文件无效,但《合同书》第六条第十七款、第十八款是解决双方争议的条款,根据《合同法》第五十八条关于"合同无效、被撤销或者终止的,不影响合同中独立存在的有关解决争议方法的条款的效力"的约定,《合同书》第六条第十七款、第十八款是有效条款。《合同书》第六条第十七款约定:"因乙方(某公司)原因终止合同时,已转移给乙方的土地再转回甲方(某单位),土地上已建土木工程归甲方所有。"因此,某公司无权要求某单位赔偿该公司为该项目支出的相应费用。此外,值得一提的是,在双方合作期间,某公司曾赠送给某单位一辆吉普车和260万元人民币,但这是双方在合作期间产生的无偿赠与关系。赠与关系一经成立并经交付赠与财产,就已依法有效成立,某公司不得反悔,也不得因双方解除合作关系或合作合同无效而要求某单位返还。

三、审理结果

2009年7月29日,海南省高级人民法院就本案作出(2009)琼民再终字第11号民事判决书。该院认为,依据诉辩双方的意见,归纳本案争议的焦点问题,一是无效合同的诉讼时效问题,二是1997年11月10日后双方是否进一步作过交涉,本案是否超过诉讼时效。

(一)关于第一个焦点,无效合同的诉讼时效问题

无效合同属于自始不具有法律效力的合同,自其成立时即不具有法律约束力。无效合同的确认是国家公权力对民事合同效力干预的结果,当事人请求确认合同无效的,不应受诉讼时效的限制,应从人民法院或仲裁部门确定合同无效时,开始计算诉讼时效。即对于某公司请求确认合同无效的诉讼请求,不应该受诉讼时效的限制。二审判决关于认定合同无效的认定是正确的,本院予以支持。

（二）关于第二个焦点,即 1997 年 11 月 10 日后双方是否有进一步交涉的问题,本案是否超过诉讼时效

依据本案事实,从 1997 年 2 月 18 日某单位解除合同的通知到达某公司后,某公司即依法享有因合同解除造成的损失而向某单位求偿的权利。本案关键的问题是,在 1997 年到 2001 年的 4 年中间,某公司是否主张了权利,这涉及其主张权利是否超过诉讼时效。从本案现有的证据来看,1999 年 5 月 12 日某公司送某单位签收的函件,没有提供原件,某单位也拒绝质证;本院再审中双方提供的证人证言又与其各自公司或单位有利害关系,不能予以采信,故本院依据最高人民法院《关于民事诉讼证据的若干规定》,对该复印函件的效力不予确认。2001 年 7 月 30 日某单位回复某公司的函件中提到的"多次交涉",因不能认定 1999 年 5 月 12 日某公司是否真正送达了该函件,某单位是否作了签收,故只能认定在 1998 年前双方之间有协调、交涉行为。从双方签订的一系列主合同、补充合同及相关附件中的约定来看,某单位已经履行了其合同义务,但某公司在长达五年的时间里,不能开工建设,应承担主要责任。但因其没有在诉讼时效期间内提出赔偿其损失的主张,也没有法律规定的中止、中断和延长等事由,故其请求赔偿的主张,已超过法定的诉讼时效,二审判决对此点的认定,亦是正确的,本院予以支持。

综上,二审判决认定事实和适用法律正确,本院予以维持;某公司申请再审的理由不充分,本院予以驳回。案经本院审判委员会讨论决定,依据《中华人民共和国民事诉讼法》第一百八十六条第一款,第一百五十三条第一款第（一）项之规定,判决如下:维持本院（2006）琼民一终字第 12 号民事判决,即维持驳回某公司的诉讼请求。

四、本案启示

市场经济就是法治经济。在市场经济条件下,企业必须具备起码的法律意识,依法维权。在本案中,某公司如果能注意到两年的诉讼时效问题,及时维权,并且妥善保管维权证据,就可能不会有败诉结果。

第十四节 某公司艰辛的维权之路

一、案情简介

二、某公司先当原告,因某种原因,被迫撤诉

 (一)民事起诉状

 (二)第二被告答辩状

 (三)第三被告答辩状

 (四)赵建平律师代理词

三、某公司后当被告,最终胜诉

 (一)民事起诉状

 (二)赵建平律师代理词

 (三)一审判决结果

 (四)某公司上诉

 (五)行外购房人上诉(A)

 (六)行外购房人上诉(B)

 (七)二审判决结果

四、本案启示

一、案情简介

  某公司是由北京等地的投资者在海南设立的,以房地产开发为主的民营企业。2002年12月11日,某公司与某银行签订《合作开发"南方明珠"经济适用房协议书》,约定由某银行提供土地、某公司出资,合作开发"南方明珠"项目。作为合作条件之一,该项目中的900套住房为某银行的认购指标,以经济适用房价格出售给某银行员工。某银行还为此成立职工集体购房协调领导小组,并下设办公室。2004年8月,某银行组织购房员工与某公司签订《商品房买卖合同》,此时已有部分购房员工把购房指标转让给了行外人员,行外人员也直接与

某公司签订了《商品房买卖合同》。2006年1月18日,某公司正式对外销售"南方明珠"商品房。此时,某银行部分购房员工和行外购房人员也在炒卖"南方明珠"商品房,他们的行为严重影响了某公司的正常销售活动。某公司多次与某银行协商,但没有获得一致意见。2006年3月16日,某公司以某银行为第一被告,某银行已转让购房指标的员工为第二被告,相应受让某银行某职工购房指标的行外人员为第三被告,向海口市美兰区人民法院提起诉讼,请求确认第二被告私下转让"南方明珠"购房指标给第三被告的行为无效;确认某公司与第三被告签订的《商品房买卖合同》无效;判令某银行对第二被告私下转让购房指标的行为承担相应责任。本案于2006年10月8日开庭审理,赵建平律师代理某公司出庭。鉴于面临200余名某银行转让购房指标的员工和行外购房人员的巨大压力,在美兰区人民法院已决定驳回某公司诉讼请求之际,某公司不得不撤回本案诉讼。

在某公司撤回起诉后,近100名某银行员工和行外人员以某公司迟交房为由,向海口市美兰区人民法院起诉,请求判令某公司交房并支付迟交房违约金,本案迟交房违约金数额累计高达400余万元。2007年7月8日,美兰区人民法院开庭审理本案,赵建平律师代理某公司出庭。2007年10月19日,美兰区人民法院作出一审判决,判令某公司交房并支付迟交房违约金。某公司不服,依法提起上诉。同时,某银行少数购房员工和行外人员也提起上诉。2008年5月12日,海口市中级人民法院公开开庭审理本案,赵建平律师代理某公司出庭。海口市中级人民法院于2008年10月21日作出二审判决,基本支持某公司的上诉请求。

二、某公司先当原告,因某种原因,被迫撤诉

(一)民事起诉状

2006年3月16日,某公司委托赵建平律师向海口市美兰区人民法院提起诉讼,请求确认某银行购房员工(第二被告)私下转让"南方明珠"购房指标给行外人员(第三被告)的行为无效;确认某公司(原告)与行外人员(第三被告)

签订的《商品房买卖合同》无效;判令某银行(第一被告)对某银行购房员工(第二被告)私下转让购房指标的行为承担相应责任;判令某银行购房员工(第二被告)与行外人员(第三被告)共同承担因《商品房买卖合同》无效产生的责任;判令第一被告、第二被告、第三被告共同承担本案诉讼费。

某公司起诉的事实与理由是,2002年12月11日,原告(乙方)与第一被告(甲方)签订《合作开发"南方明珠"经济适用房协议书》,约定甲方为"南方明珠"项目提供土地,乙方对该土地进行投资、开发、营销及管理;该项目中900套住宅为甲方的认购指标,以经济适用房价格出售给甲方职工;甲方放弃认购指标的房屋,由乙方对外以市场价销售;"南方明珠"前期费用由甲方承担作为购买房屋定金。

为了履行《协议书》关于职工集资建房购房的约定,搞好职工集资建房购房工作,某银行(第一被告)专门成立了职工集体购房协调领导小组,并下设办公室(以下简称集资建房购房办),负责职工集体建房购房具体事宜。

2003年11月20日,第一被告下属集资建房购房办给某银行职工下达《关于职工集体购买"南方明珠"商品房有关事项的通知》,决定对拟购买"南方明珠"商品房的职工进行摸底调查。

2003年12月8日,第一被告下属集资建房购房办给某银行职工下达《关于购买"南方明珠"商品房缴纳订金有关事宜的通知》,要求取得认购资格的某银行员工缴纳购房订金。第一被告下属集资建房购房办向包括第二被告在内的拟购房员工收取购房定金,第二被告缴纳了购房定金7万元(有的员工缴纳了9万元),并领取了第一被告出具的收款收据。

2004年1月9日,原告(乙方)与第一被告(甲方)签订《"南方明珠"项目建房款使用协议》,约定甲方将本单位506名职工(含第二被告)缴纳的建房款3750万元转入乙方在营业部开立的账户;乙方保证该款用于"南方明珠"项目中属甲方职工定购部分,即海霞园、海韵园的开发建设。同日,第一被告下属集资建房购房办即把职工集资建房款3750万元转入原告在第一被告营业部开立的账户。

2004年6月28日、7月2日、7月5日,第一被告下属集资建房购房办拟订了《某银行职工集体购买"南方明珠"选房具体实施方案》。根据该实施方案,某银行购房员工分A、B、C三组,进行选房。本案第二被告选购了"南方明珠"海霞园期房一号楼三单元302房,该房建筑面积133.83平方米,套内面积119.34平方米。

2004年8月,根据第一被告下属集资建房购房办安排,按照预先确定的时间,在第一被告下属集资建房购房办主持下,由原告派出人员,并由原告授权徐某作为签约代表,到第一被告所在的某银行大厦13楼接待室,与某银行购房员工签订《商品房买卖合同》。当时,由于第一被告没有要求某银行员工提交证明文件,原告经办人员无法核对是否有行外人员,第三被告混在某银行购房员工之中,按照第二被告提供的相应房号、已交集资款数额(即首付款)、总价款等信息,以某银行员工身份,按原告提供给某银行职工的购房优惠价格,与原告签订《商品房买卖合同》,购买了本应由第二被告购买的"南方明珠"期房。《商品房买卖合同》签订后,由原告交第一被告下属集资购房建房办,由该办根据购房员工首付款支付情况,统一发放给某银行员工。

2005年9月28日,原告与第一被告下属集资建房购房办联合作出《某银行集体购房先期收楼事项的说明》,决定由某银行集体购房领导小组和原告共同确认已交齐全部房款的某银行在册员工后,由某银行集体购房领导小组代表上述员工与原告达成先期收房协议,根据领导小组出具的证明,由员工到南方明珠服务中心办理房产现状移交手续,每户移交一把进户钥匙。根据上述要求,第一被告下属集资建房购房办给原告提供了交房名单,第一被告确认交房名单上的人员为某银行员工,可以办理先期交房手续,原告对此予以确认。

根据缴纳购房定金和选购房号的某银行员工(即第二被告)与相应的第三被告并非同一人的事实,以及第一被告下属集资建房购房办提供的交房名单,原告确认以内部认购价与原告签订《商品房买卖合同》的第三被告并非第一被告员工,其无资格以某银行员工身份与原告签订《商品房买卖合同》。

在发现第三被告不是第一被告的员工后,原告多次与第一被告协商。但由于第三被告不是第一被告的员工,第一被告无法解决该问题。2006年3月2日,原告最后致函第一被告,指出由于第三被告"不是某银行员工,我公司决定收回这部分房源"。

综上所述,某公司认为第二被告和第三被告之间转让购房指标的行为,违反了我国《合同法》第五十二条第五款、《城市房地产管理法》第三十七条第六款、第七款和第四十五条,国务院办公厅转发建设部等部门《关于做好稳定住房价格工作意见的通知》(国办发[2005])26号)第七条,建设部《已购公有住房和经济住房上市出售管理暂行办法》的规定,属于非法转让期房和职工集资房的行为,故提出上项诉讼请求,请求人民法院予以支持。

(二)第二被告答辩状

对于被答辩人要求确认答辩人转让302房给廖某某的行为无效,以及要求确认其与廖某某签订的302房的《合同》无效,答辩人认为被答辩人的请求没有事实与法律依据,依法应予以驳回。理由如下:

1. 被答辩人与某银行之间是合作建房关系,某银行认购的房产属于其分得的房产,该部分房产的处分权应归属某银行,被答辩人与具体的购房者签订合同仅是配合完毕相关手续,被答辩人无权要求确认该部分房产的买卖合同无效。

根据被答辩人与某银行签订的《合作开发"南方明珠"经济适用房协议书》约定,某银行为"南方明珠"提供土地,被答辩人对该项目进行投资、开发、营销及管理,该项目900套住宅为某银行的认购指标,以经济适用房价格出售给某银行职工;某银行放弃认购指标的房屋,由被答辩人对外以市场价格销售,"南方明珠"前期费用由某银行承担作为购买房屋定金。某银行依约提供了土地,认购了其中的506套房产(包括302房在内),并提供了前期费用3750万元。因此,该506套房产的处分权应归某银行所有。但是,由于"南方明珠"的土地使用权已过户到被答辩人名下,要办理缴税和产权证手续,需要提供土地使用权人与购房者签订的《商品房买卖合同》。所以,廖某某才与被答辩人签订302房的《合同》。在这种情况下,被答辩人无权要求确认302房的《合同》无效。

2. 在答辩人缴纳 302 房的前期认购定金后，廖某某直接与被答辩人签订 302 房《合同》的行为，得到某银行和被答辩人认可，双方是在平等自愿的基础上签订的，没有违反法律和行政法规的强制性规定，依法应确认有效。

2003 年 12 月 12 日，答辩人根据某银行要求，支付了"南方明珠"首期购房款 7 万元，在选定 302 房的房号后，某银行向被答辩人送达了某银行员工认购房屋的房号及名单，其中载明 302 房的购房人为答辩人。因答辩人原因，答辩人提出由廖某某作为 302 房的买房人与被答辩人签订《合同》，某银行表示无异议，同时在签订《合同》时，被答辩人也同意 302 房由廖某某作为买方与其签订《合同》。《合同》签订后，廖某某以自己的名义于 2004 年 7 月和 2005 年 1 月分两次向被答辩人付清余款人民币 186665 元。被答辩人也已按照国家有关规定将《合同》报房产管理部门备案登记，房产部门办理的合同备案证号为 200500036667。除了被答辩人须按合同约定履行交房和办证手续外，整个合同已基本履行完毕。整个购房过程中，包括廖某某直接作为买方与被答辩人签订答辩人认购的 302 房《合同》，某银行和被答辩人都是明知的，也都没有异议。答辩人认为 302 房《合同》是依法成立的合同，是合法有效的合同。被答辩人要求确认其无效，没有事实与法律依据，依法应予以驳回。

3. 答辩人没有将 302 房转让给廖某某，而只是因个人原因直接由廖某某作为买方与被答辩人签订 302 房的《合同》，被答辩人要求确认答辩人转让 302 房给廖某某的行为无效，没有事实与法律依据。

首先，在答辩人交定金认购 302 房后，答辩人并没有与被答辩人签订 302 房的合同，而是由廖某某直接与被答辩人签订合同，因此，被答辩人关于"答辩人将 302 房转让给廖某某为期房转让，根据有关法律规定应为无效行为"的主张没有事实依据。更何况，从答辩人认购 302 房，再到廖某某与被答辩人签订 302 房《合同》，都是在 2004 年 8 月 20 日完成，而国务院八部委关于《做好稳定住房价格工作的意见》于 2005 年 4 月 30 日才公布施行。因此，被答辩人引用《做好稳定住房价格工作的意见》，来认定答辩人转让 302 房给廖某某的行为无效，属引用法律错误。

其次,被答辩人认为,答辩人转让302房给廖某某违反《已购公有住房和经济适用房上市出售管理暂行办法》的规定,也没有事实与法律依据,理由有二,其一,"南方明珠"并没有取得任何政府部门批准其转为经济适用房的文件,也不是国家机关或国有企事业单位全资建设和出售给所属职工的住房,因此,"南方明珠"既不是公有住房,也不是经济适用房;其二,由于302房是由廖某某直接与被答辩人签订购买的,不存在上市交易的问题。因此,被答辩人引用《已购公有住房和经济适用住房上市出售管理暂行办法》属引用法律错误。

综上,302房是某银行与被答辩人认购的房屋,某银行对其有处分权,被答辩人无权主张302房出售给廖某某的行为无效;其次,答辩人并不存在转让302房给廖某某的行为,而是由被答辩人直接与廖某某签订302房的《合同》,被答辩人与某银行已认可了廖某某直接作为买方购买302房,且双方签订的合同不符合《合同法》规定的无效条件。因此,被答辩人的诉讼请求没有事实与法律依据,恳请法院依法予以驳回。

(三)第三被告答辩状

本案既已形成诉讼,代理人就有必要陈述一下本案发生的经过和事实。被答辩人与答辩人在签订合同后,依合同约定,被答辩人应于2005年4月30日交房,被答辩人在晚交房一年的情况下,不但对晚交房的责任避而不谈,反而要求购房者依合同金额再交5%的营业税,将合同修改,将合同签订日期改为目前,将架空层修改成小户型出售的事实合法化,被答辩人的无理要求遭到广大购房者反对,被答辩人在无理要求得不到满足的情况下,提起了本案的诉讼。针对被答辩人与答辩人商品房买卖合同纠纷一案,依据本案事实,答辩人提出答辩意见如下:

1. 被答辩人要求确认合同无效没有事实依据

(1)双方签订的商品房买卖合同,是在双方协商和自愿的基础上签订的,使用的是建设部颁发的格式合同,依法应受法律保护。

2004年7月,答辩人与被答辩人在某银行大厦签订商品房买卖合同,应被答辩人要求,答辩人与本案第二被告共同至某银行大厦,持第二被告第一期缴款收据和答辩人第二期缴款凭证,与被答辩人签订商品房买卖合同。在签订合同时,因第一期与第二期的缴款人不一致,被答辩人还要求第二被告在第一期缴款凭证背面签字确认。在完成上述手续,并经被答辩人审核后,双方才签订商品房买卖合同。由此可见,双方是在协商自愿的基础上签订商品房买卖合同,依法应受法律保护。

(2)被答辩人系在了解了答辩人身份的前提下,签订商品房买卖合同。

①签订合同时,答辩人提供了本案第二被告"商品房订金"收据,并表明该购房权益已让渡给答辩人,被答辩人经核对统计表名册,要求第二被告和答辩人在"商品房订金"收据背后共同背书签字后,被答辩人才与答辩人签订合同。

②办理按揭手续时,购房者的身份再次得到确认,银行要求提供的购房者收入证明,再次证明被答辩人明知购房者不是某银行职工。

③类似答辩人的购房者多达140多户,共三天签订购房合同,被答辩人声称不知,不但不符合情理,也不符合事实。

④某银行职工的合同,是被答辩人送到某银行领办。答辩人的合同及类似购房者的合同,都是根据被答辩人通知,凭身份证在被答辩人办公室领取。

2. 被答辩人要求确认合同无效,没有法律依据。

依据《合同法》相关规定,合同经双方签字盖章后即生效。本案商品房买卖合同主体适格,内容合法,是在双方协商一致的基础上签字盖章的,依法应受法律保护。

首先,本案所涉及的商品房买卖合同,是在被答辩人办理了商品房预售许可证后签订的。预售许可证是房地产管理法规定的销售方式之一,符合法律要求。如果按照被答辩人所依据的《中华人民共和国城市房地产管理法》第三十七条,所有办理预售许可证的房屋都是没有权属证书的,那么,所有的房地产开发商都不能预售房屋,所有的房屋预售行为都无效。由此可见,被答辩人所依据的法律明显错误。

其次,由于上述原因,被答辩人要求依据《合同法》第五十四条,确认合同无效的法定事由不能成立。

再次,被答辩人依据国务院办公厅转发建设部等部门《关于做好稳定住房价格工作的意见》(国办发[2005]26号),不能作为认定合同无效的法定依据。

(1)该文件不是法律或者行政法规,该文件仅仅是意见,甚至称不上是部门规章。

(2)该文件发布日期是2005年4月30日,而本案的商品房买卖合同签订于2004年,该文件没有溯及力,不能适用于本案。

(3)该文件仅对房地产管理部门办理登记事宜作出了规定,对购房者没有相关规定。

(4)本案的第二被告不是预购人,本案的第二被告并未与被答辩人签订《商品房买卖合同》,不是合同当事人,第二被告与答辩人之间也不存在商品房买卖合同关系,不存在转让未竣工商品房的关系。从整个案情来看,最多也是一个购房权益让渡的问题,该权益在被答辩人同意并签订合同后即成为事实。

3. 被答辩人与本案第一被告之间的协议及来往函件,对答辩人没有任何法律约束力。

首先,从被答辩人与第一被告的关系看,双方是合作关系,双方对此项目具有盈利分配的权益,被答辩人举出的与第一被告的有利证据,因与被答辩人有利害关系,法院对其效力应不予认可。

其次,商品房买卖合同的主体是相对的。从本案来看,合同主体仅是答辩人与被答辩人,不牵涉其他任何人。因第一被告不能代表答辩人,被答辩人与第一被告之间的往来函件,对答辩人没有任何法律约束力。

4. 本案应定性为商品房买卖合同纠纷。

首先,从合同本身来看,双方签订的是《商品房买卖合同》,双方因此产生的纠纷,也就是商品房买卖合同纠纷。

其次,双方是平等主体,签订的合同应受《合同法》调整。依据《合同法》的相关规定,双方签字盖章后即为生效。

最后,依据最高人民法院《关于审理商品房买卖合同纠纷案件适用法律若干问题的解释》第一条规定,本解释所称的商品房买卖合同,是指房地产开发企业(以下统称为出卖人)将尚未建成或者已竣工的房屋向社会销售并转移房屋所有权于买受人,买受人支付价款的合同,本案合同在该解释范围内。

因此,双方所签订的合同是商品房买卖合同,而不是其他任何合同。

5. 本案不属于非法转让期房。

首先,在答辩人购房时没有界定期房转让的规定。

其次,期房转让是在房地产管理部门办理预售登记后,未办理房产证之前的再次转让。本案涉及的预售登记就是被答辩人的名字,答辩人没有转让行为,不存在期房转让的事实。

再次,在第二被告没有与被答辩人签订购房合同的情形下,直接由答辩人与被答辩人签订合同,这种情况应视为债权让渡。

6. 本案所涉房屋不属于经济适用房及集资房。此两种房屋都要经相关政府部门批准,不能自行定义。

7. 被答辩人的起诉明显无理,依法应予驳回。

综上所述,答辩人与被答辩人签订的商品房买卖合同合法有效,依法应受保护,被答辩人的诉讼请求依法不能成立,答辩人请求人民法院予以驳回。

(四)赵建平律师代理词

2006年10月8日,美兰区人民法院公开开庭审理本案。在法庭调查结束后,赵建平律师发表了如下代理意见。

尊敬的审判长、审判员、人民陪审员:

我受本案原告委托,并根据海南川海律师事务所指派,依法参加今天的庭审,兹发表如下代理意见:

1. 关于本案所涉及的法律关系与本案性质

本案系原告与第一被告因"合作开发"南方明珠项目引起。在原告与第一被告之间存在名为"合作开发",实为土地使用权转让和以内部优惠价集体购买南方明珠商品房的关系;在原告与第二被告之间存在以内部优惠价订购本案讼争房屋的关系;在第二被告与第三被告之间存在未经原告和第一被告同意,私下转让本案讼争房屋的关系;在第三被告与原告之间存在"商品房买卖合同"关系。因此,本案不是一般的商品房买卖纠纷,而是因原告在与第一被告"合作开发"南方明珠项目过程中,因第二被告私下转让以内部优惠价认购的房屋给第三被告引起的商品房买卖纠纷,属于新类型的房地产纠纷案件。

2. 关于本案的法律适用

《合同法》第五十四条规定,因重大误解订立的合同或在订立合同时显失公平的,当事人一方有权请求人民法院变更。在本案原告与第三被告之间签订的"商品房买卖合同",不仅存在重大误解情形,而且也存在显失公平情形,人民法院理应依法予以变更。

(1)原告与第三被告签订的"商品房买卖合同",存在重大误解情形。

本案讼争的房屋属于第一被告以内部优惠价团购中的一套,并由第二被告订购。直到2005年7月1日,原告才知道第一被告员工私下转让所认购房屋的情况,并书面与第一被告交涉。直到2005年9月28日,在与第一被告共同签署《某银行集体购房先期收楼事项说明》,并在第一被告根据该《说明》提交交房名单后,原告才发现第三被告不是第一被告员工,其购房资格没有获得第一被告认可。特别值得一提的是,即使如第三被告甚至第一被告所言,原告在与第三被告签约时,就已知道第三被告不是第一被告员工,但即便如此,根据第一被告给原告出具的交房名单,第三被告的购房资格仍然没有获得第一被告认可,并且至今没有获得第一被告认可。本代理人作为原告的全权委托代理人,今天在庄严的法庭上慎重指出:即使第三被告不是第一被告员工,只要第一被告确认第三被告的购房资格,原告也予以确认。直到2006年1月,原告仍然在与第一被告协商解决第三被告以内部优惠价购买本应由第一被告员工购买的南方明珠商品房问题,第一被告也一直在与第三被告联络沟通,但因第三被告不是第一被告员工,第一被告无法协调解决,原告才不得不起诉。此外,还需向法庭指出的是,2006年6月19日,原告与第一被告签订的《协议书》第三条,约定第一被告员工5年内不得转让所购南方明珠商品房,否则,原告有优先回购权。根据该条约定和其他相关证据,原告自始至终的真实意思是,本案讼争的房屋只有第一被告员工可以内部优惠价格购买,原告也只愿意以内部优惠价把该房屋卖给第一被告员工。第三被告不是第一被告员工，但却以第一被告员工身份，享受只有第一被告员工才能享受的优惠价格，与原告签订"商品房买卖合同"，显然存在重大误解情形。

(2) 原告与第三被告签订的"商品房买卖合同"，存在显失公平情形。

原告与第一被告于2002年12月11日签订的《合作开发"南方明珠"经济适用房协议书》，是一份名为"合作开发"，实为土地使用权转让和以内部优惠价团购南方明珠商品房的合同。按照该《协议书》约定，第一被告在收回土地使用权转让价款的同时，还要以经济适用房价格，购买原告开发的南方明珠项目中的900套住宅，以解决第一被告员工"住房困难问题"。在该《协议书》履行过程中，第一被告及购房员工又要求增设架空层、增设电梯，致使建设成本一增再增。根据2004年9月23日第一被告出具的《某银行"南方明珠"项目剩余商品房对外销售方案》，"南方明珠"项目每平方米平均造价2246元，比第一被告员工内部购买价高出每平方米446元。必须指出的是，第一被告下属造价咨询部是有资质的、公开对外提供造价咨询的机构。"南方明珠"项目本应由原告委托其他有资质的造价咨询机构进行预算，但由于不相信原告，第一被告单方面指定其下属的造价咨询部进行工程预算。在今天的法庭调查中，第一被告对该《对外销售方案》的真实性予以了确认，只是无根据地提出原告没有按预算进行建设的抗辩。但实际情况是，原告投入的实际成本已远远超出该预算。因此，该《对外销售方案》可以作为确定"南方明珠"项目成本的依据。根据2006年6月19日原告与第一被告签订的《协议书》第三条约定和该《对外销售方案》，法庭应依法支持原告关于第三被告应补交房款成本价的请求。必须向法庭指出的是，根据2006年6月19日原告与第一被告签订的《协议书》和《补充协议》约定，在第一被告所有购房员工都已补交房屋成本差价的情形下，作为事实上享受第一被告购房员工优惠价待遇的第三被告，没有不补交房屋成本差价的任何合法理由。

(3) 关于原告请求变更其与第三被告签订的"商品房买卖合同"的时效问题。

自 1999 年 10 月 1 日起生效的《合同法》,没有规定当事人行使合同变更权的时效,只规定当事人行使合同撤销权的时效。第一被告代理人引用《最高人民法院关于实施〈民法通则〉若干意见》第七十三条,认为当事人行使合同变更权有一年的时效限制,并认定本案已过法定时效。本代理人认为第一被告代理人的上述观点不成立,因为《合同法》作为《民法通则》的特别法和在后颁布的法律,当两者相抵触时,理应优先适用《合同法》;最高人民法院的司法解释在与法律冲突时,依法应不予适用。

3. 第一被告是否应承担连带责任

2002 年 12 月 11 日,第一被告与原告签订的《合作开发"南方明珠"经济适用房协议书》第五条约定,南方明珠项目中的 900 套住宅为第一被告的认购指标,以经济适用房价格出售给第一被告员工。根据 2006 年 6 月 19 日《协议书》第三条约定,团购的 506 套房应以成本价计算,购房人应补交房款差价。根据同日签订的《补充协议》和第一被告此后的履约行为,第一被告已履行对其购房员工补交房款差价的行为。第一被告作为团购人,既然承诺"购房人应补交房款差价",并以具体行为承担其购房员工补交房款差价的义务,理应对南方明珠 506 套住宅都承担补交房款差价的义务。

原告在"南方明珠"开发和 506 套住宅内部销售过程中,只与第一被告联系,原告从未与第一被告购房员工及第三被告就购房问题单独联系过。第一被告不仅组织员工选购、认购房号,收缴购房定金,组织签订购房合同,以及确定交房名单等,而且还与原告协商并确定"南方明珠"建设和交房过程中的所有问题。由于第一被告的过失,以及根据第一被告代理人今天在法庭上的言论,原告有充分理由认为由于第一被告的默认乃至放纵,才使得第二被告以及其他购房员工私下转让"南方明珠"购房指标给第三被告和其他行外人员,第一被告理应对第二被告私下转让购房指标的行为和第三被告补交房款差价的义务承担连带责任。

以上代理意见,恳请合议庭采信。

三、某公司后当被告，最终胜诉

（一）民事起诉状

在某公司因某种原因撤诉的情形下，某银行部分购房员工及行外购房人员，却以某公司为被告提起了本案诉讼。某银行购房员工及行外购房人员的诉讼请求是，判令被告向原告交付位于海口市碧海大道39号"南方明珠"某房屋，判令被告为原告办理上述房屋的房屋产权证书，判令被告支付逾期交房违约金，判令被告承担本案诉讼费。

部分购房员工及行外人员起诉的事实与理由是，2004年8月20日，原告与被告签订《商品房买卖合同》，约定被告将其开发建设的位于海口市碧海大道39号"南方明珠"房屋一套出售给原告。合同第8条约定被告应当在2005年4月30日前将分期综合验收合格的商品房交付给原告；第9条约定如被告逾期交房，将按日向原告支付已交付房价款万分之三的违约金。

合同签订后，原告依据约定，向被告交纳了全部购房款，履行了应尽的义务，但被告没有在合同约定时间内，向原告交付房屋及为原告办理相关的房屋产权手续，至今已逾期长达一年零七个半月累计590天。

原告认为，被告未能在合同约定时间内向原告交付房屋，其行为已违反原、被告双方签订的《商品房买卖合同》，构成违约，被告的行为给原告造成了严重的经济损失。原告为维护自身合法权益，依据《合同法》、最高人民法院《关于审理商品房买卖合同纠纷案件适用法律若干问题的解释》，提起本案诉讼，恳请法院依法支持原告的诉讼请求。

（二）赵建平律师代理词

尊敬的审判长、审判员、人民陪审员：

作为某公司的委托代理人，我依法发表如下代理意见：

1. 某银行是否应作为本案第三人

本案不是普通的、仅仅发生在某公司与原告之间的商品房买卖纠纷，而是因某公司与某银行之间因合作开发南方明珠小区产生的商品房买卖纠纷，属于新类型的房地产纠纷案件。

2002年12月11日,某银行与某公司签订《合作开发"南方明珠"经济适用房协议书》,约定南方明珠项目中的900套住宅为某银行认购指标,以经济适用房价格出售给某银行员工。之后,某银行组织员工对南方明珠商品房进行了认购。2004年8月,本案原告与某公司签订商品房买卖合同,约定交房时间为2005年4月30日前。

但是,在南方明珠小区建设过程中,直到2005年8月19日前,南方明珠的建设和用地单位均为某银行。在多次征询购房员工意见后,某银行决定变更已获批准的规划,提高建设标准,增加电梯和架空层,由此导致海口市规划局美兰分局对某银行罚款40万元和建设工期延长。某公司于2005年9月15日才获得变更后的规划许可证,致使某公司无法依约于2005年4月30日前交房。为此,某公司于2005年3月14日致函某银行,某银行于2005年3月21日复函某公司:"因增加电梯和架空层而导致工期延长,员工购房合同约定的交房日期自规划批复之日起顺延半年。"某公司于2005年9月15日才获得变更后的规划许可证,因此,某公司的交房日期可延至2006年3月15日。

2006年6月19日,某公司与某银行签订《协议书》和《补充协议》,约定每户业主与乙方(某公司)签订的购房合同应遵守甲方(某银行)与乙方(某公司)签订的相关协议和约定;甲方(某银行)未完成约定义务,乙方(某公司)为甲方(某银行)员工办理的房产证暂不发放,由乙方(某公司)保管。

从上述事实经过可以得出以下结论:(1)本案发生在某公司与某银行合作开发南方明珠小区过程中;(2)本案住宅楼是某公司与某银行合作开发的产物;(3)本案原告(即买方)是某银行员工或违法从某银行员工受让购房指标的行外人员;(4)本案的购房价格是由某公司与某银行在2002年12月11日的协议书中约定的内部优惠价;(5)本案某公司延至变更后的规划批复之日起半年交房(即延至2006年3月15日),是某银行同意的。因此,某银行与本案的处理结果有法律上的利害关系,人民法院依据《民事诉讼法》第五十六条第二款,通知某银行参加本案诉讼,有充分的事实与法律依据,某银行是本案适格的无独立请求权的第三人。

2. 谁应承担本案迟交房责任

本案原告与某公司约定的交房期限虽然在 2005 年 4 月 30 日前，但某银行已明文同意某公司可延至变更后的规划批复之日起半年内交房。变更后的规划批复的时间为 2005 年 9 月 15 日，因此，某公司可顺延至 2006 年 3 月 15 日开始交房。事实上，某公司已于 2006 年 1 月 6 日开始交房，该交房日期早于某银行同意的顺延交房日期两个月零九天。因此，某公司不应承担自 2005 年 4 月 30 日起至 2006 年 1 月 6 日止延迟交房的责任。至于自 2006 年起至今未能交房的责任，系原告故意不主动到某公司办理交房手续造成的，理应由原告自负。

3. 原告的诉讼请求，无事实与法律依据

原告的诉讼请求主要是交房、办理房产证和支付逾期交房违约金。某公司已于 2006 年 1 月 6 日开始交房，原告至今不主动到某公司办理交房手续，某公司至今未交房的责任在原告不在某公司；办理房产证是政府房管部门的法定职责，不属于某公司的业务范围；由于某银行已书面同意某公司延至 2006 年 3 月 15 日交房，某公司依法不应承担自 2005 年 4 月 30 日起至 2006 年 1 月 6 日止的逾期交房违约金；由于原告自 2006 年 1 月 6 日起至今不主动到某公司办理交房手续，某公司不存在违约行为，也就不存在某公司承担此时间段的违约责任问题。原告的诉讼请求，无事实与法律依据，本代理人恳请人民法院依法予以驳回。

以上代理意见，恳请合议庭采纳。

（三）一审判决结果

本院认为，原告与被告于 2004 年 8 月 20 日签订的《商品房买卖合同》，是双方在平等自愿基础上达成的真实意思表示，主体适格，内容未违反法律、行政法规的禁止性或强制性规定，属有效合同，受法律保护。由于"南方明珠"商品房，系被告与第三人的合作项目。作为合作条件之一，该项目中的部分房以内部优惠价由第三人组织员工认购，并由第三人组织员工交款、分房及相关协调、通知工作。原告作为第三人的员工，在上述房屋买卖合同签订前，已向第三人交付购房定金7万元,第三人亦将定金转付给被告;合同签订后,原告又依约付清了全部购房余款。在合同履行过程中,由于"南方明珠"项目增设架空层、增加电梯的报建变更,直到2005年9月15日才获得市规划局批准,因此,第三人向被告致函,同意员工购房合同约定的交房日期,自规划批复之日起顺延半年(即顺延至2006年3月15日)。对于本案交房时间的顺延问题,虽然原告与被告没有书面约定,但对于"南方明珠"项目规划设计的变更,第三人事先已通过书面通知的方式,征询过原告及其他员工的意见和要求,原告对"南方明珠"商品房规划设计的变更是明知并认可的;至于因设计变更而顺延工期及交房时间的情形,也是合理合法的。故第三人作出同意员工购房合同约定的交房日期顺延的决定,对参加购房的员工及向员工受让购房指标的行外人员均有约束力。因此,本案房屋买卖合同约定的交房时间已变更并顺延至2006年3月15日。至于原告提出建筑设计变更不能成为延期交房的诉称,于理不符,于法无据,不予采纳。由此可见,导致被告无法按时完成施工及无法在合同约定的2005年4月30日前向原告交房的事实,是因不可归责于被告的事由所引起的,被告对此没有过错,故对于2006年3月15日前的逾期交房行为,被告不应承担违约责任。

对于被告是否已履行书面通知原告交房的合同义务问题。虽然第三人曾于2005年12月29日通知原告及其他员工收房,但"南方明珠"小区海晨园的商品房,是于2006年2月8日经有关部门验收合格并具备交付条件的,故对于第三人在房屋不具备交付条件之前的通知,不能认定是被告对原告的交房通知。对于被告提出已于2006年1月6日开始交房的辩解,本院不予采信。根据双方合同约定,被告应以书面形式通知原告交房,但被告在举证期限内未能提交证据,证明其已依约书面通知原告办理交房手续,故被告在顺延的交房期限届满后未交房的行为已构成违约,应承担逾期交房的民事责任。根据顺延变更后的交房时间及合同约定的逾期交房违约金计算标准,被告应自2006年3月16日起至实际交付之日止,按已交付房价款每日万分之三的标准向原告支付逾期交房违约金。

对于原告要求被告办理房产、土地使用权产权证书的诉请,虽然原、被告双方约定在商品房交付使用后 360 日内,将办理权属登记需由被告提供的资料报产权登记机关备案,但由于房屋尚未交付,故被告应在房屋实际交付使用后 360 日内,将办理权属登记的资料报产权登记机关备案,协助原告办理相应的房屋产权证及土地使用权证。

综上,原告要求被告交付海口市碧海大道"南方明珠"小区海晨园 6 号楼 1-301 号房,协助办理房产、土地使用权产权证书及赔偿本院认定的部分逾期交房违约金的诉请,合法有据,应予支持。依照《中华人民共和国合同法》第四十四条、第六十条、第一百零七条、第一百一十二条、第一百一十四条、第一百三十五条,《最高人民法院关于审理商品房买卖合同纠纷案件适用法律若干问题的解释》第十八条第一款,《中华人民共和国民事诉讼法》第六十四条第一款之规定,判决如下:

1. 被告某公司须于判决发生法律效力之日起 10 日内,将位于海口市碧海大道"南方明珠"小区海晨园 6 号楼 1-301 号房交给原告王某某,并按《商品房买卖合同》约定,协助原告王某某办理房屋产权证及土地使用权证。

2. 被告某公司须于判决发生法律效力之日起 15 日内,向原告王某某支付逾期交房违约金(自 2006 年 3 月 16 日起至实际交房之日止,按已交付房价款 251577 元每日万分之三的标准计算)。

3. 驳回原告王某某的其他诉讼请求。

(四)某公司上诉

某公司不服一审判决,提起上诉。下面是某公司上诉状的主要内容。

原判认定"本案房屋买卖合同约定的交房时间已变更并顺延至 2006 年 3 月 15 日";"'南方明珠'小区海霞园的商品房是于 2006 年 2 月 8 日经有关部门验收合格并具备交付条件的";原审第三人"于 2005 年 12 月 29 日向各被上诉人所在单位发出《关于领取'南方明珠'商品房钥匙的通知》,内容为 2006 年 1 月 6 日至同年 1 月 18 日为领取'南方明珠'商品房钥匙的时间"。但是,原判却以"第三人在房屋不具备交付使用条件之前的通知,不能认定是被告对原告的交房通知"为由,错误认定"对于被告提出已于 2006 年 1 月 6 日开始交房的辩解不予采信。被告在顺延变更的交房时间期限届满后,未依约书面通知原告办理交房手续,致使原告至今未能领取房屋使用,对此,被告应承担逾期交房的过错责任"。对于原判的这一错误认定,上诉人不服。

1. 原审第三人既是本案讼争房屋的卖方之一,又是被上诉人购房的实际代理人

被上诉人所购商品房,是原审第三人与上诉人合作获得的利益。上诉人与原审第三人合作开发南方明珠,直至 2006 年 6 月 19 日,才约定由上诉人独立开发。在这之前均为上诉人与原审第三人共担风险共享利益的合作关系,包括被上诉人所购房屋在内的 506 套商品房买卖合同签订于 2004 年 8 月。合同签订时,该项目的土地使用权人以及各项开发文件所标建设单位均为原审第三人,原审第三人与上诉人构成这 506 套购房合同的共同卖方。原审第三人在与上诉人合作中所获利益,体现为分得的 506 套房屋。原审第三人为此设有专门机构"购房协调领导小组",506 套商品房购买价格、建设标准、交房时间、付款方式等均由原审第三人与上诉人商定,上诉人从未与 506 套购房人中的任何人,就合同条款作过任何谈判,原审第三人又是被上诉人的实际代理人。因此,原审第三人发出的于 2006 年 3 月 15 日前交房的通知,应视为被上诉人自身的行为。

2. 通知被上诉人交房,是被上诉人所在工作单位及其领导即原审第三人的义务

由于上诉人与被上诉人签订的《商品房买卖合同》,采用建设部和国家工商总局制订的标准合同文本,虽然合同条款中约定,通知交房是上诉人的责任。但本案商品房买卖非一般市场行为下的购房行为;本案的买受人是原审第三人的员工,购买价格是房屋未建时由原审第三人与上诉人约定的内部优惠价,一审判决认定原审第三人承担了"组织员工交款、分房及相关协调工作",因此,《商品房买卖合同》关于由上诉人通知被上诉人交房的约定,因被上诉人所在单位及其领导出于便利的考虑,予以变更为由原审第三人履行通知作为自己属下

职工的被上诉人交房的义务。原审第三人于 2005 年 12 月 29 日以某银行购房领导小组名义,向各被上诉人所在单位发出《关于领取'南方明珠'商品房钥匙的通知》,要求被上诉人于 2006 年 1 月 6 日至同年 1 月 18 日领取'南方明珠'商品房钥匙。此后,原审第三人一直通知、组织其购房员工分期分批到上诉人处办理交房手续。

作为被上诉人所在单位的原审第三人,函告上诉人变更交房时间为 2006 年 3 月 15 日,在此情形下,更应由实际处于被上诉人的代理人地位的原审第三人而不是上诉人通知被上诉人于 2006 年 3 月 15 日前办理交房手续。如果根据《商品房买卖合同》约定,由上诉人通知被上诉人交房,上诉人只能依约通知被上诉人于 2005 年 4 月 30 日前交房,并同时追究原审第三人的违约责任,这也是为什么原审第三人提出对作为属下的被上诉人通知延期交房的主要原因。上诉人不可能通知被上诉人于 2006 年 3 月 15 日前交房,如果这样通知,被上诉人必然会以上诉人违反合同约定"迟交房"为由,拒不收房。

恳请法官明晰的是,虽然上诉人与被上诉人和原审第三人形式上分签合同,但客观上原审第三人依据其行政职权,始终是被上诉人的实际代理人,责任与权益密不可分。

3. 上诉人已于 2005 年 12 月 30 日起具备交房条件,并开始办理交房手续

在原审第三人于 2005 年 12 月 29 日发出交房通知后,自次日起,就有原审第三人的购房员工前来办理交房手续,至 2006 年 3 月 15 日止,已有二十位购房员工办完交房手续。原判仅以 2006 年 2 月 8 日上诉人的房屋才具备交付条件为由,对已于 2006 年 1 月 6 日开始交房的这一客观事实"不予采信",显失公平;与原审第三人已通知被上诉人交房,上诉人据此通知已开始交房和购房员工已开始收房的客观事实相违背。

4. 上诉人不应承担本案逾期交房的过错责任

"南方明珠"小区海霞园商品房,虽然是于 2006 年 2 月 8 日经有关部门验收合格并具备交付条件,而变更延期交房时间为 2006 年 3 月 15 日,是原审第三人与被上诉人的共同真实意思表示,而且上诉人已依约提前具备交房条件。原

审第三人本应通知被上诉人于 2006 年 3 月 15 日前办理交房手续,但原审第三人却于 2005 年 12 月 29 日发出了提前至 2006 年 1 月 6 日交房的通知,原审第三人应承担因提前通知被上诉人交房而不被人民法院认可的责任,原判不应把原审第三人已经实际履行通知被上诉人交房的义务及提前通知产生的责任,转由上诉人承担。在上诉人已依约提前具备交房条件,在原审第三人实际履行通知被上诉人交房义务的情形下,被上诉人明知可以交房而恶意拒不收房,致使本案讼争房屋至今未能交付,本案本应由原审第三人与被上诉人之间通过某银行购房领导小组协调,但被上诉人却执意诉讼。对于本案讼争房屋至今未能交付,上诉人不存在任何主观过错,依法不应承担本案房屋逾期交付的过错责任。

5. 被上诉人纯系恶意诉讼

本案讼争的房屋属于上诉人与原审第三人合作过程中,原审第三人分得的 506 套房屋中的一套。在原审第三人自 2005 年 12 月 29 日发出交房通知至今,原审第三人购房员工或其受让人,根据原审第三人的交房通知,并由原审第三人组织陆续到上诉人处办理交房,现已有绝大部分购房员工办理完毕收房手续。在原审第三人早已发出交房通知的情形下,明知上诉人早已具备交房条件并可以交房,而被上诉人仍拒不办理收房手续,并希望通过诉讼谋求不诚实、不合法的不当利益,这只能说明被上诉人纯系恶意诉讼。

综上所述,为维护合法权益,恳请上级法院撤销原审第二项判决,驳回被上诉人索要违约金的无理请求。一审、二审诉讼费系根据被上诉人索要违约金的数额计算,由于被上诉人索要违约金无理,理应由被上诉人承担本案一、二审诉讼费。

(五)行外购房人上诉(A)

部分行外购房人员不服一审判决,提起上诉。他们的上诉请求是,撤销原判第一项,判令被上诉人 30 日内完成"南方明珠"小区海韵园 5 号楼综合验收,并将海韵园 5 号楼 3 单元 3-302 号房屋交付给上诉人,同时按合同约定为上诉人办理房屋所有权证;撤销原判第二项,判令被上诉人向上诉人支付自 2005 年 5 月 1 日起至房屋综合验收后实际交房之日止逾期交付的违约金;维持判决诉讼费用承担项,判令被上诉人承担本案一、二审诉讼费用。其上诉的事实和理由是,一审认定事实错误,适用法律错误,判决显失公正。

1. 依据双方签订的《商品房买卖合同》(以下简称合同)第八条第3款约定,被上诉人将具备"经分期综合验收合格"的房屋交付买受人使用。而判决书第十页第一行仅凭一份《工程竣工验收备案表》,认定房屋具备交付条件显然是错误的。该备案表仅仅是海南省建设工程质量安全监督总站同意该项目相关联单位的建筑工程主体质量验收,并不是项目工程综合验收。依据《城市房地产开发经营管理条例》第十七条规定,项目"未经验收或者验收不合格的,不能交付使用";"房地产开发主管部门应组织工程质量监督、规划、消防、人防等有关部门或者单位进行验收"。经到市规划局查询,工程综合验收需经过相关九个部门,规划局称目前南方明珠项目仍未办理综合验收。由此可见,小区消防、防雷等工程未经综合验收合格,是根本不能交付使用的,这充分说明开发商至今仍不具备交房条件。

2. 认定逾期交房日期错误

(1)双方签订的合同第八条约定,"出卖人应当在2005年4月30日前将商品房交付买受人使用"。在项目开工之初,第一次设计变更就已按有架空层和电梯进行施工,在签订合同之前房屋就已封顶(以上内容有规划局备案的设计图纸、房产局核发的《商品房预售许可证》以及房产局核发预售许可证之前拍摄的存档照片和现场勘察笔录为证),以上事实和证据足以证明,开发商在领取房屋预售许可证后,签订合同之前应能合理确定房屋的交付使用期。

(2)双方签订合同之后,被上诉人第二次擅自变更项目设计,是在上诉人毫不知情的情况下进行的,第二次项目变更范围超越了合同约定范围。开发商擅自将架空层改造为住宅出售,这是导致规划局迟缓审批的重要原因。经到市规划局调查核实,原架空层设计标高仅2.19米,不算一个自然层,开发商向下挖增加层高至3米后,室内地坪标高比小区外甸昆路面标高低0.8米。开发商在房产局核发预售许可证后,为谋暴利,对项目进行重大调整,造成小区停车位严重不足,曾遭到业主投诉及市规划局勒令停工。由此可见,开发商为调整项目设计不断周旋,是直接导致项目变更迟缓审批的重要原因(证据可见临时规划许可证由六层变更为七层以及业主给规划局已签收的投诉信)。双方签订合同后,开发商擅自将架空层停车位改造为住宅,降低了小区的档次与服务功能,这是全体业主所不同意的,违约交房的责任理应由被上诉人全部承担。

(3)第三人同意被上诉人延期交房的承诺,不能代表上诉人的意思表示,第三人作出的承诺也从未征求上诉人的意见

①合同的主体为上诉人和被上诉人,依据《合同法》第八条,"依法成立的合同,对当事人具有法律约束力"。上诉人与被上诉人签订的《商品房买卖合同》合法有效,依据合同相对性原则,对合同的双方当事人有约束力,第三人与合同没有任何关系。第三人给被上诉人的迟延交房承诺函,对上诉人没有约束力。因此,一审法院认定第三人承诺迟延交房的函,对上诉人有约束力是十分错误的。被上诉人违约的逾期交房时间,应该从合同约定的 2005 年 5 月 1 日起算,直至达到合同约定的条件交付房屋为止。

②判决书第五页第四行,"第三人与被告签订《合作开发南方明珠经济适用房协议书》",第八页倒数第三行,"由于南方明珠商品房,系被告与第三人的合作项目"。第三人是国家金融机构,禁止直接投资房地产项目,此协议名为合作,实为第三人处置不良资产,出卖土地。一审判决认定"南方明珠"项目为合作开发商品房,该认定违反法律规定。假如项目是第三人与被上诉人合作开发的,那第三人给被上诉人同意延期交房的函,就是合作者之间的工作联系函。签订买卖合同之后,第三人绝不能代表上诉人发表任何意见。

(4)被上诉人辩称其已书面通知交房,没有事实根据。一是上诉人从未收到交房通知,二是被上诉人也不能提出书面通知交房的有效证据,三是合同约定房屋须经综合验收合格,而不是单项工程主体质量验收,依合同第十一条约定,上诉人完全有理由拒绝接受未经综合验收合格的房屋。

3. 依据合同约定,自 2005 年 5 月 1 日起至暂时计算到本次上诉日(2007 年 11 月 22 日)止,违约迟延交房达 926 天,根据合同约定计算,被上诉人应付违约金 72159 元。

综上,一审判决认定事实不清,适用法律错误,对此部分依法应予改判。

(六) 行外购房人上诉(B)

另外一部分行外购房人员也对一审判决不服,同样提起了上诉。他们的上诉请求是撤销原判第二项,判令被上诉人向上诉人支付自2005年5月1日起至实际交房之日止逾期交房的违约金,维持判决第一项及诉讼费用承担项,判令被上诉人承担本案一、二审诉讼费用。其上诉事实和理由是,一审认定事实错误,适用法律错误。

1. 认定主体错误

2004年8月20日,上诉人与被上诉人签订《商品房买卖合同》,交房日期为2005年4月30日前。合同的主体为上诉人和被上诉人,依据《合同法》第八条,"依法成立的合同,对当事人具有法律约束力",此条明确规定了合同的相对性原则。第三人与合同没有任何关系,而一审判决却错误认定第三人与该合同有关系,并且判决第三人受合同约束。

第三人和某银行职工购房办公室是两个完全不同的主体,一个是国家金融机构,一个是民间组织;一个是正式的长期商业银行,一个是非正式的临时自发组织;一个是法人,一个不是法人,一审判决将二者混为一个主体。

2. 把无效协议认定为有效

判决书第五页第一行,"第三人与被告签订《合作开发南方明珠经济适用房协议书》",第八页倒数第七行,"由于南方明珠商品房,系被告与第三人的合作项目,该项目中的部分房以内部优惠价由第三人组织员工认购"。第三人是国家金融机构,禁止直接投资房地产项目,此协议为无效协议,一审判决认定为有效,并据此认定"南方明珠"项目为合作商品房,一审判决的这些认定违反法律规定。

3. 错误认定规划的修改系经第三人同意,并对上诉人有约束力

南方明珠投资开发商是被上诉人,规划报建等都是由被上诉人经办,与第三人无关。第三人仅仅提供贷款,出卖土地给被上诉人。一审判决错误认定,增设架空层、增加电梯系第三人与被上诉人达成协议确认。实际情况是,被上

诉人为了追求非法利益才改变规划,与任何他方无关。

4. 违约责任认定错误

上诉人与被上诉人签订的《商品房买卖合同》合法有效,依据合同相对性原则,对合同双方当事人有约束力,被上诉人与任何第三方签订的协议对上诉人均没有约束力。因此,一审法院认定被上诉人与第三人达成的延迟交房协议,对上诉人有约束力是十分错误的。被上诉人违约逾期交房时间,应该从合同约定的2005年5月1日起算,直至交付房屋为止。

(七)二审判决结果

本院认为,某公司与张某某签订的《商品房买卖合同》,系当事人双方的真实意思表示,合法有效,受法律保护,双方均应严格依约履行。

本案二审中,双方主要的争议焦点是,所涉房屋应何时交付张某某使用、通知交房义务的主体以及某公司是否构成逾期交付房产的过错责任问题。按照双方约定,某公司应当在2005年4月30日前,将具备经分期综合验收合格的商品房交付张某某使用。在合同履行过程中,因"南方明珠"项目增加电梯和架空层变更,导致工期延长,某银行在征询购房员工的意见后复函,同意员工购房合同约定的交房日期,自规划批复之日起顺延半年。该同意交房日期顺延的决定,对参加购房的某银行购房员工均具有约束力。海口市规划局直至2005年9月15日才批准办理某公司变更报建后的施工手续,故当事人双方原约定的商品房交付使用时间应顺延至2006年3月15日,一审判决对此所作的认定并无不当。张某某辩称建筑设计变更不能成为延期交房的理由,某公司与某银行关于延期交房的约定对张某某不具有法律约束力,其主张于法无据,不予采信。

根据当事人双方约定,某公司在商品房达到交付使用条件后,应当书面通知张某某办理交付手续。本案中,某银行为解决职工住房困难问题,在与某公司签订的《合作开发"南方明珠"经济适用房协议书》中,约定某公司投资开发建设的该项目中900套住宅(含6套联体住宅)为其认购指标,以经济适用房价格出售给某银行职工,并由某银行优先成栋选房,"南方明珠"前期费用由某银行承担并作为购买房屋定金,某银行为此专门设立职工购房办,其职工所认购的商品房价格、建设标准、交房时间、付款方式等均由某银行与某公司商定,由此决定某公司与张某某之间的房屋买卖合同关系,不同于一般商品房买卖合同关系,具有其特殊性,既包含了团购性质,又包含了单位集资建房性质。且涉案《商品房买卖合同》系由某银行组织购房职工在其单位内签订和协调,房屋首付款由其负责收取后转付给某公司,并于2005年12月29日通知购房员工收房的事实,应认定某银行在《商品房买卖合同》履行过程中,亦负有通知张某某办理房产交接手续的义务。"南方明珠"商品房竣工后,某银行职工购房办于2005年12月29日向某银行下属的各分支行、直属分理处、各部室发出《关于领取"南方明珠"商品房钥匙的通知》,但因"南方明珠"小区商品房当时还未经综合验收合格,尚未达到合同约定的交付使用条件,张某某未依该通知与某公司办理房屋交接手续合法有据,某公司提出其于2005年12月30日起已具备交房条件的主张不能成立,本院不予采纳。此后,在商品房交付使用时间顺延期限届满前,"南方明珠"小区商品房于2006年2月8日经有关部门综合验收合格,已具备当事人所约定的商品房交付使用条件,某公司应自行或通过某银行通知张某某办理房屋交付手续,但某公司未及时履行通知购房人商品房已经综合验收合格可以办理交付手续的义务,直至2006年7月6日,才向某银行发出《团购房交房通知》,通知购房员工交房,并开始陆续交房,依法应承担自2006年3月16日起至2006年7月6日止逾期交房的违约责任,按已交付房价款每日万分之三的标准,向张某某支付该逾期交房期间的违约金。由于双方讼争的商品房,已具备当事人约定的交付使用条件,且某公司已通知交房,故自2006年7月7日起房屋未能交付张某某使用的责任不能归咎于某公司,由此导致的逾期交房的后果应由张某某自行承担。一审判决对此认定不当,应予纠正。张某某以某公司交房附加不公平条件、双方因此未能办理交房手续为由,所提出的其未办理交房手续应归责于某公司的主张,缺乏事实依据,不予采纳。

综上,某公司的上诉请求部分成立,本院予以支持。原判判决认定事实清楚,但适用法律不当,应予以纠正。依照《中华人民共和国民事诉讼法》第一百

五十三条第一款第(二)项的规定,判决如下:

一、维持原判第一项;

二、撤销原判第三项;

三、变更原判第二项为:某公司于本判决发生法律效力之日起15日内,向张某某支付逾期交房违约金(自2006年3月16日起至2006年7月6日止,按已交付房价款192423元每日万分之三的标准计算);

四、驳回张某某的其他诉讼请求。

四、本案启示

某公司在运作"南方明珠"过程中,是最大的失败者,也是最大的受害者。据初步测算,如果运作得好,某公司至少可以从"南方明珠"项目赚一个亿。实际情况是,某公司不仅没有从"南方明珠"项目赚钱,反而亏本,某公司在另外一个项目上赚的钱都亏了进来。究其原因,主要是某公司在运作"南方明珠"项目过程中,从一开始就没有注意和重视法律问题,以至后来在诉讼中一直处于不利地位,这主要表现在:

第一,与某银行合作的第一份协议没有签好。第一份协议名为合作开发,实为某银行向某公司转让国有土地使用权。某公司在购买该土地使用权时,还要承诺以成本价出售900套住宅给某银行,而"南方明珠"项目总共才1100套房屋。在这份极不平等应属无效的合作协议签订后,在履行了一段时间的情形下,如果某公司果断起诉某银行,请求确认合作协议无效,某公司还可以拿到项目用地,但无需承担以成本价出售900套房屋给某银行员工的义务。

第二,不应与购房员工及行外人员签约。即使某公司愿意继续履行与某银行签订的合作协议,某公司也不应直接与购房员工及行外人员签订售房合同。根据合作协议,某公司按成本价把商品房交付某银行后,就已履行合作协议约定的义务。由于某银行已同意延迟交房,即使交房时间晚,某公司也无需承担迟交房违约责任。由于与购房人员无合同关系,购房人员即使想告某公司,也找不到理由。

第三,某公司于2006年6月19日与某银行签订两份协议,把双方的合作开发关系改为某公司独立开发、独立承担民事责任,实际上让某银行在享受到合作开发的好处后,逃避承担亏损等义务,这对某银行是有利的,但对某公司却非常不利。

此外,本案还揭示了两个深层次问题,一是国有土地价值收益大量流失,国家没有从国有资产的保值增值中获得相应利益。相反,这种利益却以成本价甚至低于成本价的方式,流进某银行购房员工及行外购房人员的腰包。二是人的逐利本性暴露无遗。人是自然界有思维的高级动物,但正因为人有思维,人的逐利本性与其他动物相比,要高明和强烈得多。在以低于成本价购买到"南方明珠"商品房后,一些人仍不满足,还要以诉讼方式索取某公司所谓的迟交房违约金。但是,人民法院最终没有满足这些人的无理要求,顶住巨大压力,依法维护了某公司的合法权益。

第十五节　电梯所有权之争

一、案情简介

二、赵建平律师再审代理词

三、赵建平律师重审一审代理词

四、重审一审结果

五、民事上诉状

六、本案启示

一、案情简介

1995年6月8日,甲公司与乙公司签订合同,约定甲公司向乙公司出售13台电梯。由于实际到货11台电梯和乙公司不能按时付清全款,甲公司与乙公司于1996年6月28日签订补充合同,约定梯号为01、02、03、S2、S3的电梯所有权属乙公司,梯号为S1、G1、G2、G3、G4和FR六台电梯的所有权属甲公司,直至乙公司付清货款之日止。2005年11月20日,甲公司与丙公司签订协议,把本案所涉及的六台电梯转让给丙公司。此后丙公司两次提取存放在海口某开发区的上述六台电梯,均遭丁单位阻挠。在万般无奈之下,丙公司向龙华区人民法院提起排除妨碍之诉。龙华区人民法院经审理后,认定本案涉案的六部电梯属甲公司所有,甲公司已合法转让给丙公司,本案电梯一直没有交付给乙公司,并据此判令丁单位排除丙公司在提起电梯时的妨碍行为。丁单位不服一审判决,向海口市中级人民法院提起上诉。海口市中级人民法院经审理后,于2008年5月8日作出(2008)海中法民二终字第45号《民事判决书》,认定本案涉案的六部电梯已交付给乙公司,并由乙公司转让给了丁单位。本案电梯既不属于甲公司所有,也不属于丙公司所有,而是属于丁单位所有,并撤销原判,驳回丙公司的诉讼请求。丙公司不服二审判决,向海南省高级人民法院申诉。2008年8月20日,海南省高级人民法院作出(2008)琼民申字第160号《民事裁定书》,

以涉案电梯没有交付丙公司,丙公司对涉案电梯不享有物权,其提起排除妨碍之诉缺乏物权基础为由,驳回丙公司的再审请求。2008年9月,丙公司委托赵建平律师代理本案。在接受委托后,赵建平律师代理丙公司向海南省人民检察院申诉。海南省人民检察院于2008年10月20日受理丙公司申诉,但随即于2008年12月24日以丙公司针对涉案电梯提起的排除妨碍之诉缺乏物权基础为由,决定不予抗诉。在穷尽所有救济措施的情形下,丙公司继续向海南省高级人民法院申诉,同时向海南省人大常委会反映此案。2009年8月5日,海南省高级人民法院就本案作出(2009)琼民监字第3号《民事裁定书》,经本院院长提交审判委员会讨论认为,海口市中级人民法院(2008)海中法民二终字第45号民事判决确有错误,应予再审,并指令海口市中级人民法院再审。海口市中级人民法院再审认为,本案中审理排除妨碍的诉请是否成立,必须取决于电梯所有权的归属。原审判决在当事人未提出确认涉案电梯所有权的诉讼请求的情况下,未进行释明,超出当事人的诉讼请求范围,直接对涉案电梯所有权问题进行了认定,违反法定程序,可能影响案件的正确判决,遂撤销原一审、二审判决,发回龙华区人民法院重审。龙华区人民法院经重审后,以甲公司和丙公司均对涉案电梯无所有权为由,驳回丙公司的诉讼请求。丙公司不服,依法提起上诉。重审二审期间,当事人之间达成和解协议,承认涉诉电梯产权属于丙公司,丁单位排除妨碍。

二、赵建平律师再审代理词

本案的当事人有甲公司、乙公司、丙公司和丁单位。在这四方当事人中,涉及如下四种法律关系:

第一,甲公司与乙公司之间买卖电梯的关系,这是本案的基础关系。在这一基础法律关系中,作为卖方的甲公司依约提供了11台电梯,但是,作为买方的乙公司只支付其中五台电梯的货款,至今尚欠本案讼争的六台电梯的货款。由于乙公司拖欠电梯款,为了保护合法权益,1996年6月28日,甲公司与乙公司签订《补充合同》,约定本案讼争的六台电梯的货权属于甲公司,存放地点由甲公司决定，直至乙公司付清电梯款项为止。如乙公司不能依约按时付款，甲公司有权将电梯退回国外。我国《合同法》第一百三十四条规定："当事人可以在买卖合同中约定买受人未履行支付价款或者其他义务的，标的物的所有权属于出卖人。"因此，可以认定在乙公司没有支付电梯货款的情形下，本案涉案电梯的所有权依法依约都应属于甲公司。特别值得一提的是，本案涉案电梯从没有交付乙公司，甲公司与乙公司从没有签订过就本案涉案电梯在交付乙公司后，由乙公司委托甲公司保管的合同。在广州仲裁委仲裁期间，甲公司一直坚持"本案电梯没有交付，在海南由甲公司保管，乙公司交足钱电梯所有权才归其所有"。乙公司在仲裁时也同样辩称，"甲公司提供的11台电梯，至今未经双方验收，也未经海口商验局检验"。此外，虽然甲公司与乙公司在签订《电梯设备合同》时，采用的是国际货物买卖方式，但根据联合国1980年《国际货物买卖合同公约》规定，国际货物买卖指的是营业地在不同国家的当事人之间签订的货物买卖合同。本案甲公司与乙公司都是在中国注册的公司，他们之间签订的《电梯设备合同》，显然不是国际货物买卖合同。该次交易虽然采用CIF形式，但只是确定价格构成，本次交易不是单据买卖，甲公司不是凭提单交付电梯。乙公司提交的货物报关单、提货单，不能作为其已取得涉案电梯物权的证据。《电梯设备合同》第十五条第4款明确约定电梯到目的地开箱时，乙公司与甲公司双方应到现场共同清点货物。但双方至今没有清点，这充分证明甲公司没有交付电梯。此外，退一万步，即使甲公司已交付电梯，根据双方签订的补充合同，在乙公司付清电梯款之前，本案涉案电梯的所有权属于甲公司。还必须向法庭说明的是，虽然甲公司曾就乙公司拖欠电梯款一事在广州仲裁委提起过仲裁，但该次仲裁只解决乙公司拖欠电梯款的数额和还款方式与时间问题。特别值得一提的是，补充合同中没有约定仲裁条款，甲公司与乙公司至今没有达成把补充合同一并提交仲裁的协议。仲裁庭在审理时，没有征询双方当事人是否同意把补充合同一并提交仲裁，裁决书依法不能就补充合同作出裁决，更不能否定补充合同的效力，裁决书没有否定补充合同的效力，事实上也不可能否定补充合同的效力。裁决书生效后，不能依据裁决书否定补充合同的效力。只要乙公司不支付电梯款,甲公司就可以依法保留电梯所有权。裁决书绝对没有也不可能把甲公司对电梯的所有权,转化为甲公司与乙公司之间债权债务关系的功能。在甲公司与乙公司之间的关系问题上,甲公司对电梯的所有权是第一位的,甲公司与乙公司之间的债权债务关系是第二位的。甲公司只有在乙公司付清电梯款的情形下,才放弃对电梯的所有权。2005年8月4日,在仲裁裁决书执行过程中,甲公司给海口市中级人民法院出具《申请书》,要求法院把本案电梯裁给甲公司,这证明甲公司一直没有放弃对本案涉案电梯的所有权。海口市中级人民法院(2001)海中法执字第4-2号《民事裁定书》也查明本案涉案电梯一直没有交付,甲公司保留电梯所有权至乙公司付清电梯货款为止。

第二,甲公司与丙公司之间的电梯所有权转让关系。根据2005年11月20日签订的《补充协议》,甲公司把本案涉案电梯转让给丙公司。2007年9月7日,甲公司出具《证明》,证明其已把本案涉案电梯转让给丙公司。自签订该《补充协议》之日起,本案涉案电梯的仓储费就一直由丙公司缴纳。特别值得一提的是,所有权是一种对世权,甲公司把其对本案涉案电梯的所有权转让给丙公司,完全可以不通知乙公司。

第三,乙公司与丁单位之间因债权转让形成的法律关系。乙公司在没有付清电梯款项的情形下,甲公司保留对本案涉案电梯的所有权,乙公司对本案电梯没有所有权,其无权转让不属于自己所有的电梯。早在1998年,案外人某公司就申请海口市中级人民法院查封包括本案涉案电梯在内的11台电梯。乙公司与某银行签订的以物抵债协议的时间是2000年5月26日,该协议正式生效的时间在2000年6月30日,即某银行总行批复该协议之日。在本案涉案电梯已被人民法院查封的情形下,乙公司把其并不享有所有权的本案涉案电梯转让给某银行,只能是无效民事行为。在上一个转让行为无效的情形下,某银行把本案涉案电梯转让给丁单位的行为,也只能是无效民事行为。

第四,丙公司与丁单位之间的法律关系。由于甲公司依法对本案涉案电梯享有所有权,由于甲公司已依法把本案涉案电梯转让给了丙公司,丙公司已依法享有本案涉案电梯的所有权。由于乙公司对本案涉案电梯没有所有权,其把本案涉案电梯转让给某银行以及某银行随后转让给丁单位的行为均无效。由于丁单位无理阻挠丙公司提取电梯,其行为已构成侵权,丙公司保留向丁单位另案索赔的权利。

尊敬的审判长、审判员,通过对本案当事人之间法律关系的分析,得出的结论只能是丁单位侵权,侵犯了丙公司及甲公司对本案电梯的合法所有权。但是,海口市中级人民法院(2008)海中法民二终字第45号《民事判决书》超范围审理,认定"丁单位合法取得涉案电梯的物权",并错误驳回丙公司的诉讼请求。本代理人恳请再审法院认定本案涉案电梯属于甲公司所有并已依法转让给丙公司,判令丁单位排除妨碍,维持一审判决。

三、赵建平律师重审一审代理词

尊敬的审判长、审判员:

作为本案再审原告(丙公司)的代理人:我依法发表如下代理意见:

(一)在把本案涉案的六部电梯转让给丙公司之前,甲公司对本案电梯,享有无可置疑的所有权。

第一,甲公司与乙公司于1996年6月28日签订的《补充合同》,主体合格,内容合法,意思表示真实,是有效合同,应受我国法律保护。《补充合同》约定涉案的六部电梯的所有权属于甲公司,存放地点由甲公司决定,直至乙公司付清电梯款时止。根据上述约定,可以认定的是,涉案电梯自到达海口后一直没有交付,由甲公司保管。甲公司交付电梯与乙公司付款构成对流条件,即乙公司付款与甲公司交付电梯应同时进行。在甲公司收到电梯货款之前,电梯的所有权一直属于甲公司所有。事实上,自《补充合同》签订后,涉案电梯一直由甲公司委托赛格物业公司和中盐公司保管,并由甲公司和丙公司支付保管费至今。

第二,广州仲裁委(1999)穗仲字第194号《裁决书》,绝对没有否认甲公司对涉案电梯的所有权关系,而只认定甲公司与乙公司之间存在债权债务关系。《裁决书》审理的是甲公司与乙公司之间于1995年6月8日签订的《某大厦电梯设备合同》,虽然双方约定合同附件是合同不可分割的组成部分,但由于《补充合同》没有约定仲裁条款,甲公司在提起仲裁时,也没有请求仲裁委一并审理该《补充合同》,因此,《裁决书》没有也绝不可能审理《补充合同》。如上所述,甲公司与乙公司之间存在的是付款与交付电梯的对流条件。只有在乙公司支付电梯款时,甲公司才有义务交付电梯。《裁决书》确定的是乙公司支付电梯款的义务,包括付款时间和付款方式。裁决书没有否认《补充合同》的效力,也没有认定电梯所有权在乙公司没有付款的情形下,属于乙公司所有。在《裁决书》既没有否定《补充合同》的效力,也与《补充合同》的内容不相矛盾的情形下,《裁决书》不构成人民法院认定甲公司享有对电梯所有权的障碍。即使甲公司在法定执行期间没有申请执行该《裁决书》,甲公司仍依法享有涉案电梯的所有权。

第三,乙公司至今没有支付电梯货款,其依法对电梯不享有所有权。在乙公司依法不享有电梯所有权的情形下,丁单位当然不能享有电梯所有权。

(二)在甲公司依法把涉案电梯转让给丙公司后,丙公司对电梯享有所有权。

2005年11月20日,甲公司与丙公司之间签订的《债权转让补充协议》,主体合格,内容合法,意思表示真实,是有效合同,应受我国法律保护。特别值得一提的是,该协议虽名为"债权"转让,实为电梯所有权转让;虽名为"补充"协议,实为独立协议,与其提到的所谓"债权转让协议"无任何关系。因此,《债权转让补充协议》的性质应认定为甲公司与丙公司之间转让电梯所有权的独立合同。甲公司在与丙公司签订该协议时,无须根据《合同法》第八十条,通知乙公司。事实上,在该协议签订后,丙公司就开始履行电梯所有者权能,一直支付电梯保管费至今。

(三)丁单位在不享有对电梯所有权的情形下,阻挠丙公司提取电梯的行为,已严重侵犯丙公司对电梯的所有权,人民法院应依法判令其排除妨害。

以上代理意见,恳请合议庭采信。

四、重审一审结果

本院认为,(一)原审原告丙公司对涉案电梯是否享有物权的问题。根据广州市仲裁委员会(1999)穗仲案字第194号《裁决书》的裁决结果,应当认定甲公司与乙公司在仲裁庭当庭达成的和解协议,是对双方之间电梯买卖合同及其补充协议的变更,《裁决书》对和解协议的确认,使电梯买卖合同及补充协议所约定的权利义务终止,双方之间形成了具有执行效力的债权债务关系,同时,广州仲裁委员会作出仲裁裁决之后,甲公司为实现仲裁裁决所确认的债权,已向海口市中级人民法院申请执行,执行目的是实现债权,而非物权。因此,甲公司与乙公司之间的法律关系由电梯买卖合同法律关系转变为一般债权债务法律关系,甲公司对乙公司只享有债权,对涉案电梯不享有物权。本案中,丙公司与甲公司均未提供双方于2005年6月16日签订的《债权转让协议》,也未提供该协议及其补充协议签订后,向债务人履行告知义务的相关证据。根据我国《合同法》第八十条第一款"债权人转让权利的,应当通知债务人。未经通知,该转让对债务人不发生效力"之规定,应当认定丙公司与甲公司之间的债权转让对债务人不发生效力。因此,丙公司没有取得涉案电梯的物权,其提起的排除妨碍之诉缺乏物权基础,故其主张确认现存放于海口市金盘工业开发区建设路10号仓库内的S1、G1、G2、G3、G4和FR六台电梯归原审原告所有及排除原审被告在原审原告提取前述S1、G1、G2、G3、G4和FR六台电梯时的妨碍行为无事实和法律依据,本院不予支持。(二)乙公司与原审被告丁单位之间因债权转让形成的法律关系。乙公司因欠某银行海南省分行及某银行纽约分行的债务,于2000年5月26日,双方签订《以物抵债协议》,约定某国际大厦及附属物以及与该大厦相关的外装饰材料及电梯空调等机器设备抵偿债务。2004年11月25日,某银行资产保全部以(2004)331号《关于协助处置海南某大厦项目的函》,将某大厦项目作为特定不良贷款划转给丁单位,同年12月15日,将债权委托丁单位代为处置。某银行海南省分行将债权转让通知债务人。因仲裁裁决使甲公司不享有电梯的物权,而上述《以物抵债协议》及其债权转让纠纷,均发生在广州市仲裁委员会作出裁决之后,又在海口市中级人民法院于2001年12月14日查封涉案电梯之前,因此,应认定为有效。(三)涉案电梯是否交付的问题。根据甲公司与乙公司之间的电梯买卖合同及补充协议约定,买卖合同的标的物为进口电梯,约定的交付方式和付款方式均采用国际货物买卖的方式,即交付方式为提单交付,付款方式为信用证付款,因此,电梯到达目的口岸海口港后,只能按约定由乙公司办理报关、提货等手续。广州市仲裁委(1999)穗仲案字第194号《裁决书》引述甲公司的仲裁申请时,载明"双方还签订了《进口电梯委托保管书》,约定由乙公司委托甲公司保管上述11台电梯,并由乙公司承担合同项下电梯在海口市的仓储费用"等内容。虽然各方当事人在本案中未提供《进口电梯委托保管书》,但是,参照《最高人民法院关于民事诉讼证据的若干规定》第七十四条规定,应当认定乙公司和甲公司在电梯运至海口港后,甲公司已按约定将电梯交付给乙公司,然后由乙公司委托甲公司保管。乙公司和甲公司之间签订的《补充合同》中约定保留电梯货权的条款,本身就包含了涉案电梯交付后在未付清货款之前保留其货权的意思表示,否则,未交付则所有权不转移,就不存在货权保留的问题。综上,应当认定涉案电梯已经交付给乙公司。丙公司在诉讼期间均未主张甲公司将涉案电梯交付给丙公司,未提供涉案电梯交付给丙公司的相关证据,因此,应当认定涉案电梯未交付给丙公司。综上,丙公司提起的排除妨碍之诉缺乏物权基础,本院不予支持。依照《中华人民共和国民法通则》第五条之规定,判决如下:

驳回原审原告丙公司的诉讼请求。

五、民事上诉状

丙公司不服,依法提起上诉,下面是丙公司作为上诉人的《民事上诉状》的主要内容。

(一)再审一审判决查明事实部分,存在如下错误或没有查明如下事实

1. 再审一审判决第23页以1999年8月9日甲公司申请仲裁时提交的《仲裁申请书》中有"甲公司与乙公司签订了《进口电梯委托保管协议书》,约定由乙公司委托甲公司保管11部电梯,并由乙公司承担合同项下电梯在海口市的仓储费用"这样一段话为由,错误认定甲公司与乙公司之间签订了所谓的《进口电梯委托保管协议书》。

2. 虽然再审一审判决第 21 页查明存在(2001)海中法执字第 4 - 2 号《民事裁定书》,但对该裁定书中查明的乙公司没有支付涉案电梯款、涉案电梯没有交付和甲公司保留涉案电梯货权等重要事实没有采信。

3. 再审一审判决没有查明《仲裁申请书》中所述由乙公司"承担合同项下电梯在海口市的仓储费用"这一情况是否属实,即被上诉人(丁单位)和乙公司没有提交由乙公司承担涉案电梯在海口市的仓储费用的相关证据。

4. 根据《某大厦电梯设备合同》第 2 条第 1 款约定,在甲公司按 CIF 价格交付电梯后,由乙公司承担"将设备从港口运至工地现场的国内运输费用"。但是,再审一审判决没有查明"将设备从港口运至工地现场的国内运输费用"是否由乙公司承担,被上诉人和乙公司也没有提交相关证据。

5. 再审一审判决没有查明乙公司至今没有支付涉案电梯货款,乙公司已经破产和《裁决书》至今没有执行、今后也无法执行的事实。

6. 由于甲公司只依约就《某大厦电梯设备合同》申请仲裁,《补充合同》中没有仲裁条款,甲公司事实上也没有就《补充合同》申请仲裁,但是,再审一审判决却没有查明《裁决书》只对《某大厦电梯设备合同》作出裁决,无权也没有对《补充合同》的效力及甲公司保留涉案电梯货权作出裁决这一重要事实。

7. 根据《补充合同》第 1 条,甲公司把包括涉案电梯在内的电梯提货单交给乙公司,只是作为"清关之用",在乙公司付清涉案电梯的货款之前,甲公司保留对涉案电梯的货权。但是,再审一审判决没有查明本案电梯"提货单只作清关之用",不能作为电梯已经交付的证据这一重要事实。

(二)再审一审判决认定证据和事实错误

1. 错误认定甲公司对乙公司只享有债权,对涉案电梯不享有物权。再审一审判决对《补充合同》的法律效力视而不见,错误强调《裁决书》的债权效力,以《裁决书》取代《补充合同》。实际情况是,《裁决书》只解决乙公司支付甲公司电梯款的问题,没有也不可能否定《补充合同》的效力或解决电梯的物权归属问题。被上诉人称上诉人"不能同时享有物权与债权"的情形,只有在被上诉人已按《裁决书》要求付清电梯款这一条件成就时才成立。在乙公司至今没有支付涉案电梯款项,而且已经进入破产清算的情形下,甲公司对涉案电梯的物权仍然存在。

2. 错误认定涉案电梯已交付给乙公司。再审一审判决无视甲公司与乙公司之间关于涉案电梯提单的作用已变更为仅作"清关之用",在乙公司付清货款之前,甲公司保留电梯的货权这一重要事实;再审一审判决无视《补充合同》中关于付款方式和交货方式已经改变这一重要事实,仍无理认定交付方式为提单交付,付款方式为信用证付款;再审一审判决无视上诉人提交的《仓库租赁/货物保管合同书》和上诉人及甲公司一直缴纳仓储费的事实,在缺乏被上诉人及乙公司缴纳仓储费证据的情形下,仍无理认定由乙公司委托甲公司保管涉案电梯;再审一审判决无理解释《补充合同》中约定的保留电梯货权条款,错误认为电梯只有在交付后才存在货权保留问题。在此,上诉人不得不释明,在贸易实践和法律规定中,在买方没有付清货款的情形发生时,卖方都可以行使所有权保留的权利,不管货物是否已交付买方。

3. 对于甲公司已依法把涉案电梯转让给上诉人这一重要事实不予认定。再审一审判决仅根据《债权转让补充协议》这一名称,错误认定《债权转让补充协议》具有债权转让内容;错误认定《债权转让补充协议》从属于与本案无关的《债权转让协议》;错误认定甲公司转让涉案电梯的物权,应通知乙公司,并因此错误认定甲公司没有把涉案电梯转让给上诉人。再审一审判决无视甲公司已于《债权转让补充协议》签订之日,就已把涉案电梯转让给上诉人并由上诉人缴纳仓储费用这一重要事实;无视此后甲公司多次表示电梯已转让给上诉人这一重要事实;无视再审庭审过程中甲公司表示电梯已转让给上诉人,从而无理否认涉案电梯已交付给上诉人这一事实。

4. 错误认定乙公司已把本案涉案电梯转让给被上诉人。早在1996年6月28日,甲公司与乙公司就签订保留电梯货权的《补充合同》。虽然1999年12月24日广州仲裁委作出的《裁决书》,裁定被上诉人于2000年10月30日前付清电梯款,但直至2000年5月26日乙公司与某银行海南省分行及纽约分行签订《以物抵债协议》时,乙公司没有支付涉案电梯的货款,此后直至今日也未支付涉案电梯货款,乙公司无权把电梯抵偿其所欠银行债务,《以物抵债协议》自始无效,被上诉人与乙公司无权把乙公司所欠银行债务转由以甲公司所有并依法转让给上诉人的涉案电梯承担。

(三)再审一审判决适用法律错误

1. 错误适用最高人民法院《关于民事诉讼证据的若干规定》第74条。原判根据该条前半部分,故意忽略后半部分关于"当事人反悔并有相反证据足以推翻的除外"的规定,武断认定《进口电梯委托保管书》。在甲公司在仲裁过程中就已否认自己关于电梯已交付这一说法和乙公司也否认已收到电梯的情形下,在上诉人和甲公司有相反证据证明,不存在涉案电梯由乙公司委托甲公司保管的情形下,仍错误适用该法条,认定《进口电梯委托保管书》,并作出甲公司已把涉案电梯交付给乙公司的错误结论。

2. 错误适用《合同法》第80条第1款。再审一审判决把甲公司转让电梯物权给上诉人的行为,错误认定为债权转让,从而错误适用该法条,无理要求甲公司通知乙公司。

3. 错误适用《民法通则》第5条。该法条规定的是民事活动的基本原则,即公民、法人的合法的民事权益受法律保护,任何组织和个人不得侵犯。如果再审一审判决支持丙公司的诉讼请求,引用该法条完全正确。但是,在再审一审判决驳回上诉人诉讼请求的情形下,必须在判决认定涉案电梯属于被上诉人或乙公司的情形下,才能适用该法条。

综上所述,再审一审判决查明事实部分错误或没有查明相关重要事实;认定事实和证据错误;适用法律错误。为维护合法权益,上诉人特提起诉讼,恳请二审法院依法撤销再审一审判决,支持上诉人的诉讼请求。

六、本案启示

本案并不复杂,涉及的法律问题也不高深,但却被人为地复杂化,导致丙公司花了两年时间,走完了法律规定的全部诉讼程序,还不能维护自己的合法权益。之所以会出现这种情况,有以下三个原因:第一,丙公司诉讼策略失误。在起诉的时候,丙公司本应提起确权之诉,但却提起了排除妨碍之诉。第二,海口市中级人民法院超范围审理,在认定丙公司无物权基础的情形下,错误认定本案涉案电梯归丁单位所有。第三,丁单位利用二审法院错误,钻司法判决空子,与丙公司展开了电梯所有权的马拉松之争,使本案既费时又费力,耗费了大量的司法资源,并导致本案电梯闲置,社会资产不能正常发挥作用。如果从自身找原因,本案之所以发生,根本原因还在于甲公司,第一,错误提起仲裁,形成表面上所有权已转化为债权的虚假事实,使日后的对手以所有权与债权不能并存为由,争夺对涉案电梯的所有权。第二,《仲裁申请书》中错误表述涉案电梯已交付并由乙公司委托其保管这一并不存在的事实。第三,在法定时限内没有及时提出执行仲裁裁决申请,错过了最佳维权时机。第四,在与丙公司签订转让电梯物权的合同时,错误采用"债权转让补充协议"这一文不对题的名称作为标题。

第十六节 车辆所有权之争

一、案情简介

二、一审判决结果

三、原告上诉

四、第三人答辩

五、赵建平律师代理词

六、二审判决结果

七、本案启示

一、案情简介

2002年1月18日,原告从拍卖市场买回一辆小轿车。2003年6月20日,原告给被告出具授权书,全权授权被告处理该车的一切事务。2004年3月30日,被告把该车卖给第三人。2004年3月26日,原告起诉被告,请求确认被告与第三人的购车行为无效,并要求返还该车。2004年4月16日,第三人以有独立请求权的第三人参加该案诉讼。2004年6月,龙华区人民法院公开开庭审理本案,赵建平律师代理第三人出庭。2004年8月3日,龙华区人民法院作出一审判决,确认被告与第三人的购车行为有效,该车归第三人所有。原告不服,随即提起上诉。海口市中级人民法院于2004年10月28日公开开庭审理本案,赵建平律师继续代理第三人出庭。2004年12月12日,海口市中级人民法院作出判决,驳回原告上诉,维持原判。

二、一审判决结果

本院认为,琼B01038小轿车是原告竞买所得,原告已付清相关款项,因此,原告已取得该车所有权。虽然原告主张是被告借用了琼B01038小轿车,原告只是委托被告办理琼B01038小轿车的过户手续,并提供三份询问笔录来证明,但却未能提供原件,且未能说明其合法的来源,故本院不予采纳。第三人根据原告出具的授权书内容,有理由相信被告对转让琼 B01038 汽车一事是具有代理权的,并据此与被告签订了车辆转让协议,因此,被告与第三人签订的转让协议应为有效合同,该合同对原告和第三人有直接约束力。第三人依约付清了转让汽车的价款,被告亦依约交付了车辆及相关证件,车辆所有权自此就转移给第三人,故原告请求确认被告与第三人的转让行为无效,并返还该车没有任何依据,本院不予支持。第三人要求确认其与被告签订的《机动车辆转让协议》有效,车辆所有权属于第三人有理,本院予以支持。据此,依照《中华人民共和国合同法》第四十九条、第四百零二条的规定,判决如下:

(一)确认被告与第三人签订的《机动车转让协议》有效,琼 B01038 小轿车归第三人所有;

(二)驳回原告的诉讼请求。

三、原告上诉

原告不服一审判决,依法提起上诉,其上诉理由是:

(一)2003 年 6 月 20 日上诉人出具委托书给被上诉人,"全权授权处理凌志 400 车牌号为琼 B01038 一切事务"是事实,但是,当时授权的真实意思表示是,要求被上诉人帮助办妥该车的过户手续。因为,该车是上诉人通过竞买所得,当时尚未办好过户手续,所以上诉人授权给被上诉人,意在办理该车的过户手续,而绝非授权被上诉人处分该车辆。

(二)上诉人授权被上诉人处理该车的一切事务,假如被上诉人处分该车,也应以上诉人的名义进行。但被上诉人在处分该车时,却以自己的名义进行,这与法相悖。

(三)虽然原审第三人提供了其与被上诉人签订的《机动车辆转让协议》,但被上诉人在一审中既没有答辩,也没有出庭,而且上诉人对该转让协议的真实性又予以否认,转让协议上陈某某的名字是否就是其本人亲签,值得怀疑,一审法院对这一存在瑕疵的证据给予认定,与法不符。

(四)被上诉人转让该车之行为,是发生在上诉人被东方市公安局采取强制措施期间,该车的权属属于上诉人,该车的购置费等有关证件均由上诉人保管。

若转让该车理应通过车的所有权人同意,并且以该车的所有权人名义出现,但本案是车的非所有权人把该车进行处分,这实属被上诉人凭着所谓的授权书,借着上诉人被公安机关采取强制措施后,盗卖上诉人财产之行为,即使被上诉人与第三人之行为是真实的,但也违法无效。

(五)根据旧机动车辆交易管理办法规定,该车即使交易,也必须在旧车交易场所进行。现被上诉人与第三人转让之行为,既没有在合法的交易场所进行,也没有办理过户手续,故第三人并非善意取得该车辆。在这种情形下,并不排除双方恶意串通,损害上诉人合法权益的可能。

综上,一审法院对本案的事实认定不清,适用法律错误,判决不当,应当依法予以撤销。

四、第三人答辩

赵建平律师代理第三人,作了如下答辩:

(一)本案事实

被答辩人于2002年1月18日从南方拍卖市场买回琼B01038凌志小轿车。2003年6月20日,被答辩人给陈某某出具《授权书》,全权授权陈某某处理凌志400车牌号为琼B01038的一切事务。2004年3月13日,答辩人与陈某某签订《机动车辆转让协议》,约定答辩人以8万元价格购买琼B01038凌志小轿车。签订协议当天,答辩人即向陈某某支付8万元购车款,陈某某同时向答辩人移交了与该车有关的所有合法手续,该车所有权已依法转移给答辩人。

(二)答辩理由

1. 关于《授权书》的真实意思表示问题

《授权书》全权授权陈某某处理凌志400车牌号为琼B01038的一切事务,当然包括授权陈某某可以出卖、转让、出租、使用该车。陈某某依据《授权书》授权,把该车出卖的行为,并未超出授权范围。虽然被答辩人在上诉状中陈述当时授权的真实意思表示,是要陈某某"帮助办妥该车的过户手续",但被答辩人的上述上诉理由无证据支持。即使被答辩人所述属实,根据《民法通则》第六十五条第三款关于"委托书授权不明的,被代理人应当向第三人承担民事责任"的规定,被答辩人也应承担《授权书》授权不明的法律后果。

2. 关于陈某某是否可以自己的名义处分该车的问题

根据《合同法》第四百零二条,陈某某依据《授权书》,可以自己的名义处分该车,并且答辩人在购买该车时知道陈某某与被答辩人之间的代理关系。原判正是依据《合同法》第四百零二条,判决陈某某的卖车行为有效。

3. 关于《机动车辆转让协议》的真实性问题

一审开庭质证时,在被答辩人当庭表示对答辩人出示的《机动车辆转让协议》的真实性没有异议后,法庭才对该协议的真实性予以确认。《民事上诉状》指责一审法院,"对这一存在瑕疵的证据给予认定,与法不符",无任何事实依据。

4. 关于被答辩人被采取强制措施期间,陈某某的卖车行为是否有效的问题

由于被答辩人出具了合法有效的《授权书》,陈某某以自己的名义出卖该车,即使被答辩人被采取强制措施,也无须再次征得被答辩人的同意。

5. 关于答辩人取得该车的手续问题

答辩人系在旧车交易市场向陈某某购买该车,所签订的《机动车辆转让协议》也是交易市场提供的标准格式。虽然该车至今尚未过户到答辩人名下,但根据《合同法》第一百三十三条关于"标的物的所有权自标的物交付时起转移"的规定,该车的所有权早已于2004年3月30日起转移给答辩人所有。

综上所述,《授权书》与《机动车辆转让协议》一起依法构成了具有买卖内容的委托合同。根据《合同法》第四百零二条之规定,《机动车辆转让协议》合法有效。由于该车已依法转让给答辩人,被答辩人已依法不再对《机动车辆转让协议》项下的车辆享有所有权。龙华区人民法院(2004)龙民一初字第400号民事判决书认定事实清楚,证据充分,适用法律正确,二审应依法予以维持。

五、赵建平律师代理词

作为第三人的代理人,赵建平律师在二审开庭时,发表了如下代理意见:

(一)上诉人当庭提交的有关三份公安侦查部门的笔录,不能作为本案新的证据

一审开庭审理本案时,原告即已提交这三份笔录,但由于未提供原件,也不

能说明其合法的来源,因而未被一审法院采纳。今天,上诉人以公安部门已加盖公章为由,作为新的证据又向法庭提供,这与《民事诉讼证据规则的若干规定》第四十一条第二款关于二审中新的证据的要求相违背,二审法院不应作为新的证据采纳。此外,刑事诉讼中当事人的笔录,能否作为民事诉讼中的有效证据使用,法律尚无明文规定。在本案审理过程中,已有充分的原始书证,并且这些原始书证与当事人在刑事诉讼中的口供完全不一致,二审法院理应依法采信一审法院已经质证过的原始证据。

(二)《机动车辆转让协议》合法有效,二审法院应依法予以保护

本代理人不否认该《协议》转让的车辆,在转让之初属于原告所有,卖车人虽然是被告,但根据《授权书》,原告全权授权被告处理该车的一切事务,既然是"全权授权"处理该车的"一切事务",第三人当然有理由相信被告有权代为转让该车。今天,即使上诉人及其代理人多次向法院解释该《授权书》的真实意思表示,也不能排除该《授权书》中含有许可被告卖车的意思表示。退一步讲,即使真如上诉人所言,《授权书》中没有许可被告卖车的意思表示,也属于《授权书》授权不明,根据《民法通则》第六十五条第三款关于"委托书授权不明的,被代理人应当向第三人承担民事责任"的规定,上诉人也应承担《授权书》授权不明的法律责任。根据《合同法》第四百零二条,受托人以自己的名义,在委托人授权的范围内与第三人订立合同,并且第三人知道受托人与委托人之间的代理关系,该合同直接约束委托人和第三人的规定,二审法院应认定《机动车辆转让协议》合法有效。

(三)第三人不应把该车归还上诉人

在签订《机动车辆转让协议》后,第三人向被告交付了8万元购车款,被告也把该车及有关手续交给了第三人,该车的所有权已依法转让给第三人。至于被告是否把第三人的购车款交给上诉人,与第三人无关。如果法庭调查清楚被告确实没有把第三人的购车款交给上诉人,二审法院应判令被告把第三人的购车款交给上诉人。

综上,一审法院认定事实清楚,证据确凿充分,适用法律正确,二审法院应予维持。

六、二审判决结果

本院认为,琼 B01038 凌志 400 轿车虽系上诉人于 2002 年 1 月从海南南方拍卖市场竞买所得,但上诉人已于 2003 年 6 月 20 日向被上诉人陈某某出具一份《授权书》,由上诉人授权陈某某处理凌志 400 车牌号为琼 B01038 的一切事务。因此,上诉人在该《授权书》中对陈某某的授权是不明的。根据《民法通则》第六十五条第三款关于"委托书不明确的,被代理人应当向第三人承担民事责任,代理人负连带责任"的规定,上诉人应对第三人承担民事责任。现上诉人主张只是委托被上诉人办理凌志 400 车牌号为琼 B01038 轿车的过户手续,并提出东方市公安局的三份询问笔录来证明,但陈某某在询问中均没有认可上诉人对陈某某的授权,是办理凌志 400 车牌号为琼 B01038 轿车的过户手续,且上诉人未能提交其他证据予以证实,故上诉人提出只是委托被上诉人办理琼 B01038 凌志 400 轿车过户手续的抗辩理由不成立,本院不予采纳。第三人根据上诉人出具给被上诉人的《授权书》(附有上诉人的身份证),有理由相信被上诉人有代理权,故被上诉人的代理行为有效。第三人据此与被上诉人签订的《机动车辆转让协议》,是双方当事人在平等互利、协商一致的基础上签订,当事人意思表示真实,没有违反强制性法律规定,且已履行,属有效合同,依法应予保护,该合同对上诉人与第三人有直接约束力。由于第三人已依约支付琼 B01038 凌志 400 轿车的购车款,且上诉人亦依约交付了该车辆及相关手续,因此,上诉人提出确认被上诉人与第三人签订的《机动车辆转让协议》无效,并返还该车的请求,于法无据,本院不予支持。原审将琼 B01038 凌志 400 轿车的所有权确认给第三人并无不当。综上,原审判决认定事实清楚,适用法律正确,应予维持。依照《中华人民共和国民事诉讼法》第一百五十三条第一款第一项的规定,判决如下:

驳回上诉,维持原判。

七、本案启示

本案原告的失误之处,在于过分相信被告,给被告出具了全权处理车辆的委托书。被告在接受原告委托后,却把该车卖给了第三人。由于存在原告出具给被告的全权委托书,原告在本案败诉是不言而喻的。本案告诉人们,对于自己的财产或非财产事务,最好自己亲自办理或委托专业代理机构办理,不可轻易委托他人办理,更不要轻易给他人出具办理事务的全权委托书。在委托专业代理机构办理时,委托人要自行保管财产和原件,并签订书面合同,明确双方的权利与义务。

第十七节　某律师事务所诉徐某委托代理合同纠纷

一、案情简介
二、某律师事务所起诉
三、徐某答辩
四、赵建平律师代理词
五、判决结果
六、民事上诉状
七、本案启示

一、案情简介

2006年12月27日,徐某与某律师事务所签订《委托代理合同》,约定某律师事务所指派某律师代理徐某追讨某农场拖欠徐某的300余万元工程款。在某律师代理徐某起诉后,徐某与某农场达成案外调解协议。2007年3月8日,徐某与某律师又签订《委托代理补充合同》,约定代理费按总标的额的10%计收。在徐某在该补充合同上签字后,某律师以某律师事务所须盖章为由,把两份补充合同全部拿走。后某农场先后三次偿还徐某第一笔工程款30万元,徐某即依约通知某律师领取3万元代理费,但某律师拒绝领取。2009年1月6日,某律师所在的某律师事务所向澄迈县法院老城法庭起诉,要求徐某支付高达30余万元的代理费及违约金,并诉请老城法庭查封徐某在某农场的30余万元债权。在领取法庭送达的诉讼材料后,徐某才发现某律师擅自在补充合同上加写了"若甲方(徐某)收到款后未依约支付代理费,乙方(某律师事务所)可以就余下全部代理费一次性追讨"这一条款,并加盖了指印。本案原定2009年2月12日开庭。在接受徐某委托后,赵建平律师即代理徐某向老城法庭提出管辖权异议,老城法庭很快驳回徐某的管辖权异议。徐某随即提起上诉,也被二审法院驳回。在二审法院驳回徐某的管辖权异议后,老城法庭马上决定开庭审理本案。但由于徐某在提出管辖权异议的同时,也提出了笔迹鉴定申请,老城法庭不得不再次延迟开庭,并委托司法鉴定机构进行笔迹鉴定,鉴定结果为该补写条款和指印不是徐某笔迹和指印。2009年8月20日,老城法庭正式开庭审理本案,赵建平律师代理徐某出庭应诉。老城法庭于2009年9月16日作出一审判决,全部支持原告的诉讼请求,但直至2009年11月27日才通知赵建平律师领取判决书。徐某依法上诉,但就在徐某向老城法庭递交《民事上诉状》的当天,某律师事务所通过老城法庭向徐某提出调解方案。双方最终达成由徐某一次支付某律师事务所2.7万元,某余代理费按《委托代理合同》和《委托代理补充合同》履行的调解协议。在调解协议生效后,徐某因未交上诉费而没有继续上诉。

二、某律师事务所起诉

某律师事务所起诉徐某的事实与理由是,2006年12月27日,原告与被告签订《委托代理合同》,被告委托原告代理,向案外人某农场追偿欠款。双方约定风险代理,本案的所有费用包括受理费、差旅费等全部由原告先行垫付,诉讼期间包括被告往来的费用也由原告承担,简而言之,本案在判决并执行回来之前的所有费用均由原告承担,被告一分钱也不承担。双方还约定按总标的额的25%支付代理费给原告,原告应通过诉讼方式追讨,并限定原告提起诉讼的最后时限是2007年1月15日前。

原告受托后,指派律师尽心尽责代理该案,投入大量时间和金钱,认真调查取证,于2007年1月10日向澄迈县法院提起诉讼,并按约定代被告缴交了该案的案件受理费。该案进入诉讼程序后,经各方协商,2007年3月5日,被告与某农场签订《还款和解书》,某农场同意按计划还款,被告同意撤诉。随后被告申请撤诉,法院于2007年3月7日作出《民事裁定书》,准许撤诉。2007年3月8日,原告与被告签订《委托代理补充合同》,双方鉴于本案的实际情况,同意将原来按总标的额25%支付代理费降至按总标的额10%支付代理费,并约定支付办法及违约责任。如甲方(被告)未依约定支付代理费,按应付额的每日千分之三支付违约金,乙方(原告)可就余下的全部代理费一次性追讨。

2007年9月29日,某农场向被告支付工程款10万元;2007年11月14日,某农场向被告支付工程款5万元;2007年12月21日,某农场向被告支付工程款15万元,总计付款30万元。按约定被告应在收到每笔款项的十天内支付10%的代理费,共计3万元给原告。但经原告多次催促,被告至今分文未付,该起案件受理费至今仍由原告垫付。

综上,被告违约应承担违约责任,将全部代理费一次性支付给原告并支付违约金。违约金按被告上述领取各笔工程款第十一天起,分别按应付代理费的每日千分之三向原告支付,并应计至被告实际履行支付义务之日止。

三、徐某答辩

2009年8月20日,在庄严的法庭上,赵建平律师代理徐某作了如下答辩:

(一)《民事起诉状》中所述事实与实际情况严重不符。这表现在,第一,《民事起诉状》中所述,"双方约定风险代理,本案的所有费用包括案件受理费、差旅费等全部由原告先行垫付,诉讼期间包括被告往来的费用也由原告承担,简而言之,本案在判决并执行回来之前的所有费用均由原告承担,被告一分钱都不承担",与实际情况严重不符。实际情况是,《委托代理合同》仅笼统约定风险代理,但没有约定上述具体内容。事实上,原告没有替被告支付过一分钱费用,在办理本案过程中也没有支出过任何费用。第二,原告仅在被告提供证据的基础上,代被告起草了一份《民事起诉状》,并代为办理起诉手续。除此之外,原告没有做任何工作,更没有做某农场的调解工作。根据被告给原告承办律师出具的《授权委托书》,某律师只完成了代为提起诉讼这一项工作,其余四项工作包括调查取证、出庭参加诉讼、领取诉讼文书、代为申请执行等均没有做过。《民事起诉状》中所述,"指派律师尽心尽责代理该案,投入大量时间和金钱,认真完成调查取证",与实际情况不符。第三,原告没有代被告缴交案件受理费。由原告代理的本案被告诉某农场拖欠工程款一案的受理费13430元,系由案外人曾某洋支付。在本案被告诉某农场一案撤诉后,某农场把诉讼费的一半即

6715元退给了某律师。某律师在收到某农场返还的该诉讼费后,退还给了曾某洋,但另外一半诉讼费至今仍由曾某洋代付。原告在《民事起诉状》中所述"代被告支付诉讼费",与实际情况不符。

(二)《委托代理补充合同》第四条手写部分,"若甲方收到款后未依本约支付代理费,乙方可就余下全部代理费一次性追讨",不是被告手写,被告也没有在该条款上加盖手印。在被告与某农场案外调解后,2007年3月8日,某律师单方起草了《委托代理补充合同》,并要求被告签字,被告当时签字时并没有手写条款。在被告签字后,某律师以律师事务所要盖章为由,把被告签字的两份《委托代理补充合同》全部拿走,并且至今没有给被告壹份。在原告起诉后,被告才在原告提交的证据中见到该《委托代理补充合同》复印件。系某律师事后补写的该手写条款,显然没有法律效力,属于无效条款。被告已向法院申请鉴定,鉴定结果为该补写条款和指印不是徐某笔迹,也不是徐某指印。

(三)在某农场支付被告30万元欠款后,被告立即通知原告收取3万元律师费,但原告不同意收取。关于该情节,本案证人曾某洋可以证明。

(四)关于本案的处理意见。被告与原告签订的两份委托代理合同,虽然约定风险代理,但原告没有承担任何风险,也没有支出任何费用,这与风险代理的性质不符。值得一提的是,除写了一纸诉状并送至法院外,原告没有尽其他代理义务,因此,按标的额的10%计收代理费也显失公平。此外,即使按标的额的10%计收代理费,由于《委托代理补充合同》第四条手写部分无效,根据《委托代理补充合同》第三条约定,被告目前只收到某农场支付的工程欠款30万元,被告愿意支付3万元代理费给原告。原告提起的高达33万余元的代理费及违约金,无事实与法律依据,被告恳请人民法院依法驳回。

四、赵建平律师代理词

(一)关于原告、被告之间的合同关系问题

本案原告与被告之间存在两份合同,它们分别是2006年12月27日签订的《委托代理合同》和2007年3月8日签订的《委托代理补充合同》。根据补充合

同第五条约定,被告与某农场签订的《还款和解书》为本补充协议不可分割的一部分,因此,还款和解书也构成原告、被告之间合同的一部分。根据《委托代理合同》第七条约定,原告与被告之间的合同关系为两年,即自 2006 年 12 月 27 日起至 2008 年 12 月 27 日止。期满双方解除代理关系,原告不再收取被告的任何代理费用。根据鉴定结论,补充合同第四条手写部分,即"若甲方收到款后未依约支付代理费,乙方可就余下全部代理费一次性追讨",不是徐某笔迹和指印,该条款没有经被告认可,依法不具有法律效力。根据补充合同第二条、第四条,被告按总标的额的 10% 支付代理费,被告在收到某农场每笔款后的 10 日内,按该笔款的 10% 支付代理费。某农场至今只支付被告 30 万元工程欠款。在收到某农场的上述款项后,被告即通知原告律师曾某某领取,但曾某某无故不予领取。自 2007 年 12 月 21 日至今,某农场没有再返还被告任何款项。根据《还款和解书》第三条约定,该和解协议书已失去法律效力。在《还款和解书》失去法律效力的情形下,根据补充合同第四条约定,被告的义务是如重新提起诉讼,必须委托原告为代理人。根据对原告、被告之间合同关系的上述分析,原告、被告之间的代理关系到 2008 年 12 月 27 日即已结束,被告至今只欠原告 3 万元代理费。但由于原告原因,该代理费至今没有领取。

(二)原告在《民事起诉状》中关于事实的陈述失实

《民事起诉状》中所述,"双方约定风险代理,本案的所有费用包括案件受理费、差旅费等全部由原告先行垫付,诉讼期间包括被告往来的费用也由原告承担,简而言之,本案在判决并执行回来之前的所有费用均由原告承担,被告一分钱都不承担",与实际情况严重不符。实际情况是,《委托代理合同》仅笼统约定风险代理,但没有约定上述具体内容。事实上,原告没有替被告支付过一分钱费用,在办理本案过程中也没有支出过任何费用。特别值得一提的是,原告没有代被告缴交案件受理费。由原告代理的被告诉某农场拖欠工程款一案的受理费 13430 元,系由案外人曾某洋支付。在被告诉某农场一案撤诉后,某农场诉讼费的一半返还给了原告律师曾某某。曾某某在收到某农场返还的一半诉讼费后,退还给了曾某洋,但另外一半诉讼费至今仍由曾某洋垫付。原告在《民事起诉状》中所述"代被告支付诉讼费",与实际情况严重不符。

原告仅在被告提供证据的基础上,代被告起草了一份《民事起诉状》,并代为办理了起诉手续。除此之外,原告没有做任何工作,更没有代理被告做红光农场的调解工作。根据被告给原告承办律师曾某某出具的《授权委托书》,曾某某只完成了代为提起诉讼这一项工作,其余四项工作包括调查取证、出庭参加诉讼、领取诉讼文书、代为申请执行等均没有完成。《民事起诉状》中所述,"指派律师尽心尽责代理该案,投入大量时间和金钱,认真完成调查取证",与实际情况严重不符。

综上所述,根据本案事实和法律规定,被告只应支付原告3万元代理费。对于超出此数额的诉讼请求,本代理人恳请人民法院依法予以驳回。

五、判决结果

本院认为,本案争议的焦点是:原、被告双方2007年3月8日签订的《委托代理补充合同》的手写部分,即"若甲方收到款后未依本约定支付代理费,乙方可就余下全部代理费一次性追讨",是原告事后添加,还是双方的真实意思表示的问题。该补充合同约定,本合同一式两份,各执一份,自双方盖章之日起生效,所以,依该补充合同,应认定被告持有该补充合同。被告辩称,原告代理人曾某某以要盖章为由,把被告签了字的两份合同全部拿走,至今未给被告一份,既违生活常理,又缺乏证据,且原告予以否认,故不予采信,根据最高人民法院《关于民事诉讼证据的若干规定》第七十五条规定:"有证据证明一方当事人持有证据无正当理由拒不提供,如果对方当事人主张该证据的内容不利于证据持有人,可以推定该主张成立。"故该手写部分虽不是被告所写及捺印,但应认定是双方真实意思表示。关于被告是否违反《委托代理补充合同》的问题,被告于2007年9月27日、11月14日和12月21日三次领到某农场偿还欠款共计30万元,而原告却没有领到10%的代理费3万元。被告辩称,被告每领到一笔欠款都叫原告来领代理费,并申请证人曾某洋出庭作证,鉴于证人曾某洋与原、被告都是朋友,又是证人曾某洋介绍原告代理人曾某某代理被告与某农场的案件,且证人与曾某某私下有协议。证人与原、被告当事人都有利害关系,根据最高人民法院《关于民事诉讼证据的若干规定》第 69 条第 2 项规定:"与一方当事人或者其代理人有利害关系的证人出具的证言不予采纳。"故该证人的证言不予采纳。所以被告违反了《委托代理补充合同》中关于"若甲方收到款后未依本约定支付代理费,乙方可就余下全部代理费一次性追讨"的约定。因此,原告请求被告一次性支付代理费 301523.26 元及违约金,于法有据,应予支持。根据《委托代理补充合同》约定,违约金分别为:$100000 元 \times 10\% \times 445 天 \times 3‰ = 13350 元$;$50000 元 \times 10\% \times 400 天 \times 3‰ = 6000 元$;$150000 元 \times 10\% \times 374 天 \times 3‰ = 16830 元$,共计 36180 元。但原告仅请求违约金为 35310 元,应以原告请求为限予以支付。依照《中华人民共和国民法通则》第八十四条第二款、《中华人民共和国合同法》第六十条第一款、第一百零七条的规定,判决如下:

被告徐某在本判决生效后十日内支付律师代理服务费人民币 301523.26 元及违约金 35310 元给原告海南某律师事务所,被告徐某负担案件受理费 3176 元和诉前保全申请费 2020 元。

六、民事上诉状

赵建平律师代理徐某起草的《民事上诉状》,请求海南省第一中级人民法院撤销澄迈县人民法院(2009)澄民初字第 69 号民事判决书,改判上诉人支付被上诉人 3 万元律师代理费,改判上诉人承担与 3 万元律师代理费相应的案件受理费,其余案件受理费和诉前保全费概由被上诉人承担。徐某提起上诉的事实与理由是:

(一)原判认定事实错误

1. 原判错误认定双方于 2007 年 3 月 8 日签订的《委托代理补充合同》的手写部分,即"若甲方收到款后未依约定支付代理费,乙方可就余下代理费一次性追讨",是双方真实意思的表示。实际情况是,该手写部分系原告代理人曾某某事后添加,上诉人没有保存该合同。经原审法院委托海南公平司法鉴定中心鉴定,该手写部分不是上诉人所写,盖在手写部分的红色指印也不是上诉人的手指所留。该手写部分系为上诉人设定一次性偿还代理费义务,理应由上诉人亲笔书写;或由被上诉人的代理人书写,但由上诉人盖指印。但是,上诉人既没有亲笔书写该手写部分,也没有盖指印,该手写部分显然不是上诉人真实意思的表示。原判置本案客观事实于不顾,错误认定该手写部分是双方当事人真实意思的表示。

2. 原判错误认定证人曾某洋与双方当事人都有利害关系。上诉人不否认认识曾某洋,上诉人也正是通过曾某洋介绍,才委托被上诉人的律师曾某某代理案件。对于上诉人与被上诉人之间的代理合同纠纷,曾某洋知道得最清楚。我国民诉法规定,凡是知道案件真实情况的人,都可以作为证人出庭作证。上诉人申请曾某洋作为本案重要和唯一的证人出庭作证,有充分的法律依据。原审认定上诉人与曾某洋有利害关系,但没有说明上诉人与曾某洋有何种利害关系。相反,由于被上诉人的代理人与曾某洋确实有私下协议,曾某洋与被上诉人的代理人有利害关系。证人曾某洋的证言,如果对被上诉人有利,人民法院理应不予采信。但曾某洋的证言如果对被上诉人不利,人民法院则应依法予以采信。原判以证人曾某洋与双方都有利害关系为由,错误地不予采信曾某洋的证言。

3. 原判错误认定《委托代理补充合同》关于违约金为迟付代理费的每日千分之二系有效条款。一审庭审过程中,上诉人的代理人主张迟付代理费的违约金为代理费的每日千分之二,过分高于迟付代理费给被上诉人造成的损失,但原判仍认定迟付代理费的违约金为代理费的每日千分之二为有效条款。在上诉人只应支付被上诉人 3 万元代理费的情形下,原判错误判决上诉人承担高达 35310 元的违约金。

(二)原判适用法律错误

1. 原判错误适用最高人民法院《关于民事诉讼证据的若干规定》第 75 条。第 75 条适用的前提是一方当事人拒不提供其持有的对其不利的证据。本案的实际情况是,《委托代理补充合同》已由被上诉人提交原审法院,无须再由上诉人提交。上诉人不否认该补充合同的存在,也不否认在该补充合同上的签字,上诉人只是对手写部分的真伪提出异议,鉴定结论也证明上诉人所提异议是正确的。但原判为了无理支持被上诉人的诉讼请求,错误适用该法条。必须慎重指出,原判只有在被上诉人一审时无法提交该《委托代理补充合同》原件,上诉人否认该《委托代理补充合同》,但有证据证明上诉人持有该《委托代理合同》的情形下,才可以认定上诉人持有该《委托代理补充合同》,并作出对上诉人不利的认定。

2.《最高人民法院关于适用〈中华人民共和国合同法〉若干问题的解释》(二、法释[2009]5号)第27条、第29条明确规定,当事人主张约定的违约金过高请求予以适当减少的,人民法院应当以实际损失为基础,兼顾合同的履行情况、当事人的过错程度以及预期利益等综合因素,根据公平原则和诚实信用原则予以衡量,并作出裁决。当事人约定的违约金超过造成损失的百分之三十的,可以认定过分高于造成的损失。因此,退一万步,即使上诉人迟付被上诉人三万元代理费构成违约,原判也不应判令上诉人支付远远高于迟付代理费的违约金。原判如此判决,显然违反了上述司法解释的规定。

3. 在被上诉人无理提起高达30余万元诉讼请求的情形下,原判本应判令上诉人支付其3万元代理费,驳回其余绝大部分诉讼请求,并判令被上诉人承担与其被驳回诉讼请求相应的案件受理费和诉前保全费。但是,原判在支持被上诉人无理的诉讼请求的同时,判令上诉人承担因被上诉人原因产生的巨额诉讼费,有违《民法通则》和《合同法》规定的公平原则。

综上所述,原判认定事实错误,适用法律错误,纯系置事实和法律于不顾的错误判决。在构建和谐社会,强调人民法院公平执法和廉洁自律的大环境下,居然仍出现此类错误判决,上诉人只能表示深深的遗憾。为维护合法权益,防止此类错误判决再次出现,上诉人别无选择,只能依法上诉,并将维权到底,直到本案依法获得公正解决。

七、本案启示

律师作为法律专业人士,作为社会主义的法律工作者,首先要以身作则,自觉遵守法律。律师在从事代理业务过程中，应全身心维护当事人的合法权益，而不能挖空心思谋取当事人利益，更不能采取违法手段骗取当事人钱财。其次，律师业的灵魂是诚实信用和公平公正。律师要讲诚信、讲公正，特别是在涉及自己利益的时候，更要做到诚信和公正。某律师及某律师事务所如果能做到诚实信用和公平公正，本案也许就不会发生。作为一名有良知的律师，在面对本行业不正之风甚至违法犯罪行为时，要敢于揭露、敢于斗争。只有这样，才能维护律师业赖以生存的诚信根基和良好声誉。

第十八节　崔某诉陶某100万元不当得利纠纷

一、案情简介
二、赵建平律师一审代理词
三、一审判决结果
四、赵建平律师二审代理词
五、本案启示

一、案情简介

2007年12月26日,原告崔某与被告陶某等五人签订《合作合同书》,约定合作开发房地产项目,并由被告陶某等五人前期支付原告400万元,同日原告经办人给被告出具《承诺书》,承诺"待你方签订合作合同并支付前期款达到肆佰万元时,我方同意从中返还壹佰万元给你"。2007年12月27日、2008年1月18日,原告分别收到被告陶某等五人支付的50万元和350万元。2008年1月18日,被告从原告收到的该400万元中提取100万元,其中,被告直接从海南华星公司账户提取现金60万元,另外40万元从海南华星公司账户转到户名为王某的账上后,再转到被告账户。由于原告与被告陶某等五人合作不愉快,2008年5月12日,原告向海口仲裁委员会就《合作合同书》申请仲裁。2008年11月28日,海口仲裁委员会作出(2008)海仲裁字第80号《裁决书》。《裁决书》在认定《合作合同书》无效,裁决原告返还被告陶某等五人支付的400万元的同时,认定被告收取原告100万元的事实。

原告支付给被告的100万元,系被告陶某等五人支付给原告的400万元中的一部分。由于《裁决书》裁决原告如数返还被告陶某等五人支付的400万元,被告收取原告的100万元,没有法律依据,纯系不当得利。原告根据《民法通则》第九十二条关于"没有合法根据,取得不当利益,造成他人损失的,应当将取得的不当利益返还受损失的人"的规定,把陶某诉至法院,请求判令被告陶某依法返还原告支付的 100 万元，支付同期银行利息，并承担本案诉讼费。

一审判决驳回原告的诉讼请求，二审驳回上诉，维持原判。

二、赵建平律师一审代理词

作为本案原告的代理人，我依法发表如下代理意见：

（一）2008 年 1 月 18 日，原告付给被告的 100 万元，是属于被告付给原告的 400 万元，还是属于被告增资扩股的 700 万元？

本案不争的两个事实是，在双方于 2007 年 12 月 26 日签订《合作合同书》后，被告依约分别于 2007 年 12 月 27 日和 2008 年 1 月 18 日支付原告合作款 50 万元人民币现金和转账支付 350 万元；2008 年 1 月 18 日，被告陶某分两次从华星公司账户取走现金 100 万元，其中直接从华星公司账户提取现金 60 万元，另外 40 万元从华星公司账户转到王某账户后，再转到陶某账户。现在的争议是，原告认为该 100 万元属于被告付给原告的 400 万元，而被告则认为属于其增资扩股的 700 万元。实际情况是，根据被告提交的证据四，原告于 2008 年 1 月 7 日，即依约向被告移交了包括公章和财务章在内的华星公司的全部资料。根据被告提交的证据五，2008 年 1 月 9 日，五名被告共同向华星公司注资 700 万元。根据原告提交的证据四、证据五和证据六，原告于 2008 年 1 月 18 日收到被告从华星公司转账支付的合作款 350 万元，根据原告提交的证据二，原告从该 350 万元中支付被告 100 万元，该 100 万元被陶某分两次从华星公司账户取走，一次 60 万元，另一次 40 万元，另外 250 万元转入原告指定的华星学校账户。今天原告当庭提交的王某的证言、原告与被告达成的执行和解协议和华星公司于 2008 年 1 月在工商银行琼海支行的流水单，亦可以佐证上述事实经过，并且还证明 400 万元中的该 350 万元系从被告增资扩股的 700 万元中支付。以上事实充分证明，被告领取的该 100 万元，确实属于被告支付给原告的 400 万元中的一部分。被告提出该 100 万元，属于被告增资扩股的 700 万元，没有事实依据，也没有充分有效的证据支持，人民法院依法不应予以采信。

(二)原告主张被告收取该 100 万元系不当得利的事实与法律依据

原告与被告签订的《合作合同书》,被海口仲裁委员会以(2008)海仲裁字第 80 号《裁决书》认定无效。根据我国《合同法》规定和《裁决书》裁定,合同被认定无效后,原告依据该《合作合同书》取得的被告支付的合作款 400 万元必须返还对方。目前原告已返还被告 300 万元,剩下 100 万元存于海南第一中级法院账户,待本案审理终结后再作处理。由于原告收取被告的 400 万元没有法律依据,必须依法返还被告,被告从该 400 万元中领取的 100 万元同样没有法律依据,纯系不当得利。在被告要求原告返还 400 万元合作款的情形下,原告当然有权要求被告返还该 100 万元。值得一提的是,海口仲裁委员会(2008)海仲裁字第 80 号《裁决书》也认定,"该 350 万元的权属已由被申请人(被告)转移给申请人(原告)。至于申请人所称被申请人陶某分别提取 40 万元、60 万元现金的问题……与本案审理的土地使用权转让并非同一法律关系,申请人可以另行主张权益。"

综上所述,被告分两次领取的 100 万元,属于被告支付给原告的 400 万元合作款中的一部分,在双方《合作合同书》无效和《裁决书》要求原告返还该 400 万元的情形下,被告收取该 400 万元中的 100 万元没有法律依据,纯系不当得利,必须依法予以返还。

三、一审判决结果

本院认为,本案关键的两个问题是:1. 原告是否已收到被告的项目合作款 400 万元;2. 原告是否从收到被告的 400 万元款项中付给被告陶某的 100 万元。

1. 对"原告是否已收到被告的项目合作款 400 万元"的处理意见。原告在诉状中已认可被告支付给原告 400 万元;原告提供的《收据》《收条》也证实原告已收到被告的定金及投资款合计 400 万元;已生效的(2008)海仲裁字第 80 号裁决书,也已认定被告已经向原告支付项目合作款 400 万元;尽管原告在庭审中主张被告只付了 300 万元给原告,因原告的主张无证据加以证明,故本院确认原告已收到被告的 400 万元项目合作款。

2. 对"原告是否从收取被告的 400 万元款项中付给被告陶某 100 万元"的处理意见。根据海南昌兴会计师事务所的海昌兴验（2008）0103 号《验资报告》，截至 2008 年 1 月 9 日，华星公司已收到全体新增股东缴纳的新增注册资本人民币 700 万元，以上投资款于 2008 年 1 月 9 日存入工行琼海支行华星公司账户。2008 年 1 月 18 日，被告陶某正是从该账户提取现金 60 万元；原告的财务经办人王某也是从该账户提取 40 万元后，转存入陶某的账号；因从 2008 年 1 月 10 日起，华星公司已由被告管理，故本院认定陶某所提取的 100 万元，属被告和其他投资者缴纳的投资款 700 万元中的一部分；原告主张从其收取被告的 400 万元项目合作款中支付给被告陶某 100 万元，因无证据证明，本院不予确认。

不当得利，是指法律上没有根据，有损于他人而自己获得的一种利益。被告陶某作为公司的股东之一，有权处分公司账户里的投资款。陶某的取款行为，属于公司财务管理范畴，不违反法律的禁止性规定；被告处分其投资款本身没有获得利益，也没有使他方受损，被告的行为不符合不当得利之债的构成要件。原告要求被告陶某返还不当得利 100 万元及利息，无事实及法律依据，本院不予支持。

综上，依照《民法通则》第九十二条、第一百零六条第一款之规定，判决如下：驳回原告的诉讼请求。

四、赵建平律师二审代理词

作为本案上诉人的代理人，我依法发表如下代理意见：

（一）关于本案的基本事实

2007 年 12 月 26 日，本案上诉人和海南华星公司一道作为甲方，与被上诉人陶某等五人作为乙方，签订《合作合同书》。同日，上诉人的经办人给陶某出具《承诺书》。

2007 年 12 月 27 日，华星公司收到合作对方交来的 50 万元人民币定金。

根据被上诉人提交的验资报告，2008 年 1 月 9 日，被上诉人增资扩股 700

万元,占华星公司股份80%,上诉人占华星公司股份20%,华星公司注册资本为1000万元。

根据工商银行客户存款对账单,2008年1月18日,华星公司共开出三张支票,其中一张250万元的转账支票,收款人为上诉人指定的华星学校;另两张分别为60万元和40万元的现金支票。根据银行转账凭证,该60万元现金支票的收款人为陶某,另40万元现金支票转入王某的账户后,又转入陶某的个人账户。同日,王某出具收到上述350万元款项的收条。今天出庭的证人王某,对上述证据证明的事实,作了如实的证言。

2008年11月28日,海口仲裁委作出(2008)海仲裁字第80号《裁决书》,确认上诉人与被上诉人于2007年12月26日签订的《合作合同书》无效,上诉人应返还已收取的被上诉人的400万元合作款。至于上诉人所称被上诉人分别提取40万元和60万元现金的问题,仲裁庭认为"与本案审理的土地使用权转让并非同一法律关系,申请人可以另行主张权益"。

2009年9月3日,上诉人与被上诉人达成《执行和解协议》,在执行海口仲裁委(2008)海仲裁字第80号《裁决书》过程中,上诉人已将裁决书裁定应返还被上诉人的400万元支付至海南第一中级人民法院账户。如本案二审败诉,上诉人的利益将受到严重损害,而被上诉人却可以获得100万元的巨额不当得利。

(二)原判认定事实错误

1. 原判以"从2008年1月10日起,华星公司已由被告管理"为由,认定"陶某所提取的100万元属700万元投资款中的一部分";又以"无证据证明"为由,对"原告主张从其收取被告的400万元项目合作款中支付给被告陶某100万元"的事实"不予确认"。该认定事实完全错误,事实正好相反,被上诉人陶某2008年1月18日收到的100万元,正是上诉人当天收到的被上诉人所付350万元中的一部分,而不属于被上诉人增资扩股的700万元。

2008年1月18日,被上诉人陶某和上诉人的代理人王某一起到中国工商银行琼海支行办理被上诉人向上诉人支付合同价款事宜,陶某持一张250万元的转账支票和两张分别为60万元和40万元的现金支票,从被上诉人依据合同打入华星公司账户的增资扩股款700万元中,将250万元转入上诉人指定的华星学校账户,将60万元提取后转存陶某账户,将40万元提取后转存王某账户再转到陶某账户,然后由王某按陶某的要求出具收到被上诉人350万元的收条。这一事实有上诉人在一审提交的两张现金支票以及当天陶某、王某签名的取款凭证、从王某账户转40万元到陶某账户的转账凭证、王某当天出具的收到350万元的收条、工商银行琼海支行出具的华星公司2008年1月份的《客户存款对账单》,以及王某出具的书面证言等证据证明。这些证据互为关联,互相印证,只要对其稍加分析,就不难得出以下结论:(1)2008年1月18日华星公司在工商银行琼海支行的账户中只有一次250万、60万和40万共计350万元的资金转出。(2)陶某已在当天收到上述60万元和40万元共计100万元(陶某对此已经承认),其中40万元是先转入王某账户再转入陶某账户(原判对此已作认定)。(3)王某当天所写收条中收到的350万元只能是上述250万元、60万元和40万元(因为除此以外,王某没有在其他任何地点和时间收到被上诉人另外给付的350万元)。显然,陶某当天收到的60万元和40万元共计100万元,就是王某当天所写收条中350万元的一部分。(4)王某所写收条中的350万元,已被生效的(2008)海仲裁字第80号裁决书认定为被上诉人付给上诉人的合同价款(加上前付定金50万元共计400万元),因此,陶某所收的上述100万元,当然就是上诉人收到的被上诉人所付合同价款350万元的一部分(就全案而言,也可以说是400万元的一部分)。

面对如此确切的证据和如此简单明了的事实,被上诉人的代理人却以陶某所收的100万元是从700万元增资扩股款中转出为理由,主张该款是被上诉人的增资扩股款,而不是上诉人当天收到的350万元的一部分,这完全是不顾起码道德和故意歪曲事实的诡辩,法庭本应不予采信,然而法庭却无理予以采信。为此,上诉人不得不向被上诉人发问:如果陶某当天收到的100万元,不是王某所写收条中收到的350万元的一部分,那么,凭什么要王某出具收到350万元的收条?被上诉人又凭什么主张已向上诉人支付了合同价款400万元(含定金

50万元)？仲裁裁决又凭什么作出被上诉人已向上诉人支付了"项目合作款"400万元的认定和作出由上诉人向被上诉人返还项目合作款400万元的裁决？白纸黑字，证据俱在，陶某在2008年1月18日从上诉人收到的350万元中得到100万元的事实不容抵赖！

2. 原判以"陶某作为公司股东之一，有权处分公司账户上的投资款"为由，认为"陶某的取款行为属公司财务管理的范畴、并不违反法律禁止性规定，被告处分其投资款本身没有获得利益、也没有使他方受损，被告的行为不符合不当得利的构成要件"。原判的这一认定和判决理由存在严重错误。首先，被上诉人打入华星公司账户上的700万元，是经工商登记的被上诉人认缴的增资扩股款，属于公司的注册资本金。被上诉人为了履行其与上诉人签订的合同，将700万元增资扩股款中的350万元作为合同价款转给上诉人，这是明目张胆违反《公司法》第三十六条规定的禁止抽逃出资的行为；其次，王某已代理上诉人给被上诉人出具收到350万元的收条，虽然收条的内容按照陶某的示意表述为"收到海南华星公司投资款人民币350万元"，但被上诉人在仲裁阶段已凭此收条主张该350万元，就是其付给上诉人的合同价款，而且得到生效仲裁裁决的确认。因此，该350万元无疑就是上诉人依据合同应得的款项。如上所述，当天转入陶某账户的100万元是该350万元中的一部分，显然，该款就是上诉人按承诺约定的条件返还给被上诉人的款项。这完全是上诉人与被上诉人之间的账目往来，与单纯的公司内部财务管理完全是两码事。双方所签合同被生效仲裁裁决确认无效后，上诉人在已返还100万元的情况下仍要返还被上诉人400万元，其蒙受100万元的损失不言而喻；被上诉人取得100万元的约定条件已经丧失，又无其他法定根据，应该返还。被上诉人拒不返还该100万元的行为，与上诉人的损失具有直接因果关系，被上诉人对该100万元的取得、占有，完全符合不当得利的构成要件。

3. 原判对上诉人的经办人于2007年12月26日出具的《承诺书》的真实性不予确认，理由不当。首先，该《承诺书》是上诉人依照一定条件向被上诉人返还100万元的依据，否则，上诉人根本没有必要向被上诉人返还100万元；其次,《承诺书》中约定的付款条件、付款数额与实际付款的情况完全吻合,互相印证,顺理成章;第三,《承诺书》上还有在场人文某签名作证。据此,该《承诺书》的真实性足以确认。原判以被上诉人不认可、系上诉人单方制作、被上诉人不签收,作为不确认该《承诺书》真实性的理由,不能成立。被上诉人企图从否认《承诺书》入手,达到否认收到上诉人 100 万元的目的,其实是打错了算盘。上诉人是本着实事求是的原则,向法庭提供这份《承诺书》,如实陈述事情的过程,主张合同被确认无效后被上诉人原取得 100 万元的条件已经丧失,应当返还。如果被上诉人硬要否认该《承诺书》的存在,只能说明被上诉人取得该 100 万元从一开始就没有任何合法依据,一开始就属于不当得利,更应无条件返还。

(三)原判结果错误,违反法律规定

原判因颠倒是非、错误认定案件事实而作出驳回上诉人诉讼请求的判决,其结果必然是使取得不当得利的被上诉人继续占有不当得利,放纵被上诉人拒不履行返还义务的非法行为,使上诉人继续蒙受损害,明显违反法律规定和人民法院必须维护社会公平正义的执法宗旨,必须彻底纠正!

五、本案启示

本案之所以发生,在于原告的法律意识和风险防范意识太差。第一,原告的经办人在把《承诺书》交给陶某等人时,理应要对方签收,但原告经办人忽略了此问题,以致对方在开庭时,对该《承诺书》予以否认;第二,在被告支付 350 万元,原告依承诺返还 100 万元,原告实际只收到 250 万元的情形下,原告理应开具只收到 250 万元的收据;或开具收到 350 万元的收据,但要求被告出具收到该返还的 100 万元的收据。第三,本案暴露出严重的司法不公,司法不公已成社会公害,必须引起执政党和全社会有识之士的高度重视和关注。

第十九节　本案《框架性协议》已依法成立

一、案情简介
二、仲裁答辩与反请求书
三、反请求答辩书
四、赵建平律师代理词
五、仲裁结果
六、本案启示

一、案情简介

2003年10月29日,某房地产中介公司与某房地产开发公司签订房屋销售代理合同,约定中介公司代理销售房地产开发公司开发的海口某小区的全部现房和期房,中介公司交保证金30万元,任何一方如单独解除合同,应支付对方30万元违约金。

代理合同签订后,中介公司交付了30万元保证金,并陆续售出房屋78套。但是,房地产开发公司认为中介公司存在违约行为,2004年11月25日,房地产开发公司书面通知中介公司解除合同。2004年12月30日,中介公司根据代理合同中的仲裁条款,向海口仲裁委员会提起仲裁,要求房地产开发公司返还30万元保证金,支付44万余元代理费,赔偿延期付款损失、支付30万元违约金,以上仲裁请求合计104万元,并承担本案仲裁费和律师代理费。

二、仲裁答辩与反请求书

2005年1月10日,房地产开发公司委托赵建平律师向海口仲裁委递交答辩书。房地产开发公司认为,中介公司在履行代理合同过程中,存在严重违约情形,房地产开发公司已依法单方解除代理合同。在房地产开发公司依法单方解除代理合同后,双方又于2004年12月30日达成了处理代理合同解除后遗留问题的《框架性协议》。中介公司根据代理合同提起仲裁,没有事实与法律依据。

2005年2月23日,房地产开发公司向海口仲裁委递交仲裁反请求书,请求仲裁委裁定中介公司按《框架性协议》履约,即接受房地产开发公司提供的相当于67万余元的房产。

三、反请求答辩书

2005年3月3日,中介公司就房地产开发公司的反请求作了如下答辩:

(一)关于房地产开发公司称,"双方又达成了一个处理代理合同解除后遗留问题的《框架性协议》"的问题。中介公司认为,此说不成立。理由有三:

第一,张某某是作为中介公司代理人的助手,到海口处理相关事宜的。中介公司法定代表人从未授权张某某代表中介公司与房地产开发公司签订《框架性协议》,而且张某某也仅是起草了这样的协议,尚未签字;同时,中介公司和其代理人及张某某也从未看到过有房地产开发公司法定代表人签字的《框架性协议》。正因为未见到此件,又迟迟得不到房地产开发公司的任何回音,张某某才不得不于2004年12月15日返回原住地石家庄。这一情节,在该《框架性协议》上注明的一段话中已予以证明:"赵总,我实在不能多等了,今天要走了,我决定不再谈了。张某某。"这段话中的"我实在不能多等了,今天要走了"是什么意思?很明显,这充分证明中介公司代理人的助手张某某,直到15日走那天,也没有看到房地产开发公司法定代表人签字的《框架性协议》。而且中介公司及其代理人在张某某走后多日,仍未见房地产开发公司对《框架性协议》有什么说法,才下决心于2004年12月24日,向仲裁委交费申请仲裁。

第二,《框架性协议》第九条约定:"上述主要条款确定后,双方可以拟定详细协议。"时至今日,详细协议也没拟出来,这充分佐证了上述主要条款双方尚未确定,否则,房地产开发公司为什么提供不出双方拟定的详细协议和双方签字的正式协议?房地产开发公司提交的《框架性协议》,只有房地产开发公司法定代表人一人签字,没有中介公司签字,依照《合同法》第三十二条关于"当事人采用合同书形式订立合同的,自双方当事人签字或者盖章时合同成立"的规定,该《框架性协议》不是生效协议,因而也谈不上谁履行不履行和谁撕毁不撕毁该协议的问题,更谈不上中介公司违约。房地产开发公司若说是生效协议,请拿出有双方签字的《框架性协议》和详细的正式条文来。

第三,最高人民法院《关于民事诉讼证据若干规定》第六十七条和《仲裁法》第三十八条第(4)项均规定,在仲裁和诉讼中,调解不成的,任何一方当事人均不得在之后的任何程序中,援引对方当事人或仲裁庭在调解中认可的事实和任何陈述意见、观点或建议,作为其请求或者反请求的依据。如前所述,房地产开发公司在其答辩书中和反请求中提到的《框架性协议》,系未调解成的意见,以其为依据诉称中介公司再次违约,并以此作为其反请求的证据,显然违反了上述法条规定,何况该《框架性协议》系私下进行而不是在仲裁、诉讼过程中形成的!

(二)关于房地产开发公司诉称中介公司,"同意房地产开发公司用房产折顶上述债务"的问题。如前所述,《框架性协议》系一个无中介公司签字同意的未生效协议,所以,谈不上中介公司是否曾同意房地产开发公司用房产折顶债权的问题。房地产开发公司在反请求中,承认其欠中介公司代理费、保证金67万余元,这虽然是事实,但既然已进入仲裁程序,中介公司不同意用房产抵顶债权。

四、赵建平律师代理词

2005年3月7日,海口仲裁委开庭审理本案。赵建平律师代理房地产开发公司出庭。以下是赵建平律师就本案发表的代理词:

(一)本案讼争的《框架性协议》已依法成立

1. 2004年12月13日,张某某代表中介公司起草的《框架性协议》,符合《合同法》关于要约的要求,是有效要约,中介公司理应受该要约约束。

(1)《框架性协议》内容具体确定。该协议共十个条款,其中第一条、第二条是中介公司对债权数额的确定和对于房地产开发公司抵债方式的确认,即确认房地产开发公司共欠中介公司款项67万余元,并同意用房产抵顶;第二条至第九条是双方移交抵顶房产,以及中介公司在自行处理房产过程中,双方应互相配合的要求;第十条是仲裁条款。可见,该协议对双方因代理合同产生的债权债务数额的确定与房地产开发公司抵债的方式,是具体明确的。

(2)《框架性协议》符合《合同法》第十四条第2款关于"表明经受要约人承诺,要约人即受该意思表示约束"的要求。这是因为,第一,中介公司在该要约中规定了房地产开发公司的承诺期限,只要房地产开发公司在2004年12月30日晚上12时前承诺该要约,中介公司就必须受该要约约束。在房地产开发公司完全同意该要约的情形下,中介公司就必须依法受该要约约束;第二,该协议第二条特地作了如下说明:"如果甲方(房地产开发公司)不认可3%的代理费是30万元,双方可以对账。如果乙方(中介公司)正确,可以按上述意见处理;如果甲方正确,可按实事求是的原则结算。"即该要约赋予房地产开发公司不认可该要约的权利,但对中介公司而言,中介公司自己表明受30万元代理费约束,即受该要约约束。第三,要约是希望和他人订立合同的意思表示,因此,在本案审理过程中,只要明确了《框架性协议》是要约,在房地产开发公司已作出承诺的情形下,中介公司就必须受该协议约束。更何况,《框架性协议》是中介公司处分自己权利的要约,在该协议到达房地产开发公司后,只要房地产开发公司承诺,中介公司就不应当以任何理由反悔。

2. 房地产开发公司对《框架性协议》的承诺,符合《合同法》关于承诺的要求。第一,房地产开发公司董事长的承诺,丝毫没有改变该协议的内容,符合《合同法》关于承诺的实质条件;第二,《合同法》第二十二条关于承诺应当以通知的方式作出的规定,指的是一般情况下应以书面方式承诺。《合同法》第二十二条在规定"承诺应当以通知的方式作出"。房地产开发公司董事长在该协议书上写明"同意该协议中的内容"的字样,即为书面方式,符合《合同法》对承诺形式的要求;第三,房地产开发公司的承诺已到达中介公司。由于中介公司系通过赵某某送达该协议,房地产开发公司在承诺该协议后,同样通过赵某某送达,即采取与要约同样的方式送达承诺通知,不违反《合同法》关于承诺送达的要求。根据赵某某证言,当天即 2004 年 12 月 30 日,"我就将房地产开发公司的意见反馈给了中介公司",可以认定房地产开发公司已将承诺送达中介公司。至于中介公司出于自身利益,否认赵某某送达房地产开发公司的承诺的抗辩不能成立。

3. 在房地产开发公司按中介公司要求,于 2004 年 12 月 13 日作出承诺,并采取与该协议同样的送达方式送达中介公司的情形下,《框架性协议》已于当日依法有效成立。

(二)中介公司与房地产开发公司之间因代理合同遗留的问题,应按《框架性协议》处理

2003 年 10 月 29 日,中介公司与房地产开发公司签订的代理合同已依法解除。为了解决代理合同解除后的遗留问题,双方于 2004 年 12 月 30 日达成了该《框架性协议》。在该协议中,双方确定房地产开发公司欠中介公司人民币 67 万余元(含保证金、3% 的代理费和加价提成部分);"双方同意,除上述结算款外,其他概不追究",即中介公司在仲裁申请书中提出的违约金、延期支付代理费及保证金损失和超过《框架性协议》结算的代理费部分均与《框架性协议》抵触,没有法律依据,因而仲裁庭依法不应予以支持。

(三)中介公司故意违反《框架性协议》,理应承担由此产生的一切法律责任

在《框架性协议》达成的当日,中介公司不顾协议的法律约束力,不仅不配合房地产开发公司履行用房产抵债的义务,反而依据早已被解除的代理合同,向仲裁庭提起仲裁。由于中介公司故意不履行《框架性协议》,理应承担由此产生的法律责任,这种法律责任包括但不限于承担本案中介公司请求仲裁费、房地产开发公司反请求费;按照《框架性协议》约定,接受房地产开发公司用于抵债的房产。

尊敬的首席仲裁员、仲裁员,在即将结束我的代理词之际,我不得不指出的是,公正是仲裁的生命与灵魂。无论是裁决还是调解,都必须建立在事实清楚、证据充分、正确适用法律的基础之上。就本案而言,代理合同已被解除,《框架性协议》已经依法有效成立。为了依法公正处理本案,仲裁庭必须依据《框架性

协议》,判令中介公司接受房地产开发公司用房产抵债、承担本案所有仲裁费,同时驳回中介公司其他无理的仲裁请求。

以上代理意见,恳求仲裁庭采纳。

五、仲裁结果

2005年3月21日,双方在海口仲裁委主持下,达成如下调解协议:房地产开发公司退还中介公司保证金和支付佣金、延期付款违约金共70万元整,房地产开发公司撤回仲裁反请求书,本案仲裁费双方各承担一半。至此,本案通过调解得以结案,调解结果与《框架性协议》内容基本一致。

六、本案启示

本案的争议焦点为,处理合同解除后遗留问题的《框架性协议》是否有效成立?由于该协议系中介公司代理人起草,在送达房地产开发公司后,只要房地产开发公司承诺,就成为一项有效合同,双方都应受其约束。本案给人们的启示是,民事主体给特定或不特定的对方发出的具有法律意义的文件,可能构成一项有效要约,在对方承诺的情形下,要约人必须受其约束。因此,民事法律行为的主体在发出要约时,不能不谨慎。

第二十节　某律师事务所与乙公司虚假诉讼案

一、案情简介
二、民事再审申请书
三、本案启示

一、案情简介

乙公司欠甲公司高达上亿元的巨额债务,并已分别在海南省高级人民法院和海口市中级人民法院申请执行。2009年5月22日,乙公司与某律师事务所签订《委托代理合同》,约定乙公司委托某律师事务所以风险代理方式,办理与法院执行有关的事项,并按甲公司申请执行标的的25%支付律师服务费。2009年9月15日,某律师事务所向秀英区人民法院提起诉讼,请求判令乙公司支付230万元代理费及迟延履行的利息。2009年12月30日,某律师事务所与乙公司达成调解协议,乙公司确认共欠某律师事务所代理费和其他费用共计233.2万元,乙公司同意以价值241.4万元的9亩地作抵押。如乙公司未能于调解协议签订之日起30日内付款,某律师事务所可申请执行该9亩地抵债。2010年1月11日,秀英区人民法院以(2009)秀民二初字第611号《民事调解书》,确认乙公司与某律师事务所签订的调解协议,作出(2010)秀执字第117号《执行裁定书》予以执行。在得知合法权益被乙公司与某律师事务所侵犯后,甲公司向海口市人民检察院申诉。在收到甲公司的申诉状并立案审查后,海口市人民检察院建议秀英区人民法院再审本案。2010年10月9日,秀英区法院撤销该院作出的(2010)秀执字第117号《执行裁定书》。

二、民事再审申请书

作为秀英区法院(2009)秀民二初字第611号《民事调解书》的原告某律师事务所和被告乙公司,双方的诉讼行为具有恶意串通合谋,损害申请人甲公司合法权益的欺诈性。某律师事务所与乙公司采取的手段是,通过签订虚假的《委托代理合同》,在秀英区法院进行虚假诉讼,在获取秀英区法院(2009)秀民二初字第611号《民事调解书》后,再申请执行,以实现对抗省高院依法强制执行之公权力,逃避乙公司对申请人的法定债务,损害申请人的合法权益,最终达到谋取非法利益的目的。某律师事务所和乙公司在秀英区法院的虚假诉讼行为,具有蒙骗与利用人民法院的非法性,其目的是为谋取人民法院的司法文书对其非法行为的支持和确认。他们的行为不应受到人民法院的支持和确认,理应受到人民法院的依法制裁。但是,秀英区法院作出的(2009)秀民二初字第611号《民事调解书》,违反法定程序,违反公平公正的司法原则,支持了某律师事务所和乙公司的非法行为,严重干扰了省高院的依法强制执行活动,维护了某律师事务所和乙公司的非法利益,严重损害了申请人的合法权益,依法应予撤销。

一、某律师事务所与乙公司之间讼争的所谓《委托代理合同》,因违反《律师法》和《合同法》的相关规定,是一份无效合同,不应受法律保护。在《委托代理合同》基础上,某律师事务所与乙公司于2009年12月30日签订的关于调解的《协议书》和秀英区法院作出的(2009)秀民二初字第611号《民事调解书》皆属无效,依法应予撤销。《委托代理合同》约定某律师事务所代理乙公司与申请人之间在省高院(2007)琼执字第4-1号执行借款2800万元及利息案件,某律师事务所的义务包括停止法院对某某大厦周边8106.35平方米土地的执行行为和停止法院对某公司持有的申请人的9.88%股权的执行行为。省高院(2007)琼执字第4号执行案正在执行之中,申请执行人是本案申请人,也是乙公司的巨额债权人,被执行人是乙公司,也就是本案申请人的巨额债务人。在该执行案中,申请人对乙公司享有省高院(2003)琼民二初字第11号《民事判决书》判令的本息合计约亿万元的债权。2007年初,申请人申请对该案恢复执行。《委托代理合同》约定某律师事务所的代理义务,维护的是乙公司逃避法定债务的非法利益,对抗的是省高院依法强制执行的行为,扰乱并阻碍了正常的司法秩序,损害了作为巨额债权人的申请人的合法债权。我国《律师法》第二条、第三十条明确规定:"律师应当维护当事人的合法权益,维护法律正确实施,维护社会公平正义";"律师担任诉讼法律事务代理人或者非诉讼法律事务代理人的,应当在受委托的权限内,维护委托人的合法权益"。由于《委托代理合同》约定某律师事务所维护的是乙公司的非法利益,违反了《律师法》的上述规定。我国《合同法》第五十二条规定:"有下列情形之一的,合同无效:恶意串通,损害国家、集体或者第三人利益;以合法形式掩盖非法目的;损害社会公共利益;违反法律、行政法规的强制性规定。"《委托代理合同》完全符合《合同法》关于合同无效的上述四种情形,显属无效合同。值得强调的是,在无效的《委托代理合同》基础上,某律师事务所与乙公司于2009年12月30日签订的关于调解的《协议书》和秀英区法院作出的(2009)秀民二初字第611号《民事调解书》皆属无效,依法应予撤销。

二、某律师事务所没有完成《委托代理合同》约定的所谓"代理义务"。关于停止省高院对某公司持有的申请人的9.88%股权的执行行为,是虚假的不存在的义务。省高院至今没有停止对某某大厦周边8106.35平方米土地使用权的执行行为,诉讼中某律师事务所没有提供省高院已停止执行的有效证据。实际情况是,省高院已查封乙公司名下某某大厦周边8106.35平方米土地使用权,并委托评估公司进行了评估,该土地正在依法进入抵债程序。关于省高院对某公司持有的申请人的9.88%股权的执行行为,纯属某律师事务所和乙公司虚构,实际并不存在,省高院没有作为执行对象予以执行。某律师事务所于2009年7月13日向省高院提交的《说明》,省高院并未理睬,执行法官甚至表示,他根本不知道某律师事务所何时提交了这份《说明》。值得一提的是,某律师事务所在向省高院提交《说明》的同一天,又向乙公司发函,强调其"经过一段时间的艰苦工作,某公司持股不被查封,我所法律意见被合议庭采纳"。由此可见,某律师事务所关于已完成《委托代理合同》第二项委托事项,纯属在虚构基础上的虚构,这只能说明某律师事务所与乙公司合谋,进行典型的虚假诉讼。但是,在铁的事实面前,某律师事务所与乙公司却根据该不存在也没有履行的义务,计算出乙公司应支付某律师事务所230万元巨额律师费,并通过秀英区法院作出(2009)秀民二初字第611号《民事调解书》予以保护,最终达到侵吞本应偿债给申请人的本案讼争土地使用权。

三、乙公司抵给某律师事务所的本案讼争土地使用权,没有经过法定评估程序,也没有经乙公司股东会或董事会讨论通过。乙公司属于国有控股企业。我国《企业国有资产法》第四十七条规定:"国有独资企业、国有独资公司和国有资本控股公司合并、分立、改制,转让重大财产,以非货币财产对外投资、清算或者有法律、行政法规以及企业章程规定应当进行资产评估的其他情形的,应当按照规定对有关资产进行评估。"乙公司把本案讼争土地使用权抵债给某律师事务所时,必须对该土地评估作价,以避免国有资产流失,确保抵债行为的公平公正。然而,乙公司在未经评估的情况下,即约定以低价将该土地抵债给某律师事务所,造成国有资产流失,其抵债行为显然违法无效,依法应予撤销。此外,根据我国《公司法》规定,股份有限公司在决定处分公司资产等重大事项时,必须经公司股东会或董事会讨论通过。乙公司把本案讼争土地抵债给某律师事务所,没有经公司股东会或董事会讨论通过,其抵债行为亦违反《公司法》规定,依法应属无效。

四、乙公司抵债给某律师事务所的本案讼争土地使用权,权属尚未依法确定。经查询,乙公司用于抵债给某律师事务所的9亩土地,在乙公司与某律师事务所于2009年12月30日签订调解协议时,海口市国土局没有存根及相关的档案材料备存,也就是说,当时仍无法证明该地块的使用权人为乙公司。乙公司于2010年6月才向海口市国土局申请重新办理该地块的登记手续,并建立土地档案。最高人民法院、国土资源部、建设部联合发布的《关于依法规范人民法院执行和国土资源房地产管理部门协助执行若干问题的通知》第二条和第五条规定:"人民法院对土地使用权、房屋实施查封或者进行实体处理前,应当向国土资源、房地产管理部门查询该土地、房屋的权属";"人民法院查封时,土地、房屋权属的确认,以国土资源、房地产管理部门的登记或者出具的权属证明为准,权属证明与权属登记不一致的,以权属登记为准。"人民法院在查封该地块或对该地块进行实体抵债等处置时,应当查清该地块的权属情况。在该地块没有任何国土档案的情况下,岂能毫无依据地认定该地块属于乙公司,并进而处置给某律师事务所?(2009)秀民二初字第611号《民事调解书》第二项,违反了上述法律规定,依法应予撤销。

五、某律师事务所在代理乙公司的诉讼活动中,谋取了巨额非法利益。在省高院(2007)琼执字第4号执行案之外,省高院(2007)琼民二终字第32号《民事判决书》和海口中院(2008)海中法民三初字第7号《民事判决书》,分别判决申请人对乙公司享有借款本金债权1500万元、借款利息近2000万元,两者合计约3500万元。该两份生效判决现正在海口中院执行,申请人是申请执行人,乙公司是被执行人。(2009)秀民二初字第611号《民事调解书》第二项,关于抵债给某律师事务所的9亩土地使用权,与乙公司在海口中院两执行案件中,向申请人出具的《抵债协议书》中述及的9亩抵债土地为同一块地,乙公司在该抵债协议书中明确约定,以该地块抵消其欠申请人高达约3500万元的本息债务。乙公司《抵债协议书》起草的时间在2009年8月中旬,(2009)秀民二初字第611号《民事调解书》作出的时间是2010年1月11日,即抵债协议书在前,调解协议在后。以同一地块抵债在后的调解协议所抵某律师事务所的所谓"债务",仅是在前抵债协议所抵申请人之债的6.6%(即230万元÷3500万元);或者说,乙公司与申请人的和谈抵债额,是乙公司与某律师事务所的调解抵债额的15.1倍(即3500万元÷230万元)。这前后抵债额的天壤之别,足资证明乙公司的现任负责人,系利用掌控乙公司公章的权力,拿巨额国有资产谋取非法利益,大有非法转移国有资产之嫌。同时,也足以证明明知前后抵债差额实情并参与诉讼的某律师事务所及其代理律师,纯系趁火打劫,与乙公司恶意串通,共同合谋绕过须依法评估的程序,压低土地价格,索偿所谓的"律师服务费",将理应偿债给申请人的土地使用权占为己有。我国《律师法》第四十条规定,律师在执业活动中,**不得利用提供法律服务的便利牟取当事人争议的权益,不得故意提供虚假证据**。某律师事务所故意提供虚假的委托代理合同,牟取本案讼争的土地使用权的行为,违反上述法律规定,人民法院依法不应予以支持。

三、本案启示

近年来,各地相继出现一些虚假诉讼案。在这些虚假诉讼案中,有的是律师指使当事人进行虚假诉讼,有的是律师甚至律师事务所参与虚假诉讼,谋取当事人或案外人的巨额经济利益。本案就是一起典型的律师事务所与当事人合谋虚假诉讼,侵占案外人巨额财产利益的案例。深究起来,本案某律师事务所的行为,已涉嫌诈骗犯罪。律师行业是智力密集型行业,律师是精通法律的专业人士,如果极少数律师事务所和极少数律师不高度自律,不独善其身,不严格要求自己的执业行为,他们的存在对社会是一种潜在的威胁,他们的行为给社会造成的危害是非常严重的,这种情况必须引起全社会尤其是执政党的高度重视,采取有效措施防范和解决。

第二十一节 赵某诉某工商局工商变更登记纠纷

一、案情简介

二、赵某某起诉

三、某工商局答辩

四、第三人答辩

五、一审代理词

六、一审判决结果

七、第三人上诉

八、赵某某答辩

九、二审判决结果

十、本案启示

一、案情简介

海化公司是由北京十家国有企业于1991年在海南设立的联营企业,隶属原化学工业部。1998年化工部被撤销后,中央国家机关非金融企业脱钩工作小组以国脱钩组(1999)59号文件,要求海化公司出资各方按公司法要求规范运作。经国家石化局委派和海化公司董事会选举,赵某某于2000年7月担任海化公司董事长、法定代表人,并在某工商局进行了备案登记。2007年8月24日,某工商局在欠缺变更有效文件的情形下,将海化公司股东和法定代表人进行了变更。2007年10月16日,赵某某依法向国家工商行政管理总局申请行政复议。2008年1月11日,国家工商总局以工商复字[2008]7号文,维持某工商局于2007年8月24日对海化化司作出的变更登记核准决定,但认定赵某某作为海化公司原法定代表人,与某工商局作出的具体行政行为有法律上的利害关系,具备行政复议申请人资格。2008年1月26日,赵某某依法向海口市美兰区人民法院提起行政诉讼。美兰区人民法院于2008年5月18日作出一审判决,撤销某工商局于2007年8月24

日对海化公司作出的变更决定。第三人海化公司不服,向海口市中级人民法院提起上诉。海口市中级人民法院于2008年8月26日作出二审判决,驳回上诉,维持原判。

二、赵某某起诉

赵某某的诉讼请求是,撤销某工商局于2007年8月24日作出的对海化公司法定代表人和股东的变更登记。赵某某提出上述诉讼请求的事实与理由如下:

(一)被告办理变更登记的文件系虚假文件

2007年7月、8月,某建设工程局分别出具书面"证明",证明中化化工科学技术研究总院、中国化工信息中心为其下属单位。实际情况是:中化化工科学技术研究总院为中国昊华化工(集团)总公司的下属单位,中国化工信息中心为中国化工集团公司的下属单位。

(二)被告变更法定代表人,缺乏董事会有效决议

《海化公司章程》第十六条规定,董事会为公司最高权力机关。2001年的《章程修正案》,规定董事长为公司法定代表人,第二十七条规定公司总经理由董事会聘任。可见,关于海化公司法定代表人的聘任,应该由海化公司董事会作出决议。但是,被告在缺乏董事会决议这一法定文件的情形下,仅凭某建设工程局出具的任免书,即对海化公司的法定代表人予以变更,完全置公司董事会这一最高权力机关于不顾。根据海化公司章程,某建设工程局既不是海化公司股东,也非海化公司上级主管部门,其所出具的《任免书》,不仅不具有任何法律效力,而且是对海化公司独立经营权的严重践踏。

(三)海化公司在申请变更登记时提交的《章程修正案》《章程修正案的决议》《任免书》等文件不具备法律效力

海化公司章程第十八条规定,董事会行使修改公司章程,选举和罢免副董事长,聘任和解聘公司总经理、副总经理等职权。海化公司在申请变更登记时所提交的《章程修正案》《章程修正案的决议》《任免书》等文件未经董事会同

意,事实上海化公司董事会也从未就此召开过董事会,上述文件依法无效,不具备法律效力。

赵某某认为,被告的此次变更,违反《公司法》《中华人民共和国企业法人登记管理条例》《海南经济特区企业法人登记管理条例》及公司章程规定,缺乏法律、行政法规规定的有效要件,无论在实体上还是在程序上以及形式要件上都违反法律规定。

三、某工商局答辩

在收到赵某某的起诉状副本后,某工商局作了如下答辩:

(一) 海化公司登记情况

海化公司是1991年9月19日经我局核准的,由原化工部负责组建的全民联营企业。联营企业为中国化学工程总公司、中国化工供销总公司、中国化工建设总公司、中国化工装备总公司、中国化工新材料公司、中国化学工程总公司海南大华公司、海南化工建设公司、化工部第八设计院海南分院、海口兴发化工公司,法定代表人张某某。

1995年3月28日法定代表人变更为吴某某。

1999年4月19日,经我局核准,原九家全民联营企业变更为十家全民联营企业,分别是中国化学工程总公司、中国化工供销总公司、中国化工建设总公司、化学工业部科学技术研究总院、中国华辰经济技术发展中心、中国化工装备总公司、化学工业部地质矿山局、中国化工信息中心、中化国际咨询公司、中国化工新材料总公司。

2001年7月11日法定代表人变更为赵某某。

2007年8月24日法定代表人变更为姚某某。

(二) 我局于2007年8月24日作出的变更登记,事实清楚,材料齐备,证据确凿,程序合法

2007年8月20日,海化公司委托姚某某向我局提出法定代表人、经营期限、投资者变更登记申请。

此次变更登记,申请人提交的材料分别是:(1)盖有海化公司和某建设工程局(全民所有制)印章的变更登记申请书;(2)某建设工程局关于章程修正案的决议;(3)某建设工程局出具的免去赵某某海化公司法定代表人的任免书和任命姚某某为海化公司法定代表人(经理)的任命书及董事会、监事会成员任免决定;(4)盖有海化公司印章和新任法定代表人签署的章程修正案,该修正案主要内容是公司股东变更为某建设工程局、法定代表人由总经理出任、公司经营期限延长20年;(5)海化公司的十家投资者(股东)与某建设工程局签署的国有产权和管理关系划转协议书;(6)申请人提交的经国家工商总局核准的中国化学工程总公司、中国化工供销总公司、中国华辰经济技术发展中心名称变更通知书。

依据《中华人民共和国企业法人登记管理条例》第十七条及《中华人民共和国企业法人登记管理条例实施细则》第三十八条关于变更登记的有关规定,在审查申请人提交的变更登记申请材料后,我局认为当事人提交的材料齐备,符合法定形式,于2007年8月24日依法核准了海化公司的变更登记事项。

(三)对于原告的诉求,我局曾认真处理过,国家工商总局对此已复议认定

原告曾就上述变更登记,向我局提出过异议。我局本着认真负责的态度,重新核对了2007年8月24日变更登记材料,并核实了海化公司的十家投资者(股东)与某建设工程局签署的国有产权和管理关系划转协议书的真实性。中国化工集团公司给我局来函,也确认了某建设工程局作为海化公司主管部门的资格,同时撤销海化公司原股东会、董事会并免去赵某某的董事长职务,任命姚某某为海化公司总经理(法人),修改了公司章程,成立了新的董事会,按国有三级企业实行管理。经过复核,我们认为这次变更登记合法有效。

2007年10月16日,赵某某向国家工商行政管理总局提出行政复议,国家工商行政管理总局经审查,作出行政复议决定,维持我局2007年8月24日作出的变更登记决定。

综上所述,我局做出的具体行政行为,事实清楚,材料齐备,程序合法,符合法律法规规定,请求予以维持。

四、第三人答辩

由于本案审理结果与海化公司有利害关系,美兰区人民法院依法追加海化公司为本案第三人。作为本案第三人,海化公司作了如下答辩:

某工商局对答辩人重新补办年审及变更法人登记,是严格按法定程序办理的,答辩人所提供的文件也全部真实可信,绝无虚假成分。请求法院从答辩人国企的角度,也从保护国有资产的角度考虑,维持变更登记。

某工商局对答辩人重新补办年审及变更法人登记,是严格按法定程序办理的。答辩人在管理体制从股份制国企转变为国企后,由于缺乏经验,在初始呈报变更资料时,的确存在材料不齐的情况。但在某工商局严格要求下,我们一一补齐,所提供的文件和材料全部真实可信,绝无虚假成分。被答辩人在《行政诉状》第一条称"被告办理变更登记的文件系虚假文件"一说,是不值一驳的。

被答辩人在文中提到"答辩人原来的股东——中化化工科学技术研究总院隶属于中国昊华化工(集团)总公司而非某建设工程局",并据此认为变更登记文件虚假,这已经毫无意义。因为,某建设工程局和中国昊华化工(集团)总公司同是中化集团的二级公司,答辩人的股东属哪家公司管理,应是中化集团的内部事务,也并不重要。而重要的是,答辩人的主管上级——某建设工程局接管了答辩人(包括中化化工科学技术研究总院)原十家股东的股权,股权转让《协议书》不是虚假的。答辩人的主管上级——中化集团和某建设局都是国家一级及二级企业,他们把企业的信誉看得比企业的生命还重要,这一点是不用怀疑的。

由于某建设工程局接管了答辩人原十家股东的股权,成为答辩人唯一的控股(投资)单位,有权依法对答辩人的人事和《章程》进行任免和修改。

恳请法庭依法驳回被答辩人的诉讼请求,维持某工商局对答辩人的变更登记。

五、一审代理词

海口市美兰区人民法院于2008年4月3日公开开庭审理本案。海南川海

律师事务所郑芹律师和当时的实习律师谢国华,代理赵某某出庭,并发表如下代理意见:

本案被告某工商局于 2007 年 8 月 24 日针对海化公司所作的变更登记,是法定代表人和股东变更,也就是将法定代表人赵某某变更为姚某某,将海化公司原十名股东变更为某建设工程局。此次被告某工商局的变更,存在错误,应予撤销,具体理由如下:

第一,被告的变更,缺乏董事会或股东会决议,缺乏有权部门审批文件这一有效要件

根据联营各方于 1991 年 9 月 1 日签订的《国内联营企业合同》第四条、第八条,海化公司为有限责任公司,"联营各方任何一方如向第三者转让其全部或部分出资额,须经各方同意,并经原审批机关批准,向工商行政管理部门办理变更注册登记手续"。海化公司原属化学工业部下属企业,根据化学工业部指令,海化公司已于 1997 年按公司法要求,整体改制为有限责任公司。

根据海化公司《章程》第十三条规定,"股东已缴纳的出资不得抽回。股东转让出资须经董事会讨论通过;董事会同意转让的,其他股东在同等条件下,对转让的出资有优先购买权"。

根据《公司登记管理条例》第二条、第二十七条,本条例适用于有限责任公司的设立、变更、终止;公司申请变更登记,应当提交"依照《公司法》作出的变更决议或者决定";"公司变更登记事项涉及修改公司章程的,应当提交由公司法定代表人签署的修改后的公司章程或者公司章程修正案";"变更登记事项依照法律、行政法规或者国务院决定规定在登记前须经批准,还应当向公司登记机关提交有关批准文件"。

根据国家工商总局颁发的《企业法定代表人登记管理规定》(90 号令)第七条,"有限责任公司或者股份有限公司更换法定代表人,需要由股东会、股东大会或者董事会召开会议作出决议,而原法定代表人不能或者不履行职责,致使股东会、股东大会或者董事会不能依照法定程序召开的,可以由半数以上的董事推选 1 名董事或者由出资最多或者持有最大股份表决权的股东或其委派的代表召集和主持会议,依法作出决议"。

根据上述合同、章程以及相关法律、法规、规章规定,凡涉及法定代表人、股权转让或者章程修改等重大事项的,有着严格规定与程序,均应召开董事会或股东会,并具备法定出资额比例的通过率,此为法定必经程序。本案中,无论是法定代表人的变更,还是股权转让,甚至包括章程的修改,均没有召开董事会或股东会,亦没有对上述事项通过任何决议。此外,由于涉及国有产权在海化公司原股东单位与某建设工程局之间股权的无偿划转,也必须经过国资监管部门审批同意,方可进行变更。被告在办理上述工商变更登记时,均是在缺乏上述法律要件的情形下予以变更,违反法定程序。

第二,被告变更所依据的文件,存在虚假无效情形

1. 2007年7月、8月,某建设工程局分别出具书面"证明",证明中化化工科学技术研究总院、中国化工信息中心为其下属单位。实际情况是:中化化工科学技术研究总院为中国昊华化工(集团)总公司的下属单位;中国化工信息中心为中国化工集团公司的下属单位,某建设工程局和中国化工信息中心同为中国化工集团公司的全资子公司,二者为平级单位,根本不存在隶属关系。

2. 关于姚某某以法定代表人身份签署的变更登记申请书,由于姚某某法定代表人身份不合法,其签署的申请书不具备法律效力。

根据《联营合同》、海化公司《章程》以及《公司法》规定,董事长为公司法定代表人,董事长由化工部任命;由于化工部已撤销,那么应当根据公司法规定,由董事会选举。某建设工程局不是海化公司董事会,也不是海化公司的上级主管部门,没有权力任命海化公司的法定代表人。因此,某建设工程局关于姚某某的任命书以及免去赵某某董事长、法定代表人的决定书,违反法律规定。姚某某法定代表人身份不具有法律效力,其没有资格以法定代表人身份签署任何文件。

第三,海化公司原股东与某建设工程局之间无偿划转股权的行为,违反《章程》《公司法》《企业国有产权无偿划转管理暂行办法》等相关法律、法规、行政规章规定,属无效股权转让;该股权划转协议书,也因未经有权部门审批而未发

生法律效力

首先,根据某建设工程局与海化公司十家股东单位签订的协议书,本次股权转让为无偿划转,而海化公司董事会或股东会未就此事项作出决议,涉及职工安置问题也未召开职工代表大会审议通过,根据《企业国有产权无偿划转管理暂行办法》规定,本次股权转让不得无偿划转。

其次,在原海化公司股东与某建设工程局签订的关于股权转让的《协议书》中,均明确约定"本协议股权划转事项,依照国有产权划转的批准程序上报审批,自获得批准之日起正式生效"。根据《企业国有产权无偿划转管理暂行办法》第十条、第十二条规定,企业国有产权的无偿划转,由国资监管机构审批;无偿划转事项在按规定程序批准后,划转协议生效,该划转协议未生效前,划转双方不得履行或部分履行协议。被告依据一份未发生法律效力且被禁止履行的协议以及违法的股权转让事项,就对之前合法的事项予以变更,应当予以撤销。

第三,被告以中国化工集团公司出具的一份致被告《关于海化公司有关情况的函》,就认定海化公司的股权划转经过主管部门审批,这是荒谬的。

从形式上看,这份书函只是一份情况说明,不是一份审批文件,更不能当做一份审批文件认定。

从主体上看,即使退一步来说,该份书函就是审批文件,但海化公司的十家股东,只有中国华辰经济技术发展中心、中国化工装备总公司、中国化工信息中心、中国化工信息材料公司四家股东隶属于中国化工集团公司,其余六家隶属于其他单位,与中国化工集团公司没有关联关系,中国化工集团公司无权对其余六家的股权划转手续予以审批。更何况《企业国有产权无偿划转管理暂行办法》第十二条明确规定,国有产权划转的审批部门为国资监督机构,中国化工集团公司不具有审批职能。

从时间上看,这份书函的落款日期是2007年9月28日,申请变更的日期是2007年7月9日,领取变更后的营业执照的时间是2007年8月27日,可见这份书函是事后提交的,是在被告已经办理完变更手续后,才由相关人士补充提供,也就是说被告在办理变更登记的时候,没有相关部门的审批文件。

从内容上看,这份书函内容矛盾。按照中国化工集团公司的说法,既然"海化公司由十家股权分散的股东成立了股东会,成为无上级主管的单位",又何来国资委"正式明确海化公司归属中国化工集团"？书函中提到国资委将海化公司归属为中国化工集团公司,相应的文件在哪？

综上所述,被告于 2007 年 8 月 24 日针对海化公司的变更登记,错误是明显的。海化公司从成立开始至今,曾进行过数次工商登记变更(包括原告赵某某当选为公司董事长、法定代表人的变更登记),在这些变更登记中,根据代理人工商查档结果,均发现这些变更登记按法律、法规及规章要求,提交了相关审批文件、董事会决议以及其他合法文件。唯独 2007 年 8 月 24 日的工商变更登记资料中,缺乏董事会决议、国资监管部门审批文件等法定文件,仅凭借某建设工程局的两份任免书和还未生效且被禁止履行的股权划转的协议书等就办理了变更登记。此外,虽然原告在向国家工商总局申请行政复议时,国家工商总局作出工商复字[2008]7号《行政复议决定书》,维持被告 2007 年 8 月 24 日的变更决定,但随即在工商复字[2008]8号《行政复议意见书》中,指出被告的变更缺乏董事会决议和上级审批文件,这说明国家工商总局虽然表面上驳回了原告的申请,但由于被告的错误明显,因此以内部意见的形式,指出被告的错误之处。综上,代理人请求人民法院纠正被告的违法行政行为,撤销 2007 年 8 月 24 日针对海化公司的错误变更。

六、一审判决结果

本院认为,第三人系由十家股东联营成立的企业,根据《公司登记管理条例》第二十四条规定:"公司变更登记,应当向登记机关提交如下文件:(一)公司法定代表人签署的变更登记申请书;(二)依照公司法作出的变更决议或者决定;(三)公司登记机关要求提交的其他文件。公司变更登记事项涉及修改公司章程的,应当提供修改后的公司章程或者公司章程修正案。"《中华人民共和国公司法》第三十五条第二款、第三款规定,"股东向股东以外的人转让其出资时,必须经全体股东过半数同意,不同意转让的股东应当购买该转让的出资,如果不购买该转让的出资,视为同意转让……"该法第三十八条第十项还规定,对股东向股东以外的人转让出资作出决议,系股东会行使的职权。并且在本案中,第三人的公司章程及股东联营协议也明确规定,公司董事会为最高权力机关,其行使对股东转让、修改章程、人事任免等重大事宜的职权。从第三人向被告申请变更登记时提供的相关材料看,没有依照《公司法》作出的变更决议,即没有原股东关于股东转让出资而作出的决议等材料。尽管有原十家股东与某建设工程局签订的《协议书》,但是它不是也不能代替股东会作出的决议。因此,第三人向被告申请变更登记时,没有依照《公司登记管理条例》第二十四条,提供完整申请文件,被告准予变更登记没有法律依据,其所为行政行为主要证据不足,应予撤销。原告诉请有理,本院予以支持。依据《中华人民共和国行政诉讼法》第五十四条第(二)项第1款的规定,判决如下:

撤销被告于2007年8月24日对海化公司作出的变更登记决定。

七、第三人上诉

在一审判决作出后,第三人不服,依法向海口市中级人民法院上诉,第三人的上诉请求是,撤销一审判决,确认和支持某工商局于2007年8月24日对海化公司作出的工商变更登记决定。

第三人的上诉理由是:

(一)原海化公司股东会、董事会被撤销,法定代表人赵某某被免职是事实而非虚构,海化公司嗣后所作的工商变更登记有理有据,一审判决以所谓海化公司"没有依照《公司登记管理条例》第二十四条提供完整申请文件"为由,撤销某工商局对海化公司的变更登记决定,缺乏事实根据。

第一,海化公司申请工商变更登记事出有因,有理有据。海化公司原由化工部下属的中国化工油气开发中心等十家国企股东,于1992年发起成立。2000年后,海化公司管理体制和经营形式变化。2007年1月,国家国资委决定海化公司归属中国化工集团,原十家股东单位的股权以协议方式无偿划转给中国化工集团公司的全资子公司——某建设工程局,实行统一管理,同时,撤销海化公司原股东会、董事会,免去海化公司原法定代表人赵某某董事长职务,任命姚某某为海化公司总经理(法定代表人),修改公司章程,成立新的董事会,并委托海化公司代为办理工商登记变更有关手续。

以上事实,有国务院国资委纪委2006年9月25日"国资纪办函(2006)8号"函、海化公司2006年12月21日"海化公司临时股东大会决议"、某建设工程局(2006)3号任免通知、2007年2月2日海化公司原法定代表人赵某某与新的法定代表人姚某某两人签名的"工作交接明细单"、中国化工集团公司2007年9月28日给某工商局"关于海化公司有关情况的函"足以佐证。

第二,国家工商总局维持了某工商局对海化公司工商变更登记申请所作的核准决定,再次证明某工商局核准海化公司工商变更登记申请的正确性。海化公司依照工商管理部门的要求和规定,提交了真实、完整的变更登记材料和手续,某工商局依照有关规定已经办理了全部变更登记手续。在被免职的原海化公司法定代表人赵某某对某工商局所作的变更登记核准决定不服,向国家工商局提出复议的情况下,国家工商总局经复议仍于2008年1月11日作出了"工商复字(2008)7号行政复议决定书",维持某工商局变更登记核准决定。这一过程和事实表明,不论是某工商局还是国家工商总局,都已经确认海化公司工商变更登记的合法性和效力,某工商局对海化公司工商变更登记申请的核准决定完全正确,没有错误。

第三、被上诉人以上诉人原来股东"中化化工科研院"隶属于"中国昊华化工(集团)总公司"而非隶属于"某建设工程局"为由,称海化公司办理变更登记的文件是"虚假文件",不符合事实。中国昊华化工(集团)总公司与某建设工程局同属中国化工集团公司的二级公司,海化公司股东属上述哪家公司管理,是中国化工集团公司内部调整管理的问题,与海化公司股东股权划转给某建设工程局这一事实无关,也不影响工商变更登记的申请事由,被上诉人何以据此断言"办理变更登记的文件系虚假文件"?

(二)一审法院审查本案证据时,遗漏了影响本案定性的两份重要书证,导致认定事实不清,以致错判。

本案中有两份重要书证,没有被一审法院认知。一是海化公司2006年12月21日的"临时股东会决议",二是中国化工集团公司2007年9月28日给某工商局"关于海化公司有关情况的函"。以上两份文件,清楚表明了上诉人海化公司原股权转让、原股东会和董事会撤销、赵某某免职、新董事会成立、新法定代表人任命、委托海化公司申请工商变更登记等事项,以上文件和事实均是工商部门核准变更登记申请的重要依据,遗憾的是一审法院在判决书中根本没有提及这两份重要证据,更谈不上据此来认定案件事实。上诉人认为一审法院离开这两份证据,自然会得出"准予变更登记没有法律依据"这一错误结论。请二审法院对以上两份重要书证,予以重新审查和认定。

(三)一审法院依据《公司登记管理条例》第二十四条之规定,认定工商部门准予变更登记没有法律依据,属适用法律不当。

《公司登记管理条例》第二十四条规定:"公司申请变更登记,应当向公司登记机关提交下列文件:(一)公司法定代表人签署的变更登记申请书;(二)依照《公司法》作出的变更决议或者决定;(三)公司登记机关要求提交的其他文件。公司变更登记事项涉及修改公司章程的,应当提交修改后的公司章程或者公司章程修正案。"

上诉人认为:第一,上诉人已经按照工商部门和《公司法》要求,提供了全部所需的变更登记申请资料,所提交的资料,完全符合《公司登记管理条例》中的上述三项要求。如果一审法院苛求变更登记申请书上,必须有公司法定代表人赵某某签字的话,那么,一审法院理解法律就是错误的。根据国家工商管理局2000年4月7日对河北省工商行政管理(2000)第28号请示的答复(工商企字2000第69号),变更登记申请书上签字的人,既可以是公司的原法定代表人,也可以是公司新法定代表人。赵某某未在申请书上签字,并不妨碍新的法定代表人在申请书上签字的效力。第二,2002年12月21日海化公司"临时股东会决议"和海化公司2007年2月5日第一届董事会决议,均对股权变更所引起的工商变更登记事项作了明确,上诉人据此申请变更登记何罪之有?一审法院凭什么依据《公司登记管理条例》第二十四条,认定工商部门准予变更登记,"没有法律依据"?

综上所述,上诉人认为,被上诉人赵某某诉某工商局核准海化公司变更登记没有依据,一审法院撤销某工商局变更登记决定的判决,违背事实,没有证据,适用法律不当,判决结果对上诉人不公,特提起上诉,请予改判,维持某工商局的核准决定。

八、赵某某答辩

在收到第三人的上诉状后,赵建平律师代赵某某作了如下答辩:

(一)关于海化公司2006年12月21日的"临时股东会决议"和中国化工集团公司2007年9月28日给某工商局出具的"关于海化公司有关情况的函",不能作为本案的有效证据。

被答辩人在一审中没有向法庭提交"临时股东会决议"原件,以供答辩人和某工商局质证。在办理工商变更登记时,被答辩人也没有向某工商局提交该文件。由于各股东单位参会代表只在签到表上签字,没有在"临时股东会决议"上签字,该"临时股东会决议"是一份没有法律效力的无效文件,不能作为本案的有效证据。

"关于海化公司有关情况的函"是一份情况说明,不是一份审批文件。在一审过程中,某工商局当庭表示,该函"不能作为证据使用"。被答辩人申请变更工商登记的日期为2007年7月9日,领取变更后的营业执照的日期为2007年8月27日,该函件的出具日期为2007年9月28日,可见该书函是事后提交的,是在被答辩人已办理完工商变更手续后才提交的。该书函由中国化工集团公司出具,在海化公司的十家股东中,只有中国华辰经济技术发展中心、中国化工装备总公司、中国化工信息中心、中国化工材料公司四家股东隶属于中国化工集团公司,其余六家股东隶属于其他单位,与中国化工集团公司没有隶属或关联关系,中国化工集团公司无权对其余六家股东的股权划转手续予以审批。更何况,《企业国有产权无偿划转管理暂行办法》第十二条明确规定,国有产权划转的审批部门为国资监管机构,中国化工集团公司不具有此项审批职能。此外,该书函内容自相矛盾,按照中国化工集团公司的说法,"海化公司由十家股权分散的股东成立了股东会,成为无上级主管的单位",又何来国资委"正式明确海化公司归属中国化工集团"?该书函提到国资委将海化公司归属中国化工集团公司,也没有国资委的批准文件予以证明。因此,"关于海化公司有关情况的函",同样不能作为本案的有效证据。

(二)原审判决认定事实清楚,适用法律正确。

海化公司的股东单位与某建设工程局签订的股权转让《协议书》,违反了当事人之间的约定和相关法律规定,属无效民事行为。《协议书》均明确约定,"本协议股权划转事项,依照国有产权划转的批准程序上报审批,自获得批准之日起正式生效"。但是,自签订《协议书》之日起,没有一份《协议书》上报国有资产监管部门审批,该十份《协议书》至今还没有生效。《企业国有产权无偿划转管理暂行办法》第十条、第十二条规定,企业国有产权的无偿划转,由国资监管机构审批;无偿划转事项按规定程序批准后,划转协议生效,该划转协议生效前,划转双方不得履行或部分履行协议。由于该十份《协议书》至今没有获得国资监管机构审批,至今不具备法律效力。此外,《海化公司章程》第十三条和第十八条均明确规定,股东转让出资需经董事会讨论通过。海化公司的十家股东单位转让出资给某建设工程局的行为,没有经海化公司董事会讨论通过,其转让行为无效。

某工商局在受理海化公司的工商变更登记事宜时,没有依照《公司登记管理条例》第二十四条和《公司法》有关规定,要求海化公司提交国有资产管理机构同意股权转让的批准文件和海化公司董事会同意股权转让的决议。在海化公司没有依法提交上述文件的情形下,某工商局即同意海化公司变更法定代表人和股东,并进行工商变更登记,显然违反了上述法律规定,依法应予撤销。

综上所述,根据本案事实和法律规定,答辩人恳请二审法院依法维持原判,驳回被上诉人无理的上诉请求。

九、二审判决结果

本院认为,海化公司于2007年7月9日,向原审被告申请企业法人变更登记时提出的变更登记事项,涉及向公司股东以外的人转让出资和修改公司章程等内容。依照《中华人民共和国公司法》第三十七条、第三十八条第十项、第十二项之规定,上述变更事项应由股东会作出决议和行使权利;按照《海化公司章程》第十八条之规定,股东转让出资和修改公司章程,应由董事会作出决议和由董事会行使权利。因此,上述两项企业登记事项发生了变更事由,海化公司向原审被告申请变更登记时,必须依照《公司法》规定,或依照公司章程规定,提供海化公司股东会或董事会决议。海化公司未能提供股东会或董事会决议,变更登记申请材料不符合《中华人民共和国公司登记管理条例》第二十七条第一款第二项规定的条件。

某建设工程局原本不是海化公司股东,其取得海化公司股东地位,是依据该司与海化公司十家股东单位签订的国有股权无偿划转协议,通过采取国有产权和管理关系划转的形式取得。某建设工程局如果要成为海化公司合法股东,必须具备两个条件。一是海化公司股东会或董事会作出将各股东持有的国有股权无偿划转给某建设工程局的决议;二是各股东协议中,涉及企业国有产权无偿划转的事项,必须依照《企业国有产权无偿划转管理暂行办法》第七条和第十二条规定,报国资监管机构批准。两个条件必须同时具备,缺一不可。本案中,上诉人在一审提供的《临时股东会决议》(复印件)虽然记载了十家股东单位同意将各自持有的海化公司的股权无偿转让给某建设工程局的内容,但该《决议》没有出席会议的股东签字,该决议形式要件不符合《公司法》第四十四条第二款规定,上诉人也不能提供该决议原件,故该《决议》不具有股东决议的证明效力。

某建设工程局与海化公司十家股东单位分别签订的股权无偿划转《协议书》,均约定股权划转事项,依照国有产权划转的程序上报审批,自获得批准之日起,协议正式生效等合同条款。但变更登记材料中,没有提供国有产权监管部门的批准文件。依照上述《暂行办法》第十条第二款,"无偿划转事项按照本办法规定程序批准后,划转协议生效。划转协议生效以前,划转双方不得履行或者部分履行"的规定,某建设工程局与海化公司十家股东签订的《协议书》,未呈报国资监管机构批准前是不生效的。因此,原审被告依据某建设工程局提供的局长办公会议决议(该决议通过海化公司章程修正案,涉及公司股东变更、法定代表人变更,公司经营期限变更等事项)和公司法定代表人任免、董事会成员任命决定等申请材料,为海化公司办理相关的企业法人股东变更、企业法定代表人变更等登记事项,其变更登记行为不符合法律规定。原审判决在查明本案主要事实的基础上,撤销原审被告作出的变更登记行为,认定事实清楚,适用法律正确,应予维持。上诉人提出的上诉理由不能成立,本院不予支持。上诉人应当依照《公司法》规定,提供企业变更决议或者决定,重新向原审被告申请办理企业法人变更登记事项。依照《中华人民共和国行政诉讼法》第六十一条第一项之规定,判决如下:

驳回上诉,维持原判。

十、本案启示

本案是一起典型的"民告官"行政诉讼案。本案之所以发生,是因为某工商局在办理海化公司工商变更登记手续过程中,在缺少法定文件的情形下,仍违法予以办理变更登记手续。令人思考的是,在海化公司工商变更登记办理后,赵某某即向某工商局提出异议,但某工商局仍坚持错误。在赵某某依法向国家工商总局提出行政复议后,国家工商总局在查明事实经过后,不仅不予纠正,反而维持某工商局错误的变更登记行为。赵某某在用尽了行政救济手段后,不得已才向法院起诉。值得庆幸的是,一审、二审法院均支持赵某某的诉讼请求,撤销某工商局变更海化公司工商登记的具体行政行为。

作为行政机关,作为公民个人,做错事、犯错误是难免的,但重要的是改正错误,勇于认错,勇于承担责任,并从错误中吸取教训,以后不再犯同类错误,千万不可坚持错误,拒不认错。孔圣人说:"过而不改,是谓过矣。"某工商局、国家工商总局甚至其他行政机关,难道不应从本案中吸取一点教训,在今后的工作中加以改进吗?

第二十二节　某国土局侵犯某公司土地使用权案

一、案情简介
二、某公司起诉
三、被告答辩
四、赵建平律师代理词
五、判决结果
六、本案启示

一、案情简介

某公司通过海口市琼山区人民法院的民事裁定书，获得位于海口市琼山区府城镇红星管区、证号为"琼山国用（府城）字第05636号"土地使用权证项下28484.33平方米的土地使用权。但是，某国土局拒绝执行琼山区人民法院的协助执行通知书，不为某公司办理土地过户手续，其理由是该地块已被政府以换地权益证书的方式收回。在强制执行无望的情形下，某公司委托赵建平律师起诉，请求判令撤销某国土局《关于以换地权益证书方式收回土地使用权的处理决定》（市土环资处字[2006]247号），琼山区人民法院判决支持某公司的诉讼请求。某国土局不服，依法提起上诉，二审判决驳回上诉，维持原判。

二、某公司起诉

2009年3月24日，某公司向琼山区人民法院递交《行政起诉状》，请求判令撤销某国土局《关于以换地权益证书方式收回土地使用权的处理决定》（市土环资处字[2006]247号），并判令某国土局承担本案诉讼费。某公司起诉的事实与理由如下：

2003年11月12日，海南中级人民法院以（1998）海南法执字第44-12号《民事裁定书》，把A公司名下位于海口市琼山区府城镇红星管区、证号为"琼山国用(府城)字第05636号"土地使用权证项下28484.33平方米土地使用权抵债给B公司。

2004年1月15日,琼山区人民法院作出(2004)琼山执字第43号《民事裁定书》,把B公司取得的第05636号土地证项下28484.33平方米土地使用权抵债给甲公司。

由于尚未办理土地过户手续,2004年2月25日,B公司即向琼山国土环境资源局申请办理第05636号土地证项下土地过户手续。2006年2月22日和3月15日,B公司两次请求被告查找土地过户申报材料档案和尽快办理过户手续。

2006年11月27日,琼山区人民法院以(2006)琼山执字第282号《民事裁定书》,把B公司取得的上项土地使用权交付原告抵偿债务。我国《物权法》第二十八条规定:"因人民法院、仲裁委员会的法律文书或者人民政府的征收决定等,导致物权设立、变更、转让或者消灭的,自法律文书或者人民政府的征收决定等生效时发生效力。"至此,原告已依法取得第05636号土地证项下28482.01平方米的土地使用权。

2007年2月13日,琼山区人民法院以(2004)琼山执字第43-1号《民事裁定书》,撤销琼山区人民法院(2004)琼山执字第43号《民事裁定书》第一项、第二项关于把该土地使用权抵债给甲公司的裁定。

2007年3月26日,琼山区人民法院给被告发函([2006]琼山执字第282号),要求被告协助将第05636号土地证项下土地过户给原告。2007年4月23日,被告给琼山区人民法院《复函》,称"《关于以换地权益书方式收回土地使用权的处理决定》不违反法律规定。你院作出(2006)琼山执字第282号《民事裁定书》时,该地已被以换地权益书方式收回"。

2008年2月21日,被告给原告发出《关于要求办理土地过户问题的复函》(市土环资用字[2008]156号),称"因A公司第05636号《国有土地使用证》已被注销,且名下28484.33平方米的土地已被以核发换地权益书方式收回的事实,我局无法协助法院办理土地过户手续,并于2007年3月19日将(2006)琼山执字第282号《协助执行通知书》和《民事裁定书》退回琼山法院",拒绝给原告办理过户手续。

2008年12月10日,原告向琼山区人民法院递交《再次申请执行书》。2008年12月16日,原告委托律师给被告发出《律师意见书》,但被告不予理睬。在被告一直拒绝执行人民法院生效裁定的情形下,原告不得不起诉被告。

为维护合法权益和人民法院生效法律文书的尊严,原告恳请琼山区人民法院依法判决。

三、被告答辩

现就原告不服被告2006年9月7日作出的市土环资处字[2006]247号《关于以换地权益书方式收回土地使用权的处理决定》(以下简称247号决定书)申请行政诉讼的请求和理由,答复如下:

(一)事实经过

1993年9月1日,经报省政府批准,原琼山县国土局以琼山国土函(1993)236号复函,将位于府城镇红星管区迈仍等8个经济社255173.275平方米(合382.76亩)的土地使用权出让给A公司,作为兴建对外贸易综合加工区用地。1994年6月,原琼山市人民政府分别给A公司颁发三宗《国有土地使用证》,确认土地面积共255173.43平方米(合382.76亩),其中琼山国用(府城)字第05635号《国有土地使用证》项下土地面积为70022.437平方米(合105亩),琼山国用(府城)字第05636号《国有土地使用证》项下土地面积为51817.662平方米(合77.7亩);琼山国用(府城)字第05637号《国有土地使用证》项下土地面积为133333.328平方米(合208亩)。1996年11月22日,原琼山市土地管理局以琼山土函[1996]115号批复,将上述382.76亩土地中的231.512亩(其中第05637号《国有土地使用证》项下全部土地面积133333.328平方米,第05636号《国有土地使用证》项下51817.662平方米土地中的23333.33平方米)转让给海南金利公司。1999年5月20日,原琼山市土地管理局以琼山土函[1999]58号批复,将A公司第05635号《国有土地使用证》项下土地面积为

70022.437平方米中的65225.101平方米(合97.838亩,余下的4797.34平方米为规划道路用地)转让给海南金利公司。为此,两次转让后A公司只剩下33281.67平方米(合49.9亩)土地,其中4797.34平方米土地属于第05635号《国有土地使用证》项下规划道路用地,其余28484.33平方米土地属于第05636号《国有土地使用证》项下转让后剩下的土地。

A公司第05636号《国有土地使用证》项下28484.33平方米用地的土地利用现状为空地,未按规定进行开发建设,造成土地闲置超过两年,为此,2003年12月30日,被告刊登拟无偿收地公告。公告后,B公司提出异议,其理由是,2003年11月12日,海南省海南中级人民法院以(1998)海南法执字第44-12号《民事裁定书》,将A公司位于府城镇红星管区迈仍经济社第05636号土地证名下28484.33平方米的土地使用权裁定过户给B公司,但尚未办理过户手续,因此该地已不属于A公司所有。

经核查,2003年11月12日,海南省海南中级人民法院以(1998)海南法执字第44-12号《民事裁定书》,将A公司第05636号《国有土地使用证》项下剩余的28484.33平方米的土地使用权裁定过户给B公司,但尚未办理过户手续,因甲公司与B公司存在债务纠纷,2004年1月15日,海口市琼山区人民法院以(2004)琼山执字第43号《民事裁定书》,将上述海南中级人民法院裁定给B公司的28484.33平方米土地又裁定抵债给甲公司,也未办理过户手续。

鉴于上述事实,根据《海南省闲置建设用地处置规定》第四条和《海南经济特区换地权益书流转和收回暂行办法》第三条规定,经报海口市政府批准,2006年9月7日,被告作出247号决定书,并依法送达当事人,决定以核发换地权益书方式收回28484.33平方米土地。

2006年11月28日,琼山区法院以(2006)琼山执字第282号《协助执行通知书》和(2006)琼山执字第282号《民事裁定书》,要求被告协助将琼山国用(府城)字第05636号《国有土地使用证》项下28484.33平方米的土地使用权过户给原告。2007年3月12日,被告以市土环资处字[2007]28号《关于无法协助土地过户的函》复函琼山区法院,认为第05636号《国有土地使用证》已被注销,且名下28484.33平方米的土地已被以核发换地权益书方式收回,被告无法协助法院办理土地过户手续。因此,将(2006)琼山执字第282号《协助执行通知书》和《民事裁定书》退回,琼山区法院可将其换地权益书裁定过户。

(二)被告作出的247号决定书程序合法,原告的诉讼时效已经过期

2007年7月18日,原告以《纠正注销土地权源证明申请书》来文被告,申请被告按法院裁定,将上述28484.33平方米土地使用权裁定过户给原告。2008年2月21日,被告以市土环资用字[2008]156号《关于要求办理土地过户问题的复函》通知原告,该28484.33平方米土地已被以核发换地权益书方式收回,并注销相关土地权源证明。因此,被告无法给原告办理过户手续,但可按规定依法将换地权益书办理给原告。

鉴于上述事实,被告认为,原告的诉讼时效已经过期。

(三)被告作出的247号决定书认定事实清楚,适用法律正确

1. 涉案宗地闲置事实清楚。涉案宗地现状为灌木丛地,A公司自1997年取得该地以来,未按规定对该地进行开发建设,土地闲置时间已经超过两年,故涉案宗地闲置事实清楚。

2. 鉴于涉案宗地闲置事实清楚,根据《海南省闲置建设用地处置规定》第四条和《海南经济特区换地权益书流转和收回暂行办法》第三条规定,经报市政府批准,被告作出247号决定书,以核发换地权益书方式收回涉案宗地合法有效。

综上所述,原告土地闲置事实清楚,被告根据《海南省闲置建设用地处置规定》第四条和《海南经济特区换地权益书流转和收回暂行办法》第三条规定,作出的247号决定书完全合法有效。原告在规定时间内未申请行政复议,也未提起行政诉讼,请求法院驳回原告的诉讼请求。

四、赵建平律师代理词

2009年5月30日,琼山区人民法院公开开庭审理某公司诉某国土局以换地权益证书收回土地使用权一案。在法庭调查阶段结束后,赵建平律师发表了

如下代理意见：

（一）原告的起诉是否超期

被告认为原告的起诉已经过了"诉讼时效"，其理由是原告于2007年7月18日向被告递交《纠正注销土地权源证明申请书》时，即已知悉247号文的内容；2008年2月21日，被告以《关于要求办理土地过户问题的复函》通知原告，此时原告也已知道247号文的内容。本代理人认为，被告的上述理由不能成立，原告的起诉没有超期。首先，被告是行政机关，其在作出某一具体行政行为时，必须明确把行政决定告诉行政管理的相对人。被告不能以行政管理的相对人"应当知道"行政决定为由，作为原告的起诉已超期的理由。在被告没有明确把247号文告知原告的情况下，被告仅根据2007年7月18日原告向被告递交的《纠正注销土地权源证明申请书》，主张原告的起诉已经过了"诉讼时效"，显然没有法律依据。其次，被告也不能根据2008年2月21日《关于要求办理土地过户问题的复函》，作为原告起诉已过"诉讼时效"的理由。根据《行政处罚法》的相关规定，被告在作出行政处罚决定时，必须告知原告救济途径和救济时效。但是，该《复函》既没有告知原告的救济途径，也没有告知原告救济时效，该《复函》显然不能作为原告的起诉已过诉讼时效的理由。在被告的上述理由依法不能成立的情形下，原告的起诉显然没有超期。

值得一提的是，在琼山区人民法院于2006年11月27日作出(2006)琼山执字第282号《民事裁定书》后，原告一直申请法院执行，琼山区人民法院也给被告下达了协助执行通知书。在被告以247号文为由，拒绝协助执行琼山区人民法院生效的282号《民事裁定书》的情形下，原告才不得不提起本案的诉讼。以上事实也充分证明，原告的起诉没有超期。

（二）琼山区人民法院(2006)琼山执字第282号《民事裁定书》与被告247号文的效力问题

282号《民事裁定书》与247号文的内容完全不同，282号《民事裁定书》把本案讼争土地裁定给原告，但247号文却要收回该宗地。因此，本案虽然表面上体现为原告诉被告，请求人民法院撤销247号文，性质上却是282号《民事裁定书》与247号文的效力之争。如果人民法院维持247号文,随之而来的后果必然是撤销282号《民事裁定书》。本代理人认为,根据本案情况,人民法院必须撤销247号文,以维持282号《民事裁定书》,这是因为247号文作出的时间虽然在2006年9月7日,但琼山区人民法院于2006年12月7日向被告送达282号《民事裁定书》时,被告没有以早已作出247号文为由拒收,其仅以282号《民事裁定书》与43号《民事裁定书》重复为由拒收。考虑到被告的拒收意见和两份民事裁定书确定存在重复的情况,在查明被告的电脑资料和本案讼争土地的档案资料均没有该案土地已以换地权益书收回,被告没有注销相关土地权源记载及资料的情形下;在确信标的物依然存在的情形下;在组织B公司、甲公司和原告听证后,琼山区人民法院才撤销43号《民事裁定书》,维持282号《民事裁定书》。值得一提的是,被告没有充分举证证明其已把247号文送达甲公司,甲公司因此无法在听证会上向法院说明该地已被收回的事实,被告不能把自己的行政过错责任推给甲公司。以上事实充分证实,在247号文与282号《民事裁定书》冲突的情形下,人民法院必须撤销247号文,以维护司法权威和公信力。

(三)247号文认定事实与适用法律均存在错误

247号文错误认定本案讼争土地闲置。这里讲的土地闲置,指的是建设用地闲置。构成建设用地的前提条件是,政府已完成"三通一平"等基础性工作,农民的征地补偿款已经支付完毕。但是,本案的实际情况是,政府相关部门至今没有完成本案讼争土地及相邻土地的三通一平工作,目前仍在修路,该地仍是一块没有达到建设用地条件的"生地",有关部门至今仍拖欠农民征地补偿款100多万元,即使土地使用权证过户到原告名下,原告仍面临着或者额外支付农民征地补偿款,或者长期被阻挠开发建设的两难境地。在本案讼争土地尚不符合建设用地的条件下,247号文即认定该地为闲置建设用地,显然与事实不符。

247号文适用的是《海南省闲置建设用地处置规定》第四条和《海南经济特区换地权益书流转和收回暂行办法》第三条。《海南省闲置建设用地处置规定》第四条规定,"因不可抗力、政府或者政府部门原因,闲置满两年的及其他不属于无偿收回的闲置满两年的建设用地,由县级以上人民政府依法以核发换地权益书方式或者其他合法方式有偿收回土地使用权或者占用的土地。前述规定中,"因不可抗力、政府或者政府部门原因",指的是政府因规划变更、公共利益需要等正当原因造成土地闲置满两年,可依上述规定有偿收回。如果政府可借此收回因合同和司法裁定取得土地使用权的权利人或其他权利人的土地使用权,政府行政行为的确定性何在?土地使用权人的利益如何保护?本案中,2004年2月25日,B公司已向当时的琼山市国土局申请办理过户手续,后因琼山市国土局与被告合并,造成B公司递交的过户资料丢失。至B公司于2006年3月15日再次行文要求尽快办证,已历时两年有余,严重超出正常办理土地过户期限。B公司及后来原告未办理完成过户手续,造成土地闲置的原因,明显是因原琼山市国土局"不作为"引起,而不是《海南省闲置建设用地处理规定》第四条规定的政府正当原因造成的闲置。假设丢失资料也可列入政府原因范围,将未完成过户手续的风险转嫁给原告,显然与公平正义背道而驰,因而明显是违法的。

此外,247号文还适用《海南省经济特区换地权益书流转和收回暂行办法》第三条,但直到今天开庭,被告也没有根据该第三条规定,把本案讼争土地的评估价格等有关手续向法院提供。

综上所述,247号文在认定事实和适用法律方面均存在错误,原告的起诉没有超期,282号《民事裁定书》必须依法维持,被告作出的247号文必须依法撤销。

五、判决结果

本院认为,最高人民法院《关于人民法院民事执行中拍卖、变卖财产的规定》第二十九条第2款规定:"不动产、有登记的特定动产或者其他财产权拍卖成交或者抵债后,及不动产、特定动产的所有权、其他财产权自拍卖成交或者抵债裁定送达买受人或者承受人时起转移。"从本案涉及的琼山国用(府城)字第05636号《国有土地使用证》项下28484.33平方米土地使用权的执行情况来看,该宗地的原土地使用权人为A公司,海南省海南中级人民法院在执行B公司与A公司商品房预售合同一案中,于2003年11月12日以(1998)海南法执字第42—2号《民事裁定书》,将该宗土地裁定给B公司,因此,该宗土地的使用权已依法转移为第三人B公司所有。尔后,本院在执行C公司与B公司债务纠纷一案中,于2004年1月15日作出(2004)琼山执字第43号《民事裁定书》,裁定将B公司依法取得的该宗土地使用权抵债给C公司。这样,该宗土地的使用权又转移为C公司所有。而被告于2006年9月7日作出的市土环资处字[2006]247号《关于以换地权益书方式收回土地使用权的处理决定》,正是依据本院已经发生法律效力的(2004)琼山执字第43号《民事裁定书》,给第三人C公司核发换地权益书的。现(2004)琼山执字第43号《民事裁定书》第一、二项裁定的内容已被本院于2007年2月13日作出的(2004)琼山执字第43—1号《民事裁定书》撤销,第三人C公司已不是琼山国用(府城)字05636号《国有土地使用证》的使用权人,该宗土地的使用权仍属另一第三人B公司所有。因此,被告作出市土环资处字[2006]247号《关于以换地权益书方式收回土地使用权的处理决定》,给第三人C公司核发换地权益书已失去事实根据和法律依据,属认定事实的主要证据不足,依法应予撤销。另被告于2004年2月2日收到本院(2004)琼山执字第43号《民事裁定书》和《协助执行通知书》之后至该裁定书被撤销之前,没有严格按照法律规定履行司法协助义务,也没有向法院说明不能协助办理的理由,却以该宗土地已闲置满两年为由,用换地权益证书方式收回琼山国用(府城)字第05636号《国有土地使用证》项下28484.33平方米的土地使用权,这是一种置司法权于不顾的错误的具体行政行为,依法应予以纠正。对原告的起诉是否超过起诉期限的问题,根据最高人民法院《关于执行〈中华人民共和国行政诉讼法〉若干问题的解释》第四十一条规定:"行政机关作出具体行政行为时,未告知公民、法人或者其他组织诉权或者起诉期限的,起诉期限从公民、法人或者其他组织知道或者应当知道诉权或起诉期限起计算,但从知道或者应当知道具体行政行为内容之日起最长不得超过二年。"从原告自2007年7月18日向被告提交《纠正注销土地权源证明申请书》,至被告于2008年2月

21日对原告作出市土环资用字[2008]156号《关于要求办理土地过户问题的复函》止,被告仅告知原告收地决定的内容,却没有告知原告享有的诉权及起诉期限。因此,原告的起诉期限应适用"从知道或者应当知道具体行政行为内容之日起最长不得超过二年"的规定。故被告提出原告起诉已超过期限的抗辩理由不成立,本院不予支持。同时,被告在作出市土环资处字[2006]247号《关于以换地权益书方式收回土地使用权的处理决定》之前,没有告知当事人享有的陈述申辩权利,显然也违反法定程序。综上,被告作出的市土环资处字[2006]247号《关于以换地权益书方式收回土地使用权的处理决定》的具体行政行为,认定事实不清,主要证据不足,程序违法,依法应予撤销。原告的诉讼请求,理由充分,本院予以支持。依照《中华人民共和国行政诉讼法》第五十四条第(二)项第1、3目之规定,判决如下:

撤销被告于2006年9月7日作出的市土环资处字[2006]247号《关于以换地权益书方式收回土地使用权的处理决定》。

六、本案启示

行政权膨胀并不断侵犯立法权和司法权,是世界各国普遍存在的现象,我国也不例外,本案就是行政权侵犯司法权的典型案例。在依法治国的时代背景下,行政机关能否依法行政,能否做到既不越位又不缺位,确实需要各级行政机关和行政首长认真对待,慎重处理。只有努力把各级政府建设成法治政府、责任政府和有限政府,党的依法治国方略才能真正全面贯彻实施。

附录一

黄华[①]前辈推荐信

某某同志：

您好！

据悉，某市政府在开展国有企业委托运营和国有企业产权转让等重要改革工作过程中，在物色有经验的法律人才。兹向您推荐我认识多年的赵建平律师，也许他适合这项工作。

赵建平律师毕业于北京大学法律系，并获国际经济法硕士学位，从事律师工作多年。赵建平律师秉性正直，谙熟法律，成功办理过多起重大疑难案件。

我因为对赵建平律师的学识、经验和品德有所了解，特写此推荐信供您参考。

敬礼！

黄　华

2003 年 5 月 21 日

---

① 已故黄华前辈系外交部原部长、国务院原副总理、全国人大常委会原副委员长，曾热情为赵建平律师所著《辩护与代理》一书题写书名。

附录二

组织结论

赵建平,男,汉族,1963年3月生,湖南平江人。北京大学法学院毕业,研究生学历,获北京大学首届经济法专业学士学位和国际经济法专业硕士学位,1989年获律师资格。1987年7月参加工作,海南川海律师事务所主任、合伙人,海南省律师协会原副会长。1998年3月加入农工党,是农工党海南省委副主委,四届、五届海南省政协委员,五届海南省政协社会和法制委员会副主任。

早期在湖南税务专科学校任讲师,曾担任海南省粮食局办公室秘书及海南省洋浦开发区管理局主任科员等职务,有过短期行政工作经历。热爱社会主义祖国,拥护中国共产党领导的多党合作和政治协商制度,认真学习邓小平理论和"三个代表"重要思想,立场坚定,旗帜鲜明,始终与党中央保持一致。

工作业绩显著,办案效率较高,办过许多大案要案,在海南律师界有一定知名度,在海南有较大影响。熟悉律师实务知识,擅长刑事案件辩护和民事案件代理,曾担任多家企事业单位的常年法律顾问。2004年起被聘为海口仲裁委员会仲裁员,审理仲裁案件公道正派,没有私心,裁决公正;不计报酬为企业和社会各界讲解法律知识,受到普遍好评。

成功代理过若干起在海南乃至全国具有影响的刑事、民事案件。如海南某银行国际业务部原负责人吴某某挪用巨额资金案,在吴某某的第一任律师辞去委托并建议其家属到北京另请律师的情形下,受理该案。经过调查取证,认为吴某某无罪,在法庭上为吴某某作无罪辩护,其辩护意见被法庭采纳,最终使被关押九个月之久的吴某某获释。在担任震惊全国的大连证券石某等人非法吸收公众存款案的犯罪嫌疑人曹某某的律师时,经过认真调查,侦查部门采纳了其关于曹某某无罪的观点,没有把曹某某移交检察部门审查起诉,被关押三个月的曹某某获释。

又如,成功代理海南某公司申请撤销北京中国国际经济贸易仲裁委员会(96)贸仲裁字第0148号裁决案。该案当事人海南某公司曾借款298万元人民币给一家台湾公司,后该台湾公司拒绝还款。海南某公司向北京国际经贸委申请仲裁,被该会以(96)贸仲裁字第0148号裁决驳回。赵建平在海南其他律师均不愿代理的情况下代理该案,并最终促使北京市第二中级人民法院裁定仲裁委重新开庭。这是我国首例成功申请撤销北京中国国际经贸仲裁委裁决的案例,该案裁定后,最高人民法院就此制订了两个相关的司法解释。

又如,成功代理国有海南某公司房产确权纠纷。该公司投资1600多万元兴建的金龙小区B2座房产,被海口中院判给其他公司,案件进入执行程序后,该公司才获知该判决。赵建平接受委托后,向海口中院申诉,被该院驳回。后向海南省检察院申诉,省检察院就该案向海南省高级人民法院抗诉,海南省高级人民法院裁定海口中院再审,最终成功保护了国有海南某公司的巨额国有资产。另外还成功代理海南某公司索还政府拖欠的1000万元工程款案件,维护了投资者的合法权益。

再如,代理海南省政府原副省长、省人大常委会原副主任辛某某受贿案,2001年被中央电视台新闻30分栏目曝光的海口某娱乐广场负责人黄某某容留他人吸毒案等案件时,在诉讼过程中都表现得相当出色。

法学理论功底扎实,法律专业知识造诣较深,有较强的文字表达能力。著有《国际经贸法律与实务》《市场经济法律事务》《追求公正》《辩护与代理》《这样做律师》五部专著,曾发表论文多篇,其中《论监督》和《论发挥民主党派在建设社会主义政治文明中的作用》两篇论文在理论界获得好评。《深圳法制报》曾对其办案情况进行专访,《海南特区法制报》《海南日报》和海南电视台等媒体曾对其事迹进行报道。

热心社会公益事业,关注社会现实,不重个人私利,积极参与省委统战部及省农工党组织的各项活动,为社会提供义务法律服务,如义务解答多起法律咨询,免费代理若干起案件。配合省工商局等单位开展《合同法》《物权法》和《侵权责任法》宣传活动;多次到省劳教所、女子监狱等单位义务讲解法律知识,为服刑人员提供法律咨询。

热心参政议政,具有较强的社会活动能力和参政议政能力。作为省政协委员,能够围绕党和政府的中心工作和社会热点问题,积极建言献策,发挥作用。先后撰写了《关于我省执行〈刑事诉讼法〉中的问题与对策》《建设诚信政府,打造海南良好的投资环境》等提案;在省政协会议上作了《关于从体制上解决我省人民群众信访问题的建议》《关于厉行法治的建议》《弘扬道德法律 促进社会和谐》等发言,以及代表农工党执笔的《关于我省各级人民法院应采纳律师合法有据的辩护意见的建议》,受到省有关领导重视。作为律师和仲裁员,公道正派,充分发挥了律师和仲裁员应有的社会作用。

有较强的社会责任感和正义感,追求社会公正,敢于坚持原则,勇于维护法律尊严。先后代理多起难度较大的不服生效判决和仲裁裁决的民事案件,最终使法院撤销生效判决和裁决,维护了当事人的合法权益、法律的正确实施和社会公平正义。同时,关注刑事诉讼中存在的问题,成功为多起有争议的刑事案件的被告人辩护。

为人正直,诚实坦率;作风正派,廉洁自律;事业心强,热情高,十分执著。有较高的个人追求和一定的个人品格。遇事不怕困难,知难而进,勇于挑战。遵守社会公德,有良好的职业道德,乐于助人,重义轻利,具有一定的传统美德。

不足之处:处事有时较急躁。

附录三

新华访谈：赵建平谈怎样做一名合格律师

[主持人] 各位网友大家好，欢迎收看本期新华访谈，今天做客新华网的嘉宾是海南省政协委员、海南省政协社会和法制委员会副主任、农工党海南省副主委、海南川海律师事务所主任赵建平。赵律师，欢迎您今天做客新华网海南频道，请您先跟网友打个招呼吧。

[赵建平] 主持人好，各位网友大家下午好！

[主持人] 去年，因"涉黑老大"龚刚模的举报，其辩护律师李庄因涉嫌伪证罪、妨碍作证罪被批捕，律师的职业伦理底线和权利边界在2009岁末成为公共焦点。今年1月8日重庆市江北区人民法院对被告人李庄伪造证据、妨害作证案一审公开宣判，以辩护人伪造证据、妨害作证罪判处李庄有期徒刑二年六个月。请问，同为执业律师，您怎么看李庄案？

[赵建平] 对于李庄涉嫌伪证罪和妨碍作证罪，我作为执业律师表示遗憾，同时，也对李庄和他的家人表示同情。但是，遗憾也罢，同情也罢，不能减轻他的处罚，也不能代替人民法院的一审判决。在这里我想说一句话：要正确对待这个案件，作为被告人李庄，作为和李庄比较熟悉的一些律师来说，应当相信自己，相信事实，相信法律。

所谓的相信自己，相信事实，指的是什么？也就是说，李庄到底有没有犯罪，只有李庄自己心里最清楚。如果确实是构成了犯罪，那么，他就应该认罪伏法；如果没有构成犯罪，他就应该按照法律的规定提起上诉，如果二审驳回他的上诉，他可以继续申诉。

所以我说要相信事实，相信法律，法律是公平的。也就是说，法律不会冤枉一个无辜者，也不会放纵一个真正的罪犯。要相信法律，法律是平等的，在法律面前人人平等，**不能因为李庄具有律师身份，而加重对他的处罚，也不能够因为他具有律师身份而法外开恩，减轻对他的处罚，所以我说要正确对待。**

广大的律师是否应该从案件中进行反思，是否应该吸取教训？这个案件中，有很多地方值得我们反思和吸取教训，主要有两点，李庄在本案中，收取的律师费用是否过多？全国各地收取律师费用的规定不一样，海南的规定和北京、上海的规定不一样。他收取150万，如果超出了规定，到底超出了多少，这是引发本案的导火线。我想，如果他收取的律师费不超标，他的当事人应该不会举报他。

值得反思的第二个问题，李庄本人在办理本案的过程中，是否存在违规行为？如果没有违规，也不会有案件的发生。正是因为可能存在这些行为，才发生了本案，这是值得我们吸取的教训。这是我对本案的看法。

[主持人] 赵律师，我们知道，您从事律师职业多年，而且擅长刑事辩护。通过李庄案，摆在我们面前需要反思与深思的现实问题很多，我们首先想请问您一个问题，您是一位合格的律师吗？您认为，做一位合格的律师应该具备什么基本条件？

[赵建平] 首先是不是合格的律师，应该有一个标准问题，怎样才是合格？如果说，以赚钱多少作为衡量律师是否合格，我想，我肯定不合格。如果说，以律师有多少背景，有多少关系，或者说，甚至是用那些不正当的竞争来衡量，我也不合格。

但是，如果说用《律师法》关于律师的标准来说，我是合格的。我做到了三个维护，即维护当事人的合法权益，维护社会的公平正义，维护法律的正确实施，这方面我可以大胆骄傲地说：我合格。

如果从另外的角度说，是否坚持信念、维护正义，我也是合格的。作为一名律师,怎样才是合格?我思考了一下,我认为特别是在我们中国应该具备以下几个条件:第一,要具备起码的政治素质。也就是说,要坚持中国共产党的领导,坚持走社会主义道路,维护稳定,促进科学发展,构建和谐社会,这是最基本的素质;第二,要具备职业道德素质。律师在提供服务的过程中,要有报酬,但是不能仅仅为了报酬而进行服务,要把赚取律师费和维护公平正义结合起来;第三,要具备业务素质,也就是说,要精通法律,精通相关行业的背景知识。如果为金融行业提供法律服务,对金融知识要有一定的了解;如果从事房地产法律服务,要对房地产行业有一定的了解。

另外还有两个方面,其一就是要有一定的心理素质,对作为诉讼的律师来说,不可能每个案子都能赢,要输得起。其二要思维敏捷,身体要好,因为律师行业是高强度的脑力劳动行业。如果具备这些条件,就是一名合格的律师。

[主持人] 从目前的情况看,李庄案是一个典型的"知法犯法"案例,请问,作为精通法律的律师有些什么社会责任?

[赵建平] 谢谢主持人,李庄的案件现在还没有终审判决,李庄是否构成犯罪,必须等二审判决以后才知道。我刚才说了,作为一名合格的执业律师应具备的条件,李庄是否具备,我不太了解他本人,无法下结论。

作为一名精通法律的律师,要有一些什么社会责任?我总结了一下,作为一名精通法律的律师,要具有强烈的社会责任感,我们国家正处在经济社会的转型期,作为律师来说,他身上肩负的使命是相当重要的。具体有以下几方面:律师是民主政治的推进者,是法治文化的传播者,是经济社会发展的促进者,是矛盾冲突的协调者,也是社会主义荣辱观的宣传者,要做到"三维护",即维护当事人的合法权益,维护法律的正确实施,维护社会公平正义,所有的这些社会责任,归结为推动科学发展,促进社会和谐。作为律师来说,他的社会责任,体现在以上几个方面。

[主持人] 谢谢赵律师。律师是社会的精英,他们应该是社会遵纪守法的模范吗?

[赵建平] 我认为律师作为社会的精英,作为法律服务的提供者,应该成

为遵纪守法的模范。至于如何做,首先,要有一定的道德修养。修养指的是职业道德修养,个人素质的修养。这可以到中国传统文化中找到一些养料,如《论语》《大学》《中庸》、老子的《道德经》;第二,是树立法律至上的理念,律师作为法律服务的提供者,必须树立法律至上理念,在办理法律事务的过程中,要自觉遵守法律;第三,树立"法律面前人人平等"的理念。律师,作为懂法律的普通老百姓,同样要严格守法。

[主持人] 谢谢赵律师,在西方的影视作品中,我们常常会看到律师在法庭上挥洒自如,能言善辩,在一定程度上成为法庭的"主角"。请问,在现实生活中,律师也同样风光无限吗?另外,中国的律师与西方的律师有些什么共同点,又有什么不同?

[赵建平] 生活中的律师和电影上看到的不一样,我国的法律制度和西方的法律制度不一样,我们是大陆法系,电影里一般是英美法系,他们实行的是判例法,律师在法庭上确实起了主导作用,这是两大法系造成的。现实生活中,我觉得律师并不神秘,因为每一位公民从出生到死亡都会遇到法律问题,解答法律问题比较在行的是律师,律师并不神秘,因为法律生活在我们的大众之中。

律师是否风光无限?要具体分析,如果极少数律师通过不正当的手段赚了很多钱,他可以经常进行高档消费,也可能会做一些违背道德的事情。但是,对于大部分的律师来说,不是这样的,特别是刚走入律师行业的律师,据我了解连基本的生存都有问题。还有相当大的一部分律师,坚守自己的道德原则,坚守自己的执业理念,自己一个人独处的时候也会严格要求自己。就拿我本人来说,除了学习、工作和锻炼外就没有其他特别的爱好。

中外律师有什么不同?有哪些共同点?有哪些不同点?我国律师行业在清朝末年才从国外引进,中外律师的共同点是促进社会进步,捍卫人类自由,维护法律公平,为公众利益服务,这是中外律师的共同点。不同点是,最基本的方面,我们中国的律师是共产党领导的社会主义的法律工作者,我们坚持中国共产党的领导,在国外,律师不受任何党派领导。另外一个不同点,我刚才说了,我们属于大陆法系国家,和英美法系的国家不一样,在法庭上的表现就受到一些局限。

[主持人] 社会上有许多人对律师职业不太了解,甚至存在一些误解,尤其是对刑事辩护律师,认为他们是在帮坏人讲话,对抗公诉人,您分析一下,社会上为什么会存在这种观念和看法?您能不能谈谈,律师职业有些什么社会属性?社会上对律师的职业道德有些什么要求?

[赵建平] 我觉得原因是比较多的,主要的原因我分析了一下,有以下几个方面:第一个是我们国家的历史原因。中国历史上是封建专制国家,律师制度可以说是在近代才从西方引进的。中国历史上存在讼师,其声誉和影响基本上是贬义的。

第二个是现行的体制原因。宪法规定公安、检察、法院在刑事诉讼中,要互相配合,互相制约,一个案件,在经过公安侦查终结后,移送检察院审查起诉,并移送法院审理,认为犯罪嫌疑人或被告人构成犯罪是顺理成章的事情,因此,有人认为律师为犯罪嫌疑人或被告人辩护,就是在和公检法唱对台戏。

关于律师的社会属性,我看了一些书,一些杂志,大家对这个问题的意见不一样。我对这个问题进行了一些探讨,包括现在新修订的《律师法》,对律师的定义作了新的规定,增加了三个维护。我认为,律师是共产党领导的社会主义的法律工作者,是改革开放以来涌现的新兴社会阶层,是社会主义事业的建设者,是我国社会主义民主法治建设的一支重要力量。根据我对律师概念的理解,我认为**我们国家的律师有五个重要特征**:第一个政治特征,律师必须坚持中国共产党的领导;第二个业务特征,律师是我国社会主义的法律工作者;第三个时代特征,律师是改革开放以来涌现的新兴社会阶层;第四个地位特征,律师是社会主义事业的建设者;第五个使命特征,律师是我国社会主义民主法治建设的一支重要力量。这五个特征不是我自己想出来,是根据中央的有关文件得出的结论,五个特征我可以归纳为是当代中国律师的社会属性。

关于律师的执业道德问题,根据全国律师协会关于律师职业道德的规定,我把它归纳为以下两点,这有益于社会了解律师的职业道德。律师的职业道德有两个方面的要求:第一,对一名合格的律师来说,应该具备正确的正义观,对于什么是正义、什么是邪恶应该清清楚楚。作为律师来说,要具备正确的正义观,应该支持正义的东西,反对非正义的东西,或者起码离非正义的东西远一点。第二,具备正确的利益观。律师从事的是有偿服务,他要养家糊口,肯定要收取费用。树立正确的利益观,就要求律师在执业过程中,在办理当事人委托的法律事务过程中,要把赚取律师费与维护公平正义和维护法律正确实施结合起来。具体来说,要做到重义淡利,如果做不到重义淡利,起码也要做到义利并举。做好这两个方面,社会对律师的职业道德的要求也就基本上达到了。

[主持人] 听了您的介绍,我相信很多人对律师的形象有了一个了解。我们知道,您不仅仅是一名律师,您还是一名政协委员,那么,在工作中,您如何进行角色转换?或者说如何平衡这两种完全不同的社会工作?

[赵建平] 这两个角色并不矛盾。两者的目的都是要在党的领导下,促进我们海南经济社会又好又快发展,促进科学发展,构建和谐社会。首先,作为律师来说,他从事的是法律业务,面对的是当事人,也就是说,面对的是一个个的当事人和个案;作为政协委员来说,从事的是公共事务,不能面对当事人,同时,也要作出一些牺牲,牺牲自己的时间和精力。第二,在代理法律业务的时候,律师可以在法庭上侃侃而谈,维护当事人的合法权益,维护公平正义,维护法律的正确实施;但是,在政协委员开会场合,就不能谈个案,但可以把个案中发现的问题,经过提炼,把一些共性的问题提出来,以此引起社会的注意,引起领导的注意。我觉得这就是角色转换。

[主持人] 您曾写过《辩护与代理》《追求公正》等书,你的新书《这样做律师》也已经由江西人民出版社出版,我们想知道,在这本题为《这样做律师》的书中,您主要想告诉读者什么?您想教大家怎么做律师?

[赵建平] 我认为我没有资格教大家怎么做律师,我只是谈一下自己的心得。这本书,不仅仅是写给律师同行的,也是写给社会的,本书如实反映了我国经济社会转型期的一些现象。**2009年是我国律师制度恢复30周年,这本书是我对我们国家律师制度恢复重建30周年的一个献礼。**要告诉大家的第一个具体问题是,律师要做业务,律师应该是优秀的法律工匠,在做律师业务的过程

中,要把维护当事人的合法权益和维护法律的正确实施和维护社会公平正义结合起来,这本书中的案例,应该是做得比较成功的,当然有胜诉,也有败诉的。第二个要告诉大家的问题是:律师不仅是法律工匠,也有社会责任,律师应该是善于学习、勤于思考、擅长演讲的政治人和社会活动者,律师要勇敢地肩负起时代赋予的使命。

[主持人] 赵律师,您能不能以您的执业经历,帮我们分析一下,目前律师这一行业到底存在一些什么主要问题?

[赵建平] 主持人提的问题比较尖锐,因为我本身也是执业律师,面向公众报自家的丑,会招一些同行的不满意,但是我要勇敢地回答。目前整个律师队伍,整体是好的,主流是好的,为我国经济社会又好又快发展作出了贡献,这点是肯定的,社会也是这样看的,中央领导也是给予肯定的,律师的贡献是不容否认的。但是,我们律师界也确实存在一些不光彩的事情,也存在一些违法甚至犯罪的行为,我们海南也有极个别律师犯罪的事情。我归纳了一下,我们律师界存在的一些问题,主要有以下几个方面:极少数的律师不讲政治,缺乏理想信念和社会责任感,这是第一个方面;第二个方面的问题是,片面追求经济效益、职业道德缺失,没有树立正确的正义观和利益观;第三个方面的问题是,极少数律师,守法观念不强,知法犯法的现象还存在;第四个方面的问题是,极少数律师业务水平有待提高。

既然说了这么多的问题,刚才主持人没有问,原因是什么?我现在说说原因。有的原因是律师自身的,有的是其他方面的原因,如片面追求经济效益,我们现在正处在社会经济转型期,律师要生存,要挣钱养家糊口,这就必然片面追求经济效益,这是外在的原因。

[主持人] 赵律师,这里有一个网友提问,通过李庄案件,律师造假事件的发生是必然还是偶然?在具体的利益面前,律师的价值取向在哪里?

[赵建平] 既然问了,我就要回答。撇开李庄的案件不谈,因为李庄的案件没有作出二审判决,没有最后定案。我可以把这个问题变更为:极少数律师违法犯罪的事情是必然还是偶然?那么如果问题是这样的话,我认为,极个别

律师违法犯罪案件的发生可以说是必然的。为什么这么说？极少数律师没有道德修养，没有法治观念，在办理业务过程中，违法犯罪也就是必然要发生的，这个问题我平常也这么说。那么，在具体的经济利益面前，律师的价值取向在哪里？现行的《律师法》和有关文件要求律师做到三维护，即维护法律的正确实施，维护社会公平正义，维护当事人的合法权益。在具体的利益面前，律师应该把"三维护"放在首要位置，不要为利益所诱惑，如果当事人的权益不合法，不符合公平正义原则，作为律师理应坚决拒绝。谢谢网友。

[主持人] 赵律师，听了您刚才说的中西方的法律不同，他还想问一下，与西方不同的是我国适用大陆法系，就是说，在我国的法律中，律师不是主导者，那作为律师是不是一定要能言善辩？

[赵建平] 作为一名律师应当能言善辩，但能言善辩不是天生的，可以培养。就我本人来说，就是先当老师，然后才当律师的。律师的能言善辩，应建立在对事实充分了解的基础上，对相关法律条文熟悉的基础上。能言善辩不是狡辩，不是钻空子。律师不仅要能言善辩，也要能写，如果一名律师写出来的东西，连当事人写出的东西都不如，那么这律师是不合格的。律师是性格开放者的职业，要善于交往。

[主持人] 谢谢刚才赵律师的回答，这里还有一个网友问，他说最近国务院刚刚通过《关于推进海南国际旅游岛建设发展的若干意见》，他想请问一下，在海南国际旅游岛建设过程中，律师可作哪些贡献？

[赵建平] 海南建设国际旅游岛这个《意见》是国务院刚刚通过的。律师在建设国际旅游岛的过程中，大有可为。我很尊敬的海南省律师协会会长王晶大律师出了一本书——《走向国际旅游岛》，里面介绍了国际旅游岛建设中的一些法律问题，律师已经为国际旅游岛的建设开始作贡献了。具体来说，律师可以为建设国际旅游岛提供法律咨询，为建设国际旅游岛过程中的一些大项目提供全方位的法律服务，如参与谈判、审查、起草合同；在海南建设国际旅游岛的过程中，会有大量的投资者、大量的旅游者来到海南，随之会发生大量的民事法律行为，律师可以为他们提供法律服务，可以为构建一个和谐的国际旅游岛作

些贡献。可以说,律师的工作与建设国际旅游岛密切相关,我们广大律师已踊跃参加建设国际旅游岛。谢谢。

[**主持人**] 谢谢赵律师的精彩回答,谢谢您今天光临我们新华访谈。希望下次还能做客我们新华网。

2010 年 1 月 15 日

附录四

读者简评

2010年7月,海南农工省委会举办两年一次的、为期两天的新党员培训班。作为分管海南农工宣传教育工作的副主委,赵建平律师特别关心新党员的教育培训工作。但是,由于极个别人的原因,此次培训班没有安排赵建平律师任何工作。在此种情形下,本着高度的责任心,赵建平律师仍以极大的热情,参加开学典礼,看望学员,参加学员讨论,并亲自给学员赠书。参加此次培训班的新党员李才岛同志,在培训班结束后,给赵建平律师发来如下短信:"**赵老师,您好!回来认真拜读了您的作品,不仅给我增加了有关农工党和法律的知识,更重要的是,使我的心灵受到深深的震撼。您对党组织坚定的信仰和对法律事业高尚的追求,是我学习的榜样!作为一名新党员,我义无反顾地支持您的追求!**"

2010年9月18日(周六)上午,赵建平律师应邀到海南省图书馆作《侵权责任法与我们的生活》大型公益讲座,并给听众赠送《这样做律师》一书。一位听众在给赵建平律师的短信中说道:"**赵律师,上午听了您的讲座,下午在看您的书,很感动,想不到还有这样的律师,您是好样的,是我们做人做事的榜样。祝您周末愉快!**"

附录五

铁肩担道义　妙手著文章
——读《这样做律师》有感

看到全国人大常委会原副委员长、农工党中央前任主席蒋正华先生题写书名的《这样做律师》一书，感觉该书当属经典之作，应该读一读。

原来认为律师作为法律工作者，多为拘谨、冷峻、铁定程式人士，对泛社会政治问题不会倾注太多精力。该书作者却有着强烈的社会责任感和使命感，以律师的独特视角，观察和思考社会政治问题，勇于建言、献策、议政，对诸多社会政治问题和热点话题，精诚地发表深刻而独到的见解，在参政议政和法治建设中，发挥了律师无可替代的作用，尽到了当代律师责无旁贷的责任，体现了新时期新一代律师的卓越风范。确实令人钦佩！

律师工作的目的，是维护当事人的合法权益，维护法律的正确实施，维护社会公平正义。这三个维护，听着响亮，看似简单，但要做到却甚难，要做好更艰！要做到三个维护，律师必须具备渊博的法律知识和智慧，必须有大无畏的奉献精神和浩然正气的人格力量。书中的案例，把上述几点要求淋漓尽致地体现在作者身上。如此能不令人发出如下感慨：这样的人才难得，这样的律师更是难得！

不能不令人拍案叫绝的是，作者的文字功夫了得！本书读来有法律书籍的严谨、规范和准确，但无法律书籍常见的单调涩滞和枯燥；文笔精准畅达、生动犀利;其文骨铮铮,若见其人;其文风昭昭,若见其心!法律之神,律师之情,灵动在文字之间,堪言大气,堪称大手笔!

当年李大钊先生所言"铁肩担道义、妙手著文章",恰为本书写照!

王兴运

2010年9月于海口

(作者系三届海南省人大常委、农工党海南省委员会原秘书长)

附录六

《这样做律师》就是好

建平律师是农工党海南省副主委,海南省律师协会原副会长,是一位非常优秀的律师。在一次海南农工的宣传工作会议上,作为同党的我认识了建平律师。2010年1月15日,针对李庄案件,建平律师接受新华社记者专访,建平律师邀我同往,并赠送给我一本《这样做律师》。我觉得这本书不错,就在我的博客上以《〈这样做律师〉就是好》为题推荐这本书。值本书重印之际,应建平律师之邀,我谈谈《这样做律师》为什么好,它究竟好在哪里。《这样做律师》好在以下四个方面:

一、原国家领导人题写书名

《这样做律师》一书由全国人大常委会原副委员长、农工党中央前任主席蒋正华先生题写书名。据我所知,由原国家领导人给律师出的书题写书名的情况是不多见的。如果此前有先例的话,那就是已故老外交部长黄华前辈热情为建平律师的专著《辩护与代理》一书题写书名。众所周知,我国律师目前的社会地位是不高的,律师事务所是中介机构,律师是中介机构中的从业人员,其地位和婚姻介绍机构、房屋中介中的从业人员有些类同。能有两位原国家领导人为建平律师的书题写书名,不仅是建平律师的光荣,也是全体律师的光荣。这表明律师作为新兴的社会阶层,已在我国社会转型阶段发挥越来越大的作用,并得到国家和社会的认可。就律师个人来说,出书是一种自我推荐的最好方式。正是考虑到建平律师先后出版了三本关于律师工作的专著,两位原国家领导人题写书名这一重要因素,建平律师才被社会和有关媒体评为"中国最值得推荐律师"。

二、中国律师参与法治社会建设与运行的开山之作

自辛亥革命推翻封建帝制、建立民国开始,传统中华帝国进入了向现代中华民国转型的阶段。这一阶段现在仍在进行当中,任重而道远。美利坚合众国的创立和运行,就得益于一批优秀的美国律师在其中发挥作用,约翰·亚当斯、托马斯·杰斐逊、詹姆斯·麦迪逊是他们当中的杰出代表。历史运行到现代,在美国的44位总统中,有将近三分之二是律师出身或有法律专业背景。著名的林肯总统、尼克松总统、克林顿总统及现任总统奥巴马、国务卿希拉里都是律师出身,美国国会中的议员大部分也是律师出身。

现在,我们正处在从传统人治社会向现代法治社会的转型期。法治社会呼唤律师,律师在法治社会大有可为。自2003年底补选为海南省政协委员以来,建平律师以巨大的政治热情参政议政,连续六年在海南省政协会议上作了高水平的大会发言。建平律师的发言,有的切中时弊,极具震撼力;有的富有前瞻性,可为党政部门决策提供参考;有的具有可操作性,能解决实际问题。如针对一些地方只注重招商引资,不注重诚信建设这一问题,建平律师作了《建设诚信政府,打造海南良好的投资环境》的大会发言,产生了较好的社会效果,引起了海南省委、省政府领导的高度重视,发言中提出的建议被海南省政府采纳。如针对越来越严峻的信访问题,建平律师作了《从体制上解决人民群众信访问题的建议》的大会发言,得到了时任海南省委常委、常务副省长吴昌元同志的充分肯定。海南省委政策研究室就该发言,邀请建平律师进行专题协商,该发言被评为海南省政协优秀提案。在时隔一年之后,在全国政协会议上,某党派中央以同样的题目提出的提案,引起了周永康同志的高度重视。如针对全社会道德滑坡,极少数人甚至道德沦丧这一问题,建平律师作了《弘扬道德法律,促进社会和谐》的大会发言。鉴于在中国这样一个封建历史悠久的国家,建设法治社会的艰巨性和长期性,建平律师在政协会议上大声疾呼厉行法治。我为有建平律师这样一位朋友(也是农工党省领导)而高兴,更希望能有更多的律师像建平律师一样,在为生计奔波的同时,一步一个脚印,推着古老的中华社会向具有普世价值的现代民主法治社会前进。在法治社会的建设和运行中,更好更多地发挥律师的作用。

三、律师维护公平正义、维护法律的正确实施和维护当事人合法权益(以下简称"三维护")的典范

律师执业过程中的"三维护",是新《律师法》赋予律师的执业使命。由于建平律师具备正确的正义观和利益观,能自觉重义淡利,正确处理赚取律师费与维护公平正义的关系,因而能真正做到"三维护"。在执业过程中,建平律师总是一身正气,依法办案,无私无畏。在为犯罪嫌疑人、被告人辩护过程中,建平律师曾险遭办案机关传讯,甚至某办案机关还曾决定对建平律师采取强制措施。我就知道建平律师在为海南省政府原某副省长辩护前,就遭到过恐吓,在听完建平律师的辩护后,来自北京某机构的工作人员就放话说,"把那个律师给抓起来"。在代理民事案件过程中,建平律师多次遭到对方辱骂、甚至诬告陷害。在代理海南岛首例狗吓人案件中,就有人屡次发短信辱骂建平律师。在代理某公司与数百位购房者的房屋买卖合同纠纷时,对方当事人曾设立专门网站,肆意辱骂、诋毁建平律师。在建平律师接受海南电视台《公仆在线》栏目采访时,对方代理律师还到现场进行责难甚至非议。在代理首例业主委员会侵犯业主权利案过程中,对方当事人公然对建平律师实施诬告陷害。更为可悲可气的是,省、市司法行政主管部门居然先后组织两个调查组,对建平律师进行为时达两个月的所谓调查。在调查刚开始时,建平律师积极配合,但在后来发现是借机故意整人时,建平律师愤然辞去海南省律师协会副会长职务,以示抗议,这样的调查也只好不了了之。

四、理论与实践、议政与维权的完美结合

建平律师在北大法学院学习了七年,先后获法学学士和法学硕士学位,具有深厚的理论素养和法学功底。近二十年的律师执业生涯,理论与实践的紧密结合,使建平律师深入了解了我们这个社会,同时也积累了丰富的实践经验。法律的灵魂是实践,律师是为社会提供服务的法律专业人士,丰富的实践活动为建平律师议政提供了大量的原始素材。建平律师在政协的发言和提案,就是

从这样大量和真实的原始素材中提炼出来的,这是议政与维权的完美结合。在代理某律师事务所诉徐某代理合同纠纷案过程中,建平律师提出了律师职业道德的重要性问题。在代理某公司诉某市政府工程承包合同案过程中,建平律师提出了政府诚信和优化地方投资软环境问题。作为农工党员,建平律师在坚持中国共产党领导,坚持走中国特色政治发展道路的同时,思考如何更好地坚持和发展我国人民当家做主的人民代表大会制度。如在代理首例业主委员会侵犯业主权利案过程中,建平律师就敏锐地提出如何保证经民主选举的人士全心全意为选民服务,如何对其进行有效监督以及维护社会稳定这些深层次问题。关于律师在法治社会中发挥作用的优势问题,建平律师曾精辟地指出,律师具有熟悉法律政策的专业优势,了解社会的实践优势和能言善辩会写的职业技能优势。我觉得建平律师讲得太好了,为了加快我国法治社会建设的进程,执政党作为善于发现和选拔人才的现代伯乐,是否可以考虑从广大律师中选拔一批优秀人才进入公务员队伍,从而使广大律师更好地在法治社会的建设和运行中发挥更好更大的作用。

基于上述四个理由,我要说《这样做律师》就是好,我是在向全社会推荐律师这个行业的优秀人物。诚如建平律师所说:"律师不仅是法律工匠,还应是善于学习、勤于思考、擅长演讲的政治人和社会活动者。"借用一位名人的话,我要说:"律师兴,则法治兴;法治兴,则国家兴。"我期待出现更多像建平那样优秀的律师,在法治社会的建设和运行中发挥更好更大的作用,从而使我们这个古老的中华社会稳健地向现代民主法治社会转型。

戴苏春

(作者系资深记者,现定居海南)

附录七

《这样做律师》述评

随着我国市场经济和民主政治建设的逐步推进,我国律师已成为构建社会主义和谐社会和创新社会管理的重要力量之一,肩负着"维护当事人的合法权益、维护法律的正确实施和维护社会公平正义"的神圣使命。作为一名法制媒体的记者,我一直在寻找律师参政体会与执业心得相结合的书籍,但都不如意。要么是简单的案例堆砌;要么是拿虚构的案例说事、"忽悠"人;要么是编辑们的剪刀加糨糊、报纸加杂志、七拼八凑,毫无系统可言,难以让人读下去;要么是专家编的教科书,枯燥乏味,满是看不懂的术语和陈年老案。难道就没有一本由执业律师编写的、站在社会活动和执业活动角度,能让普通人看明白,并能反映中国市场经济和民主政治建设实践的法律书籍吗?有,我终于找到了,这就是赵建平编著的、江西人民出版社出版的《这样做律师》。

关于本书的编写体系和内容。《这样做律师》是继赵建平编著的《辩护与代理》《追求公正》之后的又一新作,该书以收录作者参政议政的文章和亲办的典型案例为特色,具有很强的真实性和实践性,反映了我国经济社会转型期的一些现象,展示了一位执业律师为维护社会公平正义和构建和谐社会所做的工作。该书绝对不是专家学者式的坐而论道,而是理论与实践紧密结合,以深厚的法律功底为基础,立足我国社会现状,"跳出法律谈法律",为广大读者总结出一套适合中国国情的论政和法律实践。

上篇为议政,介绍作者自2003年成为海南省政协委员的八年间,真情关注民生,深入调查研究,高度关注社会热点、难点问题,先后撰写的部分优秀提案和连续六年在海南省政协会议上所作的专题发言及政论文章。

如《关于律师行业树立社会主义荣辱观和社会主义法治理念的思考》一文,系赵建平在海口市司法局举行的律师行业树立社会主义荣辱观和社会主义法治理念大会上作的报告。如在政协海南省四届二次会议期间,赵建平执笔撰写的《关于人民法院应采纳律师合法有据的辩护意见的建议》,引起海南省高级人民法院的高度重视,法院在提案的答复中称,各级人民法院在审判工作中,必须注重采纳当事人及其辩护人、诉讼代理人合法有据的意见。尤其是赵建平连续六年在海南省政协会议上的发言,引起海南省委、省政府领导的重视。如针对越来越严峻的信访问题,2005年赵建平在政协海南省四届三次会议上作了《从体制上解决人民群众信访问题的建议》的发言,得到了时任海南省委常委、常务副省长吴昌元同志的充分肯定,并作了重要批示,该提案后被政协海南省委员会评为优秀提案。

下篇为维权,收录了赵建平近年来代理的大案要案,以清晰的刑事辩护和民事行政代理为主线,讲述案情简介,答辩、辩护(代理)词,判决结果,办案启示,将读者带进鲜活的司法实务中。

作者亲办的众多大案要案和切身感受,区别于"拿来主义"者蜻蜓点水式的道听途说,具有很强的说服力,可以使读者免犯同样的法律错误,也为青年律师提供了开启律师职业生涯的金钥匙。透过办案历程,让读者欣赏作者如何在纷繁复杂的疑难案件中一针见血,如何在激烈的庭辩中唇枪舌剑。

作者在刑事辩护时,能准确形成辩护观点,有很强的刑辩应变能力。如2007年10月,连某向某公安局举报海南某房地产公司副总经理申某挪用本单位资金。2008年4月23日,龙华区人民法院公开审理该案,赵建平依法出庭为申某辩护,一审判决申某犯挪用资金罪,判处有期徒刑三年。二审赵建平继续为申某辩护,最后龙华区人民检察院作出《不起诉决定书》,决定对申某不起诉。申某在被无辜羁押一年零一个月十九天后,终于获得了本该属于他的自由。读着赵建平铿锵有力的辩护词,被他巧妙的辩护角度和灵活的庭辩技巧所吸引,仿佛被带进了一次法律实务演练。

作者民事行政案件的庭辩技巧同样高超。如在代理《真假股东之辩》一案时,作者在认真核查和分析对方提供的一系列证据后,一针见血地指出:这些证据只具备形式真实性,不具备实质合法性,不能证明原告已实际出资,不能作为有效证据使用,人民法院依法不应予以采信。作者娴熟地运用证据与相关法律规定,巧妙地利用对方的证据,有理、有据、有节地进行反驳,使对方无反驳之力,原告最后只好申请撤诉。

特别值得一提的是,本书站在政治、经济、伦理、法律和社会实践高度,穷尽作者议政体会和律师职业生涯,以理性的议政观点,符合国情的多方协调沟通,尤其是灵活的庭辩技巧,带领读者进行一次又一次的实务演练,绝对是议政和法庭论辩的实战宝典。本书一经出版就引起巨大反响,在没有任何商业炒作、宣传的情况下,备受读者热捧及各界好评,具有较大的影响力,被有关人士誉为"中国律师参与法治社会建设与运行的开山之作",具有非常高的参考价值,是一本不可多得的实务类政治法律书籍。

关于本书的作者。1980年,高考取得优异成绩的赵建平带着儿时就向往的律师梦,考取了北京大学法学院。在北京大学求学期间,他如饥似渴地吸吮着知识营养,不断地充实自己。1984年获得法学学士学位后,他又考取本校硕士研究生,1987年获硕士学位。在做了五年大学教师、两年政府公务员后,赵建平终于在1995年圆了儿时的梦,成为一名执业律师,开始了人生旅程的加速阶段。

赵建平自成为律师之日起,就立志做一名好律师。他认为,律师不是商人,也不仅仅是"法律工匠",律师应该勇于承担社会责任,必须有清醒的政治头脑。在执业过程中,律师要把维护当事人的合法权益与维护社会公平正义和法律的正确实施有机地结合起来,肩负在中国共产党正确领导下,推动我国政治文明和民主法治建设进程的神圣使命。为此,赵建平在承担繁重的律师工作之时,仍满腔热情地参与社会工作,尽到了一名新时期优秀律师的社会责任。

作为身兼数职的一名执业律师,赵建平在繁忙的工作与公务之余,仍然濡墨挥毫,笔耕不辍,将自己实践之所见,心中之所感披之于社会,这种精神难能可贵,令人佩服!

王建荣

(作者系资深法制媒体记者)

感恩的话

怀着一颗感恩的心,我要感谢我的父母,是父母含辛茹苦把我养大,并送我上大学;我要感谢我的母校——北京大学,是母校一以贯之的民主与科学精神,把我培养成一名合格律师;我要感谢海南这块热土和海南的父老乡亲,是他们的豁达大度,让我发挥作用,实现人生价值;我要感谢海南各级法院的法官,是他们的公正无私,才使我代理和辩护的大部分案件公正解决;我要感谢中共海南省委统战部的领导和同志们,是他们的教育、关心和帮助,使我在政治上成熟起来;我要感谢海南省律师协会会长王晶大律师,是他多年来默默的支持和欣赏,给予我不断前进的动力;我要感谢所有长辈、家人、亲戚和朋友,他们的大力支持,是我全身心投入工作和学习的保障,亲情、友情和爱情永远是我的激情、智慧和力量之源。

图书在版编目（CIP）数据

这样做律师／赵建平著.—南昌：江西人民出版社，2009.12（2011.5再版）

ISBN 978-7-210-04334-8

Ⅰ．这… Ⅱ．赵… Ⅲ．①律师—工作—中国—文集②律师—辩护—案例—汇编—中国 Ⅳ．D926.5-53

中国版本图书馆CIP数据核字（2009）第217638号

这样做律师

赵建平编著

江西人民出版社出版发行

南昌市印刷九厂印刷　新华书店经销

2009年12月第1版　2011年5月第2版第2次印刷

开本：787毫米×1092毫米　1/16

印张：27.5　字数：380千

印数：3001—5000册

定价：46.00元

ISBN 978-7-210-04334-8

江西人民出版社　地址：南昌市三经路47号附1号

邮政编码：330006　传真：6898827　电话：6898893（发行部）

网址：www.jxpph.com

E-mail：jxpph@tom.com　web@jxpph.com

（赣人版图书凡属印刷、装订错误，请随时向承印厂调换）